중국역대사화 (Ⅲ)
中國歷代史話

삼국사화
三國史話

도연 진기환 저

明文堂

《삼국사화三國史話》
머리말

  중국 고대 문명의 완성이라 하는 전(前), 후한(後漢)의 소멸과 함께 형성된 삼국시대(三國時代)는 중국 역사에서 중세(中世)가 시작되는 변화와 성장의 시기였다. 그 시기에 급변하는 소용돌이 속에서 영웅들이 쏟아져 나왔고, 그들은 자기 역량을 뽐내며 각축했다.
  서진(西晉) 진수(陳壽)의 정사(正史)《삼국지(三國志)》는 이 격변의 시대를 살아간 영웅이나 그 주변 사람들에 관한 역사 기록이다. 정사《삼국지》는 후한(後漢, 동한東漢) 말기 황건적(黃巾賊)의 난(亂, 서기 184)부터 서진 사마염(司馬炎, 晉 武帝) 삼국 통일(서기 280년)까지 약 100년의 역사를 기록했다. 공식 조대(朝代)로는 위 문제(魏 文帝, 조비 曹丕)의 황초(黃初) 원년(서기 220)부터 진 무제(晉 武帝) 태강(太康) 원년(서기 280)까지 60년간의 단대사(斷代史)이다.

  그 삼국의 정립(鼎立) 시기는 길지 않았다. 위(魏, 220-265)와 촉(蜀, 221-263)은 불과 40여 년이었고, 오(吳, 222-280)도 그 수명이 60년을 채우지 못하고 진(晉, 서진西晉)에 통합되었다. 이 삼국 정립의 시기는 후한(後漢) 이후 진(晉)의 통일을 준비하는 중간 과정이었지만, 그 시대 정치와 사회 경제적 변화는 새 시대를 준비할 수 있을 만큼 역동적이었다.

정사《삼국지》의 저자인 서진(西晉)의 진수는 촉한(蜀漢)이 멸망한 뒤, 서진(西晉)에 출사하면서 각고의 노력으로 정사《삼국지》를 저술하였는데, 이는 중국《이십사사(二十四史)》중 '전사사(前四史)'에 속한다.

그러나 우리나라에서는 장회소설(章回小說)《삼국지연의(三國志演義)》가《삼국지》라는 이름으로 크게 알려지고 유행하면서 정사《삼국지》의 존재 자체가 가려졌고, 일반적으로 소설 내용을 역사적 사실로 착각하고 있는 실정이다. 따라서 중국의 삼국시대는 중국의 다른 어느 시대보다도 우리들에게 친숙하다. 그것은 아마 전적으로 소설의 영향일 것이다.

우리가 역사를 배우고 읽는 목적은 '시대의 흐름'이라는 변화를 알고, 그런 흐름 속에서 활동했던 인물의 행적을 통하여 교훈을 얻고 현실에 도움을 받으려는 뜻일 것이다.

역사적으로 득실(得失)과 성패(成敗)는 결국 사람이었다. 천하를 얻으려면 사람을 얻어야 하고〔得天下者得人(득천하자득인)〕, 천하를 다스리려는 자는 사람을 잘 써야 한다〔治天下者用人(치천하자용인)〕.

《삼국사화(三國史話)》는 삼국시대의 개성이 강한 인물들이 '어떻게 살았는가? 그리고 그들 생애 자체가 우리에게는 어떤 교훈을 남겼는가를 중점적으로 다루었다. 곧 사람의 이야기가 주류이며, 그들이 역어낸 사실(史實)을 부연 설명하였다.

이 《삼국사화(三國史話)》는 소설 《삼국연의(三國演義)》의 요약이 아니다. 어디까지나 정사 《삼국지》 기록을 바탕으로 줄거리를 잡았고, 정사의 역사적 사실을 주석으로 보충하여 삼국의 역사를 쉽게 풀이하였다.

중국 삼국시대의 역사를 공부하는데 그 연학(研學)의 방법으로 많은 이야기를 추가했지만, 소설 같은 꾸며진 이야기는 철저히 배제하였다. 그러면서 재미있게 풀어갔기에, 독자 여러분도 《삼국사화》에 충분히 공감하리라 기대한다.

2025년 2월

도연(陶硯) 진기환(陳起煥)

일러두기

● 본서는 《중국역대사화(中國歷代史話)》의 세 번째 책이다. 《중국역대사화》는 중국사 전체의 모습을 조망하기 위한 시리즈인데, 《춘추전국사화(春秋戰國史話)》, 《진한사화(秦漢史話)》, 《삼국사화(三國史話)》, 《양진사화(兩晉史話)》, 《수당사화(隋唐史話)》, 《송대사화(宋代史話)》로 구성되었다.

이는 그간 필자의 중국 정사서(正史書)의 번역을 바탕으로, 누구나 이해하기 쉽게, 또 흥미를 갖고 읽을 수 있도록 이야기 형식으로 고쳐 쓴 역사책이다.

이는 우리나라에서 처음 시도되는 사화(史話) 시리즈이기에, 독자의 안목으로도 미비한 내용이나 오류가 있을 수 있다. 필자는 독자 여러분의 엄한 질정(叱正)을 기다린다.

● 본서의 기본 텍스트는 없고, 다음의 여러 도서를 참고하여 필자가 역사 수업을 하듯 본서를 집필하였다. 중국 역사를 고등학생에게 교육할 때, 또 중국 역사를 공부하는 동학(同學)들과 함께 연학(硏學)할 때 가장 중요한 것은 무엇을 얼마만큼 가르쳐야 하고 공부하느냐? 곧 중국 역사의 내용과 깊이이다.

본《삼국사화(三國史話)》는 후한 말기 황건적의 난 이후 후한의 멸망, 그리고 위(조위曹魏), 촉(촉한蜀漢), 오(손오孫吳, 동오東吳) 삼국 시대 역사 개론을 줄거리 삼아 엮었지만, 개론서(槪論書)는 분명 아니며 그렇다고 재미를 위한 사실의 변경이나 추가도 없었다. 다만 역사적 사실을 바탕으로 알기 쉽게 이야기하듯 설명하였다.

● 본서에서는 역사적 사실, 제왕의 재위, 개인의 생몰(生歿) 연도를 모두 서기로 환산하여 ( ) 안에 기록하였다. 그리고 역사적 인물의 성명이나 관직, 지명 등 고유명사는 모두 한글에 한자(漢字)를 병기하였다. 그 밖에 다른 뜻으로 해석될 수 있는 내용도 한자를 병기했다.

● 상세한 주석을 달았다. 본서의 주석은 독자의 공부를 돕는 한 방법이다. 특히 역사 인물이나 사건에 대해서는 사실(史實)에 바탕을 둔 주석을 달았다. 독자의 여력이 있어 주석을 상세히 읽는다면 중국사에 관한 상당한 지식을 축적하리라 장담한다.

필자의 광범위한 주석은 중국사나 문학, 철학에 관하여 폭 넓은 지식을 갖고 있는 고급 독자의 지적(知的) 욕구를 충족시켜주고, 본서를 읽은 독자가 가질 수 있는 또다른 질문이나 의문사항에 대한 답변이다.

본서에는 한자가 좀 들어갔는데, 이는 독자의 빠른 이해를 위한 방편이라 생각했다. 특히 한자만 보면 머리가 아프다는 독자도 있지만, 이는 일종의 공포심이다. 한자를 읽으며 익히기를 계속한다면 그런 공포는 저절로 사라질 것이다.

● 어려운 한자의 경우 우리나라에서 통용되는 음훈과 중국어에서 통용되는 의미를 같이 설명하였다. 특히 성명의 우리말 표기에서는 국내 옥편의 음(音)을 따랐다.

예 契-사람 이름 설(상족商族의 시조), 맺을 계. 洗氏(선씨)-성씨 선. 씻을 세.

● 관직은 현재 통용되는 의미에 가깝게 보충하였고, 지명은 현행 중국 행정구역의 명칭으로 설명하였다. 곧 성(省), 지급시(地級市), 현(縣)이나 현급시(縣級市)를 병기하여 모든 독자가 현재의 중국 지도로 그 위치를 알 수 있게 주석을 달았다.

● 경전이나 서책(書冊), 저서는 《 》, 경전과 서책의 편명이나 제목을 붙일 수 있는 문장 또는 악곡 등은 〈 〉로 구분하였다. 경전의 인용구, 조서(詔書), 상주문(上奏文), 서신(書信), 서책(書冊)이나 문서(文書)의 내용은 「 」로 표시하였다. 개인 열전에 수록된 문학작품이나 유명한 글의 제목은 〈 〉로 표시하였다.

● 【註釋】은 아래와 같이 구성되었다.

○ 글자 뜻을 정확하게 설명하였고, 읽기 어려운 한자의 독음을 첨가했으며, 구절 풀이와 함께 필요한 문법적 설명을 첨가하였다.

○ 본서에 표시된 연도는 서기이고, 연호는 황제와 사용 기간, 그리고 서기로 환산한 연도를 기록하였다.

○ 인물에 대한 주석으로 입전(立傳)된 자료의 소재를 밝혀 보다 상세하거나 필요한 내용을 찾아볼 수 있게 했다.

　　예 張飛(장비) ―《촉서(蜀書)》 6권, 〈관장마황조전(關張馬黃趙傳)〉에 입전(立傳).

　　楊脩(양수) ―《후한서(後漢書)》 54권, 〈양진열전(楊震列傳)〉에 입전.

○ 사서(史書)의 독해(讀解)에 지리적 이해가 뒤따르지 않는다면 내용을 제대로 파악할 수 없다. 지리적 근거가 없는 사서(史書)는 없다.

진수(陳壽)의 《삼국지(三國志)》에는 자사부(刺史部, 牧), 후국(侯國)과 군(郡), 현(縣)과 도(道), 산천(山川), 관문(關門)에 대한 설명이나 보충이 없어 그 지명의 내역을 알기가 쉽지 않다. 사실 사서(史書)에 지명이나 인명에 대한 설명이 있어도 나중에 다시 그 지명이 나온다면 앞서 내용을 다 기억하지 못한다.

필자는 이에 대한 보충 설명에 특별한 주의를 기울였다. 삼국시대는 후한의 연속이기에 행정제도나 관직, 지방제도 등에서 특별한 설명이 없으면 《후한서》의 내용을 준용하였지만, 서기 220년 이후에 관한 지명은 조위(曹魏), 촉한(蜀漢), 동오(東吳)의 행정구역에 따랐다.

군 단위까지는 그 치소(治所)를 명시하여 지금 지도로 위치를 알 수 있게 도왔다. 현(縣) 단위는 유명한 지명일 경우 현재의 지명을 병기하였다.

○관직명이나 제도, 역사적 인물, 도량형에 대한 상세한 주석을 달아 본문 내용에 대한 이해도를 높였다.

○인용된 경전의 출처와 내용을 밝혔다.

● 권말 부록으로 1. 삼국제계표(三國帝系表), 2. 삼국 연호 일람(三國 年號 一覽), 3. 삼국 대사 연표(三國 大事 年表)를 국별(國別)로 정리했다.

참고 도서

《中國歷代史話》全 5권 : 北京出版社 [編], 北京出版社, 1992.

《中國歷史圖說》全 10권 : 王壽南 編纂, 新新文化出版有限公司, 民國 66년. 臺北.

《三國志》: 晉 陳壽 撰, 宋 裴松之 注, 中華書局, 1992.

《三國志解讀》: 本册主編, 曾志華, 劉銀昌 外, 雲南敎育出版社, 2011.

《漢書解讀》: 本册主編, 霍建波, 孫鴻亮, 侯立兵, 雲南敎育出版社, 2011.

《秦漢人物散論》: 孟祥才 著, 上海古籍出版社, 2011.

《秦漢史》(上,下册): 林劍鳴 著, 上海人民出版社, 1989.

《秦漢史》: 田昌五, 安作璋 主編. 人民出版社, 2008.

《圖說天下 秦漢》: 龔書鐸, 劉德麟 著, 吉林出版集團, 2006.

《中國通史》第 1-10册 : 人民出版社, 2004.

《中國通史綱要》: 白壽彝 主編, 上海人民出版社, 1980(1983 6刷).

《中國通史圖鑒》1-15권 : 莫久愚, 趙英 [共] 主編, 內蒙古大學出版社, 2000.

《中國通史圖說》1-10 : 朱大渭 主編, 九洲圖書出版社, 1999.

《中華五千年史話》: 郭伯南, 劉福元 著, 臺北書林出版有限公司, 民國 81년.

《後漢書辭典》: 張舜微 主編, 山東敎育出版社, 1994.

《漢書辭典》: 倉修良 主編, 山東敎育出版社, 1996.

《中國歷史地圖集》3册(三國, 晉) : 中國社會科學院, 譚其讓 主編, 中國地圖出版社, 1982.

《世說新語》: 南朝 宋 劉義慶 撰, 劉正浩 外 註釋, 臺北, 三民書局, 民國 85년(1996).

《원문 완역 漢書》全 15권 : 班固 著, 진기환 譯, 명문당, 2018.

《원문 완역 後漢書》全 10권 : 范曄 著, 진기환 譯, 명문당, 2019.

《원문 완역 正史 三國志》全 6권 : 陳壽 著, 진기환 譯, 명문당, 2019.

《삼국연의 원문 읽기 上,下》: 진기환 譯, 명문당, 2020.

차례

- 머리말 3
- 일러두기 6
- 참고 도서 10

- 시작하는 글 正史《삼국지》개관 18
  1. 시대 개관 18
  2. 정사《삼국지》와 소설《삼국연의》 21
     (1) 정사《삼국지》 21
     (2)《삼국연의》의 사실과 허구 26
  3. 후한의 멸망 과정 32
     (1) 나라 멸망의 기본 공식 32
        1) 무능, 우매한 황제 32
        2) 관리 부패와 매관매직 36
        3) 후한의 자연재해 37
        4) 황건적의 난과 진압 38

제1부
군웅 할거

1. 헌제 옹립, 동탁 득세 42
   (1) 하진의 출세와 죽음 45
   (2) 동탁(董卓)의 만행 47
   (3) 반 동탁 세력 54
2. 조조의 등장과 득세 59
   (1) 조조의 가계 59

(2) 조조의 사람 됨됨이 62
(3) 조조의 참모 69
1) 순욱 69
2) 정욱 82
3) 가후 85
4) 곽가 92
3. 원소와 원술 100
(1) 사세삼공 100
(2) 원술 106
4. 유비의 등장 111
(1) 유비의 선조 111
(2) 유비의 시련 116
(3) 관우와 장비 128
1) 관우 128
2) 장비 135
5. 손견 부자 146
(1) 손견 146
(2) 손책 153
6. 왕윤과 여포 160
(1) 왕윤 160
(2) 여포 164
7. 유표 171
8. 도겸 176
9. 헌제의 피난 179

제2부
조조의 북방 통일

1. 조조의 헌제 영입 185
2. 공손찬 195
3. 관도의 싸움 203
4. 원씨 일족의 몰락 212
5. 손권 217
6. 유비와 제갈량 223
   (1) 제갈량의 내력 223
   (2) 남양군의 인재 227
   (3) 삼고초려 231
   (4) 융중대책―천하삼분 235
   (5) 제갈량 관련 중국 속담 242

제3부
삼국의 형성

1. 적벽의 싸움 249
   (1) 정사의 기록 250
   (2) 유비와 손권의 연합 254
      1) 노숙 254
      2) 주유 261
      3) 제갈량의 손권 설득 269
   (3) 적벽대전의 결과 272
   (4) 관우―조조를 살려주다 275
2. 유비의 터전 284
   (1) 유비의 여복 284
   (2) 주유의 죽음 289

(3) 유비 – 익주를 차지하다　293
　　1) 유언　293
　　2) 유장　297
(4) 조운과 마초　302
　　1) 조운　302
　　2) 마초　305
　　3) 황충　310

3. 격화되는 다툼　316
(1) 손권의 기반 강화　316
　　1) 건업에 정도　316
　　2) 여몽의 활약　317
　　3) 제갈근　331
(2) 유비의 기반 강화　335
　　1) 방통　335
　　2) 법정　340

4. 위왕 조조　348
(1) 즉위 과정　348
(2) 조조의 왕후 변씨(卞氏)　357
(3) 조인　361

5. 한중왕 유비　364
(1) 유비 – 한중왕이 되다　364
(2) 유비 – 제위에 오르다　366

6. 관우와 장비의 죽음　367
(1) 관우의 죽음　367
(2) 장비의 죽음　373

제4부
삼국의 상호 항쟁

1. 조위의 흥망 378

　(1) 문제의 치적 378

　　1) 조비(曹丕) 위왕(魏王)이 되다 378

　　2) 헌제의 선양 380

　　3) 문소견황후(文昭甄皇后) 388

　　4) 조식 391

　(2) 명제의 치적 395

　　1) 명제 즉위 395

　　2) 사마의의 대두 398

　(3) 소제 조방 402

　(4) 고귀향공 조모 413

　(5) 진류왕 조환 419

2. 촉한의 흥망 425

　(1) 유비의 즉위와 동오 원정 425

　(2) 후주 유선 430

　　1) 동오와 강화 430

　　2) 제갈량의 북벌 431

　　3) 제갈량의 죽음 440

　　4) 2인자의 능력과 삶 442

　　5) 촉한의 멸망 445

3. 동오의 흥망 449

　(1) 손권의 황제 즉위 449

　　1) 손권의 외교 449

　　2) 손권의 칭제 453

　(2) 손권 이후 3명의 황제 458

　　1) 손량 458

차례 15

2) 손휴 463
3) 손호 466

제5부
삼국 인물 열전

1. 위서(魏書) 480
　(1) 돼지의 꿈—조상 480
　　1) 조진 480
　　2) 조상 484
　(2) 충성의 모사—순유 489
　(3) 은거와 현직—관녕과 화흠 499
　　1) 관녕 499
　　2) 화흠 502
　(4) 학문의 길—종요와 왕랑 506
　　1) 명필 종요 506
　　2) 왕랑 부자 511
　(5) 의술과 점술—화타와 관로 518
　　1) 화타 518
　　2) 관로 524

2. 촉서 530
　(1) 무능과 반역—이엄과 위연 530
　　1) 이엄 530
　　2) 위연 533
　(2) 마씨 형제—마량과 마속 539
　　1) 마량 539
　　2) 마속 542

(3) 촉의 충신-장완, 비의, 강유 544

   1) 장완 544

   2) 비의 548

   3) 강유 552

  (4) 망주에 충성을-초주와 극정 563

   1) 초주 563

   2) 극정 567

  (5) 그래도 충성을-등지 571

 3. 오서(吳書) 576

  (1) 의리의 사나이-태사자 576

  (2) 요절한 효자-육적 585

  (3) 유능한 부자-육손과 육항 587

   1) 육손 588

   2) 육항 598

  (4) 방술의 달인-오범, 유돈, 조달 603

   1) 오범 603

   2) 조달 608

  (5) 재승박덕-제갈각 612

부록1·2·3

1. 삼국 제계표(三國 帝系表) 628

2. 삼국 연호 일람(三國 年號 一覽) 630

3. 삼국 대사 연표(三國 大事 年表) 633

● 시작하는 글
正史《삼국지》개관

1. 시대 개관

　중국의 역사적 흐름은 대체로 일치일란(一治一亂)의 되풀이라고 말할 수 있다.
　서주(西周)의 건국과 봉건제(封建制)에 의한 안정기가 있었고, 이어 춘추전국시대라는 분란과 상쟁(相爭)의 시대가 이어졌다. 이들 전국칠웅(戰國七雄) 중 진(秦)이 중원(中原)을 통일한 뒤에, 전한(前漢, 前 206-서기 8)과 신(新, 서기 8-23), 후한(後漢, 25-220)의 통일과 안정기가 도래하였다.
　황건적의 난(184) 이후 쇠약해진 후한은 형식상 헌제(獻帝)가 조비(曹丕)에게 선양(禪讓)하며 위(魏, 조위曹魏)의 시대가 열리자, 이어 촉(蜀)과 오(吳)도 칭제(稱帝)하면서 위(魏, 220-265), 촉(蜀, 221-263), 오(吳, 222-280)의 삼국(三國)이 분립하였다. 위나라는 촉을 병합한 뒤 바로 진(晉, 서진西晉, 265-316)으로 교체되었고, 진이 남쪽 오(吳)를 병합하여 중국 천하는 다시 통일되었다(280).
　그러나 진(晉)은 팔왕(八王)의 난(亂, 291-306)과 같은 내분과 흉노(匈奴), 선비(鮮卑), 저(氐), 갈(羯), 강족(羌族) 등 서북 여러 이민족(五胡)의 침입으로 멸망했다. 이에 사마예(司馬睿)가 강남에서 진(晉)을 계승하여 동진(東晉, 317-420)을 건국했다.

서진이 멸망한 뒤, 5호족(五胡族)에 의한 16국의 흥망을 오호십육국(五胡十六國)시대라 하는데, 이는 한때 북위(北魏, 386-534)에 의해 수습 통일되어 소위 호한(胡漢) 사회가 성립되었고, 이 무렵 강남(江南)에서는 송(宋, 420-479), 제(齊, 479-502), 양(梁, 502-557), 진(陳, 557-589)의 흥망 속에 귀족 사회가 뿌리를 잡았다.

화북 지역에서는 북위(北魏) 이후 동위(534-550)와 서위(535-556)와 북제(北齊, 550-577)와 북주(北周, 557-581)가 분립하는데, 이 시기를 남북조시대(南北朝時代)라 한다. 이어 북주(北周)를 이은 양수(楊堅)의 수(隋, 581-618)가 건국되어 중국을 통일하나, 곧 당(唐, 618-907)에 이어진다.

역사에서는 위, 촉, 오의 삼국 분립에서 수나라의 통일까지 약 360여 년을 위진남북조(魏晉南北朝)라 지칭한다. 그리고 송, 제, 양, 진을 남조(南朝), 북위(北魏) 이후 수(隋)의 이전 북주까지를 북조(北朝)라 지칭한다. 그리고 삼국의 오(吳) 이후-동진(東晉), 송(宋), 제(齊), 양(梁), 진(陳)을 특별히 육조(六朝)라 지칭한다.

춘추전국시대는 소년이 청년으로 성장하는 시기에 겪어야만 하는 성장통(成長痛)과 같은 혼란과 분열이었다. 그리고 나서 진(秦)과 한(漢, 전·후한)의 통일과 안정이 4백여 년 지속되었다. 물론 그 시기라 하여 유가(儒家)에서 말하는 태평성대는 아니었다. 백성의 생활이 안정되었던 승평(昇平)의 시기는 전한(前漢)의 경우 문제(文帝)와 경제(景帝)의 통치(文景之治)와 선제(宣帝)의 중흥기, 그리고 후한(後漢)에서 명제(明帝)와 장제(章帝) 시절이었다.

후한 화제(和帝)와 안제(安帝), 순제(順帝) 시기에 외척의 득세와 환제(桓帝)와 영제(靈帝) 시대의 환관의 발호로 후한은 거의 멸망할 지경에 이르렀다. 특히 영제 때 황건적(黃巾賊)의 난(184) 이후로 온 나라가 전쟁의 소용돌이에 휘말렸다. 헌제(獻帝) 재위 기간은 겨우 생명 연장 장치로 목숨만 유지하는 중환자와 다름없었다. 그런 혼란의 끝에 후한은 멸망했고 삼국(三國)이 정립(鼎立, 세 발 솥 정)으로 이어진다.

삼국의 정립 이후, 서진의 일시적 통일 역시 불안정 시기였으며, 이후 남북조(南北朝) 시대로 이어지며 혼란과 분열은 계속된다.

조위, 촉한, 동오의 삼국시대는 263년 촉한(蜀漢) 멸망, 265년 조위(曹魏)의 멸망과 서진의 성립, 280년 동오의 멸망으로 종결되는데, 이 시기의 역사 기록이 바로 서진(西晉) 진수(陳壽)의 《정사 삼국지(正史 三國志)》이다.

2. 정사《삼국지》와 소설《삼국연의》

(1) 정사《삼국지》

○ 정사(正史)《삼국지(三國志)》저자

당대(唐代)부터《사기(史記)》,《한서(漢書)》,《후한서(後漢書)》를 삼사(三史)라 지칭하였는데, 이후 진수(陳壽)의《삼국지(三國志)》를 포함하여 사사(四史, 前 四史)라 지칭하였다.

정사《삼국지》는 후한(後漢, 동한) 말기 황건적의 난 발생(영제靈帝. 중평中平 원년元年 서기 184)부터 서진 사마염(司馬炎, 진晉 무제武帝)의 삼국통일(태강太康 원년, 서기 280년)까지 약 100여 년의 역사를 기록했다. 공식 조대(朝代)로는 후한(後漢) 말기에서 시작하여, 위 문제(魏 文帝, 조비曹丕)의 황초(黃初) 원년(서기 220)부터 진 무제(晉 武帝) 태강(太康) 원년(서기 280)의 동오(東吳) 멸망에 이르는 단대사(斷代史)이다.

○ 진수(陳壽)의 일생

《삼국지》저자는 서진(西晉, 265-316 존속)의 진수〔陳壽, 233-297, 자(字) 승조(承祚)〕이다. 진수는 당시 촉한(蜀漢) 파서군(巴西郡) 안한현〔安漢縣, 지금의 사천성(四川省) 동부 남충시(南充市)〕출신이고, 진수가 출생한 해는 촉한 후주(後主) 건흥(建興) 11년(233)이었다.

진수는 촉한에서 '관각영사(觀閣令史)'로 재직했는데, 당시 권신인 환자령(宦者令)인 황호(黃皓) 편에 서지 않아 여러 번 견책을 당했다. 촉한이 멸망할 때(263년) 진수는 31세였다.

2년 뒤, 조위(曹魏)가 사마염(司馬炎, 진 무제)에게 선양하자(265), 진수는 좌저작랑(佐著作郞)으로 출사했고, 나중에 진 무제(晉 武帝) 태시(泰始) 10년에(274), 양평(陽平) 현령이 되어 재직하며 《제갈량집(諸葛亮集)》 24편을 저술하여 조정에 상주하였다. 진 무제 태강(太康) 원년(280), 동오(東吳)가 멸망할 때 48세의 진수는 삼국의 역사 기록을 정리하기 시작하여, 65권의 《삼국지》를 완성하였다.

그 뒤 진수는 태자중서자(太子中庶子)가 되었으나 부임하지 못하고 병사하였다(진晉 혜제惠帝 원강元康 7년, 297). 진수에 관해서는 당(唐) 방현령(房玄齡) 등의 합저(合著)인 《진서(晉書)》 82권, 〈진수전(陳壽傳)〉을 통해 생애의 일부를 유추할 수 있다.

(※ 필자의 《원문역주 정사 삼국지》 (2019, 명문당) (전6권), 부록 5 〈진수전(陳壽傳)〉 참고)

진수는 《위서(魏書)》 30권, 《촉서(蜀書)》 15권, 《오서(吳書)》 20권, 그리고 〈서록(敍錄)〉 1권을 저술했지만, 뒷날 〈서록〉은 망실되었고, 북송(北宋) 진종(眞宗) 함평(咸平) 6년(1003)에 삼서(三書)가 한 권으로 통합되어 《정사 삼국지(正史 三國志)》가 되었다.

○ 정사《삼국지》의 편제

사마천의《사기(史記)》는 기전체(紀傳體) 통사(通史)의 비조(鼻祖)이고, 반고의《한서(漢書)》는 기전체 단대사(斷代史)의 시작이며, 국별사(國別史)의 시작은 좌구명(左丘明)의《국어(國語)》까지 소급할 수 있는데, 진수의 정사《삼국지》는 기전체로 단대 국별사라고 분류할 수 있다.

《삼국지》를 일서(一書)로 보면 본기와 열전으로만 구성되었고, 삼서(三書)로 나눠 국별사로 보아도 역시 기전체 형식을 갖추고 있다.

《삼국지》가 조위(曹魏)와 촉한(蜀漢)과 동오(東吳)의 국별사를 동시에 서술하였지만, 위제(魏帝)를 〈무제기(武帝紀)〉와 〈문제기(文帝紀)〉 등 본기로 기록하고, 촉한은 〈선주전(先主傳)〉과 〈후주전(後主傳)〉, 동오(東吳)는 〈오주전(吳主傳)〉과 〈삼사주전(三嗣主傳)〉 등 열전(列傳)으로 수록한 것은 한(漢) – 위(魏) – 진(晉)으로 이어지는 정통 왕조의 계승이라는 정치적 수요에 따른 것으로 해석할 수 있다.[1]

---

[1] 왕조의 正統은 왕조 성립의 당위성(當爲性)이기에 당시로서는 아주 중차대한 문제였다. 뒷날 南宋 이후 漢의 정통을 蜀漢이 계승했다는 이론이 강했지만, 당시 晉에서는 魏는 漢의 정통을 계승하였고, 晉은 魏의 정통을 계승한 왕조라고 자처하였다. 때문에 魏의 正統을 부정하는 일은 晉의 정통에 대한 부정이기에 晉의 신하인 陳壽는 역사 서술에서 魏를 정통으로 서술하지 않을 수 없었다.

실제, 촉한과 동오의 경우 제목은 전(傳)이지만 서술 체제는 본기 기록과 같이 연호와 함께 편년(編年)에 의거 주요 사건을 빠짐없이 기록하였다.

《삼국지》는 인물 위주의 본기(本紀)와 열전(列傳), 곧 기전체(紀傳體) 역사 서술의 기본인 기(紀)와 전(傳)만 있고 삼사(三史)와 같이 제도와 관련한 〈서(書)〉나 〈지(志)〉, 그리고 〈표(表)〉가 없기에 삼국시대의 지리, 경제 및 여러 전장제도(典章制度)에 관한 내용은 알 수가 없다.

○ 정사 《삼국지》의 내용

서진(西晉) 진수(陳壽)의 《삼국지》의 서술 범위는 서기 184년 황건적의 난부터 서기 280년 동오(東吳)의 멸망까지 약 1백 년이니, 후한 말부터 삼국의 성립과 소멸의 역사를 서술하고 정리하였다.

본서에 입전된 인물 중, 예를 들면, 동탁(董卓, ?-서기 192), 원소(袁紹, ?-202)와 원술(袁術, 155-199), 유표(劉表, 142-208)는 후한의 영제(靈帝, 재위 168-188)와 헌제(獻帝, 재위 190-220) 시기의 주요한 정치적 인물이며, 모두 조위(曹魏)의 칭제(稱制, 서기 220) 이전에 사라진 사람이나, 《위서(魏書)》 6권 〈동이원유전(董二袁劉傳)〉에 입전되었다. 곧 후한(後漢)의 역사를 상당 부분 포함하고 있는데, 이는 후한에서 삼국으로의 자연스러운 발전이라는 의미가 있다.

《삼국지》는 《위서》와 《촉서》, 그리고 《오서》의 합본(合本)으로 서술 형식으로는 기전체의 단대사이다. 진수(陳壽)는 조위(曹魏)를 정통으로 생각하였기에 위왕(魏王) 조조(曹操, 155-220)와 조비(曹丕, 文帝) 등 조위의 황제는 본기에 기록하였고, 유비나 손권은 모두 열전 형식으로 입전하였다.

《사기(史記)》에는 〈태사공자서(太史公自序)〉에서, 반고의 《한서(漢書)》에서는 상, 하의 〈서전(序傳)〉이 있어 사서(史書) 저술 동기와 의도, 입전(立傳) 인물의 선정 이유와 간단한 소개 자료가 있지만, 범엽(范曄)의 《후한서(後漢書)》에는 그런 부분이 없다.

○ 무장(武將) 위주의 열전

삼국시대는 전쟁의 연속이었다. 때문에 삼국열전의 주인공으로 무장이 주(主)가 되었고 그들의 행적은 상세하다. 동시에 전략을 다루는 모사(謀士)에 대한 입전도 있지만, 상대적으로 유능한 문신에 대한 입전은 크게 눈에 띄지 않는다. 물론 유능한 지방관으로 훌륭한 치적을 남긴 인물에 대한 열전도 분명히 들어있다.

《삼국지》의 서술 연대가 짧고 또 삼국으로 분할된 상태에서 사료의 부족은 외국전에서도 그런 상황을 이해할 수 있다. 《삼국지》의 외국전은 《위서(魏書), 오환선비동이전(烏丸鮮卑東夷傳)》뿐이다. 서역 여러 나라와 교류가 있었지만 《한서(漢書)》 이후 조위에서 특기할 만한 내용이 사실상 없었다.

《삼국지》보다 늦게 이루어진《후한서》에는 중국 주변 민족에 대하여 〈동이열전(東夷列傳)〉 등 6권의 열전이 있다. 〈동이열전〉에는 당시 한반도의 여러 나라와 일본에 대한 내용까지 상세히 서술하였다.

○ 정사《삼국지》에 대한 평가

진수의 정사《삼국지》가 당시 통치자인 사마씨(司馬氏)의 이익을 옹호하기 위하여 다소의 곡필(曲筆)이 있다고 하지만, 그래도 조위나 동오의 대규모 토목공사에 따른 지나친 부역 동원이나 가혹한 형정(刑政)의 남발을 사실대로 직서(直敍)하였다.

대체로 정사《삼국지》의 내용이 비교적 간략하고, 또 진수의 치학(治學)이 근엄하여 수집한 사료에서도 근거나 사실에 의심이 될 만한 내용은 기록하지 않았다.

그리고《삼국지》서술 내용이 간결하고 위(魏), 촉(蜀), 오(吳)의 사실 중 중복되는 내용이 없어 그 사실 관계에 종합적 이해가 쉽지는 않다는 언급도 있다.

(2)《삼국연의》의 사실과 허구

○ 소설은 허구

《삼국연의》의 내용 중 얼마만큼이 역사적 사실과 일치하고, 어느 정도가 허구(虛構)인가에 대해서는 많은 논란이 있다. 그러나 제일 먼저 분명히 인정할 것은《삼국연의》가 역사적 사실에 바탕을 두고 있지만 소설이란 점이다. 소설은 당연히 허구(虛構, fiction)이다.

《삼국연의》는 대체적으로 역사적 사실에 부합하지만 역사적 사실이라는 전제하에서 합리적 허구와 내용이 가미된 것이다. 《삼국연의》에 등장하는 모든 사람이 정사《삼국지》나 다른 사서(史書)에 모두 수록되지는 않았다.

우선《삼국연의》는 상세한 역사기록을 바탕으로 이루어졌다. 《삼국연의》는 서진(西晉) 진수의 정사《삼국지》를 바탕으로 풀어 쓴 이야기이지만(演義), 소설 소재로서 아주 적합한 특성을 갖고 있다.

후한 말 황건적의 난 이후 후한의 붕괴와 위, 촉, 오 삼국의 정립과 멸망은 약 100년간에 걸쳐 진행되는데, 전국시대처럼 복잡다단(複雜多端)하지도 않고 초한(楚漢)시대 항우와 유방의 대결처럼 단순하지도 않아 소설의 소재가 되기에 아주 적합했다고 한다.

《삼국연의》의 인기와 광범위한 유포는 역사적 사실 중에서도 특히 삼국의 정립(鼎立, 세발 솥 정)이라는 특별한 소재를 채택하고 있다는 점이다. 삼국정립의 무대에는 강자와 약자, 선인과 악인이 고정되어 있지 않다.

또한 정립의 과정에서 끝없이 계속되는 전략과 전투에는 승자와 패자가 계속 뒤바뀌게 된다. 그리고 움직일 수 없는 역사적 사실, 예를 들면, 적벽대전(赤壁大戰)의 과정을 설명하는 데에는 작가의 창의적 창조 능력이 돋보일 수밖에 없었다.

○ 사실 : 허구 = 7 : 3

청대(淸代)의 장학성(章學誠)[2]은《삼국연의》가 '역사적 진실에 배치되는 허구의 옛 이야기(背馳信史 虛構故事)'로 '내용의 70%만 사실이며, 30%는 허구(惟三國七分事實 三分虛構)로 읽는 사람을 자주 현혹한다.'고 말하였다.

실제로《삼국연의》속의 조조, 제갈량, 유비, 관우, 장비 등은 모두 실존 인물로 역사상의 행적도 거의 일치한다. 때문에 소설 속에서 묘사된 형상이 실제의 모습으로 잘못 인식되는 경우가 많다.

이를 바꾸어 말하면,《삼국연의》의 70%는 이미 역사에 기록이 있는 것이기에, 작가에게는 이미 만들어진 기본 틀이 있었고, 그 틀에 약 30% 정도만 작가의 영역으로 남겨졌다는 뜻이다.

《삼국연의》는 그 시작과 끝이 분명하다. 또 등장인물이나 그들의 개성이나 성격도, 행적도 이미 고정된 것이 있기에《삼국연

---

[2] 장학성(章學誠, 1738−1801, 號 少巖) − 淸代 史學家, 思想家. 浙江 회계(會稽, 今 浙江省 북부 紹興市) 출신.《文史通義》를 저술.

의》작가가 소설적 능력을 발휘할 공간은 그만큼 좁았다.

　그러나 사실, 역사소설에서 정말로 중요한 것은 70%의 역사적 사실이 아닌 30%의 허구라고 말할 수 있다. 그 30%는 역사가가 기록하거나 생각하지 못한 그 인물의 영혼이기에, 만약 그 30%를 부정한다면 아무도 《삼국연의》를 읽지 않을 것이다.

　유비와 가까운 관우와 장비에 대하여 여러 가지 신비한 윤색(潤色)이 보태지고 개성이 뚜렷한 인물로 창조한 소설 그 자체를 부정한다면, 처음부터 역사책만 읽고 공부하면 된다. '역사적 사실과 틀린다' 고 하면서 역사소설의 가치를 폄훼(貶毀)할 필요는 없는 것이다.
　소설은 소설로 재미가 있고, 신화처럼 각색된 이야기는 그 신화로 가치가 있다. 그런 신화를 읽고 각자 느끼면 되는 것이다. 신화를 종교로 강요받지 않는 이상, 신화 자체를 부정할 필요는 없다고 생각한다.

　적벽대전(208)은 역사적 사건이지만 그 과정에서 제갈량(諸葛亮)의 지략이라든지 주유(周瑜)의 숨은 의도와 충성심, 조조의 남하를 막아내면서 내부 결속을 강화해야 하는 동오(東吳)의 국내 정치 상황 등을 고려한다면 적벽대전은 일어나지 않을 수 없는 필연으로 인식되게 된다. 그런 인식을 바탕에 깔아놓고 거기에 작가의 상상력과 추임새가 보태어졌기에 《삼국연의》의 인기는 창조되었다고 볼 수 있다.

그리고 또 한 가지 《삼국연의》가 대중에게 어필할 수 있는 것은 역사적 사실을 기본 바탕으로 깔고 있기에 매우 친근하면서도 강한 호소력이 있다는 점이다.

다시 말해, 이미 많은 사람들이 역사적 사건의 기본을 알고 있는데다가 약간의 허구만 보태어도 그것은 새로운 사실이기에 관심을 끌 수 있다는 점이다. 즉 약간의 허구가 독자에게는 새로운 지식으로 뇌리에 남는 효과가 있을 수 있다.

거기에 작가의 새로운 시각이 첨부된다면, 이는 마치 한 인물의 정면 사진만 보아온 사람에게 측면 사진을 보여주었을 때 느끼는 효과가 있다. 역사적 인물에 대한 측면 사진은 역사적 인물에 대한 구체적이고 입체적인 영상으로 독자에게 다가오고, 그 언행은 대단한 호소력을 가지고 독자에게 다가갈 것이며 특별한 대리 만족의 효과까지 줄 것이다.

○ 허구를 구성하는 기술

아마 이 점이 우리나라에서도 《삼국연의》가 인기를 누릴 수 있는 비결일 것이다. 우리나라에서 《삼국연의》의 인기도를 고려해 보더라도 《삼국연의》는 중국 역사소설의 최고봉이며, 그 이후 어느 역사소설도《삼국연의》의 경지를 넘어서지 못했다.

《삼국연의》의 웅장한 스케일과 등장인물들에 맞춰진 특별한 캐릭터,[3] 풍부한 상상력으로 만들어진 각종 사건과 이야기, 과장이나 정밀묘사에 의한 표현기법 등은 앞으로도 이만한 대작의 출현은 없을 것이라는 생각을 하게 해준다.

실제로 소설에서 가장 재미있고 뛰어난 부분은 오랜 전설이나 야사(野史) 전기(傳奇)의 영향을 받은 것으로 역사적 진실과는 거리가 있다. 그러나 소설은 소설이고, 작가의 창작이다.

사실의 기록만으로 역사 소설이 이루어지지는 않는다. 다만 역사적 사실도 정확하게 알고 있으면서 역사 소설에 관심과 재미를 갖는다면 더욱 좋을 것이라 생각한다.

그러나 역사적 사실도 엄밀하게 따지면, 기록자의 1차적인 취사선택을 거친 것이기에 100% 완벽한 사실이라고 단정할 수 없다. 또 기록자의 생각이나 평가에 따라 기록 내용도 달라질 수 있다는 것을 염두에 두어야 한다.

어떤 연구자는《삼국연의》가《삼국지》와 다르게 서술한 유형을 아래와 같이 설명했다.

---

[3] 소설에 등장하는 인물이나 작품 내용에 의하여 독특한 개성과 이미지가 부여된 존재. 예를 들면, 제갈공명의 지혜, 관우의 의리, 조조의 간지(奸智)는 毛宗崗(모종강)이 '三國의 삼절(三絶)' 이라고 지칭할 정도로 특별한 캐릭터이다.

① 역사 사건의 발생 순서를 작가의 의도에 맞게 바꾸거나 다른 인물로 바꾸었고,
② 여러 개의 사건을 묶어 일관성 있는 이야기로 재구성하거나 단순화시켰으며,
③ 다른 역사적 사건을 이용하거나 사건의 일부만을 재구성하며,
④ 사실을 일부러 비슷한 의미로 각색하거나 일부분을 특별히 상세하게 서술하고,
⑤ 주제와 상관이 없다면 인물이나 행적을 과감하게 생략하는 등

여러 가지 방법으로 픽션(허구虛構)을 구성했다고 분석하였다.

하여튼 그 픽션 기법이 어떻든 《삼국연의》가 위대한 창작물이라는 사실은 누구나 인정할 것이다.

3. 후한의 멸망 과정

(1) 나라 멸망의 기본 공식

1) 무능, 우매한 황제

○ 전한(前漢)의 경우

전한 고조(高祖, 유방劉邦)는 유능했다. 나라를 건국하고, 다스

릴만한 자질과 역량이 충분했다. 빈농인데도 농사일에는 전혀 관심이 없어 부친의 속을 썩이는 둘째 아들이었고, 학문이라야 겨우 이름자를 쓸 수 있을 정도였다. 명문가(名門家) 출신도 아니었으며, 높은 관직 경험도 없었다. 그렇다고 힘이 좋거나 무예나 병법에도 뛰어나질 못했다.

고조는 요즈음 말로, 농촌 지역이나 소도시에서 흔히 볼 수 있는 본업에 힘쓰지도 않으면서 건달과 같은 생활을 하는 토착 불량배에 가까웠다. 그러나 대장군 한신(韓信) 같은 사람, 그리고 한(韓)의 귀족인 장량(張良), 상국(相國)인 소하를 거느리며 통제할 줄 아는 최고의 경영자(CEO)였다.

그러나 아들 혜제(惠帝)는 부친의 능력을 따라갈만한 능력이 아예 없었다. 수렴청정을 넘어 칭제(稱制)했던 여후(呂后)가 죽은 뒤, 즉위한 문제(文帝), 다음 경제(景帝) 재위 중에 나라는 무사했고, 백성은 평안한 생활을 영위했던 문경지치(文景之治), 곧 태평성세였다.

다음 무제(武帝)는 한(漢)의 영역을 넓혔다고 하지만 끝없는 외부 정벌에 국고는 바닥났고, 백성은 도탄에 허덕였다.

무제의 미신행위와 불사약을 구하려 했던 여러 조치를 보면, 그는 정말 우매했었다. 부잣집을 완전히 거덜낸 방탕한 아들이었다. 무제가 어리석었기에 무고(巫蠱)의 화(禍)를 일으켜 자신의 아들과 손자를 죽였다. 그러면서 무제도 곧 죽었고, 겨우 8살 난 소제(昭帝)가 즉위(재위 前 87-74)하나 20살에 죽는다.

소제가 죽고 창읍왕 유하(劉賀)를 옹립하였지만, 계속되는 이상한 짓거리에 27일 만에 방출되고 선제(宣帝, 재위 前 74-48)가 즉위한다.

선제는 무제의 증손(曾孫)으로 기막힌 인생역정을 겪으며, 민간에서 성장한 뒤 즉위하여 한(漢)의 중흥을 이룩했다. 그러나 한(漢)의 운명은 거기까지였다.

선제 다음에 원제(元帝)는 무능했고, 다음의 성제(成帝)는 나름대로 재주가 많고 똑똑했지만, 음율(聲)과 여색(色)을 과도하게 밝혔다. 손바닥 위에서 춤을 출 수 있다는 조비연(趙飛燕) 자매에게 사랑을 주었고, 후사가 없었다.

성제 다음 애제(哀帝, 재위 前 6-前 1)는 동성애(同性愛)에 빠졌다. 22살의 동성애 파트너에게 국가 최고의 관직을 맡겼다. 애제는 불과 재위 6년, 26세에 죽었다. 다음 평제는 재위 5년 15살에 죽었고, 왕망의 손에 의해 2살짜리 유자 영(孺子 嬰)이 옹립된다. 결국 서기 8년에, 전한은 왕망(王莽)의 신(新)에 망한다.

2살짜리 기저귀를 찬 아이, 선제(宣帝)의 현손(玄孫)을 황제로 앉히면서, 왕망은 두상(頭相)이 잘 생겨서 황제로 선택했다고 말한다. 이는 역사에 길이 남을 코미디의 한 토막이다.

○ 후한(後漢)의 경우

후한을 건국한 광무제(光武帝) 유수(劉秀)는 개국 황제로 단절된 황통(皇統)을 계승하는데 성공했다. 광무제 다음 명제(明帝)와 장제(章帝) 시기에는 서역 지방으로 세력을 넓히고, 실크로드를 확장하는 등 비교적 태평한 시기였다.

그러나 후한 황실의 역대 황제는 단명했다. 거기에 외척의 세력이 팽창하며 국정의 권한이 외척의 손에 넘어갔고, 황실의 사치와 무능은 나라를 병들게 하였다.

환제(桓帝, 재위 147-167) 재위 중에는 외척 세력이 우세하자, 환제는 환관의 세력을 키워 자신의 세력 기반으로 삼으려 했다. 백성들 입장에서는 외척이든, 환관세력이든 백성을 수탈한다는 점에서는 모두 한 패거리, 한 통속이었다.⁴

환제 때 외척 양기(梁冀)의 여동생 중 하나는 순제의 황후였고, 다른 여동생은 환제의 황후였다. 양기는 낙양 주변 사방 수십 리의 농지를 점유하고, 거기에 토원(兔苑)을 만들고 토끼를 길렀다. 어떤 백성이 토끼 한 마리를 죽였다 하여 일족 10여 명의 백성을 참살하였다.

양기는 그 앞잡이들을 보내 농민들을 잡아다가 노비로 만들고, 그런 농민을 스스로 팔려온 사람(自賣人)이라 불렀다. 환제는 환관과 결탁하여 양기를 죽였는데, 양기의 집에서 압수한 재물이 30억 전이 넘었다고 한다. 환제는 양기를 제거하는데 힘쓴 선초(單超, 單은 성씨 선), 구원(具瑗) 등 5명의 환관을 제후에 봉했고, 이

---

4 一丘之貉(일구지학, 貉 오소리 학. 담비. 오랑캐 맥) — 같은 언덕 비탈에 사는 오소리로, 다른 데가 없다. 한통속의 나쁜 패거리.

들을 오후(五侯)라 불렀다. 이 오후의 권력과 탐학(貪虐), 포악은 이루 다 기록할 수가 없었다.

환제 다음에 영제(靈帝, 재위 168-189) 때 환관인 후람(侯覽)은 농민의 토지 181경(頃)을 점유하고, 민가 380여 호를 헐어버리고 자신의 집과 누각과 정원을 넓혔으며, 거기에 부녀자를 약탈하며 백성의 분묘를 파헤지고 보물을 노략질하였다. 그리고 일족을 요지 곳곳에 지방관으로 보내 재물을 긁어모았다.

영제는 '장상시(張常侍, 장양張讓)는 나의 아버지(파파爸爸)이고 조상시(조충趙忠) 나의 어머니(마마媽媽)'라고 말할 정도로 환관을 존중, 총애하였다.

2) 관리 부패와 매관매직

후한 영제는 정말 우매한 황제였다. 영제가 직접 매관매직하여 사재(私財)를 축적하였다니, 그 우매한 정도가 어떠했는가를 알 수 있다.

영제는 궁궐 서쪽에 만금당(萬金堂)이라는 건물을 짓고, 국가에서 부세로 거둬들이는 재산을 개인 재산으로 전환하여 축적하였다. 그것도 모자라 작위와 관직에 일정한 가격을 정해 직접 판매하여 현금을 모아 쌓아두었다니, 이처럼 우매할 수가 있겠는가?

군(郡)의 태수는 2천만 전에 거래되었고, 중앙의 공(公)은 1천만 전이었다. 공(公)이 군의 태수보다 상위직이지만, 태수는 백성들을 직접 탈취할 수 있어 가격이 더 비쌌다. 그리고 조정의 경(卿, 九卿)은 정가가 5백만 전으로 지방 태수의 4분의 1정도였다고 한다. 매관매직에서 현금이 부족하면 일단 부임한 뒤에 부족한 금액을 충당했다고 한다.

이런 매관매직은 영제가 직접 관장하였는데, 강직하기로 잘 알려진 명사 최열(崔烈)은 5백만 전을 내고 최고위직인 사도(司徒)가 되었다.

환관 조등(曹騰)의 양자인 조숭(曹嵩, 조조의 부친)은 태위(太尉)의 관직을 정가의 10배나 되는 1억 전에 샀는데, 이는 그가 이미 부자로 알려졌기에 몇 배나 많은 금액을 내야만 했다.

3) 후한의 자연재해

후한의 역사에 기록된 큰 수해(水害)가 27차례 발생했는데, 환제와 영제 재위 중에 13차례 큰 수해를 당했다. 이는 후한 수해의 절반이 이 시기에 발생한 셈이다.

수해와 반대인 가뭄 피해는 후한 시대에 17번 겪었는데, 그중에서 환제와 영제 시대에 6차례 가뭄 피해(한해旱害)를 겪었다. 이는 전 기간의 3분의 1이었다.

결국 정치가 나쁠 때 자연재해까지 겹치니 백성의 생활이 얼마나 참혹했겠는가. 그럴 경우 백성은 뿔뿔이 흩어지게 되고 떠도는 유민들은 무엇을 겁내겠는가? 이런 상황에서 나라의 정치 기강이 어떨는지는 더 말할 필요도 없다. 결국 이런 상황은 백성의 민심 이반(離叛)으로 연결되고, 그 결과는 응당 반란으로 이어진다.

4) 황건적의 난과 진압

후한(後漢) 말 황건적(黃巾賊) 난(亂)의 주동 인물은 태평도(太平道)의 지도자인 장각(張角, ?-184년)이다.

장각은 본래 거록군, 거록현[鉅鹿縣, 지금의 하북성(河北省) 남부 형대시(邢臺市)] 출신으로 관리가 되지 못한 유생이었는데, 대현량사(大賢良師)라 자칭하며 황노(黃老) 학설을 신봉하며 문도를 모아 가르쳤다. 장각은 입산하여 채약(採藥)하다가 남화노선(南華老仙)이라는 노인을 만나 동굴 안에 들어가 《천서(天書)》 3권을 받았고, 그 책을 읽어 도통(道通)했다고 하였다.

남화노선은 장각에게 부적을 태운 재를 풀은 물(부수符水)과 주문(呪文)으로 사람의 병을 치료하는 방법을 일러주었다. 많은 빈민들이 장각 주변에 모여들었고 장각의 말을 신봉하니, 그 주장을 태평도(太平道)라 하였다. 장각이 사람을 사방으로 보내 태평도를 전파하니 십여 년 사이에 십수 만의 신도가 모였다.

장각은 「창천은 이미 죽었고(蒼天已死, 蒼天은 漢), 이제 황천이 일어날 때이다(黃天當立, 黃天은 태평도). 갑자년(歲在甲子, 서기 184)에 천하가 대길(天下大吉)한다.'고 백성을 선동하였다.

이들은 주로 청주(青州), 서주(徐州), 유주(幽州), 기주(冀州), 연주(兗州), 예주(豫州), 양주(揚州) 등 동북지방에 퍼졌고, 많은 농민들이 가산을 정리하고 장각의 무리에 들어가니 길이 막힐 정도였다.

장각 세력은 크게 확산되었고, 36개 방(方)을 조직하여 군사조직처럼 운영하였다. 그래서 큰 방(方)은 1만, 작은 방은 6, 7천 명이었는데, 방에는 거수(渠帥)를 두어 지휘 통솔케 하였다.

(영제靈帝) 중평(中平) 원년(서기 184)에, 장각은 천공장군(天公將軍)을 자칭하며 그 동생 장보〔張寶, 지공장군(地公將軍)〕, 장량〔張梁, 인공장군(人公將軍)〕과 함께 신도를 거느리고 봉기하니, 각지에서 관아를 불태우고 관리 가옥을 노략질하자, 이에 관리들은 직무를 포기하고 도주하였으며, 태평도의 세력은 갑자기 화북 지역을 휩쓸었다. 이를 역사에서는 '황건(黃巾)의 난(黃巾之亂, 黃巾起義)'이라 하였다.

이에 조정에서는 중랑장인 노식(盧植)[5]을 보내 장각을 토벌케 하였다. 노식은 연전연승하며 1만여 명을 포로로 잡았다. 장각 등은 후퇴하여 광종〔廣宗, 지금의 하북성(河北省) 남부 형대시(邢臺市) 관할 위현(威縣)〕을 수비하자, 노식은 이를 포위 공격하였다.

그러나 노식은 모함을 받아 해임되었고, 후임자는 동탁이었

---

5 노식(盧植, ?-192, 字는 子幹) - 後漢 末 정치가, 장군, 經學者. 탁군(涿郡) 탁현(涿縣) 사람이다. 8尺 2寸의 장신에, 목소리는 종소리와 같았다. 젊어 정현(鄭玄)과 함께 마융(馬融)에게 사사하였다. 공손찬(公孫瓚), 유비(劉備) 등이 그 문하생이었다.

다.[6] 동탁이 진압에 성공하지 못하자, 조정에서는 다시 좌중랑장(左中郎將)인 황보숭(皇甫嵩)[7]으로 교체하였다.

마침 이 무렵에 장각은 병사하였다. 장각의 동생 장량은 황보숭에게 대패했고, 바로 전사했다. 장각은 부관참시(剖棺斬屍)되었고 장각의 머리는 낙양에 보내져 전시되었다.

이후 황건적의 난은 진압되었으나, 이를 통하여 각지에서 군벌이 대두한다. 군벌의 대립 항장은 삼국의 분립으로 이어지고, 결국 후한은 조조의 아들 조비(曹丕)에게 선양하며 멸망한다. 후한의 멸망은 나라 멸망의 공식을 확실하게 보여주었다.

---

[6] 영제(靈帝)가 붕어하자, 대장군 하진은 환관을 제거할 계획으로, 병주자사인 동탁을 낙양으로 불러들여 태후를 협박할 생각이었다. 동탁은 낙양에 들어와서 예상대로 조정 대신을 능멸 학대하였고, 백관을 모아놓고 황제(少帝 劉辨) 폐립을 논의하였다. 모든 신료가 아무 말도 못했지만 노식만은 홀로 항의하며 따르지 않았다. 기주목(冀州牧)인 袁紹(원소)가 노식을 청하여 軍師로 삼았다. 노식은 (獻帝) 初平 3년(서기 192)에 죽었다.

[7] 황보숭(皇甫嵩, ?-195) – 皇甫는 복성. 嵩은 높을 숭. 황보숭은 황건적 토벌에 공을 세웠다. 《後漢書》 71권, 〈皇甫嵩朱儁列傳〉에 立傳.

제1부

군웅 할거

〈群雄 割據〉

1. 헌제 옹립, 동탁 득세

◎ 영제(靈帝) 중평(中平) 6년(서기 189)

4월에, 영제(靈帝)가 붕어했다. 황자(皇子)인 유변(劉辯)이 17세에 즉위하였다. 사서(史書)에서는 이를 소제(少帝)라 기록했다.

8월에, 대장군 하진(何進)과 사예교위(司隸校尉)[8]인 원소(袁紹)가 환관을 제거할 계획을 세웠으나 섭정하는 하(何)태후가 허락하지 않았다. 이에 하진은 병주목(幷州牧)인 동탁(董卓)[9]에게 군사를 거

---

8 사예교위(司隸校尉) - 질록은 比2천 석. 武帝 때 처음 설치하였다. 경기 지역의 감찰을 담당하였는데, 속관이 많았다. 사예교위부는 치소는 河南 낙양현이고 河南尹, 河內郡, 河東郡, 弘農郡, 경조윤(京兆尹), 좌풍익(左馮翊), 우부풍(右扶風)을 감찰하여 다른 12자사부보다 그 권한이 막강하였다.

9 동탁(董卓, 141-192년) - 涼州 隴西 임조(臨洮) 출신. 후한 말 양주(涼州) 軍閥(군벌)이며, 포악한 행위로 역사상 가장 부정적 평가를 받는 인물. 《後漢書》 72권, 〈董卓列傳〉에 입전.

느리고 입경(入京)하여 하태후를 겁박하라고 연락하였다.

그러나 이런 비밀 명령이 누설되었고, 환관들이 먼저 손을 써서 중상시(中常侍) 장양(張讓)이 하진을 죽였다. 원소는 그 군사를 동원하여 환관 2천여 명을 학살하였다.

그러자 환관은 소제와 진류왕(陳留王) 유협(劉協)을 압박하여 궁궐을 빠져나가 피난했다.

동탁은 군사를 거느리고 들어와 소제를 폐위하고(홍농왕弘農王[10]으로 강등), 9세의 진류왕(陳留王)을 옹립하니, 이가 한(漢)의 마지막 황제 헌제(獻帝)[11]이다. 동탁은 조정 권력을 장악했고, 원소와 원술(袁術), 조조(曹操) 등은 모두 도읍 낙양을 빠져나가서, 지

---

10 홍농왕(弘農王) ─ 홍농왕은 유변(劉辯). 少帝, 弘農王 등으로 표기. 中平 6년(서기 189년 4월─8월) 在位. 재위 기간이 해를 넘기지 못했기에 정통 황제로 인정하지 않는다. 재위 중 정권은 母親 何太后와 대장군 하진의 수중에 있었지만, 외척이 십상시(十常侍) 등 환관과 세력 경쟁에서 밀렸다. 결국 少帝는 서북 군벌인 동탁에 의해 폐위되어 홍농왕으로 강등되었다가 동탁의 협박을 받아 자살했다.

11 헌제(孝獻皇帝, 효헌) ─ 名은 協(협), 後漢 최후 황제. 재위 189─220년. 시법(諡法)에 '총명예지(聰明叡智) 曰 獻'이라 했다. 220년 魏 조비(曹丕, 조조의 아들)에게 선양했고, 山陽公에 봉해졌다. 선양한 다음 해 헌제가 피살되었다는 소문에, 유비는 헌제에게 孝愍(효민) 황제라는 시호를 올리고 漢室의 계승을 자처하여 촉한을 건립했다. 유협은 魏 明帝 青龍 2년(234)에 향년 54세로 죽었고, 시호는 孝獻皇帝이다.

역 거점을 장악한 지방관과 연결하며 동탁 토벌군을 일으키게 된다.

◎ 헌제(獻帝) 초평(初平) 원년(서기 190)

정월에 관동지역 제후(諸侯, 지방관)들이 기병(起兵)하여 11로(路) 동탁 토벌군을 조직하였다.

헌제 초평(初平) 원년(서기 190) 정월에, 후장군(後將軍)인 원술(袁術), 기주목(冀州牧)인 한복(韓馥), 예주자사(豫州刺史) 공주(孔伷), 연주(兗州)자사 유대(劉岱), 하내태수(河內太守) 왕광(王匡), 발해(勃海)태수 원소(袁紹), 진류(陳留)태수 장막(張邈), 동군(東郡)태수 교모(橋瑁), 산양(山陽)태수 원유(袁遺, 원소의 종형), 제북상(濟北相) 포신(鮑信) 등이 동시에 기병하였고 각 군사는 수만 명이었으며 원소를 맹주(盟主)로 추대하였다. 조조는 임시 분무장군(奮武將軍)[12]이 되었다.

이어 2월에, 동탁은 헌제를 협박하여 장안(長安)으로 천도하였다(3월에 장안에 도착). 그리고 동탁은 낙양에 남아 관동군에 대항하였다.

---

[12] 行奮武將軍 – 行은 代行, 攝行(섭행). 본직을 갖고 다른 일을 겸행. 하급 관직의 관리가 상급 관직을 임시 대행할 경우에 行~이라고 한다. 行大司馬. 行中郎將事, 行車騎將軍事 등이 그 예이다.

수상 삼국지연의(繡像 三國志演義) - 상해 홍문서국(鴻文書局) 인행(印行)
왼쪽부터 동승(董承), 한 헌제(漢 獻帝), 복황후(伏皇后), 복완(伏完)
〈국립중앙도서관 소장〉

(1) 하진의 출세와 죽음

○ 하진의 출세

영제(靈帝) 광화(光和) 말년(서기 184년, 중평 원년)[13]에, 황건적

---

13 光和는 靈帝의 연호. 광화 7년을 中平 元年으로 改元하였다. 中平

이 봉기하였다. 영제가 붕어하여 태자가 즉위하였고 하태후(何太后)가 임조청정(臨朝聽政)하였다.

하진(何進, ?-189) 남양군 완현(宛縣, 지금의 하남성河南省 서남부 남양시) 사람이다. 이복 여동생이 궁궐에 뽑혀 들어가 귀인이 되어 영제의 총애를 받자, 하진은 연속 승진하여 호분중랑장(虎賁中郎將)이 되었고 영천(潁川)태수로 나갔다. 영제 광화(光和) 3년(서기 180)에, 하귀인이 황후에 책립되자, 하진은 조정에 들어와 시중(侍中), 장작대장(將作大匠), 그리고 하남윤(河南尹)14을 역임하였다.

하황후 소생의 황자 유변이 즉위한 뒤에(소제少帝, 홍농왕) 하태후가 임조청정(臨朝聽政)하였으며, 하진은 정사를 보필하면서 상서사(尙書事)를 감독하였다.

○ 하진의 피살

하진과 원소(袁紹)는 환관을 주살할 계획을 세웠으나 하태후가 수락하지 않았다. 이에 하진은 조서를 내려 동탁의 군사를 불러

은 靈帝의 4번째, 마지막 연호. 서기 184-188년. 서기 184년은 새로운 六十甲子의 시작, 갑자년이었다.

14 하진(何進, ?-189)은 南陽 완현(宛縣) 출신, 본래 가축을 잡는 屠戶(도호) 출신, 이복 여동생이 입궁하여 靈帝의 황후가 되었다. 大將軍으로 녹상서사(錄尙書事) 겸임. 환관 세력을 꺾겠다고 董卓(동탁)을 불러들인 장본인. 십상시(十常侍)에게 피살되었다. 《後漢書》 69권, 〈竇何列傳〉에 立傳. 하남윤(河南尹)은 국도 洛陽의 행정을 담당했다.

들여 하태후를 협박하려 했는데, 동탁의 군사가 낙양에 들어오기 전에 하진은 환관에게 살해되었다.[15]

(2) 동탁(董卓)의 만행

○ 강족(羌族)과 친교

동탁은 농서군(隴西郡) 임조현(臨洮縣) 사람이다. 성격이 거칠고 지모가 있었다. 젊어 강족(羌族)의 땅에서 좀 놀면서 그쪽 우두머리들과 친교를 맺었다. 뒤에 돌아와 농사를 지었다.

강족의 우두머리 몇 사람이 동탁을 찾아와 의지했다. 그러자 동탁은 농사짓는 소를 잡아 함께 즐겼는데, 그 우두머리들이 감격하여 자기들 땅에서 여러 가축 1천여 마리를 몰아다가 동탁에게 주었고, 이후 동탁의 용맹성과 호탕한 기질이 널리 알려졌다.

동탁은 남들보다 힘이 세었고 활 통 두 개를 어깨에 메고 좌우 어느 쪽으로도 활을 쏠 수 있어 강족이 두려워하였다.

환제 말기에, 육군(六郡)의 양가(良家) 자제로 우림군(羽林郡)에 뽑혀 군의 사마(司馬)가 되었고 한양군(漢陽郡)에서 반란을 일으킨

---

15 中平 6년(서기 189년)에 靈帝 붕어, 少帝〔劉辨(유변)〕즉위, 何太后 청정. 中常侍 장양(張讓)이 何進을 살해했다. 이에 원소(袁紹)는 궁궐을 급습하여 환관 2천 명을 살해했다. 하진의 부름을 받은 동탁은 낙양에 진입했고, 少帝를 폐위하고, 유협(劉協, 獻帝)을 옹립하고서, 동탁은 스스로 相國이 되었다.

동탁(董卓) 〈출처: 위키백과〉

강족을 격파하여 낭중(郎中)이 되면서 비단 9천 필을 상으로 받았다.

이에 동탁이 말했다.

"내가 공을 세웠다지만 같이 나눌 사람은 사졸들이다."

그리고 모든 상을 남김없이 군리와 병졸에게 나눠주었다. 나중에 병주(幷州) 자사와 하동태수(河東太守)를 역임했다.

○ 동탁 입경(入京)

영제가 붕어하자(서기 189), 대장군 하진과 사예교위(司隷校尉) 원소(袁紹)는 환관을 주살하려 했지만 태후가 불허하자, 곧 동탁의 군사를 불러 태후를 협박하려 했다. 동탁은 명을 받자마자 바로 출발하였다.

동탁이 낙양에 도착하기 전에 하진은 환관에게 피살되었고, 호분중랑장(虎賁中郎將) 원술(袁術)은 남궁(南宮)에 불을 지르며 환관을 죽이자, 환관들은 소제와 진류왕(陳留王, 헌제)을 협박하여 북궁을 나가 황하 근처로 피난하였다.

동탁은 멀리서 불길이 솟는 것을 보고 급히 진격하여 날이 밝을 무렵에 낙양성 서쪽에 도착했는데, 황제가 북망산(北邙山)[16] 쪽으로 나갔다 하여 바로 가서 영접하였다.

소제는 동탁 군사가 갑자기 들이닥치자 겁에 질려 울음을 터트렸다. 동탁이 소제에게 말을 했으나 소제는 우느라고 대답을 못했지만, 진류왕(陳留王)[17]이 설명하여 경과를 들을 수 있었다.

동탁은 진류왕이 현명하다 생각하였고, 또 환제의 황후로 영제를 출산한 동태후(董太后)가 양육한 손자이기에, 동태후와 동족이라 생각하는 동탁은 황제를 폐하고 진류왕을 옹립하겠다고 생각하였다.

○ 헌제 옹립

처음에, 동탁이 낙양에 들어올 때, 보병과 기병 등 3천 명에 불과했다. 얼마 뒤에 하진과 그 동생 하묘(何苗)가 거느렸던 부대가

---

16 북망산(北邙山) – 망산(邙山). 해발 300여m 내외. 今 河南省 洛陽市 북쪽, 黃河의 남안, 鄭州市까지 100여 km 이어진 산. 後漢 및 魏, 晉의 왕후공경(王侯公卿)의 무덤이 많아 묘지의 대명사로 널리 통용된다. 秦相 여불위(呂不韋), 光武帝 劉秀의 原陵, 西晉 司馬氏, 南朝 陳後主, 唐 두보(杜甫), 서예가 顔眞卿(안진경)의 능묘가 있다. 洛陽 고묘박물관(古墓博物館)이 있고, '생재소항(生在蘇杭), 장재북망(葬在北邙)'이라는 속언도 있다.

17 진류왕(陳留王) – 영제와 王美人의 소생. 왕미인은 영제 하(何)황후의 핍박을 받아 죽었기에, 환제의 황후이며 영제의 모친(皇太后)인 동(董)태후가 황자(皇子) 유변(劉辯)을 양육하였다. 진류(陳留)는 郡名. 황자는 郡을 봉읍(封邑)으로 받았다.

모두 동탁의 편이 되었으며, 동탁이 여포(呂布)를 시켜 집금오(執金吾)인 정원(丁原)¹⁸을 살해하고, 그 병력을 차지하여 동탁의 군사력은 크게 증강되었다.

동탁이 스스로 사공(司空)이 되었다. 그런 뒤에 동탁은 황제의 폐립을 논의하였다.

동탁은 백관을 다 모아놓고 말했다.

"가장 중대한 관계는 천지(天地)이고 다음이 군신(君臣) 관계인데, 이는 정사를 담당하기 때문입니다. 황제가 우매하고 나약하여 종묘제사를 받들며 천하의 주군이 될 수 없다고 생각합니다. 이번에 이윤(伊尹)과 곽광(霍光)¹⁹의 전례에 의거 진류왕(陳留王, 유협劉協)을 옹립하는 것이 어떻겠습니까?"

공경 이하 아무도 대답하는 사람이 없었다.

그러자 동탁이 더 큰소리로 말했다.

"옛날에 곽광이 (창읍왕 폐위를) 결정할 때 전연년(田延年)은

---

18 정원(丁原, 140?-189) - 거칠지만 용기가 뛰어났고 활을 잘 쏘았다. 幷州(병주)자사 역임. 呂布의 능력을 인정, 동탁의 계략에 의거 呂布에게 피살. 집금오(執金吾)는 秦의 중위(中尉)를 武帝 때 執金吾로 개칭. 오(吾)는 禦(막을 어)의 뜻. 兵器를 들고 非常에 대비한다는 뜻. 질록 中2천 석. 궁성 외곽 경계, 수재나 화재 등 돌발 사태 대비, 또 황제 행차 시 집금오 병력(2백 인)이 의장대 역할을 했기에 집금오는 무인이 선망하는 직책이었다.

19 곽광(霍光) - 소제(昭帝)가 죽자, 창읍왕 유하를 옹립했다. 그러나 27일만에 창읍왕을 폐위하고 선제(宣帝)를 옹립했다(서기 74).

칼을 빼들었습니다. 이번에 감히 대의(大議)를 저해하는 자가 있다면 모두 군법으로 처단할 것입니다."

참석자들은 모두 놀라 떨었다. 이에 상서 노식(盧植)이 말했다.

"옛날 상왕(商王) 태갑(太甲)은 즉위 후에 난폭하였고, 창읍왕(昌邑王)은 그 허물이 1천 가지가 넘었기에 폐위되었습니다. 지금 황상은 춘추도 어리고 실덕(失德)도 없으니 옛일과 같을 수 없습니다."

동탁은 대노하면서 회의를 파했다. 다음 날 다시 모든 신료를 숭덕전전(崇德前殿)에 모아놓고 태후를 협박하여 책서를 내려 소제를 폐위시켰다.

「황제는 상중(喪中)이나 인자(人子)의 마음도 없고, 위엄이 주군 같지 않아 이에 폐위하여 홍농왕(弘農王)에 봉한다.」

그리고 진류왕을 책립하니, 이가 헌제(獻帝, 재위 190-220)이다. 또 영제의 하황후(何皇后)는 영락태후(永樂太后, 동태후(董太后), 영제의 모후)를 핍박하여 근심 끝에 죽게 하였으니, 이는 고부(婦姑)의 예(禮)를 어기고 효순(孝順)의 지조를 따르지도 않은 죄를 저질렀다 하여 하(何)태후를 영안궁(永安宮)으로 옮긴 뒤에, 부하를 시켜 독약으로 살해하였다.

○ 포악한 동탁

동탁은 태위(太尉)로 승진하여 전장군(前將軍) 직무를 대행하며, 미후(郿侯)로 추봉(追封)되었다. 동탁은 얼마 안 있어 상국(相

國)으로 승진하였고, 조정에서는 종종걸음으로 걷지 않고 칼을 차고 전각에 오를 수 있게 허용하였다.

이때 낙양 귀척(貴戚)들의 저택은 서로 연접했으며 금은이나 비단 등 재산은 집집마다 쌓여있었다. 동탁은 병사를 풀어 백성의 집을 급습하여 부녀자와 물자 약탈을 허용하였는데, 민심은 공포로 붕괴되었고 아침에 저녁 일을 짐작할 수도 없었다.

○ 동탁의 장안 천도

동탁은 강제로 천자를 데리고 서군(西都, 장안)으로 천도하였다(190). 그전에 장안(長安)은 왕망 말기에 적미(赤眉)의 난을 당하며 궁궐과 관청 등이 모두 불에 타 남은 것이 없었는데, 이때도 고묘(高廟)와 경조부(京兆府) 건물은 남아있어 길일을 골라 행차하였다.

뒤에 낙양 백성을 장안으로 이주시키면서 군사로 몰아가는 바람에 서로 밟혀죽고 기아와 노략질로 시신이 길에 널려있었다. 동탁은 낙양의 군영에 주둔하면서 궁궐과 관부, 민가 등을 모두 소각하여 2백 리 내에 살아남은 사람이 없었다.

또 여포를 시켜 황제의 능과 공경 이하 무덤까지 파내어 그 보물을 모두 거둬들였다.

그때 장사태수 손견(孫堅) 역시 예주(豫州) 관할 여러 군의 군사와 함께 동탁 토벌에 나섰다. 동탁은 먼저 부하 장수들을 사방에 보내 노략질을 시켰다. 동탁의 부장 서영은 손견과 교전했는데,

손견을 격파하고 영천태수를 생포하여 삶아 죽였다. 동탁은 반동탁 의병(義兵) 사졸(士卒)을 생포하면 그들을 천으로 둘둘 말은 다음에 땅 위에 거꾸로 세운 뒤에 뜨거운 기름을 부어 죽였다.

어느 날, 동탁은 휘장을 둘러치고 술자리를 마련하여 북지군(北地郡)에서 반역했던 수백 명을 유인한 뒤에 앉은 자리에서 그들을 살해하였다. 동탁은 먼저 그들 혀를 자르고 다음에 수족을 잘랐으며, 이어 눈을 파내어 솥에 넣고 삶았다. 그래도 죽지 않는 자는 앉은 자리에서 짓이겨 죽였다. 모인 사람들이 전율하며 젓가락을 잡지도 못했지만 동탁은 태연하게 술을 마셨다. 모든 장수들이 말을 잘못하면 그 앞에서 잔인하게 죽였는데, 점차 관중(關中) 지역의 명문대족도 반역으로 몰아 죽였다.

○ 동탁의 거점 – 미오(郿塢)

동탁은 백관과 함께 자주 주연을 열어 방자하게 실컷 즐겼다.

동탁은 장안성의 동쪽에 보루를 짓고 거처하였다. 또 고향 미현〔郿縣, 섬서성(陝西省) 중서부 보계시(寶雞市) 관할 미현(郿縣)〕에 높이 7장(丈)의 성채를 짓고 만세오(萬歲塢, 郿塢. 塢는 성채 오)라고 불렀다. 동탁은 거기에 곡식 30년 치를 저장하였다.

동탁은 스스로 "일이 잘 되면 천하에 웅거할 것이나, 실패하면 여기서 늙도록 살 수 있을 것이다."라고 말했다.

동탁이 미현의 만세오로 행차할 때는 공경 이하 모두가 나와 횡문(橫門) 밖에서 조제(祖祭)를 지내며 무사 여행을 빌었다.

(3) 반 동탁 세력

○ 반 동탁군

이때 원소는 하내군(河內郡)[20]에 주둔하였고 장막(張邈), 유대(劉岱), 교모(橋瑁), 원유(袁遺) 등은 진류군(陳留郡) 산조현(酸棗縣)[21]에 주둔하였다. 원술(袁術)은 남양군(南陽郡)에 주둔하였고, 공주(孔伷)는 영천군(穎川郡)에, 한복(韓馥)은 위군(魏郡) 업현(鄴縣)[22]에 주둔하고 있었다. 그러나 동탁의 군사가 막강하기에 원소 등 그 누구도 앞서 진격하는 장수가 없었다.

○ 조조의 선공(先攻)

이에 조조가 말했다.

"난폭한 무리를 죽이려 의병을 일으켰고 대군(大軍)이 모두 모였거늘, 여러분들은 무엇을 걱정합니까? 동탁은 산동(山東)[23]에서 거병한 소식을 알고도 황실의 중망(重望)을 믿고 이주(二周, 서주와

---

20 河內郡 – 治所는 懷縣(회현), 今 河南省 북부 焦作市(초작시) 관할 武陟縣(무척현).

21 酸棗(산조) – 陳留郡의 현명. 今 河南省 북부 新鄉市 관할 延津縣.

22 鄴縣(업현) – 魏郡의 治所, 今 河北省 남부 邯鄲市(한단시) 관할 臨漳縣. 曹操가 魏公이 되고 魏王으로 있는 동안 조조 세력의 근거지였다.

23 山東 – 崤山(효산, 함곡관이 있는 산)의 동쪽. 곧 關東. 지금의 山東省을 지칭하지 않는다.

수상 삼국지연의(繡像 三國志演義) - 상해 홍문서국(鴻文書局) 인행(印行)
왼쪽부터 여포(呂布), 왕윤(王允), 동탁(董卓), 초선(貂蟬)

동주)의 험한 지형을 바탕 삼아 동쪽으로 진출하여 천하 장악을 시도하면서 무도하게 온 천하에 해악을 끼치고 있습니다. 궁궐을 불사르고 천자를 협박, 천도하여 온 천하가 두려워 떨면서 어디에 의지할지 모르는 지금은 하늘이 동탁을 멸망시킬 시기입니다. 우리가 단 한 번의 전투로 천하를 평정할 수 있으니, 이를 놓쳐서는 안 될 것입니다."

그리고서 조조는 군사를 이끌고 서쪽으로 진격하여 하남군 성고현(成皐縣)[24]에 주둔하였다. 장막은 부장을 보내 조조를 돕게 하였다. 조조는 (하남윤河南尹) 형양현(滎陽縣)[25] 변수(汴水)에서 동탁의 장수 서영(徐榮)과 만나 싸웠지만 이기지 못했다. 조조도 유시(流矢)에 맞았고, 타던 말도 상처를 입었는데, 사촌 동생인 조홍(曹洪)이 말을 조조에게 주어 밤을 틈타 도망칠 수 있었다.

○ 주저하는 반 동탁군

조조가 진류군 산조현에 갔을 때, 여러 군영의 병력이 10여 만 명이나 되었지만 장수들은 날마다 술잔치를 벌이며 진격하지 않았다.

조조는 이를 질책하며 방책을 설명하였다.

"여러분들은 나의 계책을 따라야 합니다. 발해태수(渤海太守, 원소)께서는 하내군(河內郡)의 군사와 함께 맹진(孟津)[26]으로 진출하

---

24 成皐(성고) – 河南尹(郡)의 현명. 今 河南省 중부 鄭州市 관할 滎陽市 서북. 교통 요지, 전략 요충지.

25 滎陽(형양) – 河南尹(郡)의 현명. 옛 漢 高祖와 項羽의 격전지. 교통과 군사의 요지, 今 河南省 중부 鄭州市 관할 滎陽市.

26 맹진(孟津) – 黃河의 유명한 나루터 이름. 周 武王이 殷 주왕(紂王)을 토벌할 때 8백 제후가 모여 맹세한 곳. 今 河南省 洛陽市 북쪽의 孟津縣. 낙양(雒陽)은 雒水의 북쪽이라는 뜻.

고, 산조현에 주둔한 여러 장수는 성고(成皐)를 방어하며 오창(敖倉)²⁷을 점거한 뒤에 환원관(轘轅關)과 대곡관(太谷關)을 막고 험지를 지켜야 합니다. 그리고 원술장군은 남양군(南陽郡)의 군사를 거느리고 단(丹)과 석(析)에 주둔한 뒤에 무관(武關)²⁸으로 진출하여 삼보(三輔)지역²⁹을 위협해야 합니다. 그리고 모든 장수들은 보루와 방벽을 높고 깊게 설치한

여포(呂布) 〈출처: 위키백과〉

---

27 오창(敖倉) - 鴻溝(홍구)와 黃河의 합류지점인 滎陽城(형양성) 동북 敖山(오산)에 있는 군량 창고. 今 河南省 鄭州市 관할 滎陽市 동북. 楚漢戰 당시는 물론 後漢에서도 중요한 군량 창고였다.

28 무관(武關) - 關中에 들어가는 주요 관문. 동쪽은 函谷關(함곡관), 남쪽은 武關, 서쪽은 散關(산관), 북쪽은 蕭關(소관)으로 둘러싸인 땅을 關中이라 한다. 무관은, 今 陝西省 남부 商洛市 丹鳳縣 동쪽의 少習山 협곡에 있다. 漢 高祖는 이곳을 통과하여 관중에 들어와 秦王의 항복을 받았다.

29 삼보(三輔) - 京兆尹(경조윤)과 左馮翊(좌풍익), 右扶風(우부풍)으로

뒤에 (동탁의 군사와) 싸우지는 않고 의병(疑兵)을 늘려 천하 형세가 순명(順命)하니 역천자(逆天者)를 주살한다는 뜻을 강조하면 쉽게 평정할 수 있을 것입니다. 지금 대의에 입각하여 거병하고서도 회의하며 진격하지 않으니, 이는 백성들의 소망을 버리는 것이니 여러 장군들은 부끄러운 줄을 알아야 합니다!

그러나 장막 등 여러 장수는 조조의 뜻을 받아들이지 않았다.

◎ 헌제 초평(初平) 2년(191)

손견(孫堅)은 동탁군을 격파하고 낙양에 입성하였다. 동탁은 낙양 부근 황제의 능을 도굴하였고, 낙양의 군궐과 민가를 소각한 뒤 서쪽으로 퇴각하여 4월에, 장안에 입성했다.

7월, 원소는 기주목(冀州牧)인 한복(韓馥)을 협박하여 기주의 통치권을 양보받았다. 이로부터 군벌 간 혼전(混戰)의 서막이 올랐다.

원소는 표문을 올렸고, 조조(曹操)는 동군(東郡)태수가 되었다.

원술은 손견(孫堅)을 예주(豫州)자사에 임명하였다.

유비(劉備)는 공손찬에 의지하여 별부사마(別部司馬)가 되었다.

長安과 주변의 여러 현(縣)을 다스리는 행정구역이며 행정책임자를 총칭하는 말.

2. 조조의 등장과 득세

(1) 조조의 가계

○ 환관 가문

조조(曹操, 태조 무황제)[30]는 패국(沛國, 늪 패) 초현(譙縣)[31] 사람으로, 성(姓)은 조(曹)이고, 이름은 조(操, 잡을 조)이며,[32] 자(字)는 맹덕(孟德)[33]인데, 전한(前漢)의 상국(相國) 조참(曹參)의 후손이었다.[34]

후한(後漢) 환제(桓帝, 재위 146 – 168) 때, 조등(曹騰)은 중상시(中常侍)로 대장추(大長秋)가 되어 비정후(費亭侯)에 봉해졌다.[35] 조등

---

30 正史 《三國志》에는 太祖 武皇帝 – 太祖는 조조(曹操, 155 – 220년)이다.

31 沛國(패국) 譙縣(초현) – 今 安徽省(안휘성) 서북부의 亳州市(박주시).

32 《曹瞞傳(조만전)》에 의하면, 曹操(조조, 155 – 220년)는 일명 吉利(길리)이고 어렸을 때 字는 阿瞞(아만)이라고 했다. 阿는 行列(항렬)이나 兒名, 또는 姓 앞에 붙여 친근함을 나타낸다. 瞞은 속일 만. 吳에서는 조조를 曹瞞(조만)으로 표기한 기록도 있다.

33 孟德(맹덕) – 字에는 형제 서열을 뜻하는 伯(孟) – 仲 – 叔 – 季가 많이 들어간다. 조조는 長男이었다.

34 漢 高祖가 흥기할 때 曹參(조참, ? – 前 190)은 漢 개국공신. 공을 세워 平陽侯(평양후)에 봉해졌다. 前 193년에, 蕭何(소하)의 뒤를 이어 漢 승상이 되어 無爲의 정치를 구현하였다. '蕭規曹隨(소규조수)' 成語의 주인공. 《漢書》 39권, 〈蕭何曹參傳〉에 立傳.

의 양자(養子)인 조숭(曹嵩)이 후사가 되었고, 조숭의 관직은 매직(買職)한 태위(太尉)에 이르렀는데, 아무도 그 출생의 본말을 아는 사람이 없었다.[36] 조숭[37]이 조조(曹操)를 낳았다.

조조는 신장 7척에 가느다란 눈(細眼), 긴 구레나룻(長髥)로, 《삼국연의(三國演義)》에 처음 등장할 때는 기도위(騎都尉)이었다. 조조는 《삼국연의》에서 사실상의 주인공이다. 유비나 제갈량, 손권의 행적은 거의 조조와 관련이 있다고 볼 수 있다. 소설에서뿐만 아니라 역사에서도 조조는 유비나 손권보다 훨씬 큰 비중을

---

35 사마표(司馬彪)의 《續漢書》에 의하면, 조등(曹騰)은 조절(曹節)의 아들로, 젊어 黃門從官이 되었다. 順帝가 즉위하고 小黃門이 되었다가 중상시(中常侍)로 승진하여 大長秋가 되었다. 大長秋는 태후나 황후를 시중드는 직책명. 후한에서는 환관으로 임용. 질록은 2천석이니 환관으로서는 상당한 고위직이다. 조등은 30여 년간 4명의 황제를 모시면서 많은 인재를 천거했다. 조등은 환제가 즉위한 이후에 先帝를 잘 모셨다 하여 費亭侯(비정후)가 되었고 特進(특진)의 加官을 받았다. 조비(曹丕)가 즉위한 이후 高皇帝로 추존되었다.

36 劉宋 배송지(裵松之)의 《三國志注》에 인용된 《曹瞞傳(조만전)》과 곽반(郭頒)의 《世語》에는 조숭의 本姓이 하후씨(夏侯氏)로 하후돈(夏侯惇)의 숙부(叔父)라고 했다. 그러니 조조와 하후돈은 4촌 형제가 된다.

37 조숭(曹嵩, 字는 巨高) - 司隸校尉(사예교위)가 되었다가 영제 때 국가 재정을 담당하는 大司農으로 승진했고, 이어 大鴻臚(대홍려)가 되었다가 崔烈(최열)의 후임으로 太尉가 되었다. 魏 文帝 黃初 元年(서기 221년) 조숭을 太皇帝로 추존하였다. 조숭은 본래 夏侯氏(하후씨)로 夏侯惇(하후돈)의 숙부였는데, 曹騰(조등)의 양자로 입적했기에 그 본말을 아는 사람이 없다고 하였다.

차지한다. 정치, 군사적
으로 중요한 인물일 뿐만
아니라 뛰어난 시인이었
기에 중국문학사(中國文
學史)에도 등장한다. 조조
의 직위는 한(漢) 승상(丞
相), 작위는 위왕(魏王), 사
후 시호는 무왕(武王). 조
비(曹丕)가 칭제 후 무황제
(武皇帝), 묘호(廟號)는 태
조(太祖)로 추존했다.

조조(曹操) 〈출처: 위키백과〉

「매실을 생각하여 갈
증을 잊다〔望梅止渴(망매지갈)〕」. 「조조 이야기를 하면, 조조가 온
다〔호랑이도 제말하면 온다(說曹操, 曹操到).〕」의 주인공이다.

○ 영웅 모습에 대한 서술

옛날의 도량형(度量衡)은 각 왕조마다 제각각 달랐다는 사실을
꼭 염두에 두어야 한다. 연구에 의하면, 한(漢)나라의 1척(尺)은
23.1cm이었다. 그렇다면 유비의 키 7.5척은 172cm로 보통 키 이
상이었다(소설《삼국연의》에는 8척으로 묘사되었다).

《삼국연의》에 그려진 관우는 신장 9척(199cm)에 수염이 2척이
었다. 2m나 되는 관우의 키에 보통 사람은 당연히 주눅이 들었을

것이다. 관우의 얼굴은 대추처럼 붉고, 입술은 연지를 바른 듯하고, 붉은 봉황의 눈에, 누에 눈썹으로 모습이 당당하고 위풍이 늠름한 사나이라고 서술했다.

이에 비해 조조의 모습은 훨씬 빈약하게 서술되었다. 조조는 '신장이 7척(약 162cm)에 눈이 가늘고 구레나룻이 길며 … 젊어서부터 수렵과 가무를 좋아했으며 권모술수가 많고 수시로 변했다.'라고 묘사했다. 소설의 이런 묘사는 독자들에게 그대로 각인된다.

(2) 조조의 사람 됨됨이

○ 난세에는 영웅(英雄)

조조는 젊어 기민하고 눈치가 빨랐으며, 권모술수가 많고 협객기질에 방탕한 생활을 했으며, 바른 행실이나 학업에 힘쓰지 않았기에 사람들은 특별한 인재라 생각하지 않았다.[38] 다만 양국

---

[38] 조조는 젊어 매와 개를 데리고 사냥을 즐겼으며 멋대로 방탕한 생활을 하자, 그 숙부가 曹嵩(조숭)에게 꾸짖도록 자주 말을 했다. 이에 조조는 숙부를 싫어했는데, 어느 날 길에서 숙부를 만나자 조조는 일부러 쓰러져 얼굴을 찡그리며 입을 찢는 척하였다. 숙부가 왜 그러느냐고 묻자, 조조는 갑자기 중풍 맞은 것 같다고 말했다. 숙부가 조숭에게 말했고, 조숭은 놀라 조조를 불렀다. 조숭이 "네가 중풍을 맞았다는데 이제 괜찮으냐?"고 물었다. 조조는 시치미를 떼며 그런 일 없다고 대답하며, 숙부가 자신을 미워하여 험담한 것이라고 말했다. 조숭은 의아했지만 이후 숙부가 전하는 조조에 관

(梁國)의 교현(橋玄)³⁹과 남양군(南陽郡)의 하옹(何顒)⁴⁰은 조조를 특별하게 여겼다.

교현이 조조에게 말했다.

"천하가 혼란할 것이고, 세상을 건질만한 인재가 아니면 이를 수습할 수 없는데, 아마 자네가 세상을 안정케 할 것이네."

허소(許劭)는 여남군(汝南郡) 평여현(平輿縣) 사람이었다. 젊어서도 높은 명망과 지조가 있었고 인물평을 좋아했다. 조조가 미천할 때, 늘 겸손한 말씨와 후한 예물로 자신의 미래를 점쳐달라고 했으나, 허소는 조조의 인물됨을 낮게 평가하여 대답하지 않았는데, 조조가 어느 날 틈을 보아 허소(許劭)⁴¹를 협박하자, 허소는 할 수 없이 말했다.

"군(君)은 청평(清平)한 시대에는 간적(奸賊)이나(君清平之奸賊), 난세에는 영웅이다(亂世之英雄)."

이에 조조는 크게 좋아하며 돌아갔다.

한 말을 믿지 않았다. 조조는 이후 마음껏 방탕할 수 있었다.

39 교현(橋玄) - 靈帝 때 三公과 太尉를 역임했다. 《後漢書》51권, 〈李陳龐陳橋列傳〉에 立傳.

40 하옹(何顒) - 南陽郡 사람으로 젊어 洛陽에 유학하였다. 순욱(荀彧)을 보고 특이하다 생각하며 '王을 보좌할 인재(王佐才也)라.' 고 말했다. 《後漢書》67권, 〈黨錮列傳(당고열전)〉에 立傳.

41 허소(許劭) - 《後漢書》68권, 〈郭符許列傳〉참고.

조조는 나이 20세에 효렴(孝廉)으로 천거되었다가 낙양 북부도위(北部都尉)가 되었고,[42] 이어 동군(東郡)의 돈구현(頓丘縣) 현령으로 승진하였으며, 나중에 조정에 불려와 의랑(議郞)이 되었다.

○ 황건적 토벌에 참가

영제 중평(中平) 원년에(184), 황건적(黃巾賊)이 봉기하자[43] 조조는 기도위(騎都尉)가 되어 영천군(潁川郡)[44]의 황건적을 토벌하였다.

조조는 제남국(濟南國)[45]의 상(相)이 되었는데, 제남국 관할 10

---

[42] 조조는 낙양 북부도위가 되자, 낙양 성문의 출입을 엄격하게 통제하였고, 정문에 5색으로 구분한 몽둥이를 비치한 뒤, 위법자는 지위 여하를 막론하고 법대로 처리하였다. 몇 달 뒤에 영제의 총애를 받는 환관 蹇碩(건석)의 숙부가 야간 통행금지를 어기자 바로 때려죽였다. 이에 감히 법령을 어기는 자가 없었고, 총신들이 두려워하여 頓丘(돈구) 현령으로 승진시켜 내보냈다.

[43] 光和는 靈帝의 연호. 광화 7년을 中平 元年으로 改元. 中平은 靈帝의 4번째, 마지막 연호. 서기 184–188년. 서기 184년은 새로운 六十甲子의 시작, 갑자년이었다. 張角(장각, ?–184년)은 中平 원년(서기 184)에 동생 張寶(장보), 張梁(장량)과 신도를 거느리고 봉기하니, 이를 '黃巾之亂'이라 하였다.

[44] 영천군(潁川郡) – 豫州자사부 소속 군명. 治所는 陽翟縣(양책현), 今 河南省 중부 許昌市 관할의 禹州市. 낙양과 연접하고 인구가 조밀한 큰 군이었다.

[45] 제남국(濟南國) – 靑州 관할 국명. 治所는 東平陵縣. 今 山東省 중

여 현(縣)의 많은 관리들이 권귀에 아부하면서 부정과 불법이 판을 치자, 조조는 이를 상주(上奏)하여 10에 8을 면직시켰다. 또 음사(淫祀)를 엄격히 단속하자, 간악한 자들이 모두 도망하거나 숨어 군내(郡內)가 엄숙해졌다.

얼마 뒤 조정의 부름으로 낙양에 들어왔다가 동군태수(東郡太守)에 임명되었지만 부임하지 않고 병을 핑계로 향리로 귀향하였다.

○ 헌제의 즉위

영제가 붕어하여 태자가 즉위하였고,[46] 하태후(何太后)가 임조청정(臨朝聽政)하였다. 대장군인 하진(何進)[47]과 원소(袁紹)는 환관을 주살할 계획을 세웠으나 하태후가 수락하지 않았다. 이에 하진은 조서를 내려 동탁의 군사를 불러들여 하태후를 협박하려 했

북부 濟南市 관할 章丘市. 제후국의 相은 郡 태수와 동급, 질록 2천 석. 조정에서 임명하여 파견하였다.

46 中平 6년(189년)에 靈帝 붕어, 少帝(劉辨) 즉위, 何太后 청정. 中常侍 張讓이 何進을 살해. 袁紹는 환관 2천 명 살해. 董卓(동탁) 낙양 진입. 少帝 폐위, 劉協(獻帝)을 옹립하였고, 동탁은 스스로 相國이 되었다.

47 하진(何進, ?-189) - 南陽郡 출신, 본래 가축을 잡는 屠戶(도호) 출신으로 이복 여동생이 입궁하여 靈帝의 황후가 되었다. 환관 세력을 꺾겠다고 董卓(동탁)을 불러들인 장본인. 십상시(十常侍)에게 피살되었다. 《後漢書》 69권, 〈竇何列傳〉에 立傳.

는데, 동탁의 군사가 낙양에 들어오기 전에 하진은 환관에게 살해되었다.

동탁은 낙양에 들어와 소제(少帝, 유변劉辨)를 폐위하여 홍농왕(弘農王)에 봉하고, 그 동생인 유협(劉協)을 황제로 옹립하자(獻帝) 경도(京都)가 크게 소란하였다. 동탁은 표문을 올려 조조를 효기교위(驍騎校尉)에 임명하고 함께 국사를 도모하려고 했다.

이에 조조는 성명을 바꾸고 숨어 샛길로 동쪽으로 갔다.[48] 조조는 호뢰관(虎牢關)을 지나 중모현(中牟縣)[49]에 들렀는데, 중모현 정장(亭長)의 의심을 받아 중모현에 잡혔지만, 읍인(邑人) 중에 조조를 아는 사람이 있어 도움을 받아 풀려날 수 있었다.

동탁은 하태후와 홍농왕을 살해하였다. 조조는 진류군에 와서

---

48 조조는 동탁의 파멸을 예상하고 고향으로 도주하였다. 가는 도중에 친우인 成皐(성고)의 呂伯奢(여백사)의 집에 들렀는데, 마침 여백사가 집에 없었다. 여백사의 아들과 그 빈객이 조조의 말과 병기를 탈취하려 하자 조조가 미리 손을 써 아들들을 죽였다. 이 부분은 《三國演義》에는 다르게 묘사되었다.
조조는 여백사의 일족을 죽인 뒤에 비통한 심경으로 말했다. "차라리 내가 남을 버릴지언정, 남이 나를 배신하게 둘 수는 없다!(寧我負人, 毋人負我!)" 이 말은 조조의 모진 성격이나 적극성을 말할 때 꼭 인용될 정도로 인구에 회자(膾炙)된다.

49 중모현(中牟縣) – 今 河南省 중부 鄭州市 관할 中牟縣, 河水 남안. 《三國演義》에서는 陳宮(진궁, ?–198년, 字 公臺)이 쫓기는 조조를 따라가려고 中牟(중모) 縣令의 관직을 버린 사람으로 나온다. 진궁은 뒷날 조조를 떠나 呂布를 섬겼다.

재산을 흩어 의병(義兵)을 모아 동탁을 타도하려고 했다. 그해 겨울 12월에, (진류군陳留郡) 기오현(己吾縣)에서 처음 반동탁(反董卓) 의병을 일으켰는데, 그때가 영제(靈帝) 중평(中平) 6년(서기 189년)이었다.

○ 반 동탁 연합군

헌제 초평(初平) 원년(서기 190) 봄 정월에, 후장군인 원술(袁術),[50] 기주목(冀州牧)인 한복(韓馥), 발해(勃海)태수 원소(袁紹),[51] 등이 동시에 기병하였고, 각 군사는 수만 명이었고 원소를 추대하여 맹주로 삼았다. 조조는 임시 행분무장군(行奮武將軍)이 되었다.

---

50 원술(袁術, ?-199, 字 公路) - 後漢末, 三國 初期의 軍閥. 袁紹(원소)의 사촌 아우. 亂世에 稱帝했다가 반년을 못 견디고 피를 토하고 죽었다. 흉포하기가 董卓(동탁) 못지않았다.《後漢書》75권,〈劉焉袁術呂布列傳〉에 立傳.

51 원소(袁紹, 153-202, 字 本初) - 後漢末 할거 세력의 하나. 전성기에 기주(冀州), 유주(幽州), 병주(幷州), 青州 등을 장악하였다. 한때 가장 강성했으나 관도(官渡)의 싸움에서 조조에게 패배 후, 곧 울분으로 사망했다. 사람이 우유부단(優柔不斷)하고 외관내기(外寬內忌)한 작은 그릇이었다. 원소가 명문거족의 후손이라 하지만 생김새만 그럴싸했지 무모한 사람이었다. 원소가 공손찬(公孫瓚)과 싸워 겨우 이겼는데, 그것은 공손찬이 스스로 붕괴되었기 때문이다.《魏書》6권,〈董二袁劉傳〉에 입전.

○ 조조의 청주병(靑州兵)

헌제 초평(初平) 3년(서기 192) 여름인 4월, 사도(司徒) 왕윤(王允)[52]과 여포(呂布)[53]가 함께 동탁을 살해하였다. 동탁의 부장인 이각(李傕)과 곽사(郭汜)[54] 등이 왕윤을 죽이고 여포를 공격하자, 여포는 패전하여 동쪽으로 도주했다. 이각 등은 조정의 정사를 멋대로 했다.

청주(靑州)[55]의 황건적 무리 1백만여 명이 연주(兗州)[56] 경내에

---

[52] 사도(司徒)는 前漢의 승상과 같은 직위. 王允(왕윤)은 병주 太原郡 祁縣(기현) 사람. 동탁을 척살하였지만 名士 蔡邕(채옹)도 죽여 민심을 잃었다. 동탁 잔당에게 왕윤이 피살되면서, 관중 땅은 대혼란에 빠졌다. 《後漢書》 66권, 〈陳王列傳〉에 立傳.

[53] 呂布(여포, 字 奉先) ─ 병주 五原郡 九原縣(今 內蒙古 黃河 북안 包頭市 九原區) 출신이었다. 《後漢書》 75권, 〈劉焉袁術呂布列傳〉에 立傳. 《魏書》 7권, 〈呂布臧洪傳〉에 입전. 中國人의 俗談에 '人中呂布 馬中赤兔'(사람은 呂布, 말은 적토마)라는 말이 있다. 呂布는 그만큼 잘난 美男子였다.

[54] 이각(李傕), 郭汜(곽사) ─ 張濟(장제) 등과 합작, 長安에 진출하여 獻帝를 협박하여 4년간 정치를 독단했다. 동탁이 살해된 뒤에 이각 등에게 반기를 들라고 건의한 참모는 賈詡(가후, 147-223)였다. 이각 일당은 내분으로 약해진 뒤에 조조에게 패망했다. 뒷날 가후는 張良, 陳平(진평)만한 재능을 발휘하며 조조 제일의 참모로 활약했다.

[55] 청주자사부의 치소는 齊國 臨淄縣〔임치현, 今 山東省 淄博市 臨淄區(임치구)〕. 齊南國, 平原郡, 樂安國, 北海國, 東萊郡, 齊國 등을 지휘 감독했다.

[56] 兗州(연주)자사부는 山陽郡 昌邑縣이 치소이고, 陳留郡, 東郡, 東平

들어와 방향을 바꿔 동평국(東平國)에 침입하였다.

이에 연주의 관리들이 동군(東郡)에 와서 조조가 연주목(兗州牧)을 다스리도록 영입하였다. 그리고는 함께 진격하여 황건 무리를 공격하였다. 조조는 황건적을 겨우 이겼고 투항한 황건적의 사졸 30여만 명과 남녀 1백여 만 중에서 정예병을 거두어 청주병(靑州兵)이라고 불렀다.

(3) 조조의 참모

1) 순욱

○ 미남자 – 조조에 귀부하다

순욱(荀彧)⁵⁷의 자(字)는 문약(文若)이고, 영천군(潁川郡) 영음현(潁陰縣) 사람이다. 그 무렵이 후한 순제(順帝, 재위 서기 126–144년)

國, 任城國, 泰山郡, 濟北國, 山陽郡, 濟陰郡 등을 지휘 감독했다.

57 순욱(荀彧, 163–212) – 彧은 문채 욱. 빛나는 모양. 郁(성할 욱)으로도 표기.

순욱은 《後漢書》70권, 〈鄭孔荀列傳〉에 立傳되었다. 狂士 예형(禰衡, 173–198, 字 正平)은 《三國演義》中 23회 〈禰正平裸衣罵賊 吉太醫下毒操刑〉에서 옷을 벗고 북을 쳤다. 그 예형에게 어떤 사람이 "순욱은 어떻습니까?"라고 묻자, 예형은 "순욱은 문상(問喪)을 대신 보낼 만하다."라고 말했다. 문상을 대신 보낼만 하다는 뜻은, 근사한 외모에 지식도 많아 문상을 보내도 실수하지 않을 것이라는 뜻이다. 이처럼 순욱은 미남이었다.

순욱(荀彧), 조조의 참모

와 환제(桓帝, 재위 147-167년) 무렵이었는데 세상에 이름이 알려졌었다. 순욱의 부친 순곤(荀緄)[58]은 제남국 상(相)이었다. 숙부인 순상(荀爽)은 사공(司空)을 역임했다.

순욱이 어렸을 적에 남양군의 하옹(何顒)이 순욱을 특별하다고 생각하여 "왕을 보좌할 인재"라고 말했다.

헌제가 즉위하던 해에, 순욱은 효렴(孝廉)으로 천거되었고 수궁령(守宮令)을 제수 받았다. 동탁의 난중에, 지방의 관리가 되기를 원했다. 순욱은 임성국(任城國) 항보(亢父) 현령이 되었지만, 나중에 관직을 버리고 귀향하여 부로(父老)들에게 말했다.

"영천은 사방에서 적이 들어올 땅이라서, 천하에 변란이 있을 때마다 늘 군사가 충돌하였습니다. 빨리 여기를 떠나야지 오래

---

[58] 荀爽(순상) - 순상은 은거하며 저술에 전념하다가 부름을 받고 나가 1백 일도 안 돼 삼공의 지위에 올랐는데 이는 동탁을 제거하려는 큰 뜻이었다. 《後漢書》62권, 〈荀韓鐘陳列傳〉에 立傳.

머물 수 없습니다."

그러나 마을 사람들은 농토를 생각하여 떠나질 못했다. 마침 기주목(冀州牧)인 동군(同郡)의 한복(韓馥)이 기병을 보내 순욱을 영입했지만, 따라오는 사람이 없어 순욱은 가까운 친족만을 데리고 한복의 기병을 따라 기주로 갔다.

그러나 원소가 이미 한복의 기주자사직을 탈취했었는데, 원소는 순욱을 상빈(上賓)의 예로 접대하였다. 그러나 순욱은 원소가 큰일을 성취할 사람이 못 된다 생각하였고, 그 무렵 조조는 분무장군으로 동군(東郡)[59]에 있었다.

헌제 초평 2년(191), 순욱은 원소를 떠나 조조에게 귀부하였다.

○ 조조의 장자방(張子房)

조조는 크게 기뻐하며 순욱을 "나의 장자방(張子房, 장량張良)"[60]이라 하면서 사마(司馬)[61]로 삼았는데, 그때 순욱은 29세였다.

이 무렵, 동탁의 위세가 천하를 흔들었는데 조조가 순욱에게 묻자, 순욱이 대답했다.

"동탁의 포학이 극심하니 필히 혼란으로 끝나고 아무 일도 못

---

59 東郡의 치소는 濮陽縣, 今 河南省 동북 濮陽市(복양시).
60 張良(장량, ?-前 185, 字는 子房) - 留侯. 漢初三傑.《漢書》40권,〈張陳王周傳〉에 입전.
61 三公 및 將軍의 속관. 직급으로 보면 將軍-校尉-司馬이다. 모든 부대에 司馬가 있었는데, 司馬는 지휘관의 참모이다.

할 것입니다."

동탁은 부장 이각 등을 관동(關東)에 보냈는데, 이각은 가는 곳마다 노략질을 했고 영천군과 진류군까지 노략질하고 돌아갔다. 순욱의 고향에 남아있던 향인(鄕人)들은 많이 죽고 노략질을 당했다.

그 다음 해, 조조는 연주목(兗州牧)을 겸임했다가 나중에 진동장군(鎭東將軍)이 되었는데, 순욱은 사마(司馬)로 늘 조조를 수행하였다.

헌제 홍평(興平) 원년(194), 조조는 도겸을 원정하면서 순욱을 남겨 뒷일을 담당케 했다. 순욱은 장막이 반기를 들 것을 예상하고 바로 군사를 조련, 대비하면서 급히 사람을 보내 동군태수 하후돈(夏侯惇)을 불렀는데, 연주(兗州)의 모든 군현이 여포에 호응하였다. 그때 조조는 온 군사를 동원하여 도겸을 공격 중이라서 남은 군사가 적었는데, 순욱이 거느린 부장(副將)이나 군리(軍吏)로 장막이나 진궁과 내통하는 자도 많았다.

하후돈이 도착한 그날 밤에 순욱이 모반자 수십 명을 죽이자 무리가 진정되었다.

순욱은 정욱(程昱)과 계책을 정한 뒤 사람을 보내 동군 범현(范縣)과 동아현(東阿縣)을 설득하여 끝까지 3개 성을 지키며 조조를 기다렸다.

헌제 홍평(興平) 2년(195) 여름, 조조는 제음군(濟陰郡) 승씨현(乘氏縣)에 주둔했는데 큰 흉년이 들어 사람이 사람을 먹었다.

헌제 흥평 2년, 도겸⁶²이 죽자, 조조는 서주(徐州)를 장악한 다음에 돌아와 여포를 평정하려고 했다. 이에 순욱은 여포에 대한 공격을 늦춰야 한다고 건의하였다.

조조는 이에 여포 공격을 중지하였고 보리 수확을 마친 뒤에 다시 여포와 싸우면서 군사를 각지에 보내 여러 현을 평정하였다. 여포는 패주했고 마침내 연주 일대를 확보하였다.

○ 조조의 헌제 영입

헌제 건안(建安) 원년(196), 조조는 황건적의 잔당을 격파하였다. 헌제는 하동(河東)을 거쳐 낙양으로 돌아왔다. 태조는 헌제를 영입하여 허현(許縣)에 도읍하는 일을 논의하였다.

순욱은 조조에게 헌제 영입을 권유하며 말했다.

"지금 거가(車駕, 皇帝)가 돌아왔지만 동경(東京, 낙양)은 황폐하고, 의사(義士)는 근본을 보전하려는 뜻을 갖고 있으며, 백성은 옛 날을 그리면서 슬퍼하고 있습니다. 정말로 이런 때에 황제를 받들어 백성의 여망에 따르는 것이 바로 대순(大順)입니다. 또 지극

---

62 陶謙(도겸, 132-194, 字는 恭祖) - 단양군(丹陽郡, 縣, 今 安徽省 馬鞍山市 博望區, 長江 남안, 江蘇省과 접경) 사람. 《後漢書》 73권, 〈劉虞公孫瓚陶謙列傳〉에 立傳. 《魏書》 8권, 〈二公孫陶四張傳〉에 입전. 初平 4년(서기 193), 조조는 부친 曹嵩(조숭) 泰山郡에서 피살된 것을 도겸의 책임으로 돌리고 도겸을 공격하고 서주 지역에 살육을 감행했다. 興平 원년(서기 194)에, 조조가 다시 서주를 공격할 때 도겸은 병사했다.

한 공심(公心)을 지켜 지방 호걸을 복속시키는 것은, 바로 대략(大略)입니다. 대의를 실천하면서 뛰어난 인재를 끌어들이는 것은, 바로 대덕(大德)입니다. 만약 이런 때 바른 결정을 내리지 못하면 사방에서 야심을 가진 자가 나타날 것이니, 나중에는 우리가 하고 싶어도 할 수 없을 것입니다."

조조는 낙양으로 가서 헌제를 영입하여 허현(許縣)에 도읍케 하였다. 헌제는 조조에게 대장군을 제수하였고, 순욱은 한조(漢朝)의 시중(侍中)으로 상서령(尙書令)을 대행하였다.

순욱은 조정에서 중임을 수행하였고, 조조는 지방에서 정벌 중이라도 군국(郡國) 대사(大事)는 모두 순욱과 협의하였다.

조조가 순욱에게 물었다.

"경을 대신하여 누가 나의 참모가 될 수 있는가?"

이에 순욱은 "순유(荀攸)와 종요(鍾繇)입니다."라고 말했다.

○ 조조와 원소의 비교

조조가 천자를 영입하자, 원소는 마음속이 편치 않았다. 원소는 하수(河水) 북쪽을 다 차지했고 천하는 원소를 두려워했다. 조조는 동쪽으로 여포를 걱정해야 했고, 남쪽으로는 장수(張繡)[63]를

---

63 장수(張繡, ?-207) - 동탁의 부장이었던 장제(張濟)의 조카. 후계자. 장제가 죽은 뒤에, 장수는 그 무리를 거느리고 (南陽郡) 宛縣 (완현)에 주둔하다가 劉表(유표)에 합세하였다. 조조가 남쪽을 원정하면서 淯水(육수)에 주둔하자, 장수는 무리를 거느리고 투항하

막아야 했는데, 장수는 조조의 군사를 남양군 완현(宛縣)에서 격파했었다. 원소는 한껏 교만하여 조조에게 보낸 서신이 매우 오만하였다.

순욱이 조조를 만나보자, 조조는 원소의 서신을 보여주면서 물었다.

"이제 불의한 원소를 토벌해야겠는데, 상대하기가 어려우니 어찌해야 하는가?"

이에 순욱이 말했다.

"예로부터 성패는 정말로 그 재능에 달렸으니, 비록 약자라도 강대해지지만 진정한 재능이 아니라면 강자라도 쉽게 약자로 바뀝니다. 옛날 한(漢) 고조와 초(楚) 항우(項羽)의 일존일망(一存一亡)이 그러했습니다. 지금 공(公)과 천하를 놓고 다툴 자는 오직 원소뿐입니다. 원소의 모습은 겉으로 관대하나 내심으로 시기(猜忌)하고, 사람을 신임하면서도 그 충심을 의심하지만 공께서는 사리에 통달하시어 아무런 구애도 없이 재능에 따라 적소에 배치

였다. 그러나 조조가 張濟의 妻를 첩으로 거느리자, 장수는 이에 원한을 품었다. 조조는 장수가 싫어하는 것을 알고 장수를 죽일 계획을 세웠다. 그러나 계획이 누설되었고 장수는 조조를 엄습하였다. 조조는 패전했고 두 아들을 잃었다. 장수는 무리를 이끌고 돌아와 穰縣(양현)을 지켰다. 조조는 해마다 장수를 공격했지만 이기지 못했다. 조조가 원소와 官渡(관도)에서 싸울 때, 張繡는 가후(賈詡)의 계책에 따라 다시 무리를 거느리고 조조에 투항하였다.

하시니, 이는 도량(度量)의 승리입니다. 원소는 일을 당하여 판단이 늦고 결단력이 없어 늘 기회를 놓치지만, 공께서는 대사를 결단하시고 수기응변(隨機應變)하시니, 이는 책모(策謀)의 승리입니다. 원소는 군사통솔에 기율이 없고 법령의 권위도 없어 군사가 많아도 실제로는 지휘통솔이 어렵습니다만, 공께서는 법령(法令)이 확실하고 상벌을 틀림없이 시행하기에 사졸이 적지만 모두 목숨을 걸고 충성하니, 이는 무공(武力)의 승리입니다. 그리고 원소는 가문의 명성을 바탕으로 행실이 문아(文雅)하고 총명다식(聰明多識)한 척 꾸며 명예를 얻고 있기에 능력은 부족하나 헛 명성을 얻으려는 자가 많이 모여듭니다. 그렇지만 공께서는 성심으로 다른 사람을 대하며, 헛 명성을 꾸미지 않으며, 근신과 검소를 실천하며, 공을 세운 자가 있으면 아끼지 않고 베풀기에 온 천하의 충의(忠義)를 지키고 정직하며 실천적인 인재를 원하는 대로 등용하시니, 이는 인덕(仁德)의 승리입니다. 이러한 4가지 장점으로 천자를 보필하시며 대의를 지켜 불의한 자를 정벌하시니, 누가 감히 따르지 않겠습니까? 그렇다면 원소의 강점이 무슨 소용이겠습니까!"

이에 조조가 기뻐하였다.

○ 원소의 참모에 대한 분석

건안(建安) 3년(서기 198), 조조는 장수(張繡)를 격파하고 동쪽으로 여포를 죽여, 서주(徐州)를 평정한 뒤에 마침내 원소와 대치하였다.

공융(孔融)[64]이 순욱에게 말했다.

"원소는 넓은 땅에 강한 군대를 보유하고 있는데, 전풍(田豊)과 허유(許攸)는 책사로 방책을 수립합니다. 심배(審配)와 봉기(逢紀)는 충성을 다하는 신하로 정사를 담당합니다. 안량(顔良)과 문추(文醜)의 용기는 삼군(三軍)에 으뜸이며 군사를 지휘하고 있으니, 아마 이기기 어려울 것입니다!"

이에 순욱이 말했다.

"원소의 군사가 많다지만 군법이 엄정하지 못합니다. 전풍은 강건하나 윗사람 뜻을 거스르고, 허유는 탐욕이 많고 제 욕심을 제어하지 못합니다. 심배는 자기 주장이 많고 무모하며, 봉기는 과감하지만 저만 옳다고 생각하는데, 원소는 이 두 사람을 남겨 후방 정사를 맡길 것이지만, 만약 허유의 가속이 법을 어긴다면 틀림없이 용서하지 않을 것이고, 용서하지 않는다면 허유는 바로 변심할 것입니다. 그리고 안량과 문추는 필부의 용기이나 단 한 번 싸움으로 잡을 것입니다."

---

64 孔融(공융, 153-208, 字 文擧) - 공자의 20代孫인 공융은 7兄弟 중 6째였는데, 나이 4세에 형제들과 함께 배(梨)를 먹는데, 먼저 가장 작은 배를 집었다. 어른이 까닭을 묻자 "나는 어리니까 응당 작은 것을 먹어야 한다."고 대답하였다(孔融讓梨). 《三字經》에도 '融四歲, 能讓梨' 라는 구절이 있다.

o 원소의 패퇴

건안(建安) 5년(서기 200), 조조는 원소와 해를 거듭하며 싸웠다. 조조는 관도(官渡)를 지켰고, 원소는 조조 군을 포위했다. 조조는 군량이 다하려 하자, 순욱에게 서신을 보내 허도로 회군하여 원소를 끌어들여 싸우려 했다.

이에 순욱은 계속 버티며 변화를 기다려야 한다고 건의하였다.

조조는 그대로 버티었다. 마침내 기습공격으로 원소의 별동부대를 격파하며, 군량 운반 책임자를 잡아 죽이자, 원소는 퇴각하였다.

심배는 허유의 집안에서 불법(不法)을 저지르자 그 처자를 잡아가두었고, 허유는 화가 나서 원소를 배반했으며(조조에 투항), 안량과 문추는 전투에서 제 목숨을 헌상하였고, 전풍은 간언을 올려 죽음을 당했으니 모두가 순욱이 예상한 그대로였다.

o 원소의 몰락

건안 6년(201), 조조는 다시 하수(河水) 북쪽에 주둔하였다.[65] 원소가 병사(病死)했다(건안 7년, 202).

---

[65] 次는 머물다(舍止也). 군사가 一宿할 경우 舍(사), 二宿할 경우 信, 二宿 이상은 次라고 한다. 河와 江을 우리말에서는 구분 없이 쓰지만(예 運河, 大河, 江南, 江東), 본래 河는 黃河를, 江은 長江을 지칭하는 고유명사이다.

건안 8년(203), 조조는 순욱의 그간 공적을 평가하여 표문을 올려 순욱을 만세정후(萬歲亭侯)에 봉했다.

건안 9년, 조조는 위군(魏郡) 업현(鄴縣)[66]을 점거하고 기주목(冀州牧)을 겸임하였다.

어떤 사람이 조조에게 말했다.

"응당 옛 구주(九州)[67]를 다시 복원한다면 기주(冀州)의 관할 지역이 광대하기에 온 천하가 굴복할 것입니다."

이에 조조가 따르려 하자, 순욱은 반대하였다. 조조는 순욱의 설득에 따라 구주의 복원 계획을 취소하였다.

○ 순욱 일가

이때 순유(荀攸)[68]도 늘 조조의 책사였다. 순욱의 형 순연(荀衍)은 감군교위(監軍校尉)로 업현에 남아서 하북(河北)의 군사를 감독하였다. 조조가 원상(袁尙)을 정벌하자, (원소의 생질) 고간(高幹)은 몰래 군사를 보내 업현을 공략할 모의를 했는데, 순연이 이를

---

66 魏郡 鄴縣(업현) – 후한 말 冀州刺史部 치소.

67 《尙書》의 편명인 〈禹貢(우공)〉에서는 중국을 冀州, 兗州(연주), 靑州, 徐州, 揚州, 荊州, 豫州, 梁州, 雍州(옹주)로 구분하였다. 《상서》의 〈우공〉은 中國의 地理와 方物, 부세에 관한 내용을 기록했다. 夏왕조 우왕(禹王)이 지은 것으로 되어있지만 周朝 戰國시대의 저작이라 알려졌다.

68 순유(荀攸, 157-214, 字 公達) – 순욱의 堂姪(당질). 曹操의 謀士. 曹操가 魏王일 때 尙書令을 역임했다.

알아 모두 잡아 처형한 공로로 열후(列侯)가 되었다. 조조는 딸을 순욱의 장남 순운(荀惲)과 결혼시켰는데 뒷날 안양공주(安陽公主)라 칭했다.

순욱과 순유가 모두 고위직으로 중용되었지만 모두가 충성을 다하고 절약, 검소하였으며, 녹봉이나 하사품을 종족이나 지인에게 나눠주어 집안에 남은 재물이 없었다.

(건안建安) 12년, 순욱의 식읍 1천 호를 늘려 합계 2천 호가 되었다.

o 유표의 죽음

조조가 순욱에게 형주(荊州)의 유표를 정벌할 방책을 묻자, 순욱이 말했다.

"지금 중원이 이미 평정되였으니 남방의 유표는 곤경에 처했습니다. 공(公)께서는 공개적으로 남양군의 완현(宛縣)[69]과 섭현(葉縣)에서 지름길로 빨리 진군한 다음에 그들이 예상 못할 때 공격하십시오."

조조가 출발했는데 마침 유표는 병사했다(건안 13년, 208). 조조는 순욱의 계책대로 완현과 섭현으로 진군하자, 유표의 아들 유종(劉琮)은 형주를 들어 투항하였다.

---

69 南陽郡의 治所인 宛縣(완현). 今 河南省 서남부 南陽市. 이곳은 後漢 光武帝의 고향이라서 後漢 초부터 특별히 관리한 大郡이었다.

건안 17년(212), 동소(董昭) 등은 조조의 작위를 국공(國公, 王)으로 올리고 구석(九錫)[70]을 하사하여 특별한 공훈을 표창해야 된다고 생각하여 은밀히 순욱에게 자문을 구했다. 순욱은 조조가 처음 조정(朝政)을 바로잡고 나라를 평안케 하려고 의병을 일으켰기에, 충정(忠貞)의 성심과 겸양의 뜻을 지키며 군자의 덕행으로 백성을 아껴야 한다고 생각하여 그렇게 하는 것은 옳지 않다고 말했다. 조조는 이 말을 전해 듣고 마음속으로 좋아하지 않았다.

마침 조조는 손권을 원정하면서 순욱이 (패국沛國) 초현(譙縣)에 와서 원정군을 위로케 해야 한다고 표문을 올렸고, 순욱이 내려오자, 순욱을 남겨 시중 겸 광록대부[71]로 부절을 가지고 승상

---

70 구석(九錫) – 원로대신에게 내리는 최고의 영예. 車馬(말 여덟 필이 끄는 큰 수레 2종류), 衣服(王者의 옷과 신발), 樂器(王者之樂), 朱戶(대문에 붉은 칠을 할 수 있음), 納陛(납승, 거처에 계단 설치), 虎賁(호분, 수위군사 배치), 斧鉞(부월, 살생의 권한을 상징하는 도끼), 弓矢(붉은색과 검은색의 활과 화살), 秬鬯圭瓚(거창규찬, 각종 제기)을 九錫이라 한다. 錫은 하사하다(與也). 九錫을 받았다면 신하로서는 최고의 영광이며 이보다 더 나은 대우가 없었다.

71 光祿大夫(광록대부) – 光祿勳의 속관, 질록 比2천 석. 無 定員. 모든 大夫나 議郞은 황제의 顧問 應對를 담당. 常事(고정 직무) 없음. 본래 황제 명에 따른 심부름이나 각 제후에 조문, 위문을 담당, 제후국에 喪事가 있으면 광록대부를 보내 업무를 처리케 했다. 광록대부는 給事中, 侍中 등의 加官을 받아 권한이 강대했으나 점차 閒職化 되었다. 고관을 역임한 자가 은퇴할 때 이 직함을 수여하는 경우가 많았다.

(曹操)의 군사 업무를 관여케 하였다.

조조의 군사가 유수(濡須)에 도착했지만, 순욱은 병이 나서 구강군(九江郡) 수춘(壽春)에 머무르다가 근심 걱정으로 죽었는데,[72] 그때 나이 50세이었다. 시호는 경후(敬侯)였다.

다음 해에(213), 조조는 위공(魏公)이 되었다.

2) 정욱

ㅇ 유비를 죽여야

정욱(程昱)[73]은 동군(東郡) 동아현(東阿縣) 사람이다. 8척 3촌의

---

72 순욱의 죽음에 대하여 本傳의 기록인 '以憂薨', 곧 근심 걱정으로 죽었다는 기록은 너무 간략하여 많은 의문을 갖게 한다. 조조가 순욱을 자기 軍營으로 데려와 군사 업무를 돌보게 한다며 아무 일도 시키지 않았다면 순욱으로서는 충분히 고민했을 것이다. 《後漢書》와 《魏氏春秋》에는 曹操가 음식을 보냈는데 내용물이 없는 빈 그릇이라서 조조의 뜻을 알고 음독자살한 것으로 되었다. 裴松之도 이 내용을 주석으로 처리하였는데, 두뇌 회전이 빠른 조조가 자신의 권력 강화에 반대의 뜻을 갖고 있는 순욱에게 보내는 확실한 메시지라고 볼 수 있다. 《獻帝春秋》란 책에서는 조조가 헌제 복황후(伏皇后)를 제거하라고 했지만 순욱은 따르지 않았고 그래서 자살했다는 기록도 있다.

73 程昱(정욱, 141-220년, 字 仲德) - 原名 程立, 泰山에 올라 해를 들어 올리는 꿈을 꾸었다 하여 조조가 '立' 위에 '日'을 보태어 程昱으로 개명해 주었다. 담략이 뛰어난 장수였지만 성격이 급박하여 다른 사람과 원만하지 못했다는 설명이 있다. 《三國演義》에서 정욱

큰 키에 수염이 멋졌다.

헌제가 영천군(潁川郡) 허현(許縣)에 도읍하자, 정욱은 상서(尙書)가 되었다.

유비(劉備)가 서주(徐州)를 잃고 조조에게 귀부하였다. 정욱은 조조에게 유비를 죽여야 한다고 권유했지만 조조는 따르지 않았다.

뒷날 조조는 유비를 서주에 보내 원술을 공격케 했는데, 정욱과 곽가(郭嘉)가 조조에게 말했다.

"공(公)께서 이전에 유비를 죽이지 않은 것을 저는 정말 이해 못하겠습니다. 이번에 유비에게 군사를 빌려주셨으니 유비는 틀림없이 딴마음을 가질 것입니다."

조조는 후회하면서 유비를 추격했지만 따라잡지 못했다. 그때 마침 원술이 죽었고, 유비는 서주에 들어가 거병하며 조조를 배신하였다.

○ 정욱의 담력

얼마 후 정욱은 진위장군(振威將軍)이 되었다. 원소는 위군(魏郡)의 여양(黎陽)[74]에 주둔하며 남쪽으로 황하를 건너려 했다. 그때 정욱은 7백 명의 군사를 거느리고 견성(鄄城)을 지키고 있었는

　　은 10회에 등장하는데, 荀彧(순욱)이 정욱을 조조에게 천거하였다. 정욱은 나중에 郭嘉(곽가)를 조조에게 천거한다.

74　黎陽(여양) - 冀州 관할 魏郡의 縣名. 今 河南省 북부 옛 黃河 북안, 鶴壁市 관할 濬縣(준현). 이곳에서 官渡가 멀지 않다.

데, 조조가 소식을 듣고 사람을 보내 정욱에게 군사 2천 명을 지원하겠다고 말했다.

그러나 정욱은 받지 않으면서 말했다.

"원소는 10만 군사를 거느리고 있으면서 자기 앞에 적이 없다고 생각하고 있습니다. 지금 제가 거느린 군사가 적은 수이기에 깔보면서 공격하지 않는 것입니다. 만약 저에게 군사를 늘려주면 원소가 지나가면서 틀림없이 공격하고, 그러면 함락당할 것이고 이래저래 손해입니다. 공께서는 의심치 마십시오!"

조조는 정욱의 의견을 따랐다. 원소는 정욱의 군사가 적은 것을 알고 공격하지 않았다.

조조가 가후(賈詡)에게 말했다.

"정욱의 담력은 전국시대 용사(勇士)인 맹분(孟賁)과 하육(夏育)보다 강하다."

정욱은 산이나 늪지대에 숨은 도망친 사람들을 끌어모아 정병 수천 명을 확보하였고, 그 군사를 이끌고 여양에서 조조에 합세하였으며, 원소의 아들 원담(袁譚)과 원상(袁尙)을 토벌하였다. 원담과 원상은 격파당해 도주하였다.

조조가 형주를 정벌하자 유비는 오(吳)로 도망했다. 논자(論者)는 손권이 유비를 죽일 것이라고 생각했지만, 정욱은 생각이 달랐다.

"손권은 새로이 즉위하여 세상의 비난을 받으려 하지 않을 것이오. 감히 맞설 수 없는 조공(曹公)이 일거에 형주를 정벌하여 장강(長江) 밖에까지 위세가 진동하니, 손권이 지모(智謀)가 있다 해도 혼자서는 당할 수가 없을 것이오. 또 유비도 그런대로 영명(英名)이 있고, 관우와 장비 역시 만인을 상대할 수 있으니 손권은 그들과 함께 우리에게 맞설 것이오. 정세 분석이 쉽지 않지만 유비는 이를 이용할 것이고, 그래서 손권은 유비를 죽이지 않을 것입니다."

 ○ 지족(知足)이면 불욕(不辱)

예상대로 손권은 유비에게 군사를 많이 지원하여 조조에 대항케 하였다. 이후 중원은 점차 평온하였다.
조조는 정욱의 등을 두드리며 말했다.
"연주(兗州)를 잃은 뒤에 장군의 말을 듣지 않았으면, 내가 어찌 지금에 이르렀겠는가?"
일족이 소고기와 술을 준비하여 잔치할 때, 정욱이 말했다.
"지족(知足)하면 불욕(不辱)이라 하니, 나는 이제 은퇴할 것이오."
그리고서는 표문을 올려 병권을 반납한 뒤, 문을 닫고 세상과 왕래하지 않았다.

3) 가후

 ○ 장량 같은 기재(奇才)

가후(賈詡)[75]의 자(字)는 문화(文和)로, 무위군(武威郡) 고장현(姑

臧縣)[76] 사람이다. 젊었을 때는 사람들이 알아주지 않았다. 다만 한양군(漢陽郡)의 염충(閻忠)만은 가후를 특별하다고 여겨 가후가 장량(張良)이나 진평(陳平) 같은 기재(奇才)라고 생각하였다.

가후는 효렴(孝廉)으로 천거되어 낭관이 되었지만 질병으로 사임하고서 서쪽 고향으로 오다가 우부풍(右扶風) 견현(汧縣)에 이르러 길에서 저족(氐族)[77]의 도적떼를 만났는데, 동행하던 수십 명이 모두 사로잡혔다.

이에 가후가 말했다.

"나는 단공(段公, 段熲)의 외손인데, 너희들이 나를 죽이지 않는다면 우리 집에서 너희에게 특별하게 사례할 것이다."

그때 태위(太尉)인 단경(段熲)은 오랫동안 변방의 장수로 있으면서 그 위엄이 서방에 널리 알려졌는데, 가후는 이를 핑계대어

---

75 가후(賈詡, 서기 147-223, 詡는 자랑할 후) - 본래 동탁의 부하 이각의 참모. 이각은 郭汜(곽사), 張濟(장제) 등과 합작, 長安에 진출하였으며, 헌제를 협박하여 4년간 정치를 독단했다. 이각 일당은 내분으로 약해진 뒤에 조조에게 패망했다. 뒷날 가후는 장량(張良), 친평(陳平)만한 재능을 발휘하며 조조 제일의 참모로 활약했다.

76 武威郡(무위군)의 치소는 姑臧縣(고장현), 今 甘肅省 중부 武威市. 長安에서 서쪽으로 가면 武威郡, 張掖郡(장액군) - 酒泉郡 - 敦煌郡이고 그 서쪽은 西域都護府 관할이었다.

77 氐(저) - 古代 중국 서북부 소수민족의 하나. 今 陝西省, 甘肅省, 四川省의 접경 지역이 주 활동 무대. 匈奴, 鮮卑, 氐(저), 羯(갈), 羌(강)의 5胡(호)의 하나.

저족을 겁먹게 하였다. 결과적으로 저족은 가후를 죽이지 않고 맹약을 한 뒤에 보내주었고, 다른 사람을 모두 죽였다. 가후는 사실 단경의 외손도 아니었지만, 임시변통으로 뜻을 이루기가 대개 이런 식이었다.

○ 동탁 부하 이각의 책사(策士)

동탁이 낙양에 들어오자, 가후는 태위의 연리(掾吏, 속관)였다가 평진도위(平津都尉)가 되었고 이어 토로교위(討虜校尉)로 승진하였다. 동탁의 사위인 중랑장 우보(牛輔)는 홍농군(弘農郡) 섬현(陝縣)[78]에 주둔하고 있었는데, 가후는 우보를 돕고 있었다. 동탁이 패망하고 우보도 죽자, 군졸들은 두려웠고 교위인 이각, 곽사, 장제 등은 해산한 다음에 샛길로 향리로 돌아가려고 했다.

이에 가후가 말했다.

"들리는 소문으로는, 장안 조정에서는 양주(涼州) 사람들을 다 죽일 논의를 하고 있다는데, 여러분들이 해산한 뒤 홀로 간다면 정장(亭長) 한 사람만으로도 여러분을 잡을 수 있습니다. 그러니 부대로 서쪽으로 가면서 흩어진 군졸을 모아 장안을 공격하여 동탁의 원수를 갚되, 일이 성공하면 나라를 받들어 천하를 다스리고, 실패하면 그때 달아나도 늦지 않을 것이요."[79]

---

78 陝縣(섬현) - 弘農郡의 현명. 今 河南省 서쪽 三門峽市 陝州區.
79 동탁의 폭정을 눈으로 직접 보고서도 자신이 涼州 출신이라서 이

장졸들은 모두 그렇다고 생각했다. 이각 등은 서쪽으로 장안을 공격했다.

그 뒤에 가후는 좌풍익(左馮翊)이 되었는데, 이각 등은 가후의 공적을 생각하여 열후에 봉하려 하자, 가후는 굳이 사양하며 말했다.

"이 정도의 구명지계(救命之計)가 무슨 공적이라 하겠습니까!"

또 상서복야(尙書僕射)에 임명하자, 가후가 말했다.

"상서복야는 관리의 사부라 할 수 있으니 세상 사람이 바라는 자리이지만, 나는 평소에 명성도 없기에 다른 사람이 따르지 않을 것입니다. 내가 아무리 영리와 명성을 탐한다지만 나라 일을 어찌 감당하겠습니까?"

결국 가후는 상서(尙書)가 되어 인재 등용을 주관하며 국정을 많이 바로잡았기에 이각 등은 친근하게 생각하면서도 가후를 어려워했다.

헌제가 낙양으로 출발할 때, 가후는 황제와 대신을 힘써 보호하였다. 헌제가 낙양으로 떠나자, 가후는 인수를 반환하였다.

○ 원소를 이길 방책은?

원소가 조조를 관도(官渡)에서 포위했고, 조조는 군량이 다하려 하자 가후에게 방책을 묻자, 가후가 말했다.

런 건의를 했다지만, 이 때문에 얼마나 많은 백성이 죽고 나라가 피폐해졌는가를 생각하면 가후는 비난을 받아야 했다.

"공께서는 총명과 용기와 지략으로도 원소를 이기며, 용인(用人)과 결기(決機)에서도 원소를 이기지만, 이런 상황에서도 반년 간이나 결판이 나지 않는 것은 만무일실(萬無一失)을 추구하기 때문입니다. 기회를 잡아 확실하게 결단한다면 곧 결판날 것입니다."

조조는 옳은 말이라 생각했다. 그리고 군사를 동원하여 30리에 걸친 원소의 군영을 포위 공격하여 격파했다. 원소의 군사는 무너졌고 하수(河水) 이북은 평정되었다. 조조는 기주목을 겸하면서, 가후를 태중대부로 승진시켰다.

건안 13년(208), 조조는 형주를 격파하고 장강을 따라 동쪽으로 진격하였다.

이에 가후가 간언을 올렸다.

"명공(明公)께서 원소를 격파하였고, 이제 한수(漢水) 남쪽을 차지하여 위명을 멀리까지 떨쳤으며 군세도 강대합니다. 만약 옛 초(楚)의 풍요를 이용하여 군리와 사졸에게 베풀고 백성을 위무(慰撫)하여 사인(士人)의 생업을 안정시키면 군사 동원 없이도 강동(江東)을 굴복시킬 수 있습니다."

그러나 조조는 가후의 진언을 받아들이지 않았고, 군사는 아무 소득이 없었다.[80]

---

[80] 赤壁大戰의 패배를 뜻한다. 적벽대전(赤壁大戰)은 魏와 吳의 싸움이었다. 형세가 약한 유비가 吳를 끌어들였다. 諸葛亮(孔明)이 孫權을 격분케 한 논쟁이나 孔明이 지격주유(智激周瑜)했다든지, 공

○ 한수와 마초에게 이간계

조조는 뒷날 한수(韓遂), 마초(馬超)와도 위수(渭水) 남쪽에서 싸웠는데, 마초 등이 땅을 분할하여 강화하며 인질을 교환하자고 제의했다.

이에 가후는 거짓으로 허락하라고 말했다. 또 가후에게 방책을 묻자, 가후는 그들을 이간시키라고 말했다.

이에 조조는 "알겠다."라고 말했다.

조조는 내내 가후의 책모를 수용하였다. 조조는 마침내 한수와 마초를 격파하였는데, 모두가 가후의 방책에 따른 것이었다.

○ 위왕(魏王)의 태자는?

이때, 조조의 장자인 조비(曹丕)는 오관중랑장(五官中郎將)이었고,[81] 조조의 셋째 아들로, 임치후(臨菑侯)인 조식(曹植)도 재화(才華)와 명성이 한창 높았는데, 각자 당여(黨輿)를 만들어 왕위를 차지하려는 여론을 조성하고 있었다.

조비는 가후에게 사람을 보내 자신의 지위를 공고히 할 수 있는 방책을 물었는데, 가후가 말했다.

명차전(孔明借箭), 조조부시(曹操賦詩), 제갈제풍(諸葛祭風), 운장의석조조(雲長義釋曹操) 등 수많은 얘깃거리를 제공했다.

[81] 조비는 건안 16년(서기 211), 궁궐 수비를 담당하는 光祿勳의 속관 五官中郎將이었다가 건안 21년 魏國이 건국되자(216년), 건안 22년에 태자가 되었다.

"장군께서는 미덕을 숭상하고 마음을 너그럽게 가지면서 한미한 사인(士人)이 학업을 성취하듯 아침저녁으로 부지런히 힘쓰며 자식의 도리를 잘 지켜 실천하시길 바랍니다."

조비는 가후의 충고에 따르면서 더욱 덕행(德行)을 연마하였다.

어느날 조조가 주변 사람을 물리치고 가후에게 물었지만 가후는 아무 말도 하지 않았다.

그러자 조조가 말했다.

"경이 아무 말도 하지 않으니 무슨 까닭이요?"

이에 가후가 말했다.

"금방 생각할 일이 있어 바로 대답 드리지 못했습니다."

"무슨 생각이요?"

"원소와 유표(劉表) 부자(父子)의 일을 생각하고 있었습니다."

조조는 크게 웃었고, 이에 태자는 결정되었다.

가후는 자신이 조조의 옛 신하가 아니었기에 그 책모(策謀)가 심원하고 뛰어나도 시기(猜忌)를 당할까 늘 두려워했으며 대문을 닫고 자신을 단속하며, 퇴근해서는 사적인 교류도 하지 않았고 자식 결혼도 고관의 가문을 피하였기에 세상에 지모를 논하는 많은 사람들이 모두 가후를 따랐다.

가후는 나이 77세에 죽었는데, 시호는 숙후(肅侯)였다.

4) 곽가

○ 본래 원소의 참모

곽가(郭嘉)[82]의 자(字)는 봉효(奉孝)로, 영천군(潁川郡) 양책현(陽翟縣) 사람이다. 처음에는 북쪽으로 가서 원소를 만났는데, 원소의 모신(謀臣)인 신평(辛評)과 곽도(郭圖)를 보고 말했다.

"지자(智者)는 주군(主君)의 능력을 살펴보고 선택을 해야만 무슨 일을 하든 성취하여 이름을 날릴 수 있습니다. 원공(袁公, 원소)은 한갓 주공(周公)이 자신을 낮춰 아랫사람을 대우했던 전례를 본받으려 하지만, 용인(用人)하는 요체를 모릅니다. 일은 많이 벌리지만 요령이 없고 지모를 좋아한다지만 결단력이 없으며, 천하의 대난(大難)을 함께 이겨내어 패왕의 대업을 이루려 하지만 어려울 것입니다!"

그리고 바로 원소를 떠났다.

이보다 앞서 영천군 사람 희지재(戱志才)[83]가 조조의 모사였는

---

82 郭嘉(곽가, 170 – 207년) – 영천군 陽翟縣(양책현, 今 河南省 중부 許昌市 관할 禹州市, 翟은 꿩 적, 땅이름 책) 출신, 본래는 袁紹(원소)의 휘하에 있었다. 몸이 허약했던 조조의 참모, 司空軍祭酒 담당.《魏書》14권에 입전되었다.

83 戱志才(희지재) – 潁川(영천) 사람으로, 순욱이 조조에게 천거한 謀士로 謀略이 뛰어나 조조가 매우 중시하였지만 일찍 죽었다. 순욱은 희지재 다음에 郭嘉(곽가)를 천거했었다.《三國演義》에는 희지재가 등장하지 않는다.

데, 조조가 크게 인정했었지만 일찍 죽었다.

이에 조조가 순욱에게 서신을 보냈다.

"희지재가 죽은 뒤로 함께 책모를 꾸밀 사람이 없도다. 여남군과 영천군에는 정말 기사(奇士)가 많다 하니 후임으로 누가 좋겠는가?"

순욱은 곽가를 천거했다. 조조가 불러 만난 뒤 천하 대사를 논했다.[84]

조조는 "나의 대업을 성취케 할 사람은 틀림없이 이 사람이다."라고 말했다.

곽가도 조조를 만난 뒤 역시 기뻐하며 "나의 참주인이다."라고 말했다.

조조는 표문을 올려 곽가를 사공군제주(司空軍祭酒)에 임명했다.

○ 원소의 내분을 기다리다

조조가 서주(徐州)의 여포를 정벌할 때 3번이나 격파하자, 여포는 물러나 굳게 지키기만 했다. 그때 장졸이 피로에 지쳤기에, 조

---

84 郭嘉(곽가)는 조조에게 원소와 그 군사를 걱정할 상대가 아니라는 뜻으로 두 사람을 비교하였는데, 조조는 10가지 측면에서 승리할 수 있고, 원소는 10가지 이유로 패할 수밖에 없다고 하였다. 곽가의 비교에 대해 조조의 참모 순욱도 동감을 표시했다. 이에 조조는 웃으며 "내 어찌 그대가 말하는 그 정도겠는가?"라며 겸손을 떨었다.

조는 군사를 거느리고 돌아가려고 하자, 곽가는 조조에게 서둘러 공격하라고 설득하여[85] 여포를 생포하였다. 이는 〈순유전(荀攸傳)〉에 기록했다.

손책은 1천 리를 떠돌며 싸워 강동(江東)을 모두 차지하였는데, 조조와 원소가 관도(官渡)에서 대치한다는 소식을 듣고 장강(長江)을 건너 북으로 진격하여 허도(許都)를 습격하려고 했다. 군사들이 이를 듣고 모두 두려워했지만 곽가가 이에 대하여 예상했다.

"손책은 강동을 이제 겨우 손에 넣으면서 많은 영웅과 호걸이 죽었고, 자신을 위해 죽기로 싸우려는 사람만을 손에 넣었습니다. 그러나 손책은 일 처리가 경솔하고 만일에 대비하지 못하기에 비록 백만 군사를 거느렸다고 하여도 중원(中原) 땅을 혼자 지나가는 것과 다름 없습니다. 만약 자객이 습격한다면 단 한 사람이면 될 것입니다. 내가 볼 때 손책은 틀림없이 필부의 손에 죽을 것입니다."

손책은 장강(長江)에 와서 도강하기도 전에 예상대로 허공(許

---

85 곽가가 조조에게 말했다. "옛날 項籍(항우)는 70여 전투를 겪으며 패배한 적이 없었지만 하루아침에 패망한 것은 그가 자신의 용기만 믿고 무모했기 때문입니다. 지금 여포는 매번 격파당했고 자신의 영역도 다 잃었습니다. 그리고 여포의 위력은 항우만도 못합니다. 우리가 지쳤다고 후퇴할 때 여포가 공격해오면 우리가 포로로 잡힐 것입니다." 조조는 곽가의 말을 받아들였다.

貢)⁸⁶의 빈객에게 살해되었다.

　곽가는 조조를 따라 원소를 격파했고, 원소가 죽은 뒤에도 조조를 따라 그 아들 원담(袁譚)과 원상(袁尙)을 여양(黎陽)에서 토벌하면서 여러 번 승리를 거두었다.
　여러 장수들이 승세를 타고 계속 공격해야 한다고 주장하자, 곽가가 말했다.
　"원소는 이 두 아들을 아꼈지만 적자(嫡子)를 세우지 않았습니다. 원소에게 곽도(郭圖)와 봉기(逢紀) 같은 모신(謀臣)이 있지만, 틀림없이 그들은 싸우거나 아니면 서로 분열될 것입니다. 우리가 급하게 공격하면 서로 돕지만, 느긋하게 놔주면 서로 싸울 것입니다. 그러니 차라리 남쪽으로 형주의 유표를 공격하여 저들의 변란이 일어나길 기다렸다가 일거에 공격해야 합니다."

　이에 조조는 옳다면서 곧 남쪽을 원정했다. 조조의 군사가 서평(西平)에 이르자 예상대로 원담과 원상은 기주(冀州)를 놓고 다투었다. 원담이 원상에게 패퇴하자, 평원군(平原郡)으로 달아나 지키면서 신비(辛毗)를 보내 투항하였다. 조조는 돌아와 원담을 구원했는데, 곽가는 조조를 따라 업현(鄴縣)을 평정했다. 또 조조를 따라 원담을 남피(南皮)에서 격파하여 기주를 평정하였다. 곽

---

86 許貢(허공, ?-197?) - 吳郡(治所, 今 江蘇省 남부 蘇州市)의 都尉, 太守를 역임하였는데 손책에게 살해되었다.

가는 유양정후(洧陽亭侯)가 되었다.

○ 오환(烏桓)을 격파

조조가 원상과 삼군(三郡; 어양군, 우북평군, 요서군)의 오환족(烏丸族)[87]을 원정하려 하자, 여러 장수들은 유표가 유비를 시켜 허도(許都)를 급습할 수 있다고 걱정하자, 이에 곽가가 말했다.

"공(公)의 위세가 중원(中原)에 진동하지만 오환족은 멀리 있다 하여 틀림없이 대비하지 않을 것입니다. 그들이 무방비일 때 갑자기 공격하면 파멸시킬 수 있습니다. 또 그간 원소는 북방의 한인(漢人)과 호인(胡人)에게 은덕을 베풀었고 원상 형제는 살아있

---

[87] 북방 유목 민족인 동호족(東胡族)은 선비(鮮卑)와 오환(烏桓)으로 분리되었다. 漢 初에 흉노 冒頓單于(목독선우)가 그 나라를 멸망시키자, 남은 무리들은 烏桓山(오환산)을 지키면서 살았기에 부족 이름이 되었다. 後漢 시대에는 흉노의 지배하에 있었다.
선비(鮮卑)의 명칭은 鮮卑山에서 유래. 지금의 내몽고자치주 북쪽 지역과 몽고국 일대에서 주로 거주했다. 漢代에는 지금의 내몽고(內蒙古), 요녕성(遼寧省) 북부에서 주로 활약하였다.
오환족의 습속은 騎射(기사)에 능하고 새나 짐승 사냥을 주업으로 하였다. 水草를 따라 放牧하며 일정한 거처가 없고 이동식 천막이 집인데, 해를 향해 동쪽으로 문을 내었다. 肉食을 하고 진한 동물의 젖인 酪(락)을 마시며 짐승 털가죽을 입었다. 오환족은 젊은이를 귀하게 여기고 늙은이를 천시했으며, 그 성질이 흉악하고 폐쇄적이었다. 화가 나면 아버지나 형도 죽였지만 그 모친은 끝까지 해치지 않았는데, 모친은 그 친정의 일족이 있지만 父兄을 죽이더라도 복수를 할 사람이 없기 때문이었다.

습니다. 지금 북방 4주(청주, 기주, 유주, 병주)의 백성들은 우리의 위세에 눌려 잠시 귀부하였으며, (그들에게) 은덕을 베풀어준 것도 없습니다. 공께서 이들을 놔주고 남쪽을 원정하는 동안 원상은 오환족을 비롯하여 옛 원소의 신하들을 불러 모았고, 오환이 한번 움직이면 한인(漢人)과 호인(胡人)이 함께 호응할 것이며, 오환의 선우인 답돈(蹋頓)은 야심을 내어 우리의 빈틈을 노릴 것이니, 그렇게 되면 아마도 청주와 기주는 우리 것이 아닐 것입니다. 유표는 앉아서 좌담이나 즐길 인물이며 자신이 유비를 거느릴 능력이 없다는 것을 알기에, 유비를 중용하면 제어할 수 없고 홀대하면 유비를 이용할 수 없기에, 우리가 나라를 비우고 원정 중이지만, 공께서는 걱정하지 마십시오."

조조는 원정에 나섰다.

조조가 (하견군河間郡) 역현(易縣)[88]에 이르자, 곽가가 말했다.

"병(兵)은 신속한 이동이 중요합니다. 지금 천리 밖을 공격하는데 치중물자가 많아 빨리 진군하지 못하고 적이 알면 필히 대비할 것입니다. 치중물자를 뒤에 따라오게 하고 경무장으로 빨리 진격하여 불의에 습격해야 합니다."

조조는 비밀리에 노룡새(盧龍塞)를 지나 선우의 직할지(單于庭)를 바로 공격하였다. 오환족은 갑자기 조조의 공격을 알고 황급히 맞서 싸웠다. 적을 대파하고 선우인 답돈(蹋頓)과 (족장급)

---

88 易縣(역현)은, 今 河北省 中部 保定市 관할 易縣. 易水의 상류.

명왕(名王) 이하를 죽였다. 원상과 그 형 원희(袁熙)는 요동군(遼東郡)으로 달아났다.

○ 오직 봉효(奉孝)만이-

곽가(郭嘉)는 계산과 책략이 깊었고 여러 사정에 통달했었다.

조조는 "오직 봉효(奉孝, 곽가)만이 나의 의중을 알고 있다."고 말했다.

곽가가 38세에 요서군(遼西郡)의 유성(柳城)에서 돌아오면서 병이 위독했는데, 조조가 문병하러 보내는 사람이 줄을 이었다.

곽가가 죽자, 조조는 직접 문상하고 심히 애통해 하며 순유(荀攸) 등에게 말했다.

"여러분은 그래도 나와 비슷한 나이지만 봉효만이 가장 어렸었다. 천하 대사가 이제 안정되면 봉효에게 뒷일을 부탁하려 했는데 중년에 요절(夭折)하니 운명이로다!"

그리고 (헌제에게) 표문을 올렸다.

「군제주(軍祭酒) 곽가는 11년간 나와 함께 정벌에 참여했습니다. 큰 논의가 있을 때마다 적을 제압하였습니다. 신(臣)의 방책이 미결일 때마다 결단을 내리도록 곽가가 도왔습니다. 천하를 평정하는데 책모를 꾸민 공적이 컸습니다. 불행 단명하여 대업을 끝내지 못했습니다. 뛰어난 공적을 결코 잊을 수 없습니다. 식읍 8백호를 늘려 총 1천 호를 정하겠습니다.」

시호는 정후(貞侯)였고, 아들 곽혁(郭奕)이 계승했다.

뒷날 조조는 형주를 정벌하고 돌아오면서[89] 파구(巴丘)란 곳에서 심하게 앓았고 전선(戰船)을 불태우며 탄식하였다.

"곽봉효(곽가郭嘉)가 있었다면 나를 이 지경으로 만들지 않았을 것이다."[90]

그전에 진군(陳群, 陳羣)[91]은 곽가가 검약하지 않는다고 조정에서 여러 번 곽가를 비난했지만, 곽가는 태연자약했다. 그래도 조조는 더욱 곽가를 중히 여겼고, 진군도 언행이 늘 곧았기에 역시 좋아하였다.

곽가의 아들 곽혁(郭奕)은 태자문학(太子文學)이 되었는데 일찍 죽었다.

---

89 형주를 정벌하러 나선 뒤 유표가 죽고 아들 劉琮(유종)이 투항하고, 이어 江陵(강릉)에 주둔하여 전선을 준비한 뒤 겨울에 赤壁大戰으로 이어졌고, 조조는 대패했다(建安 13년, 서기 208년). 적벽대전의 패배를 '형주를 정벌하고 돌아오면서' 로 기록했다.

90 조조는 "哀哉라, 奉孝여! 痛哉라, 奉孝여! 惜哉라, 奉孝여!"라면서 통곡했다는 주석도 있다.《삼국연의》50회 참고.

91 陳群(진군, 陳羣, ?−237년) − 영천군 許昌人, 後漢 末 三國 시기 曹魏의 大臣. '九品官人法'(九品中正法, 인재천거제도)을 처음 발의.《魏書》22권,〈桓二陳徐衛盧傳〉에 立傳.

3. 원소와 원술

(1) 사세삼공

○ 위엄 있는 외모이지만,

원소(袁紹)[92]의 자(字)는 본초(本初)로 여남군(汝南郡) 사람이다.

고조부인 원안(袁安)은 후한 장제(章帝)의 사도(司徒)였다. 원안(袁安) 이후 4대에 걸쳐 3공(公)의 자리에 올랐기에 그 가세가 천하를 압도하였다.

원소는 외모와 행동이 위엄이 있었으며, 자신을 굽혀 아랫사람을 대하였기에 추종하는 사인(士人)이 많았으며 조조도 젊은 시절

---

[92] 원소(袁紹)의 사람됨을 가장 잘 파악한 사람은 아마 순욱(荀彧)일 것이다. 순욱은 원소에 대하여 "보통 사람 중의 영웅이라서 사람을 모을 수는 있지만 등용하지 못하고, 원소의 외모로는 관대하나 내심은 시기하며, 일을 맡기고도 그 사람을 의심한다. 원소는 너무 신중하여 결단력이 없기에 늘 기회를 놓치며, 군사를 너그럽게 통솔하나 법의 기강을 세우지 못하고, 장졸은 많아도 등용하지 못한다. 원소는 조상의 덕을 보며 점잖게 지혜로운 척하며 명성이나 낚으려 한다."고 말했다. 《魏書》 10권, 〈荀彧荀攸賈詡傳(순욱순유가후전)〉 참고.
현대의 모택동(毛澤東)은 "원소 같은 사람은 모략은 많으나 결심이 없고, 모사를 꾸며도 결단이 없으며, 과단성이 없기에 결과적으로 관도(官渡)에서 패전하였다."라고 평했다.

수상 삼국지연의(繡像 三國志演義) – 상해 홍문서국(鴻文書局) 인행(印行)
왼쪽부터 문추(文醜), 원소(袁紹), 안량(顔良), 원술(袁術)

에 원소와 교제하였다. 원소는 대장군의 부관이었다가 시어사(侍御史)가 되었고 점차 승진하여 중군교위(中軍校尉)를 거쳐 사예교위(司隷校尉)가 되었다.

○ 원소의 환관 학살

영제가 붕어하자(서기 189), 태후(太后)의 오빠인 대장군 하진

(何進)과 원소는 환관을 주살할 계획을 세웠으나 하태후는 허락하지 않았다. 그러자 하진은 바로 동탁을 불러들여 하태후를 협박하려고 했다. 환관들이 이를 알고 하진을 찾아가 사죄하며 선처를 기대했다.

그때 원소는 하진에게 바로 결정해야 한다며 두 번, 세 번을 말했지만, 하진은 허락치 않았다. 하진은 그러면서 원소에게 낙양의 지모가 있는 무관을 골라 모든 환관을 감시하게 시켰다. 또 원소의 사촌 동생인 호분중랑장(虎賁中郎將) 원술(袁術)에게 온후한 호분(虎賁) 용사 2백 명을 골라 궁중에 들어와 병기를 지니고 문호를 지키는 환관을 대체하게 하였다. 이에 중상시인 단규(段珪) 등은 하태후의 명령이라는 거짓말로 하진을 궁 안으로 불러들여 죽여버리자 궁 안이 혼란에 빠졌다.

원술은 호분 위사를 거느리고 남궁(南宮)에 불을 질러 단규 등을 내쫓으려 하였다. 그러나 단규 등은 궁에서 나오지 않고 황제(소제少帝)와 동생 진류왕(陳留王, 유협, 헌제)을 협박하여 (황하) 소평진(小平津)으로 도주하였다.

원소는 군사를 동원하여 모든 환관을 닥치는 대로 잡아 노소를 불문하고 모두 죽여버렸다. 그중에는 수염이 없어 잘못 죽인 사람도 있었고, 자신의 몸을 보여주고 죽음을 면한 사람도 있었다. 환관 중에서 혹 선행(善行)하며 분수를 지킨 자도 마찬가지로 죽음을 당했다. 이렇듯 마구 2천여 명이나 죽였다. 원소 등이 급박하게 단규 등을 추격하자, 단규 등은 모두 하수(河水)에 익사하였다. 그런 뒤에 소제(少帝)는 환궁했다.

○ 기주를 차지한 원소

동탁은 원소를 불러 소제를 폐위하고 진류왕(陳留王, 유협) 옹립을 논의하려 했다. 그때 원소의 숙부 원외(袁隗)는 태부(太傅)였는데, 원소는 거짓으로 수락한 뒤 동탁을 피하여 바로 기주(冀州)로 도주하였다.

동탁은 원소를 회유하려고 원소에게 발해군(勃海郡)[93] 태수를 제수하였다.

그러나 원소는 발해군에서 기병하고, 동탁 토벌을 준비하였다. 원소는 거기장군(車騎將軍)을 자칭하며 맹약을 주도하였다.

그때 동탁은 황제를 강요하여 장안(長安)으로 돌아갔고, 원소는 군사를 연진(延津)이란 곳에 주둔하였고 기주를 노렸다.

기주태수 한복이 말했다.

"나는 원씨(袁氏) 문하의 옛 관리이고 나의 재능은 본초(本初, 원소)만 못하며, 덕행을 헤아려 양보하는 것은 고인(古人)도 귀하게 여겼거늘 여러분이야 무슨 걱정이겠는가!"

한복은 곧 원소에게 기주를 이양했고, 원소는 기주목(冀州牧)이 되었다(헌제, 초평 2년, 191년).

---

93 발해군(勃海郡, 渤海郡) — 冀州 관할, 治所 南皮縣. 今 河北省 남동부 滄州市 관할 南皮縣.

원소의 종사(從事)인 저수(沮授)[94]는 원소에게 공손찬을 우선 이겨야 한다고 건의하였다.

이에 원소는 기뻐하며 말했다.

"그것이 바로 내 뜻이요."

원소는 표문을 올려 저수를 분무장군(奮武將軍)으로 삼아 여러 장수를 감독케 하였다.

동탁은 원소가 관동(關東)에 근거를 얻었다는 말을 듣고 원소의 일족과 원소의 숙부인 태부(太傅) 원외(袁隗) 등을 모두 죽였다. 그 무렵 많은 호협(豪俠)들이 원소에 귀부하였고, 모두가 복수해야 한다고 생각하였으며, 각 주군(州郡)에서 봉기하는 자들은 원소의 이름에 가탁하지 않는 자가 없었다.

기주를 원소에게 양보한 한복은 원소에게 두려움을 느껴 멀리 떠나겠다 하고서 장막(張邈)[95]을 찾아가 의지하였다. 뒷날 원소가 장막에게 사람을 보냈고, 사자가 어떤 일을 숙의하면서 귓속말을

---

[94] 저수(沮授) — 人名. 거록군 출신. 젊어서부터 大志에 모략(謀略)이 많았다. 본래 기주목 한복(韓馥)의 참모였는데, 원소가 기주를 차지하자, 저수는 원소의 모신(謀臣)이 되었다. 처음에는 원소의 인정을 받았지만, 나중에 원소는 저수의 헌책(獻策)을 不納했다. 저수는 조조가 원소의 대군을 격파할 때 포로가 되었다. 저수는 조조의 초항(招降)을 거부했고, 탈출하려다가 피살되었다.

[95] 장막(張邈, ?-195) — 邈은 멀 막. 黨錮의 화를 당한 名士 중 한 사람. 《後漢書》 67권, 〈黨錮列傳〉 참고. 陳留郡 태수 역임. 反 동탁군의 한 사람. 조조, 원소와 모두 교제하였다. 반복이 무상했다.

하였다. 한복은 그 자리에 있다가 자신에 대한 모의라 생각하여
곧 일어나 변소에 가서 자살하였다.

○ 원소의 실책(失策)

그전에, 헌제(獻帝) 옹립은 원소의 뜻이 아니었기에, 천자가 장안(長安)에서 돌아오면서 하동군(河東郡)에 도착하자, 원소는 곽도(郭圖)를 사자로 보냈다. 곽도가 돌아와 원소에게 천자를 (위군魏郡) 업현(鄴縣)으로 영입하자 말했지만 원소는 따르지 않았다.

마침 조조가 천자를 맞이하여 허현(許縣)에 정도(定都)하고 하남(河南)의 땅을 아우르자, 관중 일대 많은 세력이 천자에게 귀부하였다. 이에 원소는 후회하면서 조조에게 말하여 천자를 제음군 견성(鄄城)에 도읍케 하여 자신에게 가까이 두려 했지만 조조가 거절하였다.

얼마 뒤에 원소는 공손찬을 격파하고(건안 4년, 서기 199), 공손찬의 군사를 병합했다.

원소가 장자(長子) 원담(袁譚)을 청주(靑州)[96]에 청주목으로 내보내자, 저수가 원소에게 말했다.

"이는 틀림없이 재앙이 될 것입니다."

그러나 원소는 듣지 않으면서 말했다.

---

[96] 후한의 青州刺史部 치소는 齊國 臨淄縣(임치현, 今 山東省 淄博市 臨淄區). 齊南國, 平原郡, 樂安國, 北海國, 東萊郡, 齊國 등을 관할했다.

"나는 여러 아들을 알주(一州)에 하나씩 웅거하게 할 것이다."

그러면서 작은 아들 원희(袁熙)를 유주목(幽州牧)에, 생질인 고간(高幹)에게 병주(幷州)를 통치케 하였다.

원소의 군사는 10만에 달했으며, 심배(審配)와 봉기(逢紀)로 군사(軍事) 업무를 통할(統轄)케 하였고, 전풍(田豊), 순심(荀諶), 허유(許攸)를 모주(謀主)로, 안량(顔良)과 문추(文醜)를 장수로 삼았으며,[97] 정병 10만을 뽑았고 군마 1만 필을 길러 허도(許都)를 공격할 계획이었다.

(2) 원술

ㅇ 원소의 사촌

원술(袁術)의 자(字)는 공로(公路)로, 사공(司空)인 원봉(袁逢)의 아들이며,[98] 원소의 사촌 동생인데, 협객 기질로 소문이 났었다.

---

97 審配(심배, 字 正南), 魏郡人. 逢紀(봉기, 字 符圖), 顔良(안량, ?-200년)은 원소의 武將. 안량은 관우에게 패전하여 죽었다. 文醜(문추)는 안량의 원수를 갚는다고 나왔다가 관우에게 참살되었다. 이들에 대하여 순욱이 말했다. "원소의 군사가 많다지만 군법이 엄정하지 않고, 전풍은 강직하나 윗사람에게 잘 대들며, 허유는 탐욕에 부정이 많고, 심배는 고집에 무모하며, 봉기는 과감하나 자신만을 내세우고, 안량과 문추는 필부지용이니 一戰으로 사로잡을 수 있다." - 뒷날 이는 모두 사실이었다.

98 원술(袁術, ?-199년, 字 公路)은 亂世에 칭제했다가 반년을 못 견디

효렴(孝廉)으로 천거되어 낭중(郎中)을 제수받고, 내외의 여러 직책을 거쳤는데, 뒷날 절충교위(折衝校尉)⁹⁹와 호분중랑장(虎賁中郞將)¹⁰⁰이 되었다.

동탁이 소제(少帝)를 폐위하려 할 때, 원술을 후장군(後將軍)으로 임명하였지만, 원술은 동탁의 화가 두려워 남양군으로 도주하였다.

그 무렵 장사태수(長沙太守)인 손견(孫堅)¹⁰¹이 남양태수(南陽太守)를 죽였기에, 원술은 남양군을 차지할 수 있었다. 남양군(南陽郡)의 호구 수는 백 만이나 되었는데, 원술의 지나친 사치와 방자

고 피를 토하고 죽었다. 董卓(동탁)만큼 흉포했다. 袁逢(원봉)은 靈帝 光和 원년(서기 178)에 司空이 되었다.

99 靈帝(영제) 때 西園 8校尉를 두어 수도 주변 부대를 지휘케 하였다. 조조는 효기교위(驍騎校尉)의 직함을 원술, 손책, 하후돈은 절충교위(折衝校尉)의 직함을 받았었다.

100 後漢의 武官 중 지휘관으로는 將軍 — 中郞將 — 校尉의 3급이 있는데, 중랑장은 光祿勳(궁궐 수비 및 황제 호위)의 속관. 질록 비(比)2천 석의 武官. 五官中郞將, 左, 右中郞將, 虎賁中郞將, 羽林中郞將 외 使匈奴中郞將도 있었다.

101 손견(孫堅, 155-191년?, 字 文臺) — 吳郡 富春縣(今 浙江省 杭州市 富陽區) 출신. 東吳 세력의 기반을 마련한 손책(孫策)과 건국자인 손권의 父親. 漢의 파로장군(破虜將軍), 오정후(烏程侯). 장사태수(長沙太守) 역임. 동탁을 토벌할 때 맨 먼저 낙양에 들어가 낙양의 황궁, 황릉을 정리하였다. 용모가 비범했고 활달했다. 손권이 칭제한 뒤에 武烈皇帝로 추존했다.

한 탐욕에 멋대로 부세를 징수하여 백성은 고통을 받았다.

원술은 이미 원소와 틈이 났고, 또 형주자사인 유표와도 사이가 나빴으며, 북쪽으로 공손찬과 연결되었는데, 원소는 공손찬과 불화하면서 남쪽으로 유표와 연합했었다. 형제는 이처럼 서로 딴 마음을 갖고서 이웃을 버리고 먼 곳과 교제하였다.

원술은 군사를 이끌고 진류군(陳留郡)에 진입하였다. 조조와 원소가 연합하여 원술의 군사를 대파하였다. 원술은 남은 군사를 이끌고 구강군(九江郡)에 진격하여 양주자사 진온(陳溫)을 죽이고 양주(揚州)를 차지하였다.

동탁의 부장이었던 이각이 장안(長安)을 점유하고서는 원술을 원군으로 삼으려고 원술을 좌장군(左將軍)에 임명하고 양책후(陽翟侯)에 봉하면서 부절을 내려주고 태부(太傅)를 보내 각지를 돌며 관작을 제수하였다. 그러나 원술은 이각에 호응하지 않았다.

○ 원술의 칭제

헌제 흥평(興平) 2년(195) 겨울, 헌제는 이각에게 쫓기고 있었다.

원술은 자신 휘하의 사람을 모아놓고 말했다.

"지금 유씨(劉氏)는 미약하고 천하는 끓는 물과 같다. 나의 가문은 4세에 걸쳐 3공의 지위에 있어 백성에게 알려졌으니, 이제 천의(天意)와 민의(民意)에 따르려 하는데 제군의 뜻은 어떠한가?"

그러나 아무도 대답하는 사람이 없었다.

건안 2년(197), 하내군(河內郡) 사람이 바친 거짓 부명(符命)에 의거 황제를 참칭하고서,[102] 구강군(九江郡) 태수를 회남윤(淮南尹)이라고 개칭하였다. 이어 여러 공경(公卿)을 임명하고 남, 북 교외에서 하늘에 제사를 지냈다.[103]

원술(袁術)은 회남군 수춘(壽春)에서 칭제(稱帝)하고 사자를 보내, 이를 여포에게 알렸다.[104] 여포는 원술의 사자를 잡아놓고 그 문서를 조정에 올렸다. 이에 원술은 분노하며 여포를 공격했지만 여포에게 격파당했다.

가을 9월에, 원술이 진군(陳郡)[105]을 공격하자, 조조가 동쪽으

---

[102] 원술은 도참서를 대충 읽어 '漢을 대신할 자는 응당 塗高(도고)이다' 라는 말을 보고 자신의 이름과 字(公路)가 참서의 塗(진흙 도, 길 도)에 부합한다고 생각했다. 또 손견이 傳國의 國璽(국새)를 얻었다는 사실을 알고서는 손견의 아내를 감금하여 국새를 빼앗았다.

[103] 원술은 자기 가문을 긍지로 여겼지만, 백성에게 아무런 은덕이 없었다. 날조된 부명(符命)을 바탕으로 삼은 것도 어리석지만, 백성과 부하를 돌보지 않고 황제라 참칭하면 황제가 되는 줄로 생각한 원술은 그저 어리석을 뿐이다. 《후한서》75권에 입전.

[104] 建安 2년(서기 197), 河內郡 사람 張炯(장형)이 조작한 부명(符命)에 의거 원술은 황제를 참칭했다. 원술은 九江郡 太守를 회남윤(淮南尹)이라 개명하고, 公卿과 百官을 임명했으며 천지신명에게 郊祀(교사)를 올렸다. 사자를 보내 呂布에게 참호(황제)를 통보하면서 자신의 아들과 여포 딸의 혼사를 추진했다.

[105] (예주 관할) 陳郡(國)의 治所는 陳縣, 今 河南省 중동부 周口市 관할 淮陽縣. 陳郡과 다른 (兗州 관할) 진류군(陳留郡)의 治所는 陳留縣, 今 河南省 동부의 開封市. 陳郡은 陳留郡의 남쪽.

로 원술을 원정하였다. 원술은 조조가 직접 진격한다는 말을 듣고 군사를 버리고 도주하면서 그 부장 여러 명을 남겨놓았다. 조조가 당도하여 원술의 부장들을 격파한 뒤에 모두 처형했다. 원술은 회수(淮水)를 건너 도주하였고, 조조는 허도로 돌아왔다.

o 어리석은 원술

원술의 황음(荒淫)과 사치는 극심하였고 후궁 수백 명이 비단옷에 쌀밥과 고기를 먹었지만 사졸은 추위 속에 굶주렸으며 장강(長江), 회수(淮水) 일대가 텅비었고 사람이 사람을 먹었다.

원술은 그전에 여포에게 격파되었고, 뒤에 조조에게 패전하였는데 불안과 두려움에 어찌할 줄을 몰랐다.

건안 4년(199), 원술은 제호(帝號)를 원소에게 바치고 자신은 청주(靑州)의 원담(袁譚, 원소의 장남)에게 의지하려 했는데 원담을 찾아가는 도중에 병사하였다.[106]

---

[106] 원술은 劉備에 막혀 갈 수가 없어 다시 壽春(수춘)으로 돌아왔다. 6월에, 원술은 수춘에서 80리 떨어진 江亭(강정)이란 곳에 있었다. 더위 속에 대나무 평상에 앉았던 원술이 꿀물을 달라고 하였지만, 보리죽도 없다는 내시의 말에 탄식했다. "나 원술이 이 지경이 되었구나!" 그리고는 분개하며 피를 토하고 죽었다.

4. 유비의 등장

(1) 유비의 선조

○ 경제(景帝)의 후손

촉한(蜀漢) 선주(先主)의 성(姓)은 유(劉)이고, 휘(諱)[107]는 비(備), 자(字)는 현덕(玄德)[108]으로, 탁군(涿郡) 탁현 사람이며, 한 경제(景

---

[107] 諱는 꺼릴 휘. 조상이나 황제의 이름. 중국과 우리나라에서는 존경의 표시로 聖賢 또는 祖上의 이름에 들어가는 글자를 고의로 피하는 습관이 있는데, 이를 避諱(피휘)라고 한다.
  孔子의 이름 丘(구)를 필사할 때는 맨 아래 획(一)을 생략하거나 글자 자리를 비워놓고 붉은 원을 그려 표시하기도 한다. 글에서 읽을 때는 丘(구)를 발음하지 않거나(默音) 또는 某(모)라고 읽는다. 한 글자이어서 건너뛸 수 없는 상황에서는 丘(qiū)를 區(구, qu)로 읽기도 한다. 詩의 운율에서는 휴(休, xiū)로 읽는다. 필자도 옛날 재래식 서당에서《論語》를 배울 때 丘(구)를 某로 읽으라고 배웠다. 지금도 先親이나 祖父의 이름에 들어간 글자를 某라고 읽는 사람이 있다.

[108] 劉備(유비, 161 – 223년, 字는 玄德)는 涿郡 涿縣(今 河北省 중부 탁주시, 北京市 서남 연접) 출신. 蜀漢 개국 皇帝, 시호 昭烈皇帝, 보통 先主, 아들 劉禪(유선)은 '後主'로 지칭한다. 유비는 본래 讀書를 좋아하지 않았고 사냥개나 말을 좋아했고, 음악, 화려한 의복 등을 좋아하였다. 신장 七尺 五寸(약 173cm, 漢代 1척은 23.1cm), 팔이 무릎에 닿을 정도였다니 약간 기형에 大耳에 자신

帝)의 아들인 중산정왕(中山靖王) 유승(劉勝)[109]의 후손이다. 선주의 조부인 유웅(劉雄), 부친 유홍(劉弘)은 주군(州郡)에 출사하였다. 유웅은 효렴(孝廉)으로 천거되어 동군(東郡) 범현(範縣) 현령을 역임했다.

유비는 어린 나이에 부친을 여의고, 모친과 함께 신발과 자리(蓆 자리 석)를 짜서 팔았다.[110] 살고 있는 집의 동남방 울타리에 높이가 5길이 넘는 크고 무성한 뽕나무가 있었는데, 멀리서 보면 수레의 작은 덮개처럼 보여 오가는 사람들이 모두 뽕나무를 특이하다고 생각했으며, 어떤 사람은 그 집에서 귀인이 나올 것이라

의 귀를 돌아볼 수 있었다 하여 '대이아(大耳兒)'로 조롱당했다. 다른 사람을 잘 대우했고 희노(喜怒)의 감정을 나타나지 않았으며 호협이나 의사(義士)와 잘 사귀었다.

109 劉勝(유승, ?-前 113) - 武帝의 이복형. 趙王 유팽조(劉彭祖)의 同母弟. 中山國 영역은 常山郡의 동부 지역. 치소는 노노현(盧奴縣, 今 河北省 남부 定州市). 유승은 사람됨이 술을 즐기고 여색을 좋아하여 자녀가 120여 명이었다. 늘 趙王 劉彭祖(유팽조)를 비난하였다. "兄은 왕이 되어 겨우 관리가 할 일이나 대신하고 있다. 王者라면 당연히 매일 음악을 듣고 가기(歌妓)나 미인을 거느려야 한다." 趙王도 마찬가지로 말했다. "中山王은 사치하며 음탕하여 천자를 도와 백성을 어루만져 주지도 못하니, 어찌 藩臣(번신)이라 할 수 있겠나!"《漢書》53권,〈景十三王傳〉에 입전.

110 때문에《三國演義》에는 유비의 직업과 관련한 욕설이 많다. 건안 24년(서기 219년) 유비가 漢中王으로 자립, 즉위했다는 소식을 들은 조조는 펄펄 뛰며 욕을 한다. "자리를 짜던 어린 녀석이 어찌 이럴 수가 있는가! 내 기어이 그 녀석을 없애버리겠다!"

는 말도 하였다.

선주(先主)는 어렸을 때 집안 아이들과 그 뽕나무 아래서 놀며 "나는 틀림없이 이런 덮개가 있는 수레를 탈 것이다."라고 말했다. 그러면 숙부는 "그런 말 함부로 하지 말라! 집안이 다 죽을 수도 있다."라고 말하였다.

○ 노식의 제자, 공손찬과 동학(同學)

15살이 되자, 모친은 유비를 유학하게 했는데, 동종(同宗)의 유덕연(劉德然), 요서군의 공손찬(公孫瓚)[111]과 함께 전임 구강태수(九江太守)였던 동군(同郡)의 노식(盧植)[112]에게 배웠다. 공손찬은 유비와 아주 절친이었다. 공손찬이 연장자라서 유비는 공손찬을 형처럼 섬겼다.

유비는 독서를 크게 즐겨하지 않았으며 사냥개나 말, 풍악과 멋진 옷을 좋아하였다. 신장은 7척 5촌에 팔이 무릎 아래까지 내

---

111 公孫瓚(공손찬, ?-199년, 字 伯珪)은 유비와 함께 盧植에게 사사. 袁紹와 北方 패권을 놓고 다투다가 建安 4년(서기 199)에 원소에 패배, 여동생과 처자를 먼저 목매어 죽이고 스스로 불타 죽었다. 《後漢書》73권, 〈劉虞公孫瓚陶謙列傳〉에 입전. 《魏書》8권, 〈二公孫陶四張傳〉에 입전.

112 노식(盧植, ?-192년, 字 子幹) - 涿郡 涿縣(今 河北省 중부 涿州市, 북경시 서남 연접)사람으로, 鄭玄(정현)과 함께 馬融(마융)에게 배워 古今의 學問에 박통한 大儒이며 정치가, 군사가, 경학가이다. 華北의 名將인 공손찬과 뒷날 유비도 노식의 제자였다.

려왔고,[113] 말수가 적었으며 아랫사람을 잘 대우하였고, 희로의 감정을 얼굴에 드러내지 않았다. 호걸이나 협객들과 잘 사귀었고 젊은이들이 많이 따랐다. 중산국(中山國)의 대상인으로 수천 금의 재산을 가진 장세평(張世平)과 소쌍(蘇雙) 등이 탁군을 돌며 말을 판매하다가 유비를 만나 특별하게 여기면서 재물을 많이 내주었다. 선주(先主)는 이를 바탕으로 군사를 모을 수가 있었다.

○ 독우를 매질하다

영제(재위 168-189) 말기에 황건적이 봉기하자(184), 각 주군(州郡)에서는 의병(義兵)이 일어났는데, 유비는 휘하의 군사를 거느리고, 황건적 토벌에 공을 세워 중산국 안희현(安喜縣)의 군사 업무 담당인 현위(縣尉)가 되었다.

마침 독우(督郵)[114]가 공사(公事)로 안희현에 왔는데, 유비가 만

---

113 《三國演義》에 묘사된 유비는 8척 신장에 귀는 어깨에 닿고, 팔은 무릎 아래까지 내려왔으며, 눈으로는 자신의 귀를 볼 수 있었다. 그리고 옥 같은 얼굴에 입술은 연지를 바른 듯 붉었다. 이 정도의 외모라면 특이한 정도를 넘어서 상당히 걸출한 사람이라 생각할 수 있다. 약간 과장이 있다지만 어깨까지 닿는 귀라면 다른 사람보다 확실하게 귀가 컸다는 뜻이다. 때문에 유비는 대이적(大耳敵) 또는 대이아(大耳兒)라는 별명으로 조롱을 당하기도 했다. 고대에는 그런 점이 바로 독특한 카리스마로 작용할 수 있었다.

114 督郵(독우) - 郡 太守의 속관으로, 관할 현의 업무와 조세 납부 실적이나 군사동원 관련 직무를 감찰하였다. 太守의 耳目 역할로 필요한 정보도 수집하였다.

나길 청했지만 만나주질 않자 곧바로 들어가 독우를 결박하고서 장(杖) 2백 대를 때린 뒤, 말을 매는 말뚝에 묶어놓고 인수를 풀어 독우의 목에 걸어놓고서 관직을 버리고 도주하였다.[115]

    그 뒤에, 평원군(平原郡) 고당현 현위가 되었다가 현령이 되었다. 그러나 황건적에게 패전하고, 중랑장 공손찬(公孫瓚)을 찾아갔는데, 공손찬은 표문을 올려 별부사마(別部司馬)에 임명하였고 청주자사와 함께 기주목 원소를 막게 하였다.
    유비는 여러 차례 전공을 세웠고 임시 평원령(平原令)이 되었다가 뒤에 평원국(平原國) 상(相)[116]을 대행하였다. 군민(郡民)인 유평(劉平)은 평소에 유비를 무시하였는데, 그 밑에 있는 것을 수치로 여겨 자객을 보내 유비를 죽이려 했다. 그러나 자객이 차마 유비를 찌를 수 없어 사실을 이야기 한 뒤에 떠나갔다. 유비가 인심을 얻은 정도가 이와 같았다.

---

115 《三國演義》제2회에서는 장비가 독우를 매질하고(張翼德怒鞭督郵), 유비는 만류하는 것으로 묘사하였다.

116 平原國(郡) 治所는 平原縣, 今 山東省 북부 德州市 관할의 平原縣. 제후국 相은 군 태수와 동급이다.

(2) 유비의 시련

○ 도겸을 돕다

원소가 공손찬을 공격하자, 유비는 동쪽으로 진출하여 제(齊) 땅에 주둔하였다. 조조는 서주(徐州)를 정벌했는데, 서주목인 도겸(陶謙)[117]이 사자를 보내 위급을 알리자, 유비는 도겸을 구원하였다.

그때 유비는 1천여 명의 군사와 유주(幽州) 일대의 오환(烏丸) 등 여러 호인(胡人) 기병, 그리고 굶주린 백성 약 1천여 명을 거느리고 있었다. 유비가 서주에 도착하자 도겸은 단양(丹楊)의 군사 4천 여 명을 유비에게 보태주었고, 유비는 도겸에게 귀부하였다. 도겸은 표문을 올려 유비를 예주(豫州)자사로 임명케 하였고, 유비는 소패(小沛, 패현沛縣)[118]에 주둔하였다.

---

[117] 도겸(陶謙, 132-194) - 《後漢書》 73권, 〈劉虞公孫瓚陶謙列傳〉에 立傳. 《魏書》 8권, 〈二公孫陶四張傳〉에 입전. 初平 4년(서기 193), 조조는 부친 조숭이 泰山郡에서 피살된 것을 도겸의 책임으로 돌리고, 도겸을 공격하고 서주 지역에 살육을 감행했다. 興平 원년(서기 194)에 조조가 다시 徐州를 공격할 때, 도겸은 병사했다. 《三國演義》에서 도겸은 온화하고 바른 사람으로 묘사되었지만 正史에서는 소인을 신임하며 刑政이 失和한 흉악한이며 군자를 협박하며 백성의 재물을 편취하는 인물로 서술되었다.

[118] 소패(小沛) - 沛縣. 今 江蘇省 북부 徐州市 관할 沛縣. '沛澤' 에서 유래한 지명.

도겸의 병이 위독하자, 도겸은 별가(別駕)인 미축(麋竺)[119]에게 말했다.

"유비가 아니라면 서주를 안정시킬 사람이 없다."

○ 서주를 차지한 유비

도겸이 죽자, 미축은 서주의 관리와 백성을 거느리고 유비를 영입하였는데, 유비는 감당할 자리가 아니라고 사양하였다.

이에 하비(下邳) 사람 진등(陳登)[120]이 유비에게 말했다.

"지금 한실(漢室)이 크게 쇠약하여 해내가 기울어지려 하는데, 지금이야말로 공을 세우거나 큰일을 할 때입니다. 서주는 백성도 많고 부유하며 호구가 1백 만이나 되는데, 지금 사군(使君)에게 서주를 맡기려는 것입니다."

이에 유비가 말했다.

"원술이 가까운 수춘(壽春)에 주둔하고 있는데, 그분은 4세에

---

119 미축(麋竺, ?-221) - 徐州 東海國 胊縣(今 江蘇省 連雲港市)의 富商 출신. 미축의 여동생이 유비의 미부인(麋夫人)이다. 평범한 인물. 뒷날 蜀漢 관리, 孫乾(손건), 簡雍(간옹) 등과 함께 유비의 重臣.《蜀書》8권,〈許麋孫簡伊秦傳〉에 입전.

120 陳登(진등, 생졸년 미상, 字 元龍) - 廣陵郡 일대에서 이름이 났었다. 또 진등은 여포를 견제한 공적으로 伏波將軍(복파장군)의 직함을 받았지만 나이 39세에 죽었다.《三國志》29권,〈方技傳〉의 華佗傳(화타전)에는 생선회를 좋아하여 뱃속에 기생충이 가득한 사람으로 수록되었다.《魏書》7권,〈呂布臧洪傳〉에 입전되었다.

걸친 명문가로 천하의 민심이 귀부하니, 그가 서주를 다스려야 할 것입니다."

그러자 진등이 말했다.

"원술은 교만하고 호사하여 치란(治亂)의 주군(主君)이 될 수 없습니다. 지금 사군(유비)에게는 10만의 보병과 기병이 있으니 위로는 천자를 받들고 백성을 제도하여 오패(五覇)의 대업을 성취할 수 있고 아래로는 차지한 땅을 지켜 이름을 죽백(竹帛, 史書)에 남길 수도 있습니다. 만약 사군께서 허락치 않으신다면 저 진등 역시 사군의 명을 받들 수 없습니다."

또 북해(北海) 상(相)인 공융(孔融)[121]도 유비에게 말했다.

---

[121] 孔融(공융, 153-208, 字 文擧) - 공자의 20代孫인 공융은 7兄弟 중 6째였는데, 나이 4세에 형제들과 함께 배(梨)를 먹는데 먼저 가장 작은 배를 집었다. 어른이 까닭을 묻자 "나는 어리니까 응당 작은 것을 먹어야 한다."고 대답하였다〔孔融讓梨(공융양리)〕. 38세에 北海相을 역임하여 '孔北海'로 불린다. 헌제는 허현(許縣)에 도읍했고, 공융은 조정에 들어가 將作大匠에 임명되었다가 少府로 승진했다. 공융은 시인으로도 유명하여 '建安七子'의 한 사람이다. 건안 13년, 조조는 50만 대군을 동원해 강남 원정에 나선다. 이때 태중대부 공융은 이번 원정이 부당하다고 반대했고, 결국 조조의 명을 받은 廷尉(정위)에게 끌려가 죽음을 당한다. 나이가 어린 공융의 두 아들은 바둑을 두다가 참변 소식을 듣는다. 빨리 피신하라는 말에 두 형제는 전혀 놀라지 않고 말한다. "부서지는 둥지에 알인들 온전하겠는가!(破巢之下 安有完卵!)" 공융 일가는 모두 죽음을 당했다. 《後漢書》 70권, 〈鄭孔荀列傳〉에 입전.

"원술이 어찌 나라를 걱정하며 가문을 버릴 수 있는 사람이겠습니까? 그 사람은 이미 무덤 속의 해골과 같은데, 어찌 마음에 둘 수 있겠습니까? 오늘의 일은 백성이 능력 있는 분에게 주는 것이니, 하늘이 내려주는데도 받지 않는다면 후회막급일 것입니다."

이에 유비는 서주목(徐州牧)을 겸임하였다.

○ 여포의 배신

헌제 흥평 2년(195)에, 여포는 서주목인 유비를 찾아와 의지하였다. 여포는 유비의 호의로 소패(小沛, 패현)에 머물고 있었다.

원술이 유비를 공격하자, 유비는 우이(盱眙),[122] 회음(淮陰) 등지에서 원술을 방어하였다. 조조는 표문을 올려 유비를 진동장군(鎭東將軍)에 임명케 하였고, 의성정후(宜城亭侯)에 봉하게 하였는데, 이때가 건안 원년(서기 196)이었다.

유비와 원술은 1달이 넘도록 대치하였는데, 여포(呂布)가 그 빈틈을 노려 하비(下邳)를 기습 공격하였다. 하비의 수장(守將)인 조표(曹豹)[123]가 반기를 들고 여포를 영입하였다. 여포는 유비의 처

---

122 우이(盱眙) - 徐州 관할 하비국(下邳國)의 현명. 今 江蘇省 중서부 淮安市 최남단 盱眙縣. 安徽省과 접경.

123 도겸(陶謙)의 장수였던 曹豹(조표)가 下邳(하비)에 있을 때, 張飛는 조표를 죽이려 했다. 조표는 사람을 보내 여포를 불러들였고 張飛는 패주하였다. 유비가 군사를 거느리고 하비성 근처에 왔을 때 군사들은 스스로 궤멸했다. 유비는 흩어진 장졸을 다시 불러 모았으나 원술과 싸워 또 패전하였다. 《三國演義》14회에서 조표

자를 포로로 잡았고, 유비는 광릉군(廣陵郡) 해서현(海西縣)으로 옮겨 주둔하였다.

양봉(楊奉)과 한섬(韓暹)[124] 등이 서주(徐州)와 양주(揚州) 일대를 노략질하자, 유비는 그들을 맞아 싸워 모두 참수하였다. 유비는 여포와 화해하였고, 여포는 유비의 처자를 돌려보냈다. 유비는 관우(關羽)를 보내 하비를 지키게 하였다.

ㅇ 조조와 유비

유비는 소패(小沛)로 돌아와, 다시 1만여 명의 군사를 모았다. 여포는 유비를 질시하며 직접 군사를 거느려 유비를 공격했고, 유비는 패주하여 조조를 찾아 의탁하였다. 조조는 유비를 후대했고 표문을 올려 예주목(豫州牧)에 임명하였다(건안 원년, 196).

유비가 패현에서 흩어진 병졸을 모을 때, 조조는 그 군량을 공급하고 병력을 주어 동쪽으로 여포를 공격케 하였다. 여포가 부

는 술을 못 마셔 장비의 성질을 건드렸다. 장비가 매질하려 하자, 조표는 "사위의 체면을 보아 용서해달라."고 말한다. 조표의 사위가 呂布라는 사실을 안 장비는 조표를 심하게 매질한다. 그래서 조표가 여포를 불러들이는 것이고, 조표는 도주하는 장비를 우습게 보고 추격하다가 장비에게 죽는 것으로 묘사되었다.

124 楊奉(양봉)과 韓暹(한섬)은 長安에서부터 이각, 곽사와 싸우면서 헌제(獻帝)를 호위하였다. 그 공로로 한섬은 大將軍이, 양봉은 거기장군(車騎將軍)이 되었다.

장 고순(高順)을 보내 유비를 공격케 하자, 조조는 하후돈을 보냈지만 유비를 구원하지 못하고 고순에게 패전했으며, 유비의 처자는 다시 잡혀 여포에게 보내졌다.

조조는 동쪽으로 서주를 원정한 뒤에, 유비를 도와 여포의 하비성을 포위했고 여포를 생포했다(198). 유비는 다시 처자를 되찾았고 조조를 따라 허도로 회군하였다.

조조는 표문을 올려 유비를 좌장군(左將軍)에 임명했고, 더욱 예를 갖춰 대우하였으니 함께 수레를 타고 외출했으며 동석에서 담화하였다.

원술은 서주를 거쳐 북쪽으로 원소를 찾아가려 했는데, 조조는 유비를 보내 주령(朱靈)의 군사를 지휘하여 도중에 원술을 맞아 요격케 하였으나 서주에 못 미쳐 원술은 병사(病死)하였다(199).

○ 유비의 시련

유비가 허도(許都)를 떠나기 전에, 헌제 장인인 거기장군 동승(董承)[125]은 황제의 의대(衣帶)를 하사받았는데, 그 속에는 '조공(曹公)을 꼭 죽여야 한다.'는 밀조(密詔)가 있었다. 이때 유비는 아

---

[125] 董承(동승)은 원래 董卓(동탁)의 사위인 牛輔(우보)의 部將. 靈帝의 생모 董太后의 조카, 獻帝 董貴人의 父親. 원문의 구(舅)는 장인(丈人). 뒷날 조조가 헌제를 許昌에 영입하고 정권을 장악했을 때 동승은 헌제편에 선다. 동승은 헌제의 밀조를 받았으나 발각되어 建安 5년(서기 200)에 삼족이 멸족되었다.

무 행동도 취하지 않았다.

이 무렵 조조는 조용한 자리에서 유비에게 말했다.[126]

"지금 천하영웅은 사군(使君, 유비)과 나 조조뿐이요. 원소 같은 자는 손에 꼽을 수도 없습니다."

유비는 식사하면서 수저를 놓치며 놀랐다.

나중에 동승과 장수교위(長水校尉)인 종집(種輯), 장군 오자란(吳子蘭), 왕자복(王子服) 등은 조조 살해를 동모했다. 그때 유비는 출정 중이었기에 발각되지 않았다. 일이 탄로되었고 동승 등은 모두 처형되었다.

유비가 하비성을 점거하였다. 유비는 곧 서주목을 죽이고 관우를 남겨 하비성을 지키게 하고 유비는 소패로 돌아왔다. 동해군(東海郡)의 창패(昌覇)가 반기를 들자, 여러 군현이 조조를 배반하고 유비편이 되었는데, 그 군사가 수만 명이 되었으며, 유비는 손건(孫乾)을 보내 원소와 강화(講和)하였으며, 조조는 유대(劉岱)와 왕충(王忠) 등을 보내 유비를 공격케 했으나 이기지 못했다.

(건안) 5년(200), 조조는 동쪽으로 유비를 원정했고, 유비는 패전하였다.[127]

조조는 유비의 군사를 모두 흡수하였고, 유비의 처자를 포로로

---

126 《三國演義》 21회 〈曹操煮酒論英雄(조조자주논영웅)〉 참조.
127 劉備는 홀로 원소를 찾아가 의지했다.

삼았고, 아울러 관우를 사로잡아¹²⁸ 회군하였다.

○ 원소에 의지한 유비

유비는 청주(青州)로 달아났다. 청주자사(青州刺史)인 원담(袁譚)은 옛날에 유비가 무재(茂才)로 천거했었기에, 원담은 기병을 거느리고 유비를 영입하였다. 유비는 원담을 따라 평원군(平原郡)에 도착했고, 원담은 사자를 원소에게 보내 이를 알렸다. 원소는 직접 군사를 거느리고 업현(鄴縣)에서 2백 리 떨어진 곳까지 나와 유비와 상면하였다. 1달 넘게 원소 진영에 머무르는 동안 흩어졌던 군사들도 점차 모여들었다.

조조와 원소는 관도(官渡)에서 서로 대치하고 있었는데, 여남군(汝南郡)의 황건 잔당들은 조조를 배반하고 원소편이 되었다. 원소는 유비에게 군사를 내주어 유벽 등과 함께 허도를 공격케 하였다. 관우는 조조를 떠나 유비에게 돌아왔다.¹²⁹

조조는 조인(曹仁)을 보내 군사를 거느리고 유비를 공격케 하자, 유비는 원소의 군사를 거느리고 회군했는데, 마음속으로 원소 곁을 떠날 계획으로 원소에게 남쪽으로 형주목(荊州牧)인 유표(劉表)와 연합해야 한다고 설득하였다. 이에 원소는 유비에게 본부 병력을 거느리고 여남군(汝南郡)으로 돌아갔으며 황건의 잔당

---

128 《三國演義》 25회 〈屯土山關公約三事〉 참조.
129 《三國演義》 27회 〈美髥公千里走單騎・漢壽侯五關斬六將〉의 五關斬六將은 허구이다.

인 공도(龔都) 등과 합세하며 군사 수천 명을 거느렸다. 조조는 채양(蔡陽)을 보내 유비를 공격케 했지만, 채양은 유비에게 살해되었다.

조조는 원소를 격파한 뒤에 남쪽으로 유비를 공격하였다. 유비가 미축(麋竺)과 손건(孫乾)을 보내 유표에서 소식을 전하자, 유표는 직접 교외로 나와 영접했고, 상빈(上賓)의 예(禮)를 갖춰 대우했으며 유비에게 군사를 늘려주어 (남양군) 신야현(新野縣)[130]에 주둔케 하였다.

형주(荊州) 지역의 많은 호걸들로 유비에게 귀부하는 자가 날로 많아지자, 유표는 마음속으로 의심하며 은밀히 유비를 견제하려고 했다.

조조는 하후돈(夏侯惇)과 우금(于禁) 등을 (남양군) 박망현(博望縣) 지역에 파견하였다. 얼마 뒤에 유비는 복병을 두고 군영을 불태우고 거짓으로 도주했는데, 하후돈 등이 유비를 추격하다가 복병에게 격파당했다.

o 백성과 함께하는 유비

건안 12년(서기 207), 조조는 북쪽으로 오완(烏丸)을 원정 중이

---

130 (南陽郡) 新野縣은, 今 河南省 서남부 白河 유역 南陽市 관할 新野縣. 예로부터 人傑地靈하다고 유명. 陰麗華(後漢 光武帝 劉秀의 아내)의 고향. 유비가 單福(선복)을 만난 곳이며, 이를 통해 제갈량과 연결된다. '三請諸葛', '火燒新野' 등 《三國演義》의 무대.

었는데, 유비가 유표에게 허도(許都)를 습격하라고 설득했지만, 유표는 받아들이지 않았다. 조조는 남쪽으로 유표를 원정하려 출발했는데, 마침 유표가 병사하고 아들 유종(劉琮)이 형주목이 되어 조조에게 투항하였다.

유비는 번성(樊城)[131]에 주둔하고 있었는데, 조조의 원정 사실을 모르고 있다가 조조가 (남양군) 완현(宛縣)에 왔을 때야 알고서 무리를 거느리고 피난하였다.

유비가 양양(襄陽)을 지날 때, 제갈량(諸葛亮)은 유비에게 유종을 공격하여 형주를 차지해야 한다고 설득했다.

그러나 유비는 "차마 그렇게 못하겠다."고 하였다.

유비가 행군을 멈추고 유종을 불렀지만, 유종은 두려워 나서지 못했다. 유종의 측근이나 형주의 많은 사인(士人)들이 유비에게 귀부하였다.

유비가 (남군南郡) 당양현(當陽縣)[132]에 이를 때쯤에는, 무리가 10여 만에 수천 량의 치중(輜重)이 있어 하루에 겨우 10리를 행군할 수 있었는데, 유비는 별도로 관우를 보내 수백 척의 배를 모아 강릉(江陵)[133]에서 만나기로 하였다.

---

131 樊城(번성) – 보루, 작은 성 이름. 당시 襄陽郡 관할, 今 湖北省 襄陽市 樊城區. 漢水 남안.

132 南郡 當陽縣, 今 湖北省 서부 宜昌市 관할 當陽市(縣級市). 이곳 長坂坡(장판파)의 전투. 曹操軍이 劉備軍을 추격, 격파한 싸움으로 赤壁之戰의 前哨戰(전초전)이었다.

어떤 사람이 유비에게 말했다.

"빨리 진격하여 강릉을 확보해야 하는데, 지금 많은 백성과 함께 있지만 군사가 될 사람은 많지 않으니, 만약 조조의 군사가 추격한다면 어찌 막을 수 있겠습니까?"

이에 유비가 말했다.

"큰일을 이루려면 반드시 백성을 근본으로 생각해야 하나니, 지금 백성이 나를 따라오는데, 내가 어찌 버릴 수 있겠는가!"

o 유비 관련 중국 속담

유비와 관련된 중국 속담을 읽어보면 유비의 모습이 저절로 떠오른다. 어찌보면 유비에 관한 일반화된 평가일 것이다.

- 劉備賣草鞋. ─ 人軟貨不硬 / 本行.
  (유비가 짚신을 팔다. ─ 사람은 물렁하고, 그 물건도 억세지 않다. / 본업이다.)
- 劉備當皇叔. ─ 時來運轉.
  (유비가 황숙이 되다. ─ 때를 만나 운수가 트이다.)
- 劉備得荊州. ─ 哭來的.
  (유비가 형주를 차지하다. ─ 울어서 얻은 것.)

---

133 江陵 ─ 荊州 관할 南郡의 治所, 今 湖北省 중남부 江漢平原에 위치한 荊州市 관할 江陵縣.

- 劉備借荊州. ― 有借無還.

  (유비가 형주를 차용하다. ― 차용하고 반환하지 않다.)

- 劉備的江山. ― 哭出來的.

  (유비의 천하. ― 울음으로 얻은 것.)

- 劉備東吳招親. ― 弄假成眞.

  (유비가 동오(東吳)에서 아내를 맞이하다.―농담이 진담이 되었다.)

- 劉備請諸葛. ― 三顧茅廬.

  (유비가 제갈량을 맞이하다. ― 삼고초려하다.)

  茅廬 = 草廬. 茅(máo)는 띠풀 모.

- 劉備三上臥龍岡. ― 就請你這個諸葛亮.

  (유비가 세 번 와룡강을 찾아가다. ― 제갈량 같은 사람을 초빙했다.)

- 劉備對孔明. ― 言話計說.

  (유비와 제갈공명. ― 건의를 들어주고 계책도 받아주다.)

- 劉備對諸葛. ― 無話不說.

  (유비와 제갈량. ― 서로 못할 말이 없다. / 무슨 이야기든 모두 말하다.)

- 劉備困曹營. ― 提心弔膽.

  (유비가 조조의 군영에 머물다. ― 마음이 조마조마하다.)

- 劉備遇孔明. ― 如魚得水.

  (유비가 제갈공명을 만나다. ― 물고기가 물을 만나다.)

(3) 관우와 장비

1) 관우

관우(關羽)[134]의 자(字)는 운장(雲長)인데, 하동군(河東郡) 해현

---

134 關羽(관우, 서기 160-220년, 字 雲長, 本字 長生) – 河東郡 解縣 출신, 今 山西省 서남단 運城市. 劉備의 장군, 張飛와 함께 '1만 명을 상대할 수 있는 사람(萬人敵)'으로 알려졌다. 建安 4년(서기 199년)에 한수정(漢壽亭, 한수정이 고유명사. 漢의 수정후가 아니다)에 봉해졌다. 赤壁大戰(서기 208) 뒤에 주로 형주(荊州)를 방어했다. 建安 24년(서기 219), 關羽가 襄陽(양양), 樊城(번성)을 포위하자, 조조는 구원군으로 우금(于禁)을 보냈는데, 관우는 우금을 생포하고 방덕(龐德)을 참수하자 천하에 관우의 명성이 진동했다. 조조는 서황(徐晃)을 증파하면서 東吳와 연합했고, 동오에서는 육손(陸遜)과 여몽(呂蒙)을 보내 관우를 공격, 생포한 뒤에 살해했다. 관우는 武將으로 생애를 마쳤지만, 관우 사후에 제왕이나 백성들의 숭배를 받는 특수한 신령(神靈)이 되었다. 관우에 대한 숭배와 신앙은 우리나라와 일본, 월남까지 널리 퍼졌다. 관우의 忠義와 勇武의 형상은 관우에 대한 호칭에 잘 나타나 있는데, 關公(관공), 關老爺(관노야)로부터 武聖(무성)으로 통용된다. 이는 文聖(문성)인 孔子와 나란한 명성이다. 그리하여 關聖帝, 關帝, 關聖帝君 등 극존칭이 지금껏 그대로 통용되고 있다.

道敎에서는 관우를 협천대제(協天大帝), 복마대제(伏魔大帝), 익한천존(翊漢天尊)으로 불리고, 심지어 불교에서도 관우의 숭배 신앙을 흡수하여 호법신(護法神)의 하나인 '가람보살(伽藍菩薩)'로 숭배된다. 陳壽는《三國志》에서 關羽와 張飛, 馬超, 黃忠, 趙雲을 함께 입전하였다. 나관중(羅貫中)의《三國演義》에서는 이들을 '五虎上將'이라 통칭하는데, 그중에서 으뜸은 前將軍 관우이다.

(解縣) 사람이다. 탁군(涿郡)으로 달아나 숨어 살았다(亡命). 그때 유비는 향리에서 군사를 모으고 있었는데(靈帝, 中平 원년, 184), 장비와 함께 유비를 호위하였다.

○ 도원결의(桃園結義)

진수의 정사(正史)《삼국지(三國志)》에는 도원결의의 내용이 없다.

유비가 평원(平原) 상(相)이 되었을 때, 관우와 장비를 별부사마(別部司馬)에 임명하여 군사를 나눠 지휘케 하였다. 유비는 관우, 장비와 같은 침상에서 기거하며 그 은의(恩義)가 형제와 같았다.[135]

많은 사람들이 모인 장소에서는 유비를 모시고 종일 시립(侍立)하였으며, 유비를 따라 정벌에 나서는 등 곤경과 위험을 피하지 않았다.[136]

---

[135] 중국 속담에 "장비는 용기가 있고, 관우는 지모가 있다(張飛有勇, 關羽有謀)."는 말이 있다. 장비는 그 용기로, 관우는 그 지모를 우선 연상한다는 뜻일 것이다. 또 「유비와 관우는 각자 타고난 천성이 있다(劉備關羽, 各有秉性).」라는 속담은 관우와 유비가 아무리 친형제 이상의 우애와 의리가 있지만 확실하게 다른 성격이라는 뜻일 것이다. 유비, 관우, 장비 세 사람의 형제애는 우애의 표본이면서 동시에 중국인들에게 의리의 표본이라 말할 수 있다.

○ 관우 숭배

관공(關公), 관우(關羽), 관운장(關雲長)이라면 우리나라에서도 누구나 다 알고 있다. 서울의 동대문구 신설동에도 관우의 사당인 동묘(東廟)가 자리하고 있다. 우리나라의 관우 숭배는 임진왜란 때 조선에 구원차 온 명나라 군사들에 의해 전파되었다고 한다.

그러나 관성제군(關聖帝君)이나 탕마진군(蕩魔眞君) 또는 복마대제(伏魔大帝)라고 말하면, 거의 모두가 누구인지 모른다고 대답할 것이다.

사실상 이런 칭호는 모두 동일 인물이다. 관우는 사람이고, 후자는 신(神)일 뿐이다. 그

관우(關羽)
창을 들고 서있는 사람은 관우의 부장(部將)인 주창(周倉)이다. 〈출처: 위키백과〉

---

136 원문「先主爲平原相, 以羽,飛爲別部司馬, 分統部曲. 先主與二人 寢則同床, 恩若兄弟. 而稠人廣坐, 侍立終日,隨先主周旋, 不避艱險.」

런데 분명히 생존했던 실제 인물이 어떻게 신이 되었는가?

북경은 명·청대에 수도로 흥성했었다. 청나라 고종 건륭제 때 만들어진 「경사건륭지도(京師乾隆地圖)」에 실린 바에 의하면, 북경 성내에 관우만을 모시거나 관우를 중심으로 한 사묘(祠廟)가 116개소에 달하여 전체의 약 10퍼센트를 차지했다고 한다. 다음으로 많은 것은 관음보살을 섬기는 관음암, 관음사, 백의암(白衣庵), 백의관(白衣觀) 등이 100여 곳이라고 한다.

그리고 명대에는 궁중의 여러 출입문에도 관성(關聖, 관우)의 상을 모셔놓았다고 한다. 또 북경성 9개 성문의 월성(月城) 안에도 모두 관왕묘(關王廟)가 있었다.

청 왕조에서 '모든 정원 중의 정원'이라고 할 수 있는 원명원(圓明園)에도 몇 개소의 관제묘(關帝廟)를 세웠다.

이를 종합해 보면, 관우가 중국인들에게 끼친 영향이 얼마나 컸었는가를 알 수 있다. 관우에 대한 숭배가 이렇듯 융성한 원인은 무엇인가? 관우가 장군에서 제군(帝君)이나 대제(大帝)로 껑충 뛰어오른 원인을 어디서 찾아야 하는가?

전하는 이야기에 의하면, 그의 본성은 관씨가 아니였다고 한다. 젊은 시절의 관우는 장대하고 위엄 있는 신체에 힘이 장사였으며 무예도 뛰어났었다. 거기에다 강한 의협심의 소유자로 불의를 보면 결코 참지 못하는 불같은 성질이 있어 자주 문제를 일으켰다고 한다.

관우가 어느 곳에선가 현령의 처남이 민가 처녀를 납치 겁탈했다는 것이었다. 관우는 의분을 참지 못하고 관아에 뛰어들어가 현령과 그 처남을 몰살하였다. 그리고 각지를 전전하다가 동관(潼關)에 이르렀다.

관문에는 살인범으로 그의 얼굴 그림이 붙어있었다. 관문의 병사가 성명을 묻자, 관우는 동관의 관문을 가르키며 말했다.

"내 성은 관씨요."

이후 그는 성을 관씨로 정했다고 한다.

조조와 유비 손권의 물고 물리는 항쟁 과정에서 조조(曹操)는 군대를 보내 유비를 대패시켰고 관우는 포로가 되었다. 조조는 관우를 편장군(偏將軍)에 임명하고 한수정후(漢壽亭侯)[137]에 봉했다. 그러나 관우는 인수를 풀어놓고 유비에게로 돌아가 형주를 지켰다.

유비가 한중왕(漢中王)이 된 뒤, 관우는 전장군(前將軍)이 되어 조조를 공격했다. 관우가 조조의 칠군(七軍)을 물속에 장사 지내고 우금(于禁)을 생포하며 방덕(龐德)의 목을 베니 그 명성이 중원을 진동했다.

---

137 한수정후(漢壽亭侯) — 이는 漢 壽亭侯가 아니다. 한수정이 하나의 이름이다.

뒷날 손권(孫權)이 장수를 보내 형주를 공격했다. 관우는 그들을 얕보았고, 결국 포로로 잡혀 피살된다. 그곳 사람들은 관우가 죽은 호북성(湖北省) 당양(當陽)의 옥천산(玉泉山)에 사당을 지어 지금도 관우의 제사를 지낸다고 한다.

관우에 관한 사적은 대략 이 정도에 불과하다. 관우의 최고 직함은 전장군이었고, 그의 작위는 '한수정후'였다. 관우는 가장 중요한 시기에 어이없는 실수로 결국 자기 생명도 지키지 못하였으니 '보통 사람(凡人)'의 범주에서 크게 벗어날 수 없는, 그저 다른 사람보다 약간의 힘과 무예가 뛰어난 정도였을 뿐, 결코 신통(神通)했다는 평가를 받기에는 많이 부족하다는 느낌을 준다.

위(魏)에서 당(唐)에 이르는 시기에 관우의 민간에 대한 영향력도 사실 별로 없었다고 한다. 그러나 북방 이민족의 침입에 시달리며 문약(文弱)했던 송대(宋代)부터 관우의 운이 트이기 시작하였으니, 관우는 곧바로 승천하여 청운(靑雲) 위에 올라 앉았다고 말할 수 있다.

그 무렵부터 관우의 사당이 곳곳에 세워졌으며 송 철종(哲宗, 재위 1085-1100) 때 '현열왕(顯烈王)', 휘종(徽宗) 때에 '의용무안왕(義勇武安王)'에 봉해졌다. 원(元)나라 때에는 '현령의용무안영제왕(顯靈義勇武安英濟王)'에 봉해졌다고 한다.

그러다가 원 말기 장편 역사 소설 『삼국연의(三國演義)』가 유포되면서 관우의 명성은 온 중국을 뒤흔들기 시작했다. 역사상 그 지위가 별로 높지 않은 관우였지만 소설 속에 그려진 관우는 '완전한 아름다움' 그 자체였다.

그는 용기와 지략, 충성과 의리의 화신이었으며 무예뿐만 아니라 학식도 풍부한 인물이었다. 관우는 사나이가 갖추어야 할 모든 것을 완비한 사람이며 역대 모든 명장보다 한 수 위의 '고금에 제일가는 장수(古今第一將)'이었다. (진기환 저,《중국의 토속신과 그 신화》지영사(知永社), 1996 참고).

○ 관우 관련 중국 속담

- 關父子賣豆腐. ― 人强貨不硬.
  (관우가 두부를 팔다. ― 사람은 억세지만 물건은 단단하지 않다.)
- 關公的鬍鬚. ― 美得很.
  (관공의 수염. ― 아주 멋지다.)
- 關公過五關. ― 沒人敢攔.
  (관공이 다섯 관문을 지나가다. ― 감히 저지할 사람이 없다.)
  攔(lán)은 막을 란.
- 關公進曹營. ― 單刀直入.
  (관공이 조조의 군영에 들어가다. ― 단도직입하다.)
- 關公赴宴. ― 單刀直入.
  (관공이 잔치에 참석하다. ― 단도직입하다.)
- 關雲長敗走麥城. ― 死到臨頭.

(관운장이 맥성으로 패주하다. − 죽음이 임박했다.)

2) 장비

○ 개성 있는 캐릭터 − 호주(好酒)

장비(張飛)[138]의 자(字)는 익덕(益德, 翼德)으로 탁군(涿郡) 사람인데, 젊어 관우와 함께 선주(先主, 유비)를 섬겼다. 관우가 몇 살 연장이라서 장비가 형으로 모셨다. 유비가 조조를 따라 여포를 정벌한 뒤에 조조의 군사와 함께 회군했는데, 조조는 장비를 중랑장에 임명했다.

유비는 조조를 떠나 원소와 유표에 의지했었다. 유표가 죽은 뒤 조조가 형주를 원정하여 입성하자, 유비는 장강(長江) 남쪽으로 달아났다. 조조가 유비를 추격하여 하루와 1야(夜)에 당양현(當陽縣)의 장판(長阪)에 이르렀다. 조조 군사가 갑작스레 들이닥치자, 유비는 처자를 버리고 달아나며, 장비로 하여금 20여 기병을

---

[138] 장비(張飛, 167−221년, 字 益德, 《三國演義》에서는 翼德) − 幽州 涿郡 출신, 今 河北省 保定市 관할 涿州市(北京市 연접). 關羽와 함께 '萬人敵'으로 일컬음. 陳壽 편찬《三國志》에서는 關羽, 張飛, 馬超, 黃忠, 趙雲을 合傳하였다. 나관중(羅貫中)《三國演義》에서는 '五虎上將'으로 통칭한다. 中國 전통문화에서 장비의 캐릭터는 거칠고 강렬하며 好酒하는 성격으로 고정되었는데, 이는 소설의 영향이라 할 수 있다. 그러면서 장비는 수많은 속담의 단골 소재로 사랑을 받고 있다.

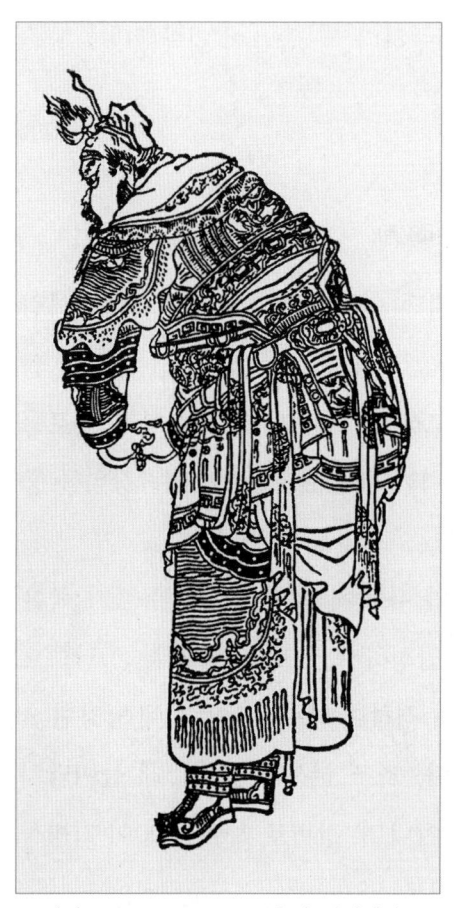

장비(張飛, 張翼德(장익덕)) 〈출처: 위키백과〉

거느리고 뒤를 차단케 하였다.

장비는 냇물을 사이에 두고 교량을 절단한 뒤, 부릅뜬 눈으로 창을 비껴들고 말했다.

"이 몸이 장익덕(張翼德)이니 누구든 와서 함께 죽도록 싸워보자!"

그러나 적군 그 누구도 가까이 오는 자가 없어 유비는 달아날 수 있었다.[139]

유비가 강남(江南)을 평정한 뒤, 장비는 의도

---

[139] 《三國演義》의 조운(趙雲)은 변함없는 충성심으로 뛰어난 무예와 용기, 그리고 고매한 인격을 가진 인물로 묘사되었다. 그에 비하여 장비는 용감하지만 거칠고 때로는 지혜로운, 그래서 더 친근감을 느끼는 캐릭터로 묘사되었다. 장비가 장판교에서 조조와 그 부장들에게 호통을 친 것은 과장이 좀 있지만 아주 재미있는 대목이다. 이는 《三國演義》 第42回, 〈張翼德大鬧長阪橋, 劉予州敗走漢津口〉에 들어있다.

(宜都) 태수¹⁴⁰에 징로장군(徵虜將軍)이 되었고 신정후(新亭侯)에 봉해졌는데, 뒤에 남군(南郡)으로 옮겨 주둔하였다. 유비가 익주(益州)에 들어갔고 (익주목益州牧인) 유장(劉璋)과 싸우자, 장비는 제갈량과 함께 장강(長江)을 거슬러 올라가 군사를 나눠 각 군현을 평정하였다. 강주(江州)에 이르러 유장의 파군(巴郡) 태수인 엄안(嚴顔)¹⁴¹과 싸워 엄안을 생포하였다.

장비가 엄안을 질책하였다.

"대군(大軍)이 공격하는데, 어찌 투항하지 않고 감히 맞서 싸웠는가?"

이에 엄안이 말했다.

"경 등은 아무 경우도 없이 우리 주군(州郡)을 침탈하거늘, 우리 익주(益州)에서 장군의 목을 자를 장수는 있어도 장군에게 투항할 장군은 없다."

이에 장비는 화를 내며 측근에게 끌고 가서 참수하라고 명했는데, 엄안은 두려운 안색도 없이 말했다.

"머리를 자르면 그뿐이거늘 왜 성질을 부리는가!"

---

140 建安 15년(서기 210), 유비는 臨江郡을 宜都郡으로 개칭하고 張飛를 태수에 임명했고, 建安 24년(219), 吳將 육손(陸遜)은 의도군을 점령하고 촉한에 저항하며 陸城이라고 했다. 나중에 의도군은 吳國 荊州에 속했다. 今 湖北省 서부 宜昌市 관할 宜都市(의도시).

141 엄안(嚴顔, 생졸년 미상) － 장비에 투항 이후의 행적에 관한 기록은 없다. 다만 소설에서는 黃忠 다음의 노장으로 용맹을 떨친다.

장비는 엄안을 장하게 생각하며 풀어주고 손님으로 예를 갖춰 대우했다.

장비는 가는 곳마다 싸워 이기면서 유비와 성도(成都)에서 재회했다. 익주가 평정된 뒤, 제갈량, 법정(法正), 장비 및 관우에게 각각 황금 5백 근, 금전 5천 만, 비단 1천 필을 하사하고 그 외 부장에게는 각각 차등을 주어 하사했으며, 장비는 파서(巴西) 태수를 겸임하였다.

○ 장비와 흑선풍 이규

《수호전(水滸傳)》에 등장하는 양산박(梁山泊) 108명의 두령 중에 가장 인기 있는 사람은 흑선풍(黑旋風) 이규(李逵)라고 한다. 사실 이규는 그야말로 단순무식하며 도끼를 마구 휘둘러대는 잔인한 캐릭터이다.

장비와 이규는 '거칠지만 단순한 사람' 이라는 공통점이 있다. 장비는 상스러운 언행으로 문제를 일으키는 캐릭터이다. 《서유기》의 저팔계도 비슷한 성격으로 등장한다.

장비는 탁군(涿郡)에 농장을 갖고 있으며, 술도 팔고 돼지도 잡는(世居涿郡, 頗有莊田, 賣酒屠豬) 도축업에 종사했다. 도축업은 죄를 많이 짓는 직업이다. 《수호전》에 등장하는 푸줏간 주인 진관서(鎭關西)도 죄를 많이 지었다. 이를 죽인 노지심(魯智深)은 결국 엉터리 중이지만 출가승으로 활동한다.

장비나 노지심이나 크게 깨달음을 얻은 사람이다. 장비는 학식 있는 사람을 존경했고, 노지심은 양산박이 해체된 이후에 항주(杭州)의 절에서 앉은 채 입적(入寂), 곧 좌화(坐化)했다.

참고로, 중국의 경극(京劇)에서 장비(張飛) 역할을 하는 배우는 검은 얼룩의 얼굴(화검花臉)로 분장한다. 《수호전》의 이규 역시 얼굴이 검다. 검정(黑)은 변함이 없는 색이며 공정하고 정직한 색이라고 한다.

관우는 붉은 얼굴로 분장하는데, 이는 범속을 초월한 신(神)의 얼굴이다. 조조는 흰색인데, 흰색은 여러 가지 색으로 변할 수 있는 불길한 색이며 악을 상징하는 색이다.

여기서 악이란 '너무 강해서 통제가 되지 않는다.' 는 뜻으로 해석할 수 있다고 한다.

○ 장비의 환생

중국에는 환생(還生) 설화가 많다. 장비는 죽은 다음에 장순(張巡)이란 인물로 환생했는데, 장순은 당의 안록산과 사사명의 난(安史之亂, 755-763년) 때 충성을 다한 장군이다.

이후 또 한 번 장비는 성만 바꿔 악비〔岳飛, 1103-1142, 시호 충무(忠武)〕로 태어났다고 한다. 악비는 북송(北宋)을 멸망시킨 여진족의 금(金)나라와 싸워 화려한 승전을 거듭했던 남송(南宋) 초기의 장군이다. 당시 남송은 군사적인 열세로 금(金)나라와 굴욕적인 화평을 유지했었다.

결국 실지(失地) 회복을 주장하는 주전파(主戰派) 악비와 금나라와 강화를 주장하는 주화파(主和派) 진회(秦檜, 1090-1155)가 대립하게 된다. 재상인 진회가 군벌끼리의 불화를 틈타서 악비의 지휘권을 박탈하자, 악비는 불복하지만 무고한 누명을 쓰고 투옥된 뒤 살해되었다. 남송이 망한 이후, 악비는 충성의 영웅, 곧 충성의 귀감이 되어 관왕묘에 배향(配享)되었지만, 진회는 매국노의 대명사가 되었다. 중국인들은 지금도 이름에 회(檜)자를 쓰지 않는다고 한다.

관우와 장비는 그 당시는 물론 후세에서도 모두 용맹하고 전투에 능한 장수의 대명사였다. 관우나 장비에 대하여 조조의 책사인 곽가(郭嘉)나 정욱(程昱)은 '만인을 대적할만한 지략과 용기를 가진 사람'이라는 뜻으로, 만인적(萬人敵)이라고 했다.

오(吳)의 주유(周瑜)도 관우와 장비의 장수로서의 능력을 높이 평가하면서 웅호지장(熊虎之將)이라 칭찬했다.

정사《삼국지》의 저자 진수(陳壽)는 '관우와 장비 모두 만인을 상대할만한 장수였고 당대에 뛰어난 무신이었다. 관우는 조조에게 은혜를 갚았고 장비는 엄안의 결박을 풀어주었으니, 두 사람 다 국사(國士)의 풍모를 지닌 사람이었다. 그러나 관우는 너무 강하고 자긍심(剛而自矜) 때문에, 장비는 사납고 자비심이 없어(暴而無恩) 그 때문에 실패했으니 당연한 이치가 아니겠는가!' 라고 말했다.

장비에 대한 이상의 평가처럼 소설《삼국연의》, 그리고 민간전설 속의 장비와 역사책 속의 장비는 크게 차이가 난다.

독우를 매질한 것은 장비가 아니라 유비였으며, 장판교에서 장비의 고함에 놀라 낙마해 죽었다는 하후걸(夏候傑)은 실존 인물이 아니며 전부 과장된 것이다. 심지어는 도원삼결의(桃園三結義)나 여포(呂布)와의 대결, 혼자서 무릉(武陵)을 취한 것, 장비의 무기인 장팔사모(丈八蛇矛), 키나 생김새, 익덕(翼德)이라는 자(字)까지 모두 허구라고 한다.

○ **장비의 인간적 매력**

장비는 유비와 관우 사이에서 조정자 역할을 다하면서 의리를 지켰다.

중국인들에게 장비는 무서운 장수가 아니다. 장비의 두 딸은 모두 촉한(蜀漢) 후주(後主)의 황후가 되었다. 그렇다면 아버지 장비가 결코 못생겼거나 추한 외모는 아니었을 것이다. 하여튼 소설 속의 장비는 무섭지만, 중국인들에게는 더없이 착하고 단순 우직하며 가까운 이웃으로 나타난다.

이는 장비의 이름이 들어가는 속담이 바로 그 증거라 할 수 있다. 아래의 몇 가지 속담들을 보면, 장비의 모습은 친근하게 우리 주변에 다가온다.

○ 장비 관련한 중국 속담

'장비가 바늘에 실을 꿰다(張飛穿針). ─ 거칠면서도 세밀하다 (粗中有細).'

'장비는 거칠지만 찬찬한 곳이 있고(張飛粗中有細), 제갈량은 꼼꼼하지만 거친 면이 있다(諸葛細中有粗).'

'장비는 손님을 청해놓고도 큰소리를 지르고 고함을 친다(張飛請客, 大呼大喊).'

'장비가 흑선풍 이규를 찾아가다(張飛找李逵. 找는 찾아갈 조).'(누가 누군지 헷갈린다.)

'장비는 악비(岳飛)와 싸울 수 없다(張飛不能戰岳飛).'(시대가 다르다는 뜻. 악비는 남송南宋 장군)

'장비가 두부장수를 하다(張飛賣豆腐).'(어울리지 않는다는 뜻.)

'장비는 무서운 표정을 하지 않아도 위엄이 있다(張飛不惡而嚴).'

'장비가 저울추를 파니, 억센 사람에 억센 물건이다(張飛賣秤錘, 硬人碰硬貨).'

'장비가 고슴도치를 파니, 파는 사람은 억세고 물건엔 손을 댈 수도 없다(張飛賣刺猬, 人强貨拶手).'

'사나운 장비처럼 힘을 쓸 필요 없다(不要拿出猛張飛的勁兒).' (분별없는 짓을 하지 말라는 뜻.)

중국 전통문화에서 장비(張飛)의 캐릭터는 거칠고 강렬하며 호주(好酒)하는 성격으로 고정화되었는데, 이는 소설의 영향이라 할 수 있다. 그러면서 장비는 수많은 속담의 단골로 사랑을 받고 있다.

- 猛張飛舞刀. ― 殺氣騰騰.
  (사나운 장비가 칼을 휘두르다. ― 살기가 등등하다.)
- 猛張飛遇到黑李逵. ― 見面就蹦.
  (사나운 장비가 흑선풍 이규를 만나다. ― 얼굴을 보자마자 튀어 오른다.)
  逵는 한길 규, 큰 길. 蹦은 뛸 붕.
- 張飛擺屠案. ― 凶神惡殺.
  (장비가 짐승 도살하는 널판을 차려놓다. ― 흉악한 귀신이 마구 죽이다.)
- 張飛撤退長板坡. ― 過河折橋.
  (장비가 장판파에서 적군을 물리치다. ― 하천을 건너 교량을 부숴버렸다.)
- 張飛到了長坂坡. ― 大喝大吼.
  (장비가 장판파에 도착하다. ― 크게 질책하고 크게 고함치다.)
- 張飛吃秤砣. ― 鐵了心.
  (장비가 저울 추를 삼키다. ― 굳게 결심하다. 단단히 마

음먹다.)

- 張飛穿針. － 粗中有細.

  (장비가 바늘에 실을 꿰다. － 거칠지만 세밀한 데가 있다.)

- 張飛打岳飛. － 都是硬漢. / 亂了朝代.

  (장비가 악비와 싸우다. － 두 사람 모두 억센 사나이다. / 왕조가 어긋났다.)

- 張飛當縣官. － 能文能武.

  (장비가 현령이 되다. － 문무(文武)에 능숙하다.)

- 張飛戒酒. － 明天.

  (장비가 술을 끊다. － 내일(來日). 가까운 장래에.)

- 張飛敬酒. － 壺來.

  (장비가 술을 권하다. － 항아리 채로 권하다.)

- 張飛開店. － 鬼都不上門.

  (장비가 점포를 열었다. － 귀신도 얼씬 못하다.)

- 張飛賣刺猬. － 人强貨扎手.

  (장비가 고슴도치를 팔다. － 사람은 강하고 물건은 손도 못댄다.)

- 張飛賣豆腐. － 人强貨不硬.

  (장비가 두부를 팔다. － 사람은 억세나 물건은 물렁하다.)

- 張飛賣肉. － 一刀切.

  (장비가 고기를 팔다. － 단칼에 잘라낸다.)

- 張飛拿耗子. － 大眼兒瞪小眼兒.

(장비가 쥐를 잡았다. ― 큰 눈을 작게 뜨고 보다.)

耗(hào)는 줄어들 모. 모자(耗子)는 쥐.

- 張飛攆兎子. ― 有勁使不上.

  (장비가 토끼를 쫓아가다. ― 힘이 세지만 쓸 수가 없다.)

  攆은 쫓을 련. 따라가다. 兎는 토끼 토. 勁은 굳셀 경.

- 張飛騎素馬. ― 黑白分明.

  (장비가 흰 말을 타다. ― 흑백이 분명하다.)

- 張飛耍素子. ― 輕而易擧.

  (장비가 멜대를 휘두르다. ― 가벼워 쉽게 들 수 있다.)

  耍(shuǎ)는 희롱할 사. 흔들다.

- 張飛討債. ― 氣勢洶洶. / 誰敢不給.

  (장비가 빚 독촉을 하다. ― 그 기세가 흉흉하다. / 누가 감히 안 갚겠는가?)

- 張飛夜戰馬超. ― 不分勝負.

  (장비와 마초가 한밤에 싸우다. ― 승부를 가를 수 없다.)

◎ 헌제 초평(初平) 3년(서기 192)

원술은 손견을 보내 유표를 공격하게 하자, 손견은 양양(襄陽)에서 유표의 장수 황조(黃祖)와 교전했는데, 유시(流矢)에 맞았다.

원소는 공손찬을 계교(界橋)에서 대파하였다.

사도 왕윤은 여포와 공모하여 동탁을 살해했다. 동탁의 부장

이각(李傕)과 곽사(郭汜)는 왕윤을 죽이고 정사를 등단하였다. 여포는 도망쳐 원소에게 의지했다.

조조는 연주(兗州)의 황건적을 격파하고 투항자를 군졸로 전환시켜 청주병(靑州兵)이라 하였다. 이후 조조는 연주를 차지했다.

5. 손견 부자

(1) 손견

○ 손무(孫武)의 후손

손견(孫堅, 155－191)[142]은 오군(吳郡) 부춘현(富春縣)[143] 사람으로, 손무(孫武)[144]의 후손으로 알려졌다. 젊어 부춘현의 관리가 되

---

142 손견(孫堅, 155－191년, 字는 文臺) － 孫武(손무)의 후예라고 한다. 吳郡 富春縣(今 浙江省 杭州市 富陽區) 사람. 후한 말기의 군벌, 東吳의 기반을 다진 孫策(손책)과 建國者인 孫權(손권)의 부친이다. 漢의 파로장군(破虜將軍), 오정후(烏程侯), 長沙太守 역임. 동탁 토벌 때 맨 먼저 洛陽에 입성. 궁궐을 청소하고 황릉을 정비하였다. 次子 손권이 칭제한 뒤에 武烈皇帝로 추존되었다.

143 吳郡의 치소는 吳縣, 今 江蘇省 남단 蘇州市. 吳郡의 영역은 지금의 江蘇省, 浙江省(절강성), 上海市 일대. 富春縣은, 今 浙江省 북부 杭州市(항주시) 富陽區.

었다.

나이 17세에 부친과 함께 배를 타고 전당(錢唐)¹⁴⁵에 이르렀는데, 마침 해적들이 상인의 재물을 약탈한 뒤에 강 언덕에서 분배를 하고 있어 배들이 감히 나가질 못하고 있었다.

이에 손견은 부친에게 "저 도적을 공격할 만하니 제가 토벌하겠습니다."라고 말했다.

그러자 부친은 "네가 상관할 일이 아니다."라고 말했다.

그래도 손견은 칼을 잡고 상륙하여 손을 동서로 휘저으며 마치 부대를 동원하여 적을 차단하려는 것처럼 지휘하였다. 도적들은 멀리서 이를 보고 관병이 잡으러 온 줄 알고 재물을 버리고 흩어져 도주하였다. 손견은 도적 한 명을 죽여 그 수급(首級)을 가지고 돌아왔다. 부친은 크게 놀랐다. 이 때문에 손견은 이름이 알려졌고 오군(吳郡)에서는 손견을 불러 임시 교위(校尉)에 임명하였다.

회계군(會稽郡)¹⁴⁶의 요적(妖賊) 허창(許昌)이란 자가 거병한 뒤, 황제를 자칭하며 그 아들과 함께 여러 현(縣)을 선동하여 그 무리가 수만 명이었다.

---

144 孫武(손무, 前 545-470, 字는 長卿) - 春秋時代 병법가. 兵書《孫子兵法》의 저자로, 후인이 孫子 또는 병성(兵聖)이라 숭배한다.
145 吳郡 錢唐縣(전당현) - 今 浙江省 북부 杭州市의 서쪽 영은산(靈隱山) 일대.
146 會稽郡(회계군) - 治所는 山陰縣, 今 浙江省 북동부 紹興市(소흥시).

손견은 군(郡)의 사마(司馬)와 함께 용감한 군사를 불러 모아 1천여 명을 거느리고, 양주(揚州)와 군(郡)의 군사와 협력하여 그 무리를 격파했는데, 이때가 (후한後漢, 영제靈帝) 희평(熹平) 원년(172)이었다. 양주자사는 손견의 공적을 상신했고, 조정에서는 조서로 손견을 광릉군(廣陵郡)의 현승(縣丞, 부 현령)에 임명했다. (《삼국지 오서(吳書) 1 손파로토역전(孫破虜討逆傳)》)

○ 황건적 토벌

영제 중평(中平) 원년(서기 184), 황건적 장각(張角)이 봉기하였다.

한(漢)의 조정에서는 거기장군(車騎將軍)인 황보숭(皇甫嵩, ?-195)[147]과 중랑장인 주준(朱儁)[148] 등을 보내 군사를 거느리고 황건적을 토벌케 하였다.

주준은 표문을 올려 손견을 좌군사마(佐軍司馬)에 임명했는데, 고향의 젊은이로 손견을 따라 하비(下邳)에 머물던 자들이 모두 자원하여 참전하였다. 손견은 또 많은 상인들이나 회수(淮水)와

---

[147] 황보숭(皇甫嵩) - 皇甫는 복성. 嵩은 높을 숭, 皇甫嵩은 황건적 토벌에 공을 세웠다. 《後漢書》71권, 〈皇甫嵩朱儁列傳〉에 立傳.

[148] 주준(朱儁, ?-195, 字는 公偉) - 儁은 준걸 준. 會稽人. 주준은 右中郞將이 되어 부절을 받고 左中郞將인 황보숭과 함께 潁川(영천), 汝南, 陳國의 황건적을 모두 평정하였다. 황보숭은 그 전과를 보고하면서 공을 주준에게 돌렸는데, 주준은 西鄕侯에 봉해졌고 鎭賊中郞將으로 승진하였다.

사수(泗水) 일대에서 1천여 정예병을 모아 거느리고 주준과 협력하여 황건적을 토벌하니, 이들을 막을 자가 없었다. 여남군(汝南郡)과 영천군(潁川郡)¹⁴⁹ 일대의 황건적들은 모두 궁지에 몰리자 완성(宛城)에 모여 저항하였다.

손견은 성 공격의 일면을 담당했는데, 성벽에 먼저 올라 황건적을 대파하였다. 주준은 손견의 전공을 보고했고, 손견은 별부사마(別部司馬)¹⁵⁰가 되었다.

○ 오정후 손견

그 무렵 장사군(長沙郡)의 도적 무리인 구성(區星)이란 자는 장군을 자칭하며, 그 무리 1만여 명이 성읍을 포위 공격하자 조정에서는 손견을 장사(長沙) 태수에 임명했다. 손견은 부임하여 친히 장졸을 통솔하고 방략을 마련하여 한 달 사이에 구성 등을 격파하였다. 그리고 주조(周朝), 곽석(郭石)이란 자들도 영릉군(零陵郡), 계양군(桂陽郡) 등에서 봉기하여 구성 등에 상응하였는데, 손견이 군계(郡界)를 넘어 토벌하자 삼군(三郡)이 숙연하였다.

한조(漢朝)에서는 손견의 전후 공적을 수록하여 손견을 오정후

---

149 潁川郡(영천군) - 豫州 刺史部 소속 군명. 治所는 陽翟縣(양책현). 今 河南省 중부 許昌市 관할의 禹州市. 낙양과 연접하고 인구가 조밀한 큰 군이었다.

150 別部司馬 - 별도의 부대를 지휘하는 司馬. 질록 1천 석. 別郡(軍) 司馬는 틀린 관직명. 司馬는 大將軍이나 三公의 속관.

(烏程侯)[151]에 봉했다.

○ 동탁 토벌에 참가

영제가 붕어하자(189년), 동탁은 조정 정사를 휘두르며 경성(京城)에서 횡행하였다. 의병(義兵)이 여러 주군(州郡)에서 봉기하여 동탁을 토벌하려 했다. 손견도 거병하였다.

남양태수(南陽太守)는 손견의 군사가 북진해 오는 것을 알면서도 태연자약하였다.

손견의 부장이 들어와 보고하였다.

"앞서 남양군을 통과하였지만 도로가 정비되지 않았고 군수물자가 보급되지 않으니, 남양군의 주부를 잡아 고의가 있는지 문책해야 합니다."

남양태수는 두려워 떠나려 했지만 군사가 사방을 에워싸서 나갈 수가 없었다.

얼마 뒤 장사군의 주부가 들어와 손견에게 말했다.

"남양태수가 의병을 지체시켜 적도를 제때에 토벌하지 못하게 하였으니, 태수를 체포하여 군법대로 처리해야 합니다."

이에 바로 태수를 끌어내 군문에서 참수하였다. 남양군 모두가 두려워 떨었고, 이에 필요한 군수물자를 모두 보충할 수 있었다.

---

151 烏程侯(오정후) ─ 烏程(오정)은 吳郡의 현명. 今 浙江省 북단 호주시(湖州市)에 해당.

손견은 남양군에서 원술과 상견하였다. 원술은 표문을 올려 손견을 파로장군(破虜將軍) 대행으로 예주자사(豫州刺史)를 겸임케 하였다.

○ 낙양 입성 – 황릉 정비

손견은 다시 군사를 수습하여 동탁의 군사와 하남군(河南郡) 양현(梁縣)의 양인취(陽人聚)란 곳에서 싸워 동탁의 군사를 대파하고 그 도독(都督)인 화웅(華雄) 등을 죽여 효수하였다.

손견은 다시 대곡(大谷)이란 곳에 진격하였다. 거기는 낙양에서 90여 리 떨어진 곳이었다. 손견은 바로 낙양성에 들어가 여러 황릉을 정비하고 동탁이 도굴한 황릉을 복원했다.[152] 그런 일을 마친 손견은 군사를 인솔하여 남양군 노양현에 주둔하였다.

○ 손견의 죽음

헌제 초평(初平) 3년(192),[153] 원술은 손견을 보내 형주를 정벌

---

152 《三國演義》 6회 〈焚金闕董卓行兇 匿玉璽孫堅背約〉에는 손견이 낙양성에 입성했고 궁궐 우물에서 오색광채가 있어 손견이 사람을 들여보내 漢의 國璽(국새)를 얻었는데, 그 글에 "受命於天, 旣壽永昌"이라 쓰여 있었다고 하였다. 그래서 손견은 서둘러 원술과 헤어지는 장면이 묘사되었다. 그러나 이는 그야말로 허구이기에 陳壽는 〈손견전〉에 기록하지 않았다.

하며 유표(劉表)를 공격케 하였다. 유표는 황조(黃祖)[154]를 출정시
켜 맞아 싸웠다. 손견은 황조를 격하고 추격하여 한수(漢水)[155]를
건너 양양(襄陽)을 포위했었는데, 손견은 단마(單馬)로 현산(峴
山)[156]을 지나다가 황조의 군사에게 사살되었다.

 손견의 4자(子)는 손책(孫策), 손권(孫權), 손익(孫翊), 손광(孫匡)
이다. 손권이 제위에 오른 뒤 손견의 시호를 무열황제(武烈皇帝)
라 하였다.

---

153 손견은 상처를 입었고, 이듬 해 初平 4년 정월 초에 죽었다. 머리
에 돌을 맞아 즉사했다는 주석도 있다. 죽을 때 손견은 37세였다.

154 黃祖(황조, ?-서기 208) - 荊州牧 劉表의 宿將, 江夏 太守 역임. 황
조의 부하에게 손견이 부상을 당한 뒤 죽었다. 손책과 손권에게
는 아버지를 죽인 원수이다.

155 漢水(漢江) - 長江의 최대 지류. 陝西省 秦嶺(진령)에서 발원, 武
漢市에서 長江에 합류. 漢族, 漢王, 국호 漢도 모두 漢水와 연관
이 있다.

156 현산(峴山) - 峴은 고개 현. 西晉의 名將인 羊祜(양호, 221-278)의
善政을 기록한 비석〔墮淚碑(타루비)〕이 있는 산. 일명 峴首山(현
수산). 지금의 湖北省 襄樊市(양번시)에 있다. 唐 시인 맹호연(孟浩
然)의 〈與諸子登峴山〉의 詩가 유명하다.

(2) 손책(孫策)

○ 파로장군(破虜將軍)

손책(孫策, 175 - 200)[157]의 자(字)는 백부(伯符)이다. 손견이 처음 의병을 일으켰을 때, 손책은 모친을 모시고 여강군(盧江郡) 서현(舒縣)[158]에서 살았다. 손책은 주유(周瑜)[159]와 서로 벗이 되었는

---

[157] 孫策(손책, 175-200) - 長沙 태수 손견과 적처(嫡妻) 吳夫人의 長子, 吳 大帝 손권(孫權)의 형. 吳氏夫人은 태몽으로 달(月)을 꾸고, 손책을 몽일(夢日)하고서 손권을 낳았다고 한다. 東吳의 기틀을 확실하게 다져 동생인 손권에게 물려주었다. 한때 원술의 휘하에 있었지만, 원술에게 당당하게 부친의 군사를 돌려달라고 요구했다. 단시일 내에 江東을 평정했다. 조조는 원술을 토벌한 손책의 공로를 인정하여 표문을 올려 漢의 토역장군(討逆將軍)으로 임명하였다. 손견은 파로(破虜)장군이었기에 《正史 三國志》 列傳의 제목이 〈破虜討逆傳(파로토역전)〉이 되었다. 26세라는 아까운 나이에 죽었다. 서기 229년 손권이 제위에 오른 뒤 손책에게 長沙 桓王(환왕)이라는 시호를 올렸다. 손책과 주유는 동서(同壻)로, 손책의 부인(또는 妾)이 大橋(대교), 주유의 부인이 小橋라고 했다. 대교의 신혼은 불과 몇 달이었고, 손책이 죽자 대교는 몇 달을 통곡하다가 절명했다는 이야기가 전한다.

[158] 盧江郡 舒縣(서현) - 今 安徽省 중부 合肥市 관할 盧江縣. 周瑜(주유)의 고향.

[159] 周瑜(주유, 175-210年, 字는 公瑾) - 瑜는 아름다운 옥 유. '周郎'이라는 애칭으로 불렸다. 盧江郡 舒縣 사람(今 安徽省 合肥市 盧江縣). 赤壁之戰은 以少勝多한 전쟁으로 유명한데, 그 주인공 주유

데, 그 지역의 사대부를 불러모으자, 장강(長江)과 회수(淮水) 일대의 사람들이 모두 모여들었다. 손견이 죽자, 시신을 모셔다가 오군(吳郡) 곡아현(曲阿縣)에 장례했다. 그리고 장강을 건너 강도현(江都縣)160에 거처하였다.

○ 부친의 옛 군사를 인계받다

손책의 외숙인 오경(吳景)161은 당시 단양(丹楊, 丹陽)162 태수였는데, 손책은 모친을 모시고 오군(吳郡) 곡아현(曲阿縣)으로 이사

는 적벽대전 2년 뒤에 36세로 죽었다. 주유는 魯肅(노숙), 呂蒙(여몽), 陸遜(육손)과 함께 四大都督으로 불린다. 주유는 군사작전에서 대성공을 거둔 만큼 총명 겸허하고 氣量이 관대했으며 相貌가 모습이 당당하고 음률에 정통하였다. 손책과 주유는 동갑인데, 손책의 생일이 주유보다 한 달 빨랐다. 두 사람은 아주 가까운 친우로 의동단금(義同斷金)하며 同壻(동서)였고, 주유는 손권의 절대적 신임을 받았다. 부인 小橋(소교) 역시 國色이었기에 많은 사람들의 존경과 추모를 받았으며 英雄의 형상으로 남았다. 北宋 대문호 蘇軾(소식)의 詞 〈염노교(念奴嬌)·적벽회고(赤壁懷古)〉(1082) 명작 속에 살아있다. 《三國演義》에서는 제갈량의 재덕이 탁월한 것을 강조하기 위하여 주유를 제갈량과 경쟁하고 질투하는 속이 좁은 인물로 묘사하였다.

160 廣陵郡 江都縣은, 今 江蘇省 남부 長江 북안 揚州市 江都區.
161 吳景(오경) – 孫堅의 부인(吳夫人)의 남동생. 곧 손견의 처남, 손책과 손권의 외숙. 《吳書》 5권, 〈妃嬪傳〉의 吳夫人傳 참고.
162 단양(丹陽) – 郡治는 宛陵縣, 今 安徽省 동남부 宣城市. 長江 남쪽. 관광지로 유명한 黃山이 옛날 丹揚郡 지역이었다.

한 뒤, 여범(呂範)¹⁶³과 손하(孫河)¹⁶⁴와 함께 오경을 찾아갔다. 손책은 거기서 수백 명의 군사를 모았다.

헌제 흥평(興平) 원년(194)에, 손책은 일단 원술에 의지했다. 원술은 손책을 특별하게 여기면서 옛 손견의 군사들을 손책에게 돌려주었다.

태부(太傅)인 마일제(馬日磾)란 사람은 부절을 받고 관동 지역을 진무하고 있었는데, 마일제는 수춘(壽春)에서 예를 갖춰 손책을 관직에 초빙하고 표문을 올려 손책에게 회의교위(懷義校尉)

손책(孫策, 175-200년, 손권의 친형)

---

163 呂範(여범, ?-228年, 字 子衡) - 汝南郡 細陽縣 출신, 원래 원술의 모사. 손책을 섬김. 東吳의 重要 장군, 大司馬 역임. 《吳書》11권, 〈朱治朱然呂範朱桓傳〉에 입전.

164 孫河(손하, ?-204, 字 伯海) - 吳郡 富春人. 손견의 族子. 東吳의 장군.

를 제수케 하였다.

원술은 늘 "나에게 손책 같은 아들이 있다면 죽는다 하여 무슨 한이 있겠나!"라고 탄식하였다.

손책의 기사가 죄를 짓고 원술의 군영으로 도주하여 군영 마구간에 숨어있었다. 손책은 사람을 시켜 원술의 군영에 들어가 도망간 기사를 죽이게 한 뒤에 원술을 찾아가 사과하였다.

이에 원술은 "병졸은 본래 배신을 잘하는데, 왜 사과하는가?"라고 말했다.

이후로 군중에서는 더욱 손책을 두려워하였다.

○ 손책의 강동 평정

원술은 자신이 등용한 옛 부하를 양주자사에 임명하고 다시 오경(吳景)을 독군(督軍) 중랑장에 임명하여 손분과 함께 장영 등을 공격하게 했지만 해가 바뀌어도 이기지 못했다. 이에 손책이 원술을 설득하여 오경을 도와 강동(江東)을 평정하겠다고 말했다.

그러자 원술은 표문을 올려 손책을 절충교위(折衝校尉)로 삼아 진구장군(殄寇將軍)을 겸임케 하며, 군사 1천여 명과 전마(戰馬) 수십 필을 내주고 빈객 중 원하는 자를 모두 데려가게 하였다. 손책이 역양현이란 곳에 이르자 군사는 5, 6천 명으로 늘었다.

손책의 모친은 앞서 곡아(曲阿)에서 역양(歷陽)으로 이사했었는데, 손책은 다시 모친을 (구강군九江郡) 부릉현(阜陵縣)으로 이사시킨 뒤에 장강을 건너 곳곳에서 싸웠으며 가는 곳마다 승리하였다. 손책의 예봉을 막을 자가 없었고 군령(軍令)은 엄격하게 지켜져 백성은 모두 손책을 환영하였다.

이때가 헌제 흥평 2년(195)이었다.

○ 원술과 단절

손책은 사람됨이 잘생긴 얼굴에 우스갯소리를 좋아하고 활달한 성격에 남의 부탁을 잘 들어주었으며, 특히 사람을 잘 쓸 줄 알았다. 이 때문에 손책을 만나본 백성들은 그 충성을 다하고 기꺼이 목숨을 바치려 하지 않는 자가 없었다.

그 무렵 원술이 황제를 참칭하자(건안 2년, 197), 손책은 서신을 보내 원술을 책망하며 관계를 단절하였다.

조조는 표문을 올려 손책을 토역장군(討逆將軍)에 임명하고 오후(吳侯)에 봉했다.

이때 원소가 한창 강성할 때였고 손책이 강동 지역을 모두 병합하여, 조조는 그 세력을 펼 수가 없자 손책을 회유하려고 했다. 그리하여 조조 동생의 딸을 손책의 막냇동생 손광(孫匡)에게 출가시켰고, 또 조조의 아들 조창(曹彰)은 손책의 사촌 형인 손분(孫賁)의 딸과 결혼시켰으며, 예를 갖춰 손책의 동생 손권과 손익(孫翊)을 관직에 초빙하였고, 양주자사(揚州刺史) 엄상(嚴象)에 명하여 손권을 무재(茂才)로 천거하게 했다.

○ 손책의 죽음

헌제 건안 5년(200), 조조와 원소는 관도(官渡)[165]에서 서로 대치하였는데, 손책은 은밀히 허도(許都)[166]를 기습 공격하여 한(漢) 황제를 영입하려고 비밀리에 병기를 준비하고 장수들의 편제도 마련했다. 그러나 실행하기 전에, 마침 전임(前任) 오군태수(吳郡太守) 허공(許貢)[167]의 빈객에게 살해되었다.

그전에 손책은 허공을 죽였는데, 허공의 막내아들과 빈객 몇은 도망쳐 장강 주변에 숨어 살았다. 손책은 단기(單騎)로 외출했다가 허공의 빈객과 조우했고, 자객은 손책에 큰 상처를 입혔다.

상처가 심하자, 손책은 장소(張昭)[168] 등을 불러 말했다.

---

165 官度(官渡) – 魏郡 黎陽縣(여양현)의 지명. 今 河南省 중부 鄭州市 관할 仲牟縣(중모현). 황하 작은 지류의 나루터. 조조와 원소의 河北 패권을 결정지은 전투가 있었던 곳.

166 許都 – 許는 潁川郡(영천군)의 현명. 曹操는 '漢은 許에서 亡했으나 魏는 許에서 昌盛한다(漢因許而亡, 魏因許而昌) 하여 許都를 許昌(허창)으로 개칭하였고 지금까지 사용되고 있다. 今 河南省 중앙부 許昌市.

167 許貢(허공, ?–197년?) – 후한 말 吳郡의 都尉와 태수를 역임. 손책에 의해 오군 태수직에서 쫓겨난 허공은 조정에 '손책을 중앙에 불러 통제해야 한다'고 上書하였다. 중앙에서 손책을 소환하자, 손책은 응하지 않으면서 상서를 한 허공을 찾아내 죽였다.

168 張昭(장소, 156–236, 字는 子布) – 彭城郡 出身. 박식한 학자였고, 손책의 신임을 받았으며, 서기 200년 손책이 죽자, 손권을 주군으로 옹립했다. 《吳書》 7권, 〈張顧諸葛步傳〉에 입전.

"지금 세상이 한창 혼란하지만, 우리 오(吳)와 월(越) 지역의 군사와 삼강(三江)¹⁶⁹의 견고한 지형을 바탕으로 성패를 노릴 만합니다. 여러분은 내 동생을 잘 도와주시오!"

그리고 손권을 불러 인수를 풀어주어 차게 한 뒤에 말했다.

"강동(江東)의 군사를 다 동원하고 양쪽 진영 사이에서 기회를 보아 결판을 내고 천하의 패권을 다투기로는 동생이 나만 못할 것이다. 그러나 현명하고 능력 있는 인재를 발탁 임용하여 그들로 하여금 충성을 다 바치게 하여 강동을 보전하는 일은 내가 아우만 못할 것이다."

그리고서 그날 밤에 죽으니, 그해 26세였다.

ㅇ 손책 이후

손권이 황제를 칭한 뒤, 손책에게 장사 환왕(長沙 桓王)이라는 시호를 올렸고, 손책의 아들 손소(孫紹)를 오후(吳侯)에 봉했다가 작위를 바꿔 상우후(上虞侯)에 봉했다. 손소가 죽자, 아들 손봉(孫奉)이 작위를 계승했다. 손호(孫皓)가 재위할 때, 손봉이 당연히 제위에 올라야 한다는 와언(訛言)이 돌자, 손봉을 처형하였다.

아버지 손견은 용맹하고 강의(剛毅)하였는데, 출신이 한미하였지만 혁혁한 공명을 성취하였고, 동탁이 파괴한 한(漢) 황릉을 복

---

169 三江 – 일반적으로 長江의 하류지역을 지칭하는 옛 호칭. 長江, 錢塘江(전당강), 吳淞江(오송강)의 합칭. 또는 吳江, 錢塘江, 浦陽江(포양강)의 합칭.

원한 뜨거운 충성심이 있었다.

　아들 손책은 영웅의 기개가 남들보다 크게 뛰어났고, 맹렬한 예기(銳氣)는 세상의 으뜸이었으며, 특별한 기개는 중원을 장악할 만 했다. 그러나 젊은 패기는 조급하고 행동이 경솔하여 결국 젊은 나이에 죽었다.

　그들은 강동(江東)에 할거하였고, 손책의 강동 평정은 나라의 기초가 되었다. 손권의 손책에 대한 존경은 그리 돈독하지 않아 그 아들은 후작(侯爵)에 머물렀으니, 형제간의 정의(情誼)가 검약(儉約)했다고 볼 수 있다. 《정사 삼국지 오서(吳書) 1. 손파로토역전(孫破虜討逆傳) 참고》

6. 왕윤과 여포

(1) 왕윤

　○ 동탁의 최후

헌제 초평(初平) 3년(192) 4월, 사도(司徒) 왕윤(王允)[170]과 동탁

---

170 司徒(사도)는 후한의 승상이다. 태위(太尉), 사공(司空)과 함께 三公이라 불렀다. 왕윤은 幷州 太原郡 기현(祁縣, 今 山西省 중부 晉中

의 부장 여포(呂布)는 동탁을 주살하기로 공모했다. 이때 헌제의 병이 다 나아 미앙전(未央殿)[171]에 모든 신하가 모였다.

여포는 동군(同郡) 출신 기도위(騎都尉)인 이숙(李肅) 등을 보내 동탁을 모시게 했고, 동탁은 10여 명의 군사를 거느리고 입궐했는데, 호위 군사의 복장으로 위장한 무사로 액문(掖門)을 지키게 하였다.[172] 여포는 조서를 품고 있었다.

市 관할 祁縣) 사람. 唐의 詩佛인 王維(왕유), 晚唐詞人 溫庭筠(온정균),《三國演義》저자 羅貫中(나관중)이 모두 기현 출신이다. 왕윤은 동탁을 척살케 하였지만, 名士 채옹도 죽여 민심을 잃었다. 왕윤은 동탁 잔당에게 피살되었고, 關中은 대혼란에 빠졌다. 《後漢書》66권,〈陳王列傳〉에 立傳.

《三國演義》에서 王尹은 초선(貂蟬)의 義父, 초선은 呂布와 동탁의 반목을 유발했고, 여포가 동탁을 살해한다. 초선은 분명 소설 속의 가공인물이지만, 중국인들은 초선을 중국 역사상 4대 미인 중 한 사람이라고 평가한다.

171 未央宮(미앙궁) – 前漢 長安城의 正宮. 未央은 끝이 없다는 뜻. 央은 다할 앙, 가운데 앙.

172 騎都尉 李肅(이숙)과 여포와 뜻을 같이하는 용사 10여 명이 衛士의 복장으로 北掖門(북액문) 안에서 동탁을 기다렸다. 동탁의 수레가 궁문 앞에 오자, 말이 놀랐는지 움직이지 않고 뒷걸음질 쳤다. 이에 여포가 다가가 들어가라고 안내하여 문안에 들어섰다. 그러자 이숙이 창으로 동탁을 찔렀으나 동탁의 갑옷에 부딪쳐 어깨를 찌르자, 동탁은 수레에서 떨어지며 "여포는 어디 있는가?"라고 소리쳤다. 그러자 여포는 "적신(賊臣)을 죽이라는 조서가 여기 있다."라고 응답했다. 동탁이 큰소리로 욕을 했다. "강아지를 키워주었더니 감히 이런 짓을!" 말이 끝나기도 전에 여포

동탁이 도착하자, 이숙 등이 동탁을 공격했다.

동탁은 놀라 '여포는 어디 있는가?' 라고 소리쳤다.

여포는 "여기 조서가 있다."라고 소리치고서 동탁을 죽였다. 이어 동탁의 3족을 박멸했다.

장안(長安)의 관리나 백성이 모두 함께 기뻐하였고,[173] 그동안 동탁에 아부했던 자들도 모두 잡아 죽여버렸다.

○ 동탁 잔당의 만행

동탁의 부장이었던 이각(李傕)[174] 등 그들 군사는 의지할 데가 없어 제각각 흩어지려 했었다. 또 동탁의 옛 부하를 사면하겠다

는 동탁을 창으로 질렀고 병사들도 서둘러 동탁을 찔렀다.

[173] 장안 성내의 士女들은 구슬이나 장식품을 팔아 술과 고기를 사서 마시며 즐겼고, 사람들은 거리와 점포를 메웠다. 황보숭을 보내 郿塢(미오)에 있는 동탁의 아우 동민을 공격했고, 그 모친과 아내와 아들딸을 죽이고 모두 멸족시켰다. 동탁의 시신은 거리에 버려졌다. 그때 날이 더울 때였고 동탁은 평소 뚱뚱하여 기름이 흘러내렸다. 시신을 지키는 관리가 심지에 불을 붙여 배꼽에 꽂았는데, 날이 밝을 때까지 불이 꺼지지 않고 며칠 동안 계속 탔다. 동탁의 郿縣(미현) 塢(오, 성채)에는 황금이 2, 3만 근, 은이 8, 9만 근, 각종 비단과 여러 보배들이 산처럼 쌓여 있었다고 한다.

[174] 李傕(이각, ?-198년, 傕은 사람 이름 각, 성 각) - 北地郡 출신. 漢末 群雄의 하나. 涼州 軍閥. 동탁 사후, 여포를 패퇴시키고 王允을 죽인 뒤 헌제를 끼고 4년간 정권 장악. 大司馬, 車騎將軍, 司隷校尉 역임.

는 조서도 없었으며, 장안에서는 양주(涼州) 출신을 모두 죽여버린다는 소문도 있어 근심과 두려움에 어찌할 바를 몰랐다.

이각 등은 가후(賈詡)[175]의 방책에 의거 그 무리를 거느리고 서쪽으로 진격하면서 곳곳에서 옛 군사를 모았는데, 장안(長安)에 이를 즈음에 군사가 10여만 명이 되었다. 그리고 동탁의 옛 부하인 번조(樊稠) 등과 합세하여 장안성을 포위하였다.

10일 만에 장안성을 함락시키고, 성안에서 여포의 군사와 싸웠는데 여포는 패주하였다. 이각 등은 군사를 풀어 장안의 노소(老少)를 노략질하며 닥치는대로 모두 죽여 시신이 낭자(狼籍)하였다. 동탁을 죽인 자를 주살하고 왕윤(王允)의 시신을 거리에 방치했다.

동탁을 미현(郿縣)에 장례할 때, 큰 바람에 폭우가 내리고 동탁의 묘에 벼락이 떨어졌으며 물이 무덤에 흘러들어 관곽(棺槨)이 떠다녔다.

이각은 거기장군(車騎將軍)에 제후가 되었고, 사예교위(司隸校尉)를 겸직하며 부절을 받았다. 곽사(郭汜)는 후장군(後將軍)에 제후가 되었으며, 번조(樊稠)는 우장군(右將軍)에 만년후(萬年侯)가 되었다. 장제(張濟)는 표기장군(驃騎將軍)이 되어 홍농군(弘農郡)에

---

175 가후(賈詡, 147–223) – 이각 일당은 내분으로 약해진 뒤에 조조에게 패망했다. 뒷날 가후는 張良, 陳平만한 재능을 발휘하며 조조 제일의 참모로 활약했다. 《魏書》 10권, 〈荀彧荀攸賈詡傳〉에 입전.

주둔하였다.

이각과 곽사와 번조, 장제 등은 조정의 정사를 마음대로 휘둘렀다.

그때만 해도 삼보(三輔) 지역에는 백성이 여전히 수십만 호가 있었는데, 이각 등이 군사를 풀어 노략질을 하고 성읍을 공격하며 강탈하자 백성은 굶주렸고, 2년 동안에 사람이 사람을 잡아먹어 거의 씨가 말랐다. 그런데도 여러 장수들은 권력을 다투어 결국 번조(樊稠)를 죽여 그 군사를 병합하였다. 곽사와 이각은 서로를 시기하여 장안 성안에서 전투를 벌였다.

이각은 헌제를 군영 안에 인질로 잡은 뒤 궁궐과 성문을 불태웠고, 관부를 노략질했고 수레와 복장 어용 기물들을 모두 거두어 자신의 집에 쌓아두었다. 이각은 여러 고관을 곽사의 진영에 보내 강화를 요청했는데, 곽사는 그들을 구금하였다. 이각과 곽사는 몇 달을 계속 싸웠는데, 죽은 자가 수만 명이었다.

(2) 여포

○ 여포와 동탁

여포(呂布)[176]의 자(字)는 봉선(奉先)으로, 오원군(五原郡) 구원현

---

[176] 呂布(여포, 161‒198, 字 奉先) ‒ 幷州 五原郡 九原縣(今 內蒙古自治

(九原縣) 사람이다. 용맹한 무예로 병주(幷州)에서 출사하였다. 병주자사이던 정원(丁原)[177]이 기도위(騎都尉)로 하내군(河內郡)에 주둔할 때 여포를 주부(主簿)로 삼아 매우 가까이 두고 후대하였다.

영제가 붕어하자, 정원은 군사를 거느리고 낙양에 들어왔다. 정원은 하진과 함께 환관을 주살할 계획을 세웠고 집금오(執金吾)가 되었다.

그러나 하진은 환관의 손에 죽었고, 낙양에 들어온 동탁은 정원을 죽여 그 병력을 장악하려고 했다.

동탁은 여포가 정원의 신임을 받고 있는 것을 알고 여포를 꾀여 정원을 죽이게 했다. 여포가 정원을 죽이고 동탁을 찾아가자, 동탁은 여포를 기도위에 임명하고 크게 신임하며 부자 관계를 서

區 河水 北岸 包頭市 九原縣) 사람. 중국인의 속담에 '人中呂布 馬中赤兎'(사람은 呂布, 말은 적토마)라는 말이 있다. 여포는 그만큼 잘생긴 미남자였다. 조조는 여포를 '낭자야심(狼子野心)이라서 성난구양(誠難久養)'이라고 했으며, 조조의 참모 순유(荀攸)는 '용이무모(勇而無謀)'라고 하였고, 정욱(程昱)은 여포를 '조중소친(粗中少親)하고 강이무례(剛而無禮)하니 필부지웅(匹夫之雄)'이라고 평했다. 《후한서》 저자 범엽(范曄)은 《後漢書》 75권, 〈劉焉袁術呂布列傳〉에서 「그 어찌 지나치지 않았는가? 땅도 몸도 다 잃었다. 원술은 욕심으로 망했고 여포 역시 그래서 망했다.」라고 평했다.

[177] 丁原(정원, ?140-189년) – 勇力있고 기사(騎射)를 잘했다. 하진(何進)의 천거로 집금오(執金吾)가 되었다. 정원을 여포의 義父라고 한 것은 《三國演義》의 허구이다.

약하였다.

여포는 기마와 궁사(弓射)에 뛰어났고 팔뚝 힘이 남보다 뛰어났기에 비장(飛將)이라 불렸다. 여포는 중랑장으로 승진했고 도정후(都亭侯)가 되었다.

동탁은 자신이 남을 무례하게 대했기에 남이 자신을 해칠까 두려워하며 어디를 가든 여포가 자신을 지키게 하였다.

그러나 동탁의 성질도 억세고 편협하여 화가 나면 뒷일을 생각지 않았으니, 언젠가는 조금 마음에 들지 않는다고 여포에게 창을 던졌다. 여포가 민첩하게 피하면서 동탁에게 사죄하자, 동탁도 화를 풀었다. 그러나 이후 여포는 동탁에게 감정을 가졌다.

동탁은 여포에게 자신의 집 중문(中門)을 지키게 하였는데, 여포는 동탁의 시녀와 사통한 뒤로 발각될까 두려워하며 불안하였다.

○ 왕윤은 여포를 회유하다

이보다 앞서 사도(司徒) 왕윤(王允)은 거주하는 마을에서 힘이 세고 용맹한 여포를 후하게 대우했었다. 나중에 여포가 왕윤을 찾아왔고 동탁에게 거의 죽을 뻔했다는 이야기도 하였다. 그때 왕윤은 복야(僕射)인 사손서(士孫瑞)와 동탁을 주살할 모의를 했고 여포로 하여금 내응케 하였다.

여포가 "부자 사이에 어찌 그럴 수 있겠나?"라고 말하자, 왕윤이 말했다.

"자네는 여씨(呂氏)이니 본래 혈육관계가 아니다. 지금 언제 죽게 될지 모르면서 어찌 부자관계라 하는가?"

여포는 마침내 수락했고 동탁을 찔러 죽였는데, 이는 〈동탁전(董卓傳)〉에 기록했다.

왕윤은 여포를 분무장군(奮武將軍)에 기용했고 부절을 내려주었다. 삼공(三公)과 같은 예우에 작위를 올려 온후(溫侯)에 봉했으며 조정의 정사에 참여케 하였다. 여포는 동탁을 살해한 뒤로 양주(涼州) 출신을 두려워했고, 양주 출신들은 여포를 원망했다. 이 때문에 동탁의 부하였던 이각 등은 서로 결탁한 뒤에 장안성(長安城)을 공격하였다.

여포는 방어할 수가 없었고, 이각 등은 장안에 입성하였다. 동탁이 죽은 뒤 60여 일[178]에 여포 역시 패망하였다. 여포는 수백 명 기병을 거느리고 무관(武關)을 나서 원술을 찾아가려고 했다.

여포는 동탁을 죽인 것이 원술의 원수를 갚아준 것이라 생각하여 원술이 자신에게 보답할 것이라 생각하였지만, 원술은 여포의 무상한 반복(反覆)이 싫었기에 여포를 거절하였다. 여포는 북쪽으로 원소를 찾아갔고, 원소는 여포와 함께 상산군(常山郡)의 장연(張燕)[179]을 공격하였다. 장연은 1만여 정병(精兵)에 수천 기병을 거느리고 있었다.

---

178 동탁이 죽은 날은 4월 23일이고, 여포는 6월 초하루에 패주하였으니 대략 40일 정도였다.

179 장연(張燕, 생졸年 미상) – 본명 褚燕(저연), 별명은 '飛燕', 常山 眞定 人, 後漢 말 黑山賊(흑산적)의 우두머리. 나중에 조조에 귀부했다.

○ 적토마

여포는 적토마(赤兔馬)[180]라는 좋은 말을 타고 다녔고, 가까운 측근 등과 함께 적의 선봉을 격파하며 돌진하여 장연의 군사를 격파하였다. 여포는 더 많은 군사를 거느리려 했고, 휘하 군사를 풀어 노략질을 하자, 원소도 여포를 꺼려했다. 여포는 원소의 뜻을 알고, 원소에게 떠나겠다고 말했다.

원소는 자신을 해칠까 걱정하면서 장사를 보내 밤에 여포를 죽이려 했지만 뜻을 이루지 못했다. 사태가 드러나자, 여포는 하내군(河內郡) 지역으로 달아나 장양(張楊)[181]의 무리와 합쳤다. 원소

---

[180] 적토마(赤兔馬) — 서역에서 들어온 한혈마(汗血馬)로, 본래 동탁의 소유였다가 동탁이 여포를 회유하여 丁原을 죽이려고 여포에게 선물했다. 당시 사람들이 '人中有呂布, 馬中有赤兔'라는 말을 했다. 동탁의 참모 李肅(이숙)은 呂布와 同鄕人이었다. 이숙은 呂布가 '용이무모(勇而無謀)하고 견리망의(見利忘義)하니' 금주(金珠)와 적토마로 회유할 수 있다고 말했다. 적토마를 묘사한 시구를 읽어보면, 여포와 적토마를 상상할 수 있다.

천리를 치달리며 흙먼지를 쓸어가고,	奔騰千里蕩塵埃,
산넘고 강건느니 진한안개 걷어낸다.	渡水登山紫霧開.
고삐를 물고서 옥 재갈 흔들어대니,	掣斷絲韁搖玉轡,
화룡이 머언 하늘서 날아 내려왔구나.	火龍飛下九天來.

여포가 죽은 뒤, 적토마는 조조의 차지가 되었는데, 조조가 관우를 회유하려고 관우에게 선물로 주었다. 관우가 죽은 뒤, 적토마는 東吳 潘璋(번장)의 부장인 馬忠(마충)의 소유가 되었으나 적토마는 먹이를 먹지 않고 아사(餓死)했다는 이야기가 전한다.

가 군사를 보내 여포를 추격케 하였지만 모두 여포를 두려워하여 감히 가까이 접근하려는 자가 없었다.

○ 여포와 진궁(陳宮)

건안 3년(198), 여포는 결국 다시 원술을 따랐고, 여포는 고순(高順)을 보내 패현의 유비를 공격하여 격파하였다. 조조는 하후돈을 보내 유비를 구원하였지만 고순에게 패전했다. 이에 조조는 직접 여포를 치려고 하비성 근처에 도착하였다. 조조는 여포에게 서신을 보내 화복(禍福)을 설명하였다.

여포가 투항하려 하자, 진궁(陳宮)[182] 등은 전에 조조에게 지은 죄가 있어 여포의 투항을 크게 반대하며 여포에게 말했다.

"조공(曹公)은 멀리 왔기에 오래 버틸 수 없습니다. 장군께서 만약 보병과 기병을 거느리고 성 밖에 주둔하면 내가 나머지 군사로 성문을 닫고 지키겠습니다. 조공이 장군을 진공하면 내가 조공의 후방을 공격하고, 만약 성을 공격하면 장군께서 외부에서 구원하십시오. 그러면 한 달이 지나지 않아 군량이 바닥날 것이

---

181 張楊(장양, ?-198년, 字는 稚叔) - 헌제가 장안에서 낙양으로 옮겨 갈 때 하내태수인 장연은 헌제 일행에게 음식을 제공했다. 뒷날 大司馬 역임. 여포를 도와 조조에 항거하려다가 부하인 楊醜(양추)에게 살해되었다.

182 진궁(陳宮, ?-198, 字는 公臺)이 처음에 조조를 따랐다가 나중에 조조를 떠나 여포를 섬겼지만 여포가 잡혀 죽을 때 진궁은 당당하게 죽었다.

고 그때 공격하면 격파할 수 있습니다."

여포도 같은 생각이었다.

이에 여포의 처가 말했다.

"옛날 조조는 진궁(陳宮)을 어린 자식처럼 대우하였는데도, 진궁은 조씨를 버리고 장군에게 왔습니다. 지금 장군은 진궁을 조씨만큼 후하게 대우하지도 않으면서 그 사람에게 온 성을 맡기는 것은 아내와 자식을 버리는 셈인데, 어찌 적은 군사만을 거느리고 밖에 나가려 하십니까? 만약 하루아침에 변란이라도 생기면 내가 어찌 장군의 처가 될 수 있겠나요!"

여포는 그만두었다. 그러면서 몰래 사람을 보내 원술에게 구원을 청하면서 1천여 기병을 거느리고 출전했다. 여포는 패전하여 돌아왔고 성을 지킬뿐 출격하지 못했다. 원술 역시 여포를 구원하지 못했다.

◎ 헌제 초평(初平) 4년(서기 193)

3월, 원술은 진류군에서 조조를 공격하였다. 원소는 조조를 도와 원술을 격퇴하였다. 원술은 남양군(南陽郡)으로 밀려났는데, 양주자사 진온(陳溫)을 죽이고 회남(淮南)을 차지하였다.

원소는 원술과 갈등이 있어 서남의 유표(劉表)와 연결하여 원술을 공격하려 했지만, 원소와 유표의 세력 확산 방향이 달라 연합하지는 못했다.

9월, 조조는 도겸(陶謙)을 공격했고, 도겸은 수비에 급급했다.

공손찬은 유비를 파견하여 도겸을 지원케 하였다. 원소와 공손찬은 크게 싸웠다. 오랜 전투 끝에 청주(青州)는 원소의 수중에 들어갔다.

7. 유표

○ 한말(漢末) 팔준(八俊)의 한 사람

유표(劉表)[183]의 자(字)는 경승(景升)으로, 산양군(山陽郡) 고평현(高平縣) 사람이다. 젊어서도 이름이 알려졌고 팔준(八俊)[184]이라

---

[183] 劉表(유표, 142-208, 字는 景升) – 前漢 魯 恭王 유여(劉余)의 후손, 劉表 신장 八尺餘, 온후 장대한 儒者의 풍모였으나 우유부단했다. 형초(荊楚) 지역을 보유한 군벌로 형주자사(荊州刺史)이며 鎭南將軍의 직함을 갖고 있었으며, 당고(黨錮)의 화를 당한 名士의 한 사람으로 《後漢書》에는 '八及(팔급)'이라고 불렸다. 建安 13년(서기 208) 유표가 죽고, 작은 아들 유종(劉琮)이 대를 이었으나 유종은 荊州를 들어 조조에게 투항하였다. 《後漢書》74권,〈袁紹劉表列傳〉에 立傳.《魏書》6권,〈董二袁劉傳〉에 입전되었다.

[184] 팔준(八俊) – 후한 順帝 때 지방에 파견되어 지방관의 불법을 감시한 周擧(주거) 등 8명을 백성들이 팔준이라 지칭했다. 靈帝 때 黨錮(당고)의 禍를 당한 명사를 분류하는 호칭으로 통했다. 俊이란 뛰어난 사람이란 뜻이다. 이외에도 '팔고〔八顧, 顧(돌아볼 고)란 그 덕행으로 다른 사람을 이끌만한 사람이란 뜻〕'와 '八及(팔급, 及이란

제1부 군웅 할거 *171*

불렸다. 신장이 8척이 넘고(약 186cm 정도), 아주 위엄 있는 외모였다. 대장군의 속관이었다가 북군(北軍) 중후(中候)가 되었다. 영제가 붕어했을 때, 형주자사(荊州刺史)가 되었다. 이때 산동(山東)에서 반 동탁 연합군이 거병하자 유표도 합세하면서 양양(襄陽)[185]에 주둔하였다.

원술이 남양군에 있을 때, 원술은 손견과 합종(合從)하여 유표의 형주를 빼앗으려고 손견을 시켜 유표를 공격했다. 그러나 손견은 유시(流矢)에 맞아 죽었고, 패전했기에 원술은 끝내 유표를 이길 수가 없었다.

○ 형주를 차지

헌제가 허도(許都)에 정착했을 때, 유표는 비록 사자를 보내 공물을 헌상하였고 북쪽으로 원소와 연결되었다.

장사(長沙)[186] 태수 장선(張羨)이 유표에 반기를 들자, 유표는 장사를 포위하여 1년이 넘도록 함락시키지 못했다. 마침 장선이 병사하자, 그 아들이 장사군(長沙郡)을 다시 차지하였는데, 유표는

능히 다른 사람을 이끌어 따라오게 할 사람이란 뜻)', '八廚(팔주, 廚란 재물로 다른 사람을 구원할 수 있는 사람이란 뜻)' 의 호칭이 있었다.

185 양양(襄陽) – 형주(荊州)의 治所, 南郡의 縣名. 今 湖北省 북부의 襄樊市(양번시). 襄은 옷 벗고 밭을 갈 양, 오를 양, 땅이름 양.

186 장사군(長沙郡) – 治所는 臨湘縣(임상현), 今 湖南省 동북부 長沙市(湖南省 省會).

장사를 공격하여 그곳의 군사를 합쳤으며, 이어 영릉군(零陵郡)과 계양군(桂陽郡)[187]을 병합했고, 북쪽으로는 한수(漢水) 유역을 병합하여 영역이 사방 수천 리였고, 군사가 10여 만이었다.[188]

유표(劉表) 〈출처: 위키백과〉
청대(淸代)《삼국연의(三國演義)》의 유표(劉表)

○ 형세를 관망하다

조조와 원소가 한창 관도(官渡)에서 대치할 때, 원소는 유표에게 사람을 보내 도움을 요청하였는데, 유표는 허락했지만 군사를 보내지는 않았고, 또 조조를 돕지도 않으면서 장강(長江)과 한수(漢水) 유역을 차지하고 천하 형세를 관망하였다.

---

187 영릉군(零陵郡)의 치소는 泉陵縣, 今 湖南省 서남부 永州市. 桂陽郡(계양군)의 治所는 郴縣(침현), 今 湖南省 남부 郴州市(침주시).

188 關西지역이나 연주(兗州), 예주(豫州) 일대의 學士로 전란을 피해 형주에 들어온 사람들이 대략 1천여 명이나 되었는데, 제갈량(諸葛亮)도 그런 사람 중의 하나였다. 유표는 그들을 위무하고 구제하여 모두 자산을 형성할 수 있었다. 그리하여 유표는 학교를 세우고 멀리까지 유학 인재를 찾아 모았다. 유표는 愛民養士하며 조용히 자신의 세력을 지켰다.

유표의 대장인 괴월(蒯越)[189]도 마찬가지로 유표에게 권유하였지만, 유표는 호의(狐疑)하면서 한숭을 조조에게 보내 허실을 알아보게 하였다. 허도에서 돌아온 한숭은 조조의 위덕을 설명하면서 유표에게 아들을 조정에 인질로 보내는 것이 좋다고 건의하였다.

유표는 조조를 위해 유세한다고 생각하여 크게 화를 내면서 한숭을 죽이려 했고, 한숭을 수행했던 자를 고문하여 죽인 다음에야 한숭이 다른 뜻이 없음을 알고 중지하였다. 유표의 외모는 문아(文雅)하지만 내심으로는 의심과 시기심이 많았으니 대개가 이런 식이었다.

○ 유표가 죽은 뒤

유비가 형주로 유표를 찾아오자,[190] 유표는 유비를 후대하였지만 등용하지는 못했다. 건안 13년(208), 조조는 유표를 원정하였는데, 조조가 형주 관내에 들어오기도 전에 유표는 병사했다.

그전에 유표와 부인 채씨(蔡氏)는 작은 아들 유종(劉琮)을 사랑하여 후사로 정하려 했다. 장자(長子) 유기(劉琦)는 강하태수(江夏太守)[191]였는데 군사들은 유종을 후사로 세우려 하였다. 이에 유

---

189 괴월(蒯越, ?–214) – 蒯良(괴량)의 아우. 외모가 뛰어났고 유표의 제일 謀士였다. 나중에 조조는 "형주를 차지한 것보다 괴월을 얻었기에 기쁘다."고 하였다.

190 建安 6년(서기 201), 유비는 원소를 떠나 荊州로 도망 나왔다.

191 강하(江夏)는 형주(荊州)자사부의 郡名. 治所는 西陵縣, 今 湖北省

기와 유종은 원수가 되었다.[192]

조조의 군사가 양양(襄陽)에 이르자, 유종은 형주를 들어 투항했고 유비는 하구(夏口)로 도주하였다. 승상 조조는 유종을 청주자사(青州刺史)에 임명하고 열후(列侯)에 봉했다. 괴월 등 15명이 열후가 되었다.

◎ 헌제 흥평(興平) 원년(서기 194)

4월, 조조는 도겸(陶謙)을 공격하여 5개 성을 점령하고, 백성을 도륙했다. 진류(陳留) 태수 장막과 그의 모사 진궁(陳宮)은 여포를 영입하고, 조조에게 반격했다.

연주(兗州) 여러 군현이 봉기하였는데, 다만 순욱(荀彧)과 정욱(程昱)이 지키는 3개 성만 함락되지 않았다. 이에 장막은 조조의 연주를 차지하였다.

12월, 도겸이 병사하면서 임종 직전에 서주(徐州)를 유비에게 넘겨주었고, 유비는 서주를 차지하였다.

동부 武漢市 新洲區. 유표의 장남 유기(劉琦)는 계모 채씨와 채모의 위협에 목숨조차 위태로웠다. 유기는 스스로 불안해하면서 제갈량에게 자신을 지킬 방책을 물었다. 마침 유표의 부장인 江夏 太守 黃祖(황조)가 손권에게 피살되자(207), 유기는 후임 강하 태수로 나갈 수 있었다.

192 유표가 병석에 누웠을 때, 유기가 부친을 뵈러 들어왔지만 채모와 장윤의 방해로 문안도 못하고 눈물을 흘리며 돌아갔다.

이 해에 익주(益州) 유언(劉焉)이 병사하자, 아들 유장(劉璋)이 익주목을 차지하였다.

손견의 장남으로 나이 20세인 손책(孫策)은 원술에게 부친이 거느리던 군사를 요구하여 1천여 명을 거느리고 장강(長江)을 건너갔다. 손책은 몇 년 내에 강동을 점유했다.

8. 도겸

○ 서주(徐州)자사

도겸(陶謙, 132-194)의 자(字)는 공조(恭祖)로, 단양현(丹陽縣) 사람이다. 젊어 태학(太學)의 유생으로 주군(州郡)에 출사하였고 여러 번 승진하여 거기장군(車騎將軍) 장온(張溫)의 사마(司馬)가 되어 서쪽(양주涼州)의 반적 변장(邊章)을 토벌하였다.

마침 서주(徐州)에서도 황건적이 봉기하자, 도겸은 서주자사가 되었고 황건적을 대파했다.

그때 동탁은 주살되었지만 그 부장인 이각과 곽사가 관중(關中)에서 난동하였는데, 사방의 교통이 두절되었지만 그래도 도겸은 매번 샛길로 사자를 보내 서경(西京, 장안)에 공물을 보냈다. 도겸은 서주목(徐州牧)으로 승진하였고 안동장군(安東將軍)으로 제후가 되었다.

그 무렵 서주는 백성들이 부유했고 곡물도 풍족하며 많은 유민들이 모여들었다. 그러나 도겸이 신임하고 등용하는 자는 비적임자가 많았고, 형정(刑政)이 제대로 집행되지 못했다.

도겸은 아첨하는 소인들을 매우 신임하였기에 선량한 관리들이 많은 피해를 당했다.

이 때문에 점차 혼란해졌다. 하비군(下邳郡)의 궐선(闕宣)이란 자가 천자를 자칭하였는데, 도겸은 처음에 그와 연합했다가 나중에 궐선을 죽이고 그 군사를 병합하였다.

○ 조조의 서주 도륙

그전에, 조조의 부친 조숭(曹嵩)은 황건적을 피해 낭야군(琅邪郡)으로 피난했었고, 당시 도겸의 별장(別將)이 음평현(陰平縣)을 지키고 있었는데, 그 사졸이 조숭의 재물을 탐내 습격하여 조숭을 죽였다.

헌제 초평(初平) 4년(193)에, 조조는 도겸을 공격하여 팽성국(彭城國) 부양현이란 곳에서 격파하였다. 도겸은 물러나 담현(郯縣)을 지켰는데, 조조가 공격했지만 이기지 못하고 물러갔다.

조조는 돌아가면서 하비군(下邳郡)의 몇 개 현의 백성을 모두 도륙하였다.

총 수십 만 남녀를 죽였고 개나 닭조차 남은 것이 없었으며, 사수(泗水)[193]가 막혀 흐르지 못했으며 이후로 이 5개 현에는 오랫동안 사람의 자취가 없었다. 그전에 이각의 난을 피해 도겸에게 의탁했던 백성들은 모두 다 죽었다.

○ 도겸의 병사(病死)

헌제 홍평(興平) 원년(194), 조조는 다시 도겸을 공격하면서 낭야(琅邪)와 동해군(東海郡)의 여러 현을 대략 평정하자, 도겸은 두려워 피할 데가 없다고 생각하며 단양군(丹陽郡)으로 피할 계획이었다. 그때 장막(張邈)[194]은 여포를 영입하여 연주(兗州)에 웅거하고 있었는데, 조조는 돌아가면서 여포를 격파하였다. 이 해에 도겸은 병사했다. 《후한서 유우공손찬도겸열전(劉虞公孫瓚陶謙列傳)》

◎ 흥평(興平) 2년(서기 195)

2월, 양주(涼州) 출신 장군 이각과 곽사가 장안 성 안에서 서로 싸웠다. 이각은 헌제를 잡았고, 곽사는 공경을 인질처럼 잡고 겨루었다.

7월, 홍의장군(興義將軍) 양봉(楊奉)과 안집장군(安集將軍) 동승

---

193 사수(泗水) — 泗水는 山東省 중부와 江蘇省 북부를 지나는 회수(淮水)의 지류. 대운하의 일부.

194 장막(張邈) — 조조, 원소와 모두 교제하였다. 八廚(팔주, 재물로 백성을 구제할 수 있는 능력자, 8인. 能以財救人者)의 한 사람. 《후한서》 67권, 〈黨錮列傳〉 참고.

(董承)이 헌제를 모시고 장안을 탈출하여 낙양으로 향하다.

8월, 여포가 패전하며 서주목(徐州牧) 유비를 찾아와 소패(小沛)에 의지하다.

12월, 조조가 장초(張超)를 죽이고 연주를 완전히 차지하였다. 원소가 동군(東郡)태수 장홍(臧洪)을 공격 살해하였다.

9. 헌제의 피난

○ 이각과 곽사의 내분

이각의 부장인 양봉(楊奉) 등은 이각을 주살할 모의를 했지만, 일이 누설되자 군사를 거느리고 이각에 반기를 들었다. 이각은 부하들의 반기로 점차 쇠약해졌다.

장제는 섭현(陝縣)에서 돌아와 이각과 화해했고, 헌제는 장안을 탈출하여 신풍(新豊)[195]과 패릉(霸陵)[196]의 중간까지 왔다. 곽사(郭

---

195 新豊(신풍) – 京兆尹의 현명. 高祖 劉邦의 고향인 豊沛의 거리를 본떠 새로 조성한 마을. 今 陝西省 西安市 灞橋區(패교구) 舊劉家村 일대.

196 霸陵(패릉) – 漢 文帝의 능. 霸水 근처 산을 이용하여 능원을 조성했고 薄葬(박장)했기에 도굴당하지 않았다. 패릉은 당시 장안성 未央宮에서 동남으로 57km에 위치. 今 西安市 동쪽 白鹿原 부

汜)는 천자(天子)를 협박하여 다시 돌아가 미현(郿縣)에 도읍케 하려고 했다. 천자는 양봉(楊奉)의 군영으로 들어갔고, 양봉은 곽사를 공격하여 격파하였다. 곽사는 종남산(終南山)으로 패주했고, 양봉과 장군 동승(董承)은 천자를 모시고 낙양을 향해 출발하였다.

○ 헌제의 장안 탈출

홍평(興平) 2년(195) 2월, 이각이 번조를 죽이고 곽사와 서로 싸웠다.

3월, 이각이 황제를 협박하여 자신의 군영으로 데려간 뒤 궁궐을 불태웠다.

여름 4월 갑오일, 귀인 복씨(伏氏)를 황후(皇后)로 책립하였다. 정유일, 곽사가 이각을 공격했는데 화살이 어전까지 날아왔다. 이날 이각은 황제를 자신의 북쪽 군영으로 데려갔다. 날이 크게 가물었다.

5월 임오일, 이각은 스스로 대사마(大司馬)가 되었다.

6월 경오일, 장제가 홍농군(弘農郡) 섬현(陝縣)에서 장안으로 들어와서 이각과 곽사를 화해시켰다.

가을 7월 갑자일, 황제가 동쪽을 향해 출발했다. 곽사는 스스로 거기장군이 되었고, 양봉(楊奉)은 홍의장군(興義將軍), 동승(董

근. 宣帝의 능인 杜陵(두릉)과 함께 渭水 남쪽에 위치. 漢代의 다른 능은 위수 북쪽에 있다.

承)은 안집장군(安集將軍)이 되어 모두 황제의 수레를 호송하였다. 장제는 표기장군(票騎將軍)이 되어 섬현(陝縣)에 돌아가 주둔했다.

겨울 10월 무술일, 곽사는 그의 부장을 시켜 밤에 황제가 머무르는 객사를 습격케 하여 황제 일행을 잡으려 했다. 양정(楊定), 양봉(楊奉) 등이 곽사의 군사와 싸워 격파하였다.

임인일, 황제는 화음현(華陰縣)에 도착하여 길 남쪽에서 노숙했다. 장제가 다시 배반하여 이각, 곽사와 합세하였다.

11월 경오일, 이각, 곽사 등이 어가를 추격하여, 홍농군의 동간이란 곳에서 싸웠으나 황제의 군사가 패배하여 광록훈, 위위(衛尉), 정위 등 대신과 대장추(大長秋), 보병교위, 시중(侍中) 등이 살해당했다.

임신일, 조양이란 곳에 도착하여 밭에서 노숙하였다. 양봉과 동승이 백파적(白波賊)의 우두머리와 연합하여 그들 군사를 거느리고 이각 등과 싸워 격파하였다.

12월 경진일, 황제의 거가가 겨우 움직일 수 있었다. 이각 등이 다시 좇아와 싸워 황제 군사가 대패했고 궁인을 죽이고 약탈하였으며, 소부(少府)와 대사농(大司農) 등이 모두 전사하였다.

황제 일행이 섬현(陝縣)에 도착했다가 밤에 황하를 건넜다.

이각과 곽사는 천자를 내보낸 것을 후회하면서 다시 서로 화해하였고, 천자를 홍농군의 조양(曹陽)이란 곳까지 추격해왔다. 양봉은 서둘러 하동군(河東郡)의 한섬(韓暹) 등을 불러 합세하여 이각과 곽사의 무리와 크게 싸웠다.

양봉은 패전했고, 이각 등은 군사를 풀어 공경(公卿)과 백관(百官)을 마구 죽였으며 궁인(宮人)을 약탈하여 홍농군으로 돌아갔다. 천자는 섬현(陝縣)을 거쳐 북으로 나가 황하를 건넜는데, 각종 수레나 장비를 모두 버리고 걸어갔으며 오직 황후와 귀인만이 황제를 수행하였고, (하동군) 대양현(大陽縣)[197]에 이르러 민가에 머물렀다.

이 해에 황충의 폐해가 컸고, 가물어 곡식이 없었고 관리들은 대추나 나물로 연명했다.

장수들은 서로를 지휘하거나 거느릴 수가 없어 상하가 모두 혼란에 빠졌고 군량도 없었다. 양봉과 한섬 동승은 천자와 함께 낙양으로 돌아왔다.

천자가 낙양에 입성하였지만 궁궐은 모두 불타 없어졌고 거리는 황폐했으며, 백관(百官)은 가시덤불을 헤치며 나물을 뜯었고 언덕이나 담장에 기대어 쉬었다. 각 주군에서는 군사를 거느리고 자신만을 지켰고 아무도 천자를 도우러 오지 않았다. 굶주림이 점점 심해지자 상서랑(尙書郎) 이하 모두는 나무를 하고 나물을 채취하거나 담장 사이에서 굶어죽었다.

---

[197] 大陽縣(대양현)은 河東郡의 현명. 今 山西省 남부 運城市 관할 平陸縣, 황하 북안.

제2부

조조의 북방 통일
⟨曹操 北方 統一⟩

◎ 건안(建安) 원년(서기 196)

7월, 헌제는 하내군(河內郡)을 거쳐 낙양성에 들어왔지만, 궁궐이 불타버렸기에, 옛 중상시(中常侍)인 조충(趙忠)의 집에 머물렀다. 백관은 관아(官衙)도, 집도 없어 담장에 의지하여 머물렀고 양식이 없어 굶어죽는 관리와 사졸이 많았다.

9월, 조조가 헌제를 영입하여 허현(許縣)에 도읍했고, 건안(建安)으로 개원하였다.

조조는 둔전(屯田)을 시행하였다. 각 주군에 전관(田官)을 설치하여 주현에 곡식을 비축케 하였다.

조조는 상주하여 유비를 진동장군(鎭東將軍)에 임명하였고 의성정후(宜城亭侯)에 봉하여 원술을 방어케 하였다. 원술은 군사를 일으켜 서주(徐州)를 침범하였고, 여포는 빈틈을 노려 하비성(下邳城)을 점거하면서 서주자사를 자칭했다. 결국 유비는 여포와 강화하며 소패에 임시 거주하였다.

1. 조조의 헌제 영입

○ 건안 원년

건안 원년(서기 196),[198] 황제는 (하동군) 안읍현(安邑縣)에서 상제(上帝)에게 교사(郊祀)를 올리고 온 나라의 죄수를 사면하고 건안(建安)으로 개원하였다.

가을 7월 갑자일, 어가가 낙양에 도착하여 옛 중상시인 조충(趙忠)의 저택에 머물렀다.

정축일, 상제(上帝)에게 교사(郊祀)를 지내고 나라의 죄수를 사면했다.

기묘일, 태묘(太廟)를 참배하였다.

8월 신축일, 남(南) 궁궐의 한 전각에 머물렀다. 이때에, 궁궐은 모두 불탔고 백관은 가시덤불을 헤치며 담장 사이에 기거하였다. 각 주군(州郡)에서는 강병을 보유하면서도 물자를 보내지 않아서 많은 신하들이 굶주리고 궁핍하였으니, 상서랑 이하 관리들은 들에 나가 야생 벼를 채집했으며, 어떤 자는 담장 사이에서 굶어죽거나 병사들에게 살해된 자도 있었다.

신해일, 조조는 스스로 사예교위(司隸校尉)[199]가 되어 상서사

---

198 建安 元年 – 헌제의 3번째, 마지막 연호. 서기 196 – 219년. 220년 3월에 건강(建康)으로 개원하고 10월에 망했다.

199 사예교위(司隸校尉) – 질록 비(比)2천 석, 京師와 三輔의 百官, 외

(尙書事)를 총괄하였다.

경신일 영천군(潁川郡) 허현(許縣)[200]으로 천도했다.

을사일, 헌제는 조조의 군영에 머물렀다.

○ 순욱 - 황제 영입을 건의

조조는 천자(天子, 헌제)를 영입하려고 하였는데, 많은 장수들이 의심을 품었지만 순욱과 정욱은 적극 권장하였다. 조조는 (종제從弟) 조홍(曹洪)[201]을 보내 군사를 거느리고 서쪽으로 가서 영접케 하였으나 위장군(衛將軍) 동승(董承)[202]과 원술의 부장 하나

척, 제후, 太守를 규찰하고 1州(三輔 등 7郡)를 직접 감찰하여 그 권세가 당당했다. 司隸校尉, 어사중승(御史中丞), 상서령(尙書令)을 삼독좌(三獨坐)라 호칭한다. 建武 元年, 광무제는 御史中丞(어사중승, 최고 감찰관), 司官校尉(사관교위, 백관규찰), 尙書令 三官을 '三獨坐'라 호칭했는데, 이는 조회 시에 전용석에 혼자 앉는다는 뜻이다.

200 許는 영천군(潁川郡)의 현명. 今 河南省 중앙부 許昌市. 조조가 헌제를 영입하면서 許都로 개칭했다.

201 曹洪(조홍, ?-232년, 字는 子廉) - 조조의 사촌이나 젊은 시절에 曹丕(조비)에게 돈을 빌려주지 않아 사원(私怨)으로 조비(文帝) 즉위 후에 하옥되었다. 卞太后(변태후)의 구원으로 면죄되었으나 출옥 후 서민으로 강등되었다. 조비가 죽고 明帝(曹叡)가 즉위한 뒤에 작위가 복구되었다. 대의를 따르고 조조를 지키는 등 충직했지만 금전에는 아주 인색했었다. 《魏書》 9권, 〈諸夏侯曹傳〉에 입전.

202 董承(동승) - 원래 董卓(동탁)의 사위인 牛輔(우보)의 部將. 靈帝의 생모 董太后의 조카, 헌제 동귀인(董貴人)의 부친. 뒷날 조조가 헌

가 험지를 막고 있어 조홍은 더 나아가질 못했다.

2월에, 조조가 진격하여 황건적 잔당을 토벌하자, 잔당은 모두 투항하였다. 헌제는 조조를 건덕장군(建德將軍)에 임명하였고, 여름 6월에는 진동장군(鎭東將軍)으로 승진시켰다.

가을인 7월, 양봉(楊奉)과 한섬(韓暹)[203] 등이 천자를 모시고 낙양(洛陽)으로 환도(還都)하였다. 양봉은 양국(梁國)에 주둔하였다. 조조가 마침내 낙양에 들어가 도성을 호위하자, 한섬 등은 도주하였다.

헌제는 조조에게 부절(符節)과 부월(斧鉞)을 하사하였고 상서(尙書) 업무를 총괄케 하였다.[204] 낙양이 황폐하였기에 동소(董昭)[205] 등은 조조에게 (영천군潁川郡) 허현(許縣)으로 천도할 것을 권유하였다.

제를 許昌에 데려다 놓고 정권을 장악했을 때 동승은 헌제편에 선다. 동승은 조조를 제거하라는 헌제의 밀조를 받았으나 발각되어 建安 5년(200)에 처형되었고 그 삼족도 모두 죽었다.

203 楊奉(양봉)과 韓暹(한섬)은 장안에서부터 이각, 곽사와 싸우면서 헌제를 호위하였다. 그 공로로 한섬은 대장군, 양봉은 거기장군이 되었다.

204 부절(符節)과 부월(斧鉞)을 하사한 것은 천자를 대신하여 軍權을 행사하라는 뜻이고, 녹상서사(錄尙書事)는 조정의 인사권을 장악했다는 뜻이다. 또 조조는 스스로 사예교위가 되어 낙양 주변의 치안과 행정권도 장악하였다.

205 董昭(동소, 156-236) – 濟陰郡 定陶縣人. 원소, 장양, 조조, 조비, 조예(魏 明帝)를 섬겼다. 《魏書》14권, 〈程郭董劉蔣劉傳〉에 입전.

9월에, 황제의 어가가 동쪽으로 이동하자, 조조는 대장군이 되었고 무평후(武平侯)에 봉해졌다. 헌제가 장안으로 천도한 이후 조정의 정사는 날로 문란해졌는데, 허도(許都)에 도읍한 이후 종묘사직의 여러 제도가 갖추어졌다.

○ 조조 – 대장군 직책을 양보하다

헌제가 허도로 옮겨갈 때, 양봉(楊奉)은 주둔지 양국(梁國)[206]에서 헌제 일행을 탈취하려고 했지만 실행하지 못했다.

겨울 10월에, 조조가 양봉을 정벌하자 양봉은 남쪽으로 원술에게 달아났고, 조조는 양국(梁國)의 군영을 점거하였다. 이때 조정에서는 원소를 태위(太尉)에 임명하였는데, 원소는 서열이 조조보다 아래인 것을 치욕이라 생각하여 받지 않았다.

이에 조조는 굳이 사양하면서 대장군 직위를 원소에게 양보하였다. 헌제는 조조를 사공(司空)[207]에 임명하면서 거기장군을 겸

---

206 後漢시대 梁國의 치소는 睢陽縣(수양현), 今 河南省 동부 商丘市.
207 전한의 승상을 大司徒(대사도)로 개칭하여 大司馬(군사), 大司空(御史大夫, 監察, 丞相 부재 시에 승상의 직무 수행, 副丞相)과 함께 三公이라 칭했다. 後漢에서는 光武帝 때 大司徒 大司空의 大를 생략하였고, 大司馬를 太尉로 개칭하여 司徒, 司空, 太尉를 三公이라 하였다. 大將軍의 지위는 정치적 필요에 따라, 또 누가 차지하느냐에 따라 三公보다 위에 둘 때도 있었다. 그리하여 후한에서는 大將軍府, 太尉府, 司徒府, 司空府를 四府라 칭했다. 원소가 太尉를 받으려 하지 않자 조조의 관직을 司空으로 낮춰 원

임케 하였다.

이 해에, 조지(棗祗)와 한호(韓浩) 등의 건의를 받아들여 처음으로 둔전제(屯田制)[208]를 시행하였다.

◎ 건안(建安) 2년(서기 197)

정월, 원술은 회남(淮南)에서 천자를 자칭하였다.

소를 대우하였다. 명칭의 高下가 아니라 조정의 실권을 조조가 장악하였으니, 원소가 大將軍인들 무슨 권한이 있겠는가? 원소가 어리석었다는 뜻이다.

[208] 둔전(屯田) – 군량 자급을 위해 짓는 농사를 둔전이라 하였다. 전한 武帝 때 서역과의 교통을 위해 둔전교위(屯田校尉)를 설치했었다. 후한에서는 서역도호의 속관으로 둔전을 관장하는 戊己校尉(무기교위)가 있었다. 둔전제는 병농일치(兵農一致)의 군사제도로 유사시 군량 수송의 불편을 해결하려는 취지로 군부대 주둔지에서만 실행되었다. 후한 말 조조가 채택한 둔전제는 황건적 진압 과정에서 노획한 農牛와 농기구를 유민에게 대여하여 許都 부근에서 농사를 짓게 하였는데, 이를 건의한 사람이 棗祗(조지, 屯田都尉, 陳留太守 역임)와 韓浩(한호)였다. 한호는 《삼국연의》에서 長沙太守 한현(韓玄)의 동생으로 등장하여 黃忠과 교전하다가 끝에 피살된다. 曹魏의 둔전제는 둔전을 民屯과 軍屯으로 대별할 수 있고, 전국 州郡에 이를 담당하는 田官(典農中郎將)을 설치하였다. 이는 이전의 군부대 중심의 둔전과 달랐다. 曹魏의 둔전제는 국가재정 확보와 軍卒 보충에 기여하여 曹魏의 안정적 발전을 가져왔다. 전농중랑장은 둔전 지역의 민정과 생산 감독, 조세 징수 등을 담당하였고, 질록은 2천 석 태수와 같았다. 曹魏 멸망 직전(서기 264년)에 둔전 지역을 郡으로 승격시켰다.

조조는 남쪽 장수(張繡)²⁰⁹를 공격했으며 패전하면서 장남 조앙(曹昂)²¹⁰과 조카를 잃었다.

3월, 조조는 대장군 직위를 원소에게 양보하였다.

◎ 건안(建安) 3년(서기 198)

3월, 조조는 다시 장수(張繡)를 정벌했고, 5월에 돌아왔다.

여름 4월, 중랑장 단외(段煨)가 이각을 토벌하고 그 삼족을 멸했다.

---

209 張繡(장수, ?-207) - 武威郡(무위군) 사람으로, 표기장군(驃騎將軍)인 張濟(장제)의 族子이다. 장수는 장제를 수행하면서, 軍功으로 점차 승진하여 建忠將軍이 되었고, 장제가 전사하자(建安 2년, 서기 197) 무리를 거느리고 (南陽郡) 宛縣(완현)에 주둔하다가 劉表(유표)에 합세하였다. 조조가 남쪽을 원정할 때 장수는 무리를 거느리고 투항하였다. 그러나 조조가 張濟의 妻를 첩으로 거느리자, 장수는 원한을 품고 조조를 엄습하였다. 조조는 패전했고 아들 曹昂(조앙)과 조카 曹安民(조안민)을 잃었으며 호위대장인 典韋(전위)도 전사했다.《魏書》8권,〈二公孫陶四張傳〉에 입전.

210 조조는 아들 25명을 두었다. 변황후(卞皇后, 魏武宣皇后. 161-230), 卞氏, 名字 미상. 조조의 첩실에서 정실로 승격,《魏書》5권,〈后妃傳〉에 입전하였다.)는 文皇帝(文帝, 丕), 任城國 威王(위왕) 彰(창), 陳國 思王 植(식), 蕭國 懷王(회왕) 熊(웅)을 출산했고, 유부인(劉夫人)은 豊國 민왕(愍王) 昂(앙), 相國 殤王(상왕) 鑠(삭)을 낳았다. 조조는 장수와 전투에서 패전하면서 流矢(유시)에 맞았고, 조조의 劉부인 소생 장남인 조앙과 조카인 曹安民(조안민)이 전사했다.

가을 9월, 여포가 반기를 들고 소패의 유비를 공격했다. 유비는 조조에 의지했다. 조조는 유비를 천거하였고, 유비는 좌장군에 예주자사가 되었다. 관우는 중랑장을 제수 받았다.

겨울 10월, 조조가 여포를 원정했고, 여포는 연패했고 겨우 하비(下邳)를 지켰다. 여포는 원술에 구원을 요청했지만, 원술은 제 몸을 지키기에 급급했다.

12월 계유일, 조조는 하비를 함락시켰고, 여포와 진궁(陳宮)을 처형했다.

○ 여포의 최후

건안 3년(서기 198), 조조는 서주성(徐州城) 둘레에 참호를 파고, 기수(沂水)와 사수(泗水)를 막아 성으로 물을 끌어들였다. 3개월이 지나면서 성 안의 상하 마음이 달라졌다. 여포의 부장인 후성(侯成)은 문객에게 그의 명마를 사육하게 했었는데, 객인이 사육하던 말을 몰고 도주하였다. 후성은 문객을 추격하여 말을 되찾았고, 여러 장수들이 찾아와 돈을 모아 후성을 축하해 주었다.

이에 후성은 술과 고기를 준비한 뒤에 먼저 여포에게 가서 말했다.

"장군의 신위(神威)에 힘입어 잃었던 말을 되찾았고 여러 장수들이 축하한다 해서 먹기 전에 먼저 올리겠습니다."

그러자 여포가 화를 내며 말했다.

"내가 금주하라 했는데, 그대들이 술을 빚어 마시며 술김에 나를 없앨 공모라도 하려는가?"

후성은 분하고 두려워 여러 장수와 함께 여포, 진궁, 고순 등을 모두 묶은 뒤, 다른 군사와 함께 투항하였다.

여포와 측근은 함께 백문루〔白門樓, 서주성(徐州城) 남문(南門)〕에 있는 조조 앞에 끌려왔다. 병졸이 여포를 꽁꽁 묶고 측근을 시켜 머리를 잡아 조조에게 끌고 갔다. 여포 측근은 차마 더 볼 수가 없어 누각을 내려갔다.

여포가 조조를 보고 말했다.

"오늘 이후로 천하 평정은 아주 쉬울 것이요."

조조가 물었다.

"무슨 말인가?"

이에 여포가 대답하였다.

"명공(明公)이 걱정했던 사람은 나 여포였는데, 이제 항복하였습니다. 여포가 기병을 거느리고, 명공이 보병을 지휘한다면 천하는 틀림없이 평정될 것이요."

그리고 여포는 유비를 돌아보며 말했다.

"현덕(玄德)! 경은 좌상의 손님이고, 나는 항복한 포로이나 밧줄이 심하게 조이니 한마디 해줄 수 있지 않소?"

그러자 조조가 웃으며 말했다.

"호랑이를 묶으려면 꽁꽁 묶지 않을 수 없지!"

그러면서 여포를 느슨하게 해주었다.

옆에서 유비가 말했다.

"안 됩니다. 명공은 여포가 정원(丁原)과 동탁을 어떻게 했는지 보지 않았습니까?"

이에 조조가 고개를 끄덕였다.

여포가 유비를 보며 말했다.

"저 대이아(大耳兒)는 정말 믿을 수가 없군!"

조조가 진궁(陳宮)에게 말했다.

"공대(公臺, 진궁)는 늘 지략이 많다고 말했는데, 지금은 어떠한가?"

진궁이 여포를 돌아보며 말했다.

"이 사람이 내 말을 믿지 않아서 이 지경이 되었소. 만약 내 말을 들어줬으면 어떻게 됐을지 모를 것이오."

조조가 또 물었다.

"경의 노모는 어찌할 것인가?"

진궁이 말했다.

"노모는 공(公)의 손에 달렸지 나에게 있지 않습니다. 효성으로 천하를 다스리는 자는 남의 부모를 해치지 않습니다."

조조가 다시 물었다.

"경의 처와 자식은 어찌해야 하는가?"

진궁이 말했다.

"내가 듣기로, 패업(霸業)과 왕도(王道)를 이룬 사람은 남의 제사를 끊지 않는다고 했습니다."

그러면서 진궁은 처형을 재촉했고, 끌려가면서 뒤돌아보지 않았으며, 조조는 진궁을 위해 눈물을 흘렸다. 여포와 진궁, 고순은 모두 교살(絞殺)되었고 그 수급은 허도(許都)에 보내졌다.

◎ 건안(建安) 4년(서기 199)

3월, 원소는 공손찬의 역경(易京)을 공격하여 생포하였다. 이로써 원소는 유주(幽州), 기주(冀州), 청주(靑州), 병주(幷州)를 확보한 화북 지역 최강자가 되었다.

위장군(衛將軍)인 동승(董承)이 거기(車騎)장군이 되었다.

여름 4월, 조조는 원소 지배 구역에 진공하여 하북의 전진 기지를 확보하였다. 조조는 원소의 근거지인 업성(鄴城) 공격을 획책하였으나, 일단 허창으로 회군하였다.

조조는 하남 사예교위부와 예주(豫州), 연주(兗州), 서주(徐州) 및 양주(揚州) 북부를 차지하여 원소와 남북대결의 형세를 갖추었다.

6월, 조조는 유비를 서주(徐州)에 주둔케 하며, 원술이 북상하여 원소와 결합을 막게 하였다. 원술(袁術)이 죽었다.

8월, 원소는 10만 정병, 1만 기병을 보유하고 남진하여 황제 측근을 청소하고 조조를 토벌하겠다고 공언하였다.

9월, 조조는 군사를 나눠 관도(官渡)에서 원소와 대치하였다.

11월, 원소는 여러 제후들에게 사자를 보내 지원을 요청하였지만 소득이 없었다.

조조는 천자를 끼고 제후를 호령하여 점차 우세해졌다.
12월, 조조는 최전선 관도에서 원소와 대치하였다.

2. 공손찬

○ 미남, 미성(美聲)에 의리(義理)

　공손찬(公孫瓚, ?-199년)의 자(字)는 백규(伯珪)로, 요서군(遼西郡) 영지현(令支縣)[211] 사람이다. 공손찬은 군(郡)의 문하서좌(門下書佐)였다. 훌륭한 외모에 미성(美聲)이라서 태수인 후씨(侯氏)는 큰 인물이라 생각하여 딸을 시집보냈다.
　공손찬은 탁군(涿郡)의 노식(盧植)[212]을 찾아가 경전을 공부했다. 뒤에 다시 군리(郡吏)가 되었다. 요서태수(遼西太守) 유씨(劉氏)가 업무상 죄를 지어 한(漢) 조정의 정위(廷尉)에게 소환될 때, 공손찬을 수레를 몰며 모든 시중을 들었다. 유태수(劉太守)가 (교주

211　公孫瓚 -《後漢書》73권, 〈劉虞公孫瓚陶謙列傳〉에 입전.
212　盧植(노식, ?-192년, 字는 子幹) - 涿郡 涿縣(今 河北省 중부 涿州市, 북경시 서남 연접) 사람으로, 鄭玄(정현)과 함께 馬融(마융)에게 배워 古今의 學門에 박통한 大儒이며 政治家, 軍事家, 經學家이다. 華北의 장수인 公孫瓚과 뒷날 蜀漢 昭烈帝 劉備(유비)도 盧植의 門下弟子였다.

交州의) 일남군(日南郡, 지금의 월남국 중부)으로 유배되자, 공손찬은 쌀과 제물을 가지고 북망산(北芒山)의 선조 묘에 가서 제사를 올리며 축원하였다.

"앞서 선조(先祖)의 아들로 태어나서, 나라의 신하가 되었다가 일남군에 가게 되었습니다. 일남군은 열대 장기(瘴氣)가 심한 곳이라 못 돌아올 수도 있어 선영에 하직 인사를 드립니다."

그러면서 재배하고 복받쳐 슬피 울고 떠나니, 바라보며 탄식하지 않는 사람이 없었다. 태수와 공손찬은 출발 후, 도중에 사면을 받아 돌아왔다.

공손찬은 효렴(孝廉)으로 천거되어 낭관(郎官)이 되었고 요동속국(遼東屬國)213의 장사(長史)214로 승진했다. 언젠가는 기병 수십 명을 거느리고 국경을 순찰하다가 수백 명의 선비족(鮮卑族) 기병을 만났는데, 공손찬은 비어 있는 정(亭)으로 일단 숨었다가 부하들에게 말했다.

---

213 요동속국(遼東屬國) — 촉군은 漢에 투항하여 부족 고유의 습속이나 명칭을 유지하며 거주하는 이민족 집단. 前漢에서는 安定, 上郡, 天水, 五原, 西河郡 등 5군에 설치, 속국도위가 행정을 담당. 이들을 관리하는 국가 업무는 典屬國이 담당했다. 後漢에서는 장액(張掖)속국, 장액거연(張掖居延)속국, 촉군(蜀郡)속국(漢嘉郡), 건위(犍爲)속국(朱提郡), 요동(遼東)속국 등이 있었다.

214 長史 — 丞相, 太尉, 公, 將軍, 太守의 속관, 승상의 장사는 승상의 비서실장격. 태수의 속관은 군사에 관한 일 담당. 질록 6백 석 – 1천 석.

"이번에 저들을 죽이지 않으면 우리가 모두 죽게 된다."

그리고는 자루가 긴 창(矛)과 두 자루의 칼을 차고 적의 무리 속으로 돌진하여 적도 수십 명을 죽였지만 공손찬도 부하 절반을 잃고 탈출할 수 있었다. 선비족도 혼이 났기에, 이후로 다시는 국경을 침범하지 못했다.

공손찬은 탁현(涿縣) 현령이 되었다.

o 무공을 세우다

영제 광화(光和, 178–183) 연간에, 양주(涼州) 관내에 도적떼가 일어나자, 공손찬은 유주(幽州)의 돌격기병(突騎) 3천 명을 거느리고 임시 도독으로 전권을 행사하라는 부절을 받았다. 공손찬의 군사는 광양군(廣陽郡) 계현(薊縣)에 도착하였는데, 어양군(漁陽郡)의 장순(張純)이 요서군(遼西郡) 관내 거주하는 오환족(烏丸族)인 구력거(丘力居) 등을 유인하여 반기를 들고서, 계현을 노략질하고 장군을 자칭하였다. 장순은 관리와 백성을 협박하고 우북평군(右北平郡)과 요서속국(遼西屬國)의 여러 성을 공격하였는데 가는 곳마다 잔인하게 파괴하였다.

이에 공손찬은 거느린 군사로 장순을 토벌하는 공을 세워 기도위로 승진하였다. 요서속국 내 오환족(烏丸族)의 탐지왕(貪至王)이 부족을 거느리고 공손찬에게 투항하였다. 공손찬은 중랑장으로 승진하며 도정후(都亭侯)에 봉해졌고 속국에 주둔하며 이민족들과 5, 6년간 싸웠다.

○ 공손찬 – 원소와 대립

그 무렵, 원술은 손견을 양성(陽城)[215]에 주둔시켜 동탁을 막게 하였고, 원소는 부하를 보내 양성을 공격케 하였다. 이에 원술은 공손월과 손견을 보내 원소 군사를 공격케 했지만 이기지 못했고, 공손월은 유시(流矢)에 맞아 죽었다.

이에 공손찬은 분노하며 말했다.

"내 동생이 죽었는데, 이 모두가 원소 때문이다."

그러면서 공손찬은 군사를 출동시켜 원소에게 복수하려 했다. 원소는 두려워하며 자신이 차고 있던 발해태수의 인수(印綬)를 공손찬의 사촌 동생인 공손범(公孫範)에게 보내면서 공손범을 자기 편으로 끌어들이려 했다.

그러나 공손범은 발해군의 군사를 거느려 공손찬을 도우면서 청주와 서주 일대의 황건적 잔당을 격파하여 군사를 더욱 증강시키며 진군하여 계교(界橋)[216]에 주둔하였다.

공손찬은 엄강(嚴綱)을 기주자사(冀州刺史)에, 전해(田楷)를 청주자사(靑州刺史), 선경(單經)을 연주(兗州)자사로 삼고 군현에 책임자를 임명했다.

---

215 陽城 – 潁川郡(영천군)의 현명. 今 河南省 登封市 동남 告成鎭.

216 계교(界橋) – 거록군(鉅鹿郡) 廣宗縣 界城橋, 今 河北省 남부 邢臺市 관할 威縣 북쪽. (獻帝) 初平 3년(서기 192), 이곳에서 袁紹와 公孫瓚 간에 冀州의 패권을 다툰 전투가 벌어졌다.

원소 군사는 공손찬과 전투를 벌였고, 공손찬 군사는 발해군으로 패주하였고, 공손범과 함께 계현(薊縣)으로 돌아와 계현의 동남에 소성(小城)을 축조하였는데 점차 원한만 깊어졌다.

○ 역현(易縣)의 보루

공손찬의 군사가 여러 번 패전하자, 공손찬은 결국 군사를 철수한 뒤 역경(易京, 역현에 축조한 인공 언덕)을 고수하였다. 공손찬은 역경을 에워싼 10겹의 참호를 팠고 그 참호 안에 인공 언덕을 만들었는데, 모두 사람 키의 5, 6배 높이였다. 다시 그 위에 누각을 지었으며 중앙의 인공 언덕을 역경(易京)이라 불렀는데, 그 높이만 10장(丈)이었으며, 공손찬은 그 안에 머물렀고 비축한 곡식은 3백만 곡(斛)이나 되었다.

공손찬이 말했다.

"옛날 천하의 대사는 그 지휘 여부에 따라 결정되었으니 오늘날 내가 볼 때, 나에 의해 세상사가 판결나지 않을 것이니, 군사 출동을 멈추고 열심히 농사를 지어 군량을 비축해야 한다. 병법에서도 1백 개의 많은 누각은 공격할 수 없다고 하였다. 지금 나의 누각은 1천여 겹이고, 이 군량이 다할 때쯤이면 천하대사가 어떻게든 판가름 날 것이다."

그러면서 공손찬은 원소가 피폐하여 망하기를 기다렸다. 원소가 장수를 보내 공격하였지만 해가 바뀌도록 함락시킬 수 없었다.

○ 소극적 방어의 끝

 헌제 건안 4년(서기 199), 원소는 모든 군사를 동원하여 공손찬을 공격하였다. 공손찬은 아들을 보내 흑산적(黑山賊)[217]의 도움을 요청케 하였고, 자신도 돌격 기병을 거느리고 직접 출동하여 서남쪽의 산에 진지를 마련하고, 흑산적의 군사와 함께 육로로 기주(冀州)로 진출하여 원소의 후방을 절단할 계획이었다.

 공손찬의 장사(長史)가 공손찬에게 말했다.

 "지금 장군께서 거느리던 군사들은 이미 모두 토붕와해(土崩瓦解)하듯 무너졌고, 지금 여기를 방어하며 지키는 자들도 고향과 처자식을 그리면서 장군을 주군으로 섬기고 있습니다. 장군께서는 방어만 하면서 세월을 보내면 원소가 저절로 물러날 것이라 하지만 원소가 물러난 뒤라도 사방의 세력은 틀림없이 다시 합쳐질 것입니다. 만약 지금 장군께서 여기를 버리고 떠난다면, 여기를 지키는 군사는 중요 기지가 없어, 결국 역경(易京)과 몰락은 바로 닥칠 것입니다. 장군께서 본거지를 잃고 지방에 고립된다면 무엇을 성취하겠습니까?"

 그런데도 공손찬은 역경(易京)을 떠나지 않았으며, 아들과 함께 흑산적의 원군이 도착하면 내외에서 합동으로 원소를 공격할

---

217 흑산적(黑山賊)은 황건적의 잔당이었다. 흑산적의 우두머리 장연(張燕)은 공손찬의 아들 공손속(公孫續)과 함께 10만 군사를 거느리고 공손찬을 구원하려 세 갈래로 진격하였다.

계획이었다. 공손찬은 사람을 시켜 아들에게 서신을 보냈고,[218] 정해진 날짜에 구원 병력이 도착하면 횃불로 신호하기로 약정하였다.

그러나 원소의 척후병이 그 서신을 가로챘고 정해진 날짜에 횃불로 신호를 보냈다. 공손찬은 구원병이 도착한 줄 알고 역경에서 나와 싸우려 했다.

원소가 복병으로 공손찬을 공격하여 대파하자, 공손찬은 다시 돌아와 방어했다. 원소는 땅굴을 파서 누대를 무너트리며 점차 중앙으로 접근하였다. 공손찬은 패망을 예견하고 처자를 모두 죽이고 자살하였다.[219]

◎ 건안(建安) 5년(서기 200)

정월, 원소는 조조를 정벌하자는 격문을 공포하였다. 군사 배치를 마쳤지만 기동하지 않았다.

헌제의 조조를 토벌하라는 의대(衣帶)의 조서를 공포하다. 헌제의 장인인 동승(董承)이 비밀 교서를 받은 뒤, 유비, 오자란, 왕자복 등 5인이 이를 공유하며 모의했었는데, 유비는 서주로 부임

---

218 《後漢書》〈劉虞公孫瓚陶謙列傳〉에는 공손찬이 아들에게 보낸 서신이 기록되었다.

219 공손찬은 살아날 수 없다고 생각하여 자매와 처자를 전부 목 졸라 죽인 뒤 제 몸에 불을 질렀다. 그러나 원소의 군사가 서둘러 누대에 올라 공손찬의 머리를 잘랐다.

했었다. 이런 사실이 발각되자, 동승은 3족이 멸족되었다.

조조는 관도의 군사를 돌려 서주를 공격, 유비는 원소를 찾아가 의지했다.

4월, 6월, 관우는 원소의 부장 안량(顔良)을 죽였다. 원소 진영은 문추(文醜)의 전사로 사기가 꺾였다.

7월, 조조와 원소의 군사는 관도에서 대치했다.

관우는 조조를 떠나 유비에게 돌아오다. 《삼국연의》의 '오관참육장(五關斬六將)'은 고사와 인물 모두 허구이다.

10월, 조조는 오소(烏巢)에서 원소의 군량을 불태웠다. 원소군 대패-조조는 원소 군사 8만을 죽였다.

손책(孫策)-오군(吳郡)태수 허공(許貢)의 빈객에게 피습-임종 직전에[220] 동생 손권에게 인수를 넘겨주었다.[221]

11월, 유비는 형주 유표에게 의지-남양군(南陽郡) 신야(新野)에 주둔했다.

---

[220] 孫策死-孫堅의 기반을 이어받은 孫策(손책)은 豫章太守 華歆(화흠)의 항복을 받으며 세력을 키웠고, 자신을 曹操에게 모함한다고 吳郡太守 許貢을 죽였다. 그러나 사냥하던 중에 許貢(허공)의 家客에게 습격당해 큰 부상을 당한다. 치료 과정에서 도사 于吉(우길)을 죽이나 손책은 그 허상에 시달리다가 26세에 죽었다.

[221] 손권(孫權, 182-252년, 222년 건국, 229년 칭제)-孫策의 동생. 字 仲謀. 方頤(방이, 네모진 턱)에 大口(대구, 큰 입), 그리고 碧眼(벽안)에, 紫髯(자염)의 大貴之相을 타고났었다. 周瑜(주유)의 보필을 받았다.

3. 관도의 싸움

○ 개요

관도(官渡)[222]의 싸움은 삼국(三國) 시기 '3대 전투(三大戰役)'의 하나로, 중국 역사상 소수의 군사로 다수의 군사를 이긴 유명한 전쟁이다.

헌제 건안 5년(서기 200)의 이 싸움은 조조의 군사와 원소의 군사가 관도에서 서로 대치하다가, 조조의 군사가 원소 군사의 군량과 마초를 소각하자 원소 진영의 사기가 크게 떨어졌다. 이어 조조의 군사가 원소군의 주력 부대를 궤멸시켰는데, 이 싸움으로 조조의 북방 통일의 확실한 기초를 마련하였다.

○ 배경

한(漢) 헌제 건안 원년(196), 조(曹)는 동탁의 옛 부장 이각 등에 쫓기는 헌제를 허현으로 맞이하며 도읍케 하였다(許都). 이후 조조는 천자를 끼고 제후를 호령하면서 그 위세가 대단하였다. 조조는 여포와 원술을 죽이면서 연주(兗州), 서주(徐州), 사예(司隸) 교위부 지역과 예주(豫州), 양주(揚州) 지역까지 그 세력 범위를 확대하였다.

---

222 관도(官渡) - 今 河南省 중부 鄭州市 관할 中牟縣(중모현), 황하 남안에 해당. 관도의 싸움은 건안 5년(200년)이었다.

그러는 동안 원소는 공손찬을 제거하며(199) 유주(幽州), 기주(冀州), 청주(靑州), 병주(幷州)를 완전 장악하였으며 밖으로는 오환(烏桓)과 우호 관계를 유지하였다. 이에 원소는 조조의 세력을 꺾고 자신의 입지를 안정시킬 필요가 있었다.

관도의 대전이 일어나기 전, 원소의 군사력은 조조보다 강했다. 또 원소는 배후가 안정된 상태였다. 거기에 비하여 조조는 사방에서 적과 대치해야 하는 상황이었다. 동시에 관중(關中) 지역의 마등(馬騰)과 한수(韓遂)는 관망세였고, 서남의 유표(劉表)와 장수(張繡)는 조조에 대항하였고, 동남의 손책(孫策)은 조조에게 비협조적이며 준동하려는 형세였으며 내부적으로 유비 또한 언제든지 이반할 수 있는 상황이었다.

이런 상황에서 조조의 모사인 순욱(荀彧)과 곽가(郭嘉)의 방책을 조조는 적극 수용하며 내부 결속을 다졌다. 원소는 외관내기(外寬內忌)에 호모(好謀)하나 결단하지 못하는(無決) 결점이 있어 상황은 조조에게 유리하게 변화되었다.

건안 3년(198) 11월, 조조는 여포를 잡아죽였고, 4년 6월(199) 원술이 병사하였으며, 11월에는 가후(賈詡)의 충고를 받아들인 장수(張繡)가 조조에게 투항하였으며 유표는 원소를 도울 상황이 되지 않자 중립을 표방하였고, 건안 5년(200) 5월에 손책이 죽어, 동남 방향에 대한 조조의 부담을 크게 덜어주었다.

○ 과정

관도의 싸움 이전에 군사제주(軍師祭酒)인 곽가[郭嘉, 170－207년, 자(字) 봉효(奉孝)]와 군사 상황을 논의하였고 비교하였는데, 곽가의 간언과 논의는 조조의 신심(信心)을 굳게 하였다. 조조는 원소의 허도 기습에 대한 대책을 강국하며 관도 싸움을 준비하였다.

건안 5년(200) 정월, 조조는 먼저 서주의 유비를 공격하였다. 모든 장수들은 원소를 먼저 공격하리라 예상했었다.

이에 대하여 조조가 말했다.

"유비는 호걸이다. 지금 공격하지 않으면 뒷날 틀림없이 걱정거리가 될 것이다. 원소가 큰 뜻이 있다지만 반응이 느리기에 내가 유비를 공격하더라도 이런 기회를 이용하지 못할 것이다."

그리고는 마치 번갯불에 콩을 구워먹듯 서주를 급습했고, 관우를 산 채로 잡은 다음에 군사를 관도로 돌렸다.

○ 성동격서(聲東擊西) - 백마지전(白馬之戰)

건안 5년(200년) 2월, 원소는 10만 대군에 기병 1만을 여양[黎陽, 지금의 하남성(河南省) 북부, 황하 북안, 학벽시(鶴壁市) 관할 준현(濬縣)]에 집결시켜 황하를 건너려 하였다. 그러면서 안량(顔良)을 보내 백마(白馬, 지금의 하남 북부 안양시 관할 활현(滑縣) 동북)란 곳을 포위 공격하였다.

4월에, 조조는 순유(荀攸)의 계책에 따라 연진(延津)에서 도하하여 여양의 본진을 공격하는 척 원소의 군사를 유인한 뒤에 경무장 병력을 동원하며 백마(白馬)의 군영을 급습하였다.

이때 원소의 무장 안량은 관우에게 죽었고, 백마의 포위를 풀었다.

○ 양군의 대치

8월에, 원소의 참모 저수(沮授)가 말했다.

"우리(북병北兵)의 군사가 많지만 결단력과 전투능력은 조조의 군사만 못하고, 조조의 군사는 군량과 물자가 우리보다 못합니다. 그래서 조조의 군사에게는 급전(急戰)이 유리하고 우리는 느긋한 공격이 유리합니다. 응당 천천히 지구전으로 시간을 끌어야 합니다."

그러나 원소는 받아들이지 않았다. 원소는 군영을 연결지으며 조금씩 전진하여 관도 부근에서 전투를 벌렸는데, 조조의 군사는 불리하여 다시 방어벽 안으로 들어갔다.

이에 원소는 높은 망루를 짓고, 토산(土山)을 쌓아올리며 조조의 군영으로 활을 쏘자, 조조의 군사는 모두 방패를 머리에 이고 다녀야 했기에 두려워떨었다. 그러자 조조는 돌을 날리는 발석거(發石車)를 만들어 원소의 누각을 모두 부수었는데, 원소 진영에서는 이를 벽력거(霹靂車)[223]라고 불렀다.

---

223 霹靂車(벽력거) – 霹靂(벽력)은 벼락.

원소는 땅굴(地道)을 파서 조조의 군영을 급습했다. 이에 조조는 군영 내에 긴 참호(塹壕, 도랑)를 파서 방어했으며, 또 기습하는 군사를 보내 원소의 군량 운반 수레를 대파하면서 그 군량을 모두 태워버렸다. 조조와 원소가 오래 대치하면서 조조의 백성은 크게 피폐하자, 조조를 배반하며 원소에 호응하였고 군량도 다하였다.

○ 원소의 군량을 불태우다

그 무렵 원소는 순우경(淳于瓊) 등을 보내 장병 1만여 명을 동원하여 북쪽에서 군량을 운반케 하였는데, 이때도 저수가 원소에게 말했다.

"장수 장기(蔣奇)를 보내 별도 군사로 호위케 하여 조조의 급습에 대비해야 합니다."

그런데도 원소는 또 따르지 않았다.

순우경의 군량수송 부대는 원소의 진영에서 40리 떨어진 오소(烏巢)란 곳에서 숙영(宿營)했다. 조조는 조홍(曹洪)을 남겨 본 군영을 지키게 한 뒤에 직접 5천 보병과 기병을 거느리고 밤을 틈타 몰래 접근하여 순우경을 공격했다. 원소는 기병을 보내 구원케 하였지만 패주하였다. 조조는 순우경을 격파하고 모두 죽여버렸다.

조조가 회군하여 군영에 아직 도착하지 못했는데, 원소의 부장(部將)인 고람(高覽)과 장합(張郃) 등이 그 군사를 거느리고 투항했다. 원소의 군사는 완전 붕괴되었고, 원소는 (장남) 원담과 함께 단신으로 황하를 건너 패주하였다.[224]

조조는 거짓 투항한 원소의 군사를 모두 묻어 죽여버렸다. 저수는 원소를 따라 퇴각하지 못하고 사로잡혀 조조 앞에 끌려오자, 조조는 저수를 후대하였다. 뒷날 저수는 원소에게 되돌아가려다가 피살되었다.

  ㅇ 원소의 참모 전풍의 죽음

그전에, 원소가 남으로 출발할 때, 전풍(田豊)[225]이 원소에게 말했다.

"조조는 용병(用兵)을 잘하고 용병에 변화가 많아 그 병력이 적다 하여 경시할 수 없으니 지구전이 가장 좋을 것입니다. 장군께서는 산하의 험한 지형에 4주(州)의 많은 군사를 보유하였으니, 외부로는 영웅과 긴밀히 연결 짓고 안으로 농사와 훈련을 병행한 뒤에 그 정예병을 뽑아 기습공격으로 적의 허점을 노려 공격하여 하남(河南) 일대를 흔들어 놓고, 적이 우측을 구원하면 우리는 좌

---

224 이상이 원소와 조조의 세력이 역전된 官渡大戰이다.

225 전풍(田豊) - 字는 부호(符皓), 거록(鉅鹿)人. 원소의 신하. 원소군이 패배하여 흩어질 때, 여러 장졸들이 무릎을 껴안고 '만약 田豊이 있었다면 우리가 이 지경이 되지는 않았을 것이다.' 라며 울었다고 한다.

측을 공격하여 적을 이리저리 지치게 하고 백성이 생업에 종사할 수 없게 하면, 우리는 힘들이지 않고 적을 지치게 하면 채 2년이 안되어 적을 꺾을 수 있을 것입니다. 지금 이렇게 당상에 앉아 이길 수 있는 방책을 버려두고 일전(一戰)으로 승패를 결정하려 하시는데, 만약 우리 뜻대로 되지 않으면 후회막급일 것입니다."

원소는 따르지 않았다. 그리고 전풍이 간절히 충고하자, 원소는 심하게 화를 내었고 군사의 사기를 저해한다며 전풍을 형틀에 묶어버렸다.

원소군이 패전하자, 어떤 사람이 전풍에게 "당신은 틀림없이 중용될 것입니다."

그러자 전풍이 말했다.

"만약 승전했다면 틀림없이 살겠지만, 이번에 패전했으니 나는 아마 죽을 것입니다."

원소는 돌아와서 측근에게 말했다.

"내가 전풍의 말을 따르지 않았으니 다른 사람이 비웃을 것이다."

◎ 건안(建安) 6년(서기 201)

봄 2월 정묘(丁卯)일, 초하루 – 일식이 있었다(日有食之).

◎ 건안(建安) 7년(서기 202)

여름, 5월, 경술일, 원소가 죽었다(袁紹薨. 薨 죽을 훙, 제후의 죽음).

막내 원상(袁尙)은 기주를 차지하였다. 장자(長者) 원담(袁譚)은 청주자사, 둘째, 원희(袁熙)²²⁶는 유주자사, 원소 생질 고간(高幹)은 병주(幷州)자사가 되었다.

서역 우전국(于寘國)에서 길들인 코끼리를 보내왔다.

◎ 건안(建安) 8년(서기 203)

원담과 원상이 기주를 놓고 싸웠는데, 원담이 대패하며 조조에 귀부하며 구원을 요청했다.

10월 기사일, 총장(總章, 樂官)이 팔일무(八佾舞)²²⁷를 처음 시연

---

226 원상(袁尙), 원희(袁熙) – 원소의 아들. 원소는 長子가 아닌 막내 원상을 후사로 삼았기에 형제 분란이 있었다. 원희는 둘째 아들. 조조가 冀州城을 함락시킬 때, 조조의 장남 曹丕(조비)는 당시 18세였다. 조비는 원소의 궁에 들어가 원소의 차남 원희의 처 甄氏(견씨)를 보고 미모에 반해 바로 차지한다. 조조도 견씨의 경국지색에 놀라 "정말 내 아들의 아내로다(眞吾兒婦也)."라고 감탄했다. 견씨는 뒷날 조비의 황후(甄皇后)가 되었다.

227 八佾舞(팔일무) – 天子의 舞樂(무악)이다. 무악의 경우 천자는 八佾(팔일, 佾은 춤 일. 춤추는 줄), 곧 舞人이 1行 8人×8行이니 64명이 춤을 추었다. 제후는 6佾, 곧 8人×6行이니 48명, 대부는 4行이니 32명이었다. 周 천자만이 시연할 수 있는 무악을 周公의 공

(試演)했다.

◎ 건안(建安) 9년(서기 204)

8월 무인일, 조조는 원상(袁尙, 원소의 막내아들)을 대파하고 기주(冀州)를 평정했으며, 스스로 기주목(冀州牧)이 되었다.

◎ 건안(建安) 10년(서기 205)

정월, 조조는 원담(袁譚)을 청주 남피(南皮)에서 격파하고 참수했다.

원희와 원상은 요서(遼西)의 오환족 지역으로 도주하였다. 원희와 원상은 요서군으로 도주하였다가 건안 12년(207)에 요서군에서 처형되었다.

◎ 건안(建安) 11년(서기 206)

3월, 조조는 병주(幷州)를 격파하고 고간을 잡아 참수하였다.

적을 생각하여 魯國에서는 허용되었다. 그러한 팔일의 무악을 魯의 家臣인 季孫氏(계손씨) 자택 뜰에서 시연했다는 것은 예악의 문란을 의미한다. 《論語 八佾》 孔子謂季氏, "八佾舞於庭, 是可忍也, 孰不可忍也?"

4. 원씨 일족의 몰락

○ 원소의 그릇(器量)과 죽음

원소의 외모로는 관대(寬大), 문아(文雅)하고 도량이 넓으며 근심이나 기쁨을 얼굴에 나타내지 않았지만, 본성은 교만하고 괴팍하며 콧대가 세었고 좋은 말도 따르지 않았기에 중대한 싸움에서 졌다.

원소는 패전하고 돌아와 말했다.

"내가 전풍(田豊)의 말을 듣지 않았으니, 전풍은 틀림없이 나를 비웃었을 것이다."

그러면서 전풍을 죽였다.

기주(冀州) 내 많은 성읍(城邑)이 반기를 들었는데, 원소는 이들을 공격하여 다시 평정하였다.

원소는 관도의 패전 이후 병이 났고, 건안 7년에(서기 202) 근심하다가 죽었다.[228]

○ 원소의 유명(遺命)을 조작

원소는 후사를 정하지 못했는데, 봉기와 심배는 전부터 교만

---

[228] 원소의 처 劉氏는 질투가 심하여 원소를 입관하기도 전에 소첩 5명을 다 죽였고, 사후에 저승에서 만날까 걱정하여 소첩의 얼굴을 망가트리고 검은 칠을 한 뒤에 파묻었다고 한다.

사치하여 장자 원담(袁譚)이 꺼려하였으며, 신평과 곽도(郭圖)는 원담과 가까웠고 심배와 봉기와는 사이가 나빴다.

많은 사람들이 장자 원담을 옹립하려 했다. 그러나 심배 등은 원담이 후사가 되면 신평 등에게 피해를 당할 것을 예상하여 원소의 유명(遺命)을 위조하여 원상(袁尚)을 후사로 받들었다.

○ 원담(袁譚)과 원상의 불화

원소의 장남 원담은 거기장군(車騎將軍)을 자칭하며 군사를 거느리고 나가 여양(黎陽)에 주둔했다. 막내아들 원상은 그 군사를 조금만 주었고 또 봉기(逢紀)를 보내 수행케 하였다. 원담이 더 많은 군사를 요청했지만 심배(審配) 등은 논의한 뒤에 더 주지 않았다.

원담은 화가 나서 봉기를 죽였다.

조조가 하수(河水)를 건너와 원담을 공격하자 원담은 원상에게 위급을 알렸고, 원상은 심배를 남겨 업현(鄴縣)을 지키게 하고 직접 군사를 거느리고 원담을 도와 여양(黎陽)에서 조조를 막았다. (건안 7년, 202) 9월부터 다음 해 2월까지 성 근처에서 크게 싸웠는데, 원담과 원상은 패하여 물러났다.

조조가 진군하자, 원상은 역습하여 조조를 물리쳤다.

조조가 허도로 퇴각하자, 원담이 원상에게 말했다.

"나의 군사가 정병이 아니기에 앞서 조조에게 패전했다. 지금 조조의 군사가 퇴각하며 그 군사들이 돌아가고 싶은 마음뿐이나 아직 하수를 건너지 못했으니 출병하여 엄습한다면 적을 궤멸시킬 수 있으니 이 기회를 놓칠 수 없다."

그러나 원상을 의심하며 허락지 않았고 군사를 늘려주지도 또 병기를 바꿔주지도 않았다.

원담이 대노하자, 곽도와 신평(辛評)이 기회를 보아 원담에게 말했다.

"먼저 선공(先公, 원소)에게 강요하여 장군(원담)을 후사에서 뒤로 돌린 것은 모두 심배가 꾸민 짓입니다."

원담도 그렇게 생각했다. 원담은 군사를 이끌고 원상을 공격하며 외문에서 공격하였지만, 원담은 패하여 군사를 이끌고 발해군 남피현(南皮縣)으로 돌아갔다.

별가종사(別駕從事)인 왕수(王修)가 청주(靑州)에서 관리를 거느리고 와서 원담을 도왔는데, 원담은 다시 원상을 공격하려고 왕수에게 좋은 방책을 물었다.

이에 왕수가 말했다.

"형제란 좌우의 양팔과 같으니, 양팔이 서로 싸우면서 오른팔을 자른 뒤 '내가 기어이 너를 이길 것이다.' 라고 한다면 되겠습니까? 형제를 버리고 가까이하지 않는다면 천하의 누구를 가까이하겠습니까? 속관 중에 아첨하는 무리가 그 틈을 파고들어 한때의 이득을 얻으려 할 것이니, 귀를 막고 그런 말을 듣지 마십시오. 만약 아첨하는 영신(佞臣) 몇 사람만 없앤다면, 형제가 다시 친할 수 있고 사방을 다스려 천하를 활보할 수 있을 것입니다."

그러나 원담은 따르지 않았다.

원상은 군사를 거느리고 원담을 공격했고, 원담은 대패한 뒤에 성을 순시하며 굳게 지켰다. 그러나 원상이 성을 포위하고 맹공하자, 원담은 평원군(平原郡)으로 도주했고 영천 사람 신비(辛毗)를 조조에게 보내 구원을 청했다.

조조는 군사를 거느리고 원담을 구원하여 10월에 여양(黎陽)에 도착하였다. 원상은 조조가 하수를 건넜다는 소식을 듣자 평원군의 포위를 풀고 업현으로 돌아갔다. 원상의 장수인 여광(呂曠)과 고상(高翔)이 반기를 들고 조조에게 귀부하였는데, 원담은 조조 몰래 장군의 직인을 새겨 여광과 고상에게 수여했다. 조조는 원담의 거짓을 알면서도 아들 조정(曹整)과 원담 딸의 혼인으로 원담을 안정시킨 다음 군사를 거느리고 돌아갔다.

○ 원희와 원상의 최후

둘째 아들 원희와 막내아들 원상은 요서군(遼西郡)의 오환족에게 도주하였다.

원소의 생질 고간(高幹)이 또 배반하여 상당(上黨) 태수(太守)를 사로잡고 거병하여 호구관(壺口關)을 지켰다.

건안 11년(206), 조조가 고간을 토벌하자 고간은 장수를 남겨 성을 지키게 하고, 고간이 직접 흉노를 찾아가 구원을 요청하였으나 구원병을 얻지 못하자 부하 기병 몇 명과 함께 남쪽 형주로 도주하였다. 그러나 장안 근처 상락현(上洛縣) 도위(都尉)에게 잡혀 죽었다.

건안 12년(207), 조조는 요서군을 정벌하고 오환족을 공격하였다. 원상과 원희는 오환족과 함께 조조를 맞아 싸웠지만 패주하게 되자, 수천 군사를 거느리고 공손강(公孫康)[229]이 다스리는 요동군으로 달아났다.

원상은 본래 용력(勇力)이 있어 먼저 원희와 모의하였다.

"지금 요동군에 들어가면 공손강이 우리를 만나줄 것이니, 내가 형을 위해 공손강을 죽이고 그 군을 차지하면 이후로 영역은 저절로 넓어질 것입니다."

그러나 공손강 역시 마음속으로 원상을 잡아 공을 세우려고 미리 마구간에 군사를 숨겨 놓은 뒤에 원상과 원희를 불렀다. 원희는 의심하며 들어가려 하지 않았지만 원상이 강요하여 함께 들어갔다. 자리에 앉기도 전에 공손강이 원상을 질책하며 복병을 시켜 생포하였고 언 땅에 앉혀놓았다.

---

229 公孫康(공손강) － 遼東郡 사람으로, 부친은 公孫度(공손도)이다. 공손도는 처음에 관리를 피해 玄菟郡(현도군)의 小吏였는데 차츰 승진하였다. 建安 9년에, 司空 조조가 표문을 올려 공손도에게 분위장군(奮威將軍)을 제수하고 향후(鄕侯)에 봉했다. 공손도가 죽자, 공손강이 후사가 되어 요동 일대를 차지하였다. 遼東郡의 治所는 양평현(襄平縣), 今 遼寧省 중부 요양시(遼陽市)이다.

원상이 공손강에게 말했다.

"죽기도 전에 차가워서 견딜 수 없으니 깔 자리 좀 주시오."

그러자 공손강이 말했다.

"당신 머리가 이제 만 리 길을 가야 하는데, 자리가 왜 필요하겠나?"

그리고는 바로 목을 잘라 낙양으로 보냈다.

5. 손권

○ 대귀지표(大貴之表)

손권(孫權, 182-252)[230]의 자(字)는 중모(仲謀)이다. 형인 손책

---

230 손권(孫權, 182-252, 字는 仲謀) – 吳 大帝. 吳郡 富春縣(今 浙江省 杭州市 富陽區). 부친 孫堅(손견)과 兄 孫策(손책)이 평정한 江東 6郡의 기반을 이어받았다. 형 손책이 자객에 피습당해 죽을 때 손권은 19세였다. 손권은 나라를 확장하여 揚, 荊, 交州에 걸친 영역을 확보했다. 221년 조비(魏 文帝)가 손권을 吳王에 봉하고 九錫을 내려주었다. 222년 조비와 결렬하고 대결 형식을 취하다가 229년에 제위에 올랐는데, 사후 시호는 大皇帝, 묘호는 太祖이다. 江東 땅을 52년간 통치했으니 천운을 타고났다고 할 수 있다. 손권은 네모진 턱, 큰 입에(方頤大口), 눈에 광채가 났으며,

〔孫策, 175-200년, 자(字) 백부(伯符)〕이 여러 군을 평정하자, 손권은 15세에 오군(吳郡) 양선현(陽羨縣) 현장(縣長)이 되었다. 오군(吳郡)에서 효렴(孝廉)으로, 양주(揚州)에서는 무재(茂才)로 천거하여, 손권은 봉의교위(奉義校尉) 대행이 되었다.

한(漢) 조정에서는 손책이 먼 지방에서도 조공의 직무를 다했다 하여 사자(使者)를 보내 손권에게도 작위와 관명(官命)을 내리게 했다.

사자로 온 유완이 다른 사람들에게 말했다.

"내가 손씨 형제들을 볼 때, 모두가 재능이 뛰어나고 현명했지만, 그들 수명이 길지 않았다. 그러나 중제(中弟)인 효렴(孝廉, 손권)은 외모가 기이하며 위엄이 있고, 체형이 보통 사람과 다른 대귀(大貴)의 표상이며(大貴之表), 또 천수(天壽)도 가장 길었다. 여러분도 한번 확인해 보시오."

○ 장소(張昭)와 주유(周瑜)의 보필

헌제 건안 4년(199), 손권은 형 손책을 따라 여강(廬江)태수 유훈(劉勳)을 원정했다. 유훈을 격파하고, 더 나아가 유표의 숙장(宿將)이며 형의 원수인 황조(黃祖)를 사선(沙羨)[231]에서 토벌하였다.

활달, 쾌활한 성격에 마음 씀씀이가 넓었으며, 인자하면서도 결단력이 있었다. 그러나 늙어서는 그 성격이 많이 변했다고 한다.

231 江夏郡 郡治인 사선현(沙羨縣), 今 湖北省 무한시(武漢市) 武昌區에 해당.

건안 5년(서기 200), 손책은 죽으면서 손권에게 대사(大事)를 넘겨주었지만, 손권은 울음을 그치지 못했다.

손책의 장사(長史)²³²인 장소(張昭)²³³가 손권에게 말했다.

"효렴(孝廉, 손권)은 지금이 울고 있을 때입니까? 예법(禮法)을 정립한 주공(周公)이지만, 그 아들 백금(伯禽)이 예법을 지키지 못한 것은 부친의 뜻을 어긴 것이 아니라 그 상황에서 예법을 따를 수 없었기 때문입니다. 하물며 지금 조정 내외에 간악한 자들이 경쟁하고, 길에는 승냥이나 이리와 같은 악인이 가득한데, 친형의 죽음에 예법을 다 지키는 것은 문을 열어 도적을 불러들이는 것과 같으니, 그것은 인덕(仁德)이 아닙니다."

그리고서는 손권의 옷을 갈아입히고 말에 올라 함께 부대를 순시케 하였다. 이 무렵에 회계(會稽), 오군(吳郡), 단양(丹楊), 예장(豫章), 여릉군(廬陵郡)의 험한 벽지에서는 아직도 복속하지 않았고 천하의 영웅호걸은 여러 주군에 널려있었고, 세력자를 찾아 의지하려는 무리들은 그들의 안위와 거취만을 생각하여 확고한 군신 관계가 아직 형성되지도 않았었다.

이에 장소(張昭)와 주유(周瑜) 등은 손권에게 함께 대업을 성취해야 한다면서 손권에게 심복하였다. 조조는 표문(表文)을 올려

---

232 長史 – 職官名. 오늘의 秘書長, 막료장, 별가(別駕)라고도 부른다.

233 張昭(장소, 156–236, 字 子布) – 彭城郡 出身. 박식한 학자였고 손책의 신임을 받았으며, 서기 200년 손책이 죽자, 손권을 주군으로 옹립했다.《吳書》7권,〈張顧諸葛步傳〉에 입전.

손권을 토로장군(討虜將軍)에 임명하고 회계태수를 겸하며, 오군
(吳郡)에 주둔하면서 각 군(郡)의 문서 업무도 관장케 하였다.

O 유능한 문무신(文武臣)

손권은 장소(張昭)에게 사부(師傅)의 예를 갖추었고, 주유, 정
보,[234] 여범(呂範) 등에게 군대를 통솔케 하였다. 또 걸출한 인재
를 모으며 예를 갖춰 명사(名士)를 초빙하였으며, 노숙(魯肅),[235]

---

[234] 정보(程普, ?-210, 字는 德謀) - 손견(孫堅) 휘하의 장군, 東吳 孫氏 三代 元勳의 한 사람. 建安 15년(210), 주유가 죽은 뒤에 南郡太守가 되었는데 그해에 정보도 죽었다. 정보는 반역자들을 참수한 뒤에, 그 시신을 불구덩이에 집어던졌다. 그 뒤에 바로 병을 얻어 1백여 일을 앓다가 죽었다. 정보는 용모가 단정, 장엄하고 모략이 뛰어났으며 언변도 좋았고, 여러 사대부와 잘 사귀었지만 사나운 일면이 있었다. 자신보다 나이가 어린 주유가 상관이라서 주유에게 많은 험담을 하였지만, 주유는 끝까지 모른 척하며 참았다. 나중에는 정보도 자신의 과오를 뉘우치고 주유와 잘 지냈다고 한다. 정보는 손권의 신하 중 최연장자라서 모두가 '程公'이라고 공경하였다.

[235] 노숙(魯肅, 172-217, 字는 子敬) - 臨淮郡 東城縣(今 安徽省 중동부 定遠縣) 사람. 체격이 장대하고 젊어서도 큰 뜻을 품고 奇計를 잘 꾸몄다. 사람이 엄정하면서도 검소했고, 군진에서도 책을 손에서 놓지 않았으며, 글을 잘 지었고 생각이 깊으며 사리가 명철했다. 손권을 위한 외교방책을 수립했고, 주유가 죽자 東吳의 군사 전략을 운용하며 유비와 연합 조조와 대결했다. 주유, 노숙, 여몽, 육손을 東吳의 四大都督이라 하지만 노숙은 도독(都督, 지역

제갈근(諸葛瑾)²³⁶ 등이 빈객으로 손권을 도왔다. 여러 장수의 업무를 분장하였고, 산월(山越, 월인)²³⁷을 진무하고 오(吳)에 불복하는 자들을 토벌하였다.

헌제(獻帝) 건안 7년(서기 202), 손권의 모친 오씨(吳氏)²³⁸가 죽었다.

8년, 손권은 서쪽으로 황조(黃祖)를 정벌하고 그 수군을 격파하

군 사령관)을 역임하지는 않았다. 《吳書》 9권, 〈周瑜魯肅呂蒙傳〉에 입전.

236 제갈근〔諸葛瑾, 174-241, 字는 子瑜(자유)〕 - 제갈량(諸葛亮)의 친형, 제갈량의 族弟인 諸葛誕(제갈탄)은 魏에 출사했다. 제갈근은 東吳에서 태부(太傅) 및 大將軍을 역임했고, 제갈근의 아들 諸葛恪(제갈각, 203-253년, 字는 元遜)은 東吳의 태부 및 승상을 역임했다. 손권이 임종하며 輔政大臣에 임명하여 太子 孫亮(손량)을 보필하라고 유언했다. 손량이 즉위한 뒤 제갈각은 혼자 軍政대권을 장악하고 초기에는 민심을 얻었으나 계속되는 위나라 원정 실패로 인심을 잃어 결국 孫峻(손준)에게 살해당했고 삼족이 멸족되었는데, 죽을 때 51세였다. 제갈근은 《吳書》 7권, 〈張顧諸葛步傳〉에 입전. 제갈각은 《吳書》 19권, 〈諸葛滕二孫濮陽傳〉에 입전했다.

237 山越(산월) - 漢代에 지금의 江蘇省과 安徽省의 남부 및 浙江省의 서부, 江西省(강서성), 福建省(복건성) 북부의 넓은 지역에 분포하던 무장 세력의 통칭. 그들은 기풍이 아주 사납고 거칠어 조정의 교화에 순화되지 않았다.

238 손권의 모친 吳氏 - 吳郡 吳縣 사람(今 江蘇省 蘇州市), 孫堅의 아내, 손책과 손권 등 4남 1녀를 출산. 손파로부인(孫破虜夫人), 吳太夫人, 吳太妃로 불렸다.

였지만 성을 함락시키지는 못했고, 산적들이 다시 준동하였다. 손권은 돌아오면서 예장군(豫章郡)²³⁹을 지나왔는데, 여범(呂範)을 시켜 파양현(鄱陽縣)을, 정보(程普)는 파양군(鄱陽郡) 낙안현(樂安縣)을 토벌케 하였다. 또 태사자(太史慈)²⁴⁰는 예장군 해혼현(海昏縣)에, 그리고 한당(韓當), 주태(周泰), 여몽(呂蒙) 등을 다스리기 어려운 현〔縣, 곧 극현(劇縣)〕의 현령이나 현장(縣長)에 임명했다.

12년(서기 207), 손권은 서쪽으로 황조(黃祖)를 원정하고, 그 백성을 포로로 잡아 돌아왔다.

◎ 건안(建安) 11년(서기 206)

8월, 조조는 북방 삼군(三郡; 어양군, 우북평군, 요서군)의 오환족을 원정하였다. 쫓기는 원소의 아들 원희와 원상은 요동군 지역으로 도주하고 조조는 반사(班師)하였다. 요동군의 공손강(公孫康)은 원희와 원상의 목을 잘라 낙양에 보냈다.

이로써 조조는 하북(河北)을 통일하였으니, 유주(幽州), 기주(冀州), 청주(青州), 병주(幷州)의 4주는 조조의 소유가 되었다.

11월, 유비는 삼고모려(三顧茅廬, 삼고초려)했고 제갈량은 유비

---

239 揚州 豫章郡의 治所는 南昌縣, 今 江西省 북부 南昌市(江西省의 省都).

240 태사자(太史慈, 166-206) - 東萊郡 黃縣 출신. 孔融(공융), 劉繇(유요)의 장수였다가 孫策에 의지. 赤壁之戰이 일어나기 전에 41세로 죽었다. 의리의 사나이. 《吳書》 4권, 〈劉繇太史慈士燮傳〉에 입전.

에게 「융중대(隆中對)」를 건의하였다. 「융중대」의 요점은 형주(荊州)와 익주(益州)를 차지하여 세력 기반으로 삼을 것과 손권과 연합하여 조조에 대항할 것, 곧 삼국정립(三國鼎立)과 항쟁이었다.

6. 유비와 제갈량

(1) 제갈량의 내력

○ 제갈량의 일생

제갈량(諸葛亮, 181-234)[241]의 자(字)는 공명(孔明)으로, 낭야군(琅邪郡) 양도현(陽都縣)[242] 사람이다. 전한(前漢) 사예교위(司隷校尉)였던 제갈풍(諸葛豊)[243]의 후손이다. 부친 제갈규(諸葛珪, ?-187

---

[241] 제갈량(諸葛亮, 181-234년 10월 8일. 亮은 밝을 량) - 諸葛은 複姓. 낭야(琅邪) 제갈씨(諸葛氏). 중국 역사상 저명한 정치가, 군사전략의 1인자, 발명가이며 문장가.

[242] 徐州 관할 琅邪郡(낭야군)의 치소는 開陽縣, 今 山東省 남부의 臨沂市(임기시). 陽都縣(양도현)은, 今 山東省 남부 臨沂市 沂南縣에 해당.

[243] 제갈풍(諸葛豊, 字는 少季) - 琅邪郡(낭야군) 사람이다. 明經으로 郡의 文學이 되었는데 강직하기로 특별히 이름이 났었다. 貢禹(공

년)는 자(字)가 군공(君貢)인데, 후한 말에 태산군승(太山郡丞)이었다.

제갈량은 어려서 부친을 여의었는데(제갈량의 모친 장씨章氏는 제갈규보다 먼저 죽었다), 종부(從父, 숙부)인 제갈현(諸葛玄, ?-197년)이 원술에 등용되어 예장[豫章, 지금의 하남성(河南省) 북부 남창시] 태수가 되자, 제갈현은 제갈량과 동생 제갈균(諸葛均)^{244}을 데리고 부임하였다.

그 뒤에 한조(漢朝)에서는 주호(朱皓)를 선임하여 제갈현을 후임으로 발령하였다. 제갈현은 평소에 형주목(荊州牧)인 유표(劉表)와 친분이 있어 유표를 찾아가 의지하였다.

숙부 제갈현이 죽자, 제갈량은 형주 남양(南陽)에서 직접 농사를 지었는데,^{245} 〈양보음(梁父吟)〉^{246}을 즐겨 읊었다. 제갈량의 신

우)가 어사대부가 되자 제갈풍을 속리로 삼았다가 侍御史(시어사)에 천거하였다. 前漢 元帝가 제갈풍을 발탁하여 司隷校尉(사예교위)에 임명하였는데, 사람을 가리지 않고 죄지은 자를 검거하였기에 경사(京師, 長安) 사람들이 이를 두고 '이 넓은 세상에 하필 제갈풍을 만났다(間何闊, 逢諸葛).'고 하였다.《漢書》77권, 〈蓋諸葛劉鄭孫毌將何傳〉에 입전.

244 제갈량에게는 친형 諸葛瑾(제갈근, 174-241년, 字 子瑜)이 있었는데, 제갈근은 東吳에 출사하였다. 동생 諸葛均(제갈균)은 와룡강에서 제갈량과 함께 생활하다가 나중에 촉한에 출사하여 長水校尉를 역임했다.

245 제갈량의 집은 南陽郡 鄧縣으로 襄陽城에서 서쪽 20리라 했고, 그 마을을 隆中(융중)이라 했다(今 南陽市 臥龍岡 或 襄陽市 古隆中).

장은 8척(23.1cm×8)이며, 늘 자신을 관중(管仲)[247]과 악의(樂毅)[248]에 비유하였는데, 시인들은 알아주지 않았다. 다만 박릉(博陵)의 최주평(崔州平),[249] 영천군(潁川郡)의 서서〔徐庶, 자(字)는 원직(元直)〕[250]는 제갈량과 가까이 지내며, 제갈량이 관중이나 악의만

《三國演義》에 묘사된 臥龍崗(와룡강)은,
  '산은 높지 않으나 수려하고,   (山不高而秀雅),
  물은 깊지 않아도 맑으며,   (水不深而澄淸),
  땅이 넓지 않으나 평탄하고,   (地不廣而平坦),
  숲은 크지 않아도 무성했다.   (林不大而茂盛).
또 원숭이와 학이 떼지어 놀고 소나무와 대나무가 뒤섞여 푸르렀다.' 고 묘사하였다.

246 〈梁父吟(양보음, 梁甫吟)〉 — 泰山 동쪽 梁父山 일대에 전하는 民謠(민요), 작자 無名氏. 주 내용은 齊國 재상 안영(晏嬰)의 공적을 칭송하는 노래지만, 그 뜻을 다양하게 해석할 수 있다. 제갈량의 부친 제갈규(諸葛珪)가 梁父縣 현위(縣尉)를 역임했기에 回鄕의 뜻으로도 새길 수 있다.

247 관중(管仲, 前 725 – 645) — 春秋시대 法家 代表 人物. 齊國 政治家, 중국 재상의 典範, 管鮑之交(관포지교)의 주인공. 《史記 管晏列傳》에 입전.

248 악의(樂毅, 生卒年 미상) — 전국시대 燕國의 장군, 齊의 70여 성을 탈취, 유능한 전략가.

249 博陵(박릉)의 崔州平(최주평, 생졸년 미상. 이름 失傳, 州平은 그의 字).

250 서서(徐庶, 字는 元直) — 原名 福(복), 한미한 가문 출신.《三國演義》에서는 서서의 본명이 單福(선복, 單은 성 선)으로 나왔다. 예주 潁川郡 長社縣(今 河南省 許昌市) 출신. 서서는 제갈량을 추천한

큼 뛰어나다고 믿었다.

청년 시기에 남양군에서 농사지으며 독서를 하였는데, 그 지역에서는 와룡(臥龍)이라는 별호로 통칭되었다. 유비(劉備)의 삼고모려(三顧茅廬, 삼고초려)를 받고, 출사하여 촉한(蜀漢)의 건립과 안정을 이룩했다. 작위는 무향후(武鄕侯), 선주(先主)와 후주(後主) 유선(劉禪)을 보필했다. 5차에 걸친 조위(曹魏)에 대한 북벌은 결국 성공하지 못했고 오장원(五丈原)에서 타계했는데, 시호는 충무(忠武)이다.

제갈량의 재능과 인격은 후세의 존경을 받았으니, 그의 일생은 '국궁진췌(鞠躬盡瘁, 심신을 다바쳐 나랏일에 힘쓰다)하여 죽은 다음에야 끝이나는 사이후이(死而後已)의 삶이었다.'고 한마디로 요약할 수 있다. 중국인들에게 충신(忠臣)과 지혜(智慧)의 대표적 인물로 각인되었는데, 이런 이미지는 아마 앞으로도 바뀌지 않을 것이다.

뒤에 모친 때문에 조조에 귀부했지만, 조조는 서서를 크게 발탁하지 않았다.

(2) 남양군의 인재

○ 최주평(崔州平)

최주평〔崔州平, 생졸년 미상. 이름 실부(失傳), 자(字)는 주평(州平)〕 — 박릉군(博陵郡) 안평현〔安平縣, 지금의 하북성(河北省) 남부 형수시(衡水市) 안평현〕 출신인데, 후한에서 태위(太尉)를 역임한 최열(崔烈)의 아들이다. 《삼국연의》에서는 유비가 삼고초려할 때 제일 먼저 최주평을 만나 제갈량인 줄 알았다. 두 번째 갔을 때는 제갈량이 최주평과 함께 어디에 외출하였기에 만나지 못하는 것으로 묘사되었다.

제갈량이 또 말했다.

"옛날에 최주평을 처음 알았을 때 여러 번 행실의 득실에 대한 지적을 들었고, 뒷날 서서(徐庶)와 교제하면서 그의 계발(啓發)과 가르침을 자주 받았다. 앞서 근무했던 유재〔幼宰, 동화(董和)〕는 함께 업무를 하면서 늘 그의 솔직한 의견을 들었으며, 그 뒤에 위도〔偉度, 호제(胡濟)의 자(字)〕[251]는 자주 간언을 올려 내 잘못을 바로잡아주었다. 비록 나의 수양이 부족하여 다 받아들이지 못한 경

---

[251] 호제(胡濟, 字 偉度) — 제갈량의 主簿로 업무에 충실하여 제갈량의 칭송을 들었다. 제갈량이 죽은 뒤, 中典軍으로 諸軍을 통솔했으며 中監軍前將軍과 右驃騎將軍을 역임했다.

우도 있었지만, 위에 말한 네 사람은 처음부터 끝까지 친밀한 관계를 유지하면서 꺼리지 않고 의심스러운 일에 직언으로 나를 깨우쳐주었다."《정사 삼국지 39권, 동류마진동려전(董劉馬陳董呂傳)》(촉서 9)

○ 사마휘(司馬徽)

사마휘〔司馬徽, 사마덕조(司馬德操). ?-208년. 수경선생(水鏡先生), 덕조는 자(字)〕는 후한 말기 명사(名士), 본래 영천군(潁川郡) 양책현〔陽翟縣, 지금의 하남성(河南省) 허창시(許昌市) 관할 우주시(禹州市)〕 출신. 제갈량은 와룡(臥龍), 방통(龐統)을 봉추(鳳雛), 사마휘를 수경(水鏡)선생이라고 하였다.

이 중 사마휘가 가장 잘 알려졌다. 유비가 사마휘를 만났을 때, 사마휘는 제갈량과 방통을 천거하였다.

사마휘는 한말(漢末)에 천하가 혼란하자, 형주로 피난했다. 조조가 형주를 원정하고 사마휘를 데려다가 중용하려고 했으나 곧 병사했다.

사마휘는 청아(淸雅)한 인품에 사람을 잘 알아보았는데, 방통이 약관에 사마휘를 찾아갔을 때, 사마휘는 뽕나무에 올라가 오디를 따고 있어, 방통은 나무 밑에 앉아 사마휘와 이야기를 나눴는데 낮부터 밤까지 계속하였다. 사마휘는 방통을 특별한 인재로 알아주며 방통을 남주(南州) 사인(士人)의 으뜸이라고 칭찬했는데, 이로부터 방통은 점차 알려졌다.

《삼국연의》에서, 사마휘는 "와룡이 섬길 주군을 찾았지만 때를 만나지 못했으니 애석한 일이다(臥龍雖得其主 不得其時 惜哉)."라고 혼자 탄식했다고 한다.

○ 황승언(黃承彦)

《양양기(襄陽記)》라는 책에 의하면, (황승언)은 남양군의 명사였는데 제갈량에게 말했다.

"내가 듣기로, 자네가 아내를 맞이하려 한다는데 나에게 못생긴 딸이 하나 있네. 비록 노랑머리에 안색도 검지만, 재주가 있으니 짝이 될 만하네."

이에 제갈량은 황승언의 딸과 결혼했는데, 그곳 마을 사람들에게 '공명(孔明)처럼 장가들지 말지어니(莫作孔明擇婦), 바로 황승언의 못난 딸을 얻는다(正得阿承醜女).' 는 속언이 퍼졌다.

《삼국연의》 117회에는 부인 황씨가 위로는 천문과 지리에 박통했고(上通天文下察地理), 도략과 둔갑에 관해서도 모르는 것이 없었다(凡韜略遁甲諸書 無所不曉)고 했다. 그러면서 제갈량의 학문도 부인 황씨의 도움이 많았다고 썼다.

제갈량이 죽자 황씨도 따라 죽었는데, 황씨는 운명하면서 아들 제갈첨(諸葛瞻, 227-263)에게 "충효에 힘쓰라"고 유언하였다.

제갈첨 또한 지혜롭고 총명하였으며, 후주(後主)의 딸을 아내로 맞이하여 아들 제갈상(諸葛尙)을 두었다. 제갈첨과 아들 제갈상 모두는 면죽(綿竹)에서 싸우다가 전사하니, 제갈량 이후 3대가 촉한(蜀漢)을 위해 진충보국(盡忠報國)하였다.

  ○ 서서(徐庶)

 그때, 선주(先主, 유비)는 남양군 신야현(新野縣)에 머물고 있었다.[252]

 서서(徐庶)[253]가 유비를 만났고, 유비는 서서의 능력을 중시했는데, 서서가 유비에게 말했다.

 "제갈공명(諸葛孔明)은 와룡(臥龍)과 같으니 장군께서 만나보지 않으시겠습니까?"

 유비가 말했다.

 "그를 데리고 함께 와주시오."

 이에 서서가 말했다.

 "그 사람을 찾아가서 만나볼 수는 있지만, 그가 자신을 굽혀

---

252 曹操는 官渡大戰에서 원소 대파(200)한 뒤에, 남쪽으로 유비를 공격하자, 유비는 建安 6년(201)에 형주로 유표를 찾아가 의지하면서 (南陽郡) 新野縣에 머물고 있었다.

253 徐庶(서서, 字는 元直) — 原名은 福(복), 한미한 가문 출신.《三國演義》에서는 서서의 본명이 單福(선복, 單은 성 선)으로 나왔다. 豫州 潁川郡 長社縣(今 河南省 許昌市) 출신이다. 서서는 제갈량을 추천하고 모친 때문에 조조에 귀부했지만, 조조는 서서를 크게 발탁하지 않았다.

찾아오지는 않을 것이니 장군께서 꼭 찾아가셔야 합니다."

이에 유비는 제갈량을 찾아갔는데, 세 번 만에 만날 수 있었다.[254]

(3) 삼고초려

○ 출처는 〈전 출사표(前 出師表)〉

우리는 보통 삼고초려(三顧草廬)라 하지만, 한어(漢語)사전에는 삼고모려(三顧茅廬)로 나온다. 모(茅)는 '띠'를 말하는데, 다년생 풀이다. 곧 '띠로 덮은 집'이니 초당(草堂), 초려(草廬, 廬는 오두막 집 려)이다. 삼고초려에 대한 부차적 설명은 '극진한 예를 갖추어 초빙하다'이다.

우리가 보통 사용하는 삼고초려는 제갈량이 조위(曹魏) 정벌에 앞서 후주(後主)에게 올린 〈前出師表〉[255]에서 나온 말이다.

「선제(先帝)께서는 저를 비천하다 여기지 아니하고(先帝不以 臣卑鄙), 황공하게도 몸을 낮추시어(猥自枉屈), 신(臣)의 초가로

---

254 유비가 제갈량의 거처를 방문한 것은 建安 11년(서기 206), 겨울과 다음 해 봄이었다. 유비는 제갈량을 찾아가면서 崔州平과 司馬徽〔사마휘, ?-208년, 字는 德操(덕조), 水鏡선생〕와 제갈량의 장인인 黃承彦(황승언)을 만난다.
255 《前出師表》는 제갈량이 蜀漢 建興 5年(227)에 후주 유선(劉禪)에게 상주한 글이다. 《正史 三國志》 35권에 실려 있다.

세 번이나 찾아오셔서서(三顧臣於草廬之中), 신(臣)에게 당시 정세에 관하여 물으셨습니다(諮臣以當世之事).」

○ 삼고(三顧) 관련 두보(杜甫)의 시

〈촉한의 승상〉   〈蜀相〉

승상의 사당을 어디서 찾을 수 있나?   丞相祠堂何處尋
금관성 밖 측백나무 빽빽한 곳이로다.   錦官城外柏森森
햇빛 비친 계단에 봄풀은 절로 푸르고,   映階碧草自春色
나뭇잎 사이 꾀꼬리 혼자서 지저귄다.   隔葉黃鸝空好音
삼고하자 늘 천하 계책을 번민했으니,   三顧頻煩天下計
양조에서 개국 치국에 노신은 충성했다.   兩朝開濟老臣心
출사하여 승리 못하고 몸이 먼저 갔나니,   出師未捷身先死
영웅에게 언제나 눈물이 옷깃을 젖신다.   長使英雄淚滿襟

제갈량이 청년 시절 형주의 양양(襄陽) 교외에서 농사를 지으며 독서할 때는 와룡(臥龍)이라 불렸다. 제갈량이 유비의 삼고초려 후 와룡강을 나설 때는 서기 207년, 그의 나이 27세였다. 221년 유비가 촉한(蜀漢)을 건국 칭제(稱帝)할 때 제갈량은 41세로 승상이 되었고, 223년 유비가 백제성에서 죽을 때 제갈량은 43세로 아둔한 후주(後主)를 도와 촉한을 다스렸다. 227년 47세 때 〈출사표(出師表)〉를 올리고 북벌에 나섰다가 234년 54세로 오장원(五丈

原)에서 죽었다. 사후에 시호가 충무후(忠武侯)이기에 보통 무후(武侯) 또는 제갈무후(諸葛武侯)로 불린다.

제갈량의 사당은 중국 본토에 9개소가 있는데, 사천(四川) 성도(成都) 남쪽 교외의 사당이 가장 유명하다. 금관성(錦官城)은 금성(錦城), 곧 성도의 다른 이름이다. 양조(兩朝)는 선주(先主, 소열제)와 후주(後主)이다.

제갈량(諸葛亮)

중국인들에게 제갈량은 가히 슈퍼맨으로 인식되고 있다. 전략, 정치, 치국과 문학은 물론 비를 내리고 바람을 불게 하였으며, 만두(饅頭)를 처음으로 만들었다. 제갈량에 대한 신화(神話)는 지금도 계속 창작되며 윤색되고 있다.

많은 사람들이 제갈량을 생각하면 늘 당(唐) 두보의 이 시를 생각하게 된다. 위 시는 두보가 숙종 상원(上元) 원년(760)에 지은 시로 알려졌다.

수련(首聯)에서는 멀리서 본 무후의 사당에 대한 묘사인데, 자문자답하였다. 함련(頷聯)은 가까이 사당에 도착하여 본 외관이다. 수련의 사당(祠堂)을 묘사한 것은 3구이고, 4구는 '백삼삼(柏森森)'을 묘사하였다. 이처럼 경치를 묘사하였는데도 쓸쓸한 기분이 드는 것은 '자춘색(自春色)'과 '공호음(空好音)'의 '自와 空'의 효과이다.

경련(頸聯)에서는 제갈량의 업적이다. 5, 6구에는 삼고초려(三顧草廬) – 융중(隆中) 대책(對策) – 삼분천하(三分天下) – 촉한(蜀漢) 개국(開國) – 임종(臨終) 탁고(託孤) – 후주(後主) 보필(輔弼) – 위국충성(爲國忠誠)의 그 일생을 불과 14자에 다 담겨져 있다. 축약이 이렇게 많은데도 부자연스러운 리듬이 조금도 없다.

그리고 마지막 미련(尾聯)에서는 출사표 – 북벌(北伐, 육출기산六出祁山) – 오장원(五丈原)의 죽음을 말하였는데, 사당을 참배하는 영웅만이 아니라 시를 읽는 이의 마음까지 아프게 한다. 아마 이것이 시의 공력(功力)이 아니겠는가?

두보는 〈영회고적(詠懷古蹟)〉 4수와 5수 〈팔진도(八陣圖)〉에서도 제갈량의 공적을 아주 높이 평가하였다. 그러나 제갈량도 결국은 인간이었다. 형주를 바탕으로 유비가 일어났지만, 유비는 결국 형주에서 망했다. 이는 제갈량도 예측하지 못한 부분이었다.

그리고 삼국의 쟁패가 결국 사마씨의 진(晉)으로 통일될 것은 조조는 물론 제갈량도 예측하지 못했다.

그래서 '지혜로운 사람의 온갖 사려에도 실수가 있고(智者千慮 必有一失), 어리석은 자도 많이 생각하면 성취하는 것이 있다(愚者千慮 必有一得).' 라는 말이 생겼을 것이다.

(이상 진기환 편,《당시대관(唐詩大觀)》4권, 2020, 명문당 참고)

(4) 융중대책 – 천하삼분

○ 천하삼분(天下三分)

유비와 제갈량이 처음 대면하고 유비가 초빙의 뜻을 밝히자, 제갈량은 "장군께서는 왜 미옥(美玉)을 버리고 돌멩이를 찾으려 하십니까?" 하면서 사양한다. 그러나 유비의 간청에 감동한 제갈량은 유비에게 천하삼분의 융중(隆中) 대책(對策)을 설명한다.

그리고 유비는 다른 사람을 물리치고 제갈량에게 말했다.

"지금 한실(漢室)이 쇠패(衰敗)하자, 간신이 권력을 쥐고 있어 주상(主上, 한 헌제)은 고난을 겪고 있습니다. 저는 덕행이나 능력이 모자르다는 사실을 헤아리지 못하고, 천하에 대의를 실행하고 싶지만, 지혜와 방책도 모자라 오늘에 이르도록 이룬 것이 없습니다. 그렇지만 내 의지만은 여전하니 선생께서는 방책을 말씀해 주기 바랍니다."

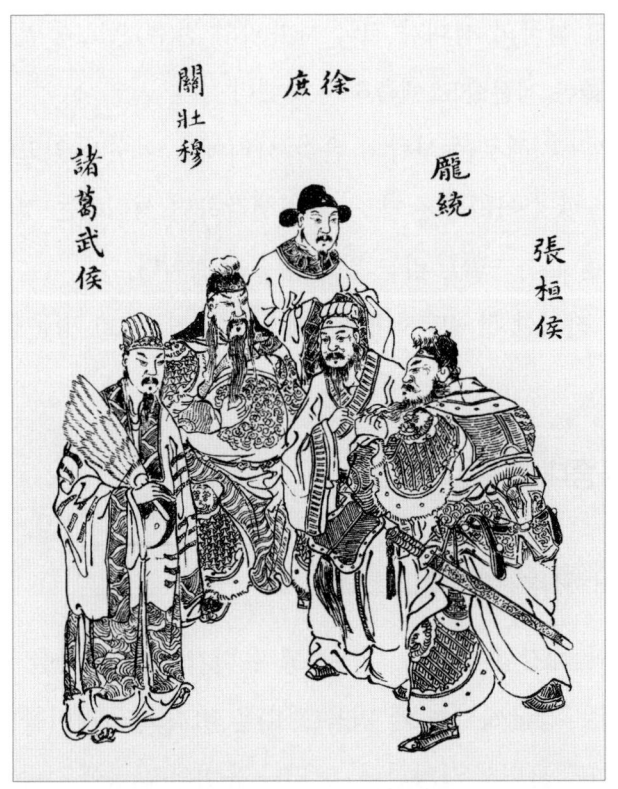

수상 삼국지연의(繡像 三國志演義) - 상해 홍문서국(鴻文書局) 인행(印行) 왼쪽부터 제갈무후(諸葛武侯, 諸葛亮). 관장목(關莊穆, 관우). 서서(徐庶), 방통(龐統), 장환후(張桓侯, 張飛).

이에 제갈량이 말했다.

"동탁의 난 이후로 여러 호걸이 일어나서 여러 주(州)와 군(郡)을 차지한 자를 이루 다 셀 수가 없습니다. 조조는 원소에 비하면 명성도 낮고 군사도 적었지만, 결국 조조가 원소를 이겼는데, 이처럼 약자가 강자를 이긴 것은 천시(天時)가 아니라 역시 사람의 능력이라 할 수 있습니다. 이미 조조는 백만 대군을 거느리고 천자를 끼고서 제후를 호령하고 있으니, 지금 장군으로서는 조조와 세력을 다툴 수가 없습니다. 손권은 강동에 웅거하여 이미 3세를 거쳤고, 국토는 험고하고 백성이 따르며, 현자와 능력자를 등용하였으니 손권의 세력을 이용할 수는 있지만 꺾을 수는 없습니다.

형주(荊州)는 북쪽으로 한수(漢水)와 면수(沔水)가 막아주고, 남쪽으로는 남해(南海)의 이득을 얻을 수 있으며, 동쪽으로는 오(吳)의 회계(會稽)와 연결될 수 있고, 서쪽으로는 파군(巴郡)이나 촉군과 통하니, 이는 용무지지〔用武之地, 병가(兵家)에서 말하는 서로 쟁탈할 만한 땅〕이니, 이를 감당할 적임자가 아니라면 지킬 수 없는 곳입니다. 이는 하늘이 장군께 바탕을 삼도록 내려준 곳인데, 장군께서는 어찌 형주를 염두에 아니 두시겠습니까?

그리고 익주(益州)는 험한 요새로 막혀있지만 옥야천리(沃野千里)의 풍요로운 땅이라서, 고조(高祖)께서는 여기를 바탕으로 제업(帝業)을 성취하셨습니다. 지금 익주의 유장(劉璋)은 어리석고 나약하고 그 북쪽에 장로(張魯)가 있다지만, 백성은 번영하고 나라는 부강하여, 굳이 구휼하지 않아도 될 땅이라서 지혜와 능력을 갖춘 인재들은 명군(明君)의 출현을 기다리고 있습니다. 장군께서는 제실(帝室)의 후예이며 온 천하에 신의(信義)로 알려졌으며, 영웅을 거느리고 현사(賢士)를 목 타게 기다리고 계십니다.

장군께서 만약 형주와 익주를 차지하고 그 험한 지형으로 방어하면서 남쪽으로 이인(夷人)이나 월인(越人)을 위무하고, 밖으로는 손권과 화친하며 내정을 잘 이끌어야 합니다. 그런 다음 천하의 변화를 보아 상장(上將)에게 형주의 군사를 주어 완(宛, 완현(宛縣), 남양군의 치소)과 낙양(洛陽)으로 진격케 하고 장군께서는 몸소 익주(益州)의 병력을 거느리고 진천(秦川, 관중)으로 진격하신다면, 백성들 어느 누가 광주리에 음식을 담고 술이나 간장을 넣은 병을 들고 장군을 환영하지 않겠습니까? 정말 이렇게 할 수 있다면 패업(霸業)을 성취하고 한실(漢室)을 중흥할 수 있을 것입니다."

이를 보통 제갈량의 '융중대(隆中對)' 라고 한다.
《삼국연의》에서는 제갈량이 지도를 걸어놓고 설명했다고 묘사하였다.

이 융중대의 요점은 '북(北)은 천시(天時)를 얻은 조조가 있어 불가취(不可取)하고, 동남(東南)에서 지리(地利)를 얻은 손권을 후원세력으로 만들면서, 형주와 익주를 차지하여 삼분천하 하되 인화(人和)를 바탕으로 세력을 키우면서 한실(漢室) 중흥을 도모하자' 는 뜻이었다.

융중(隆中)은 지명이니, 지금의 호북성(湖北省) 양양시(襄陽市) 고융중(古隆中) 또는 하남성(河南省) 서남 남양시의 와룡구 와룡강 가도(臥龍崗街道, 臥 엎드릴 와, 崗은 언덕 강)에 해당한다.

○ 물고기가 물을 만난 듯(如魚得水)

이후 제갈량과 유비는 날로 가까워졌다.[256]

현덕은 공명을 맞이한 뒤, 제갈량을 군사(軍師)로 모시고 각별한 대우를 한다. 그러나 관우와 장비는 28세의 공명(孔明)을 아직은 신뢰하지 않았다.

"공명은 나이도 어린데 무슨 재학(才學)이 있겠습니까? 형님께서 너무 지나치십니다. 아직은 공명의 진짜 실력도 모릅니다!"

그러자 현덕이 말했다.

"내가 공명을 얻은 것은 물고기가 물을 만난 것과 같으니(如魚得水), 자네들은 더 이상 말하지 말라."

운장과 장비는 꾸중을 듣고 말없이 물러났다.

군사 공명은 박망파(博望坡)에서 처음 용병(用兵)하여,[257] 대승

---

256 《三國演義》에서는, 삼고초려 그날 유비 일행은 제갈량의 집에서 하룻밤을 묵는다. 다음 날 제갈량은 집을 나서면서 동생 제갈균(諸葛均)에게 말한다.

"나는 유황숙(劉皇叔)께서 세 번이나 찾아오신 은혜를 입어 출사하지 않을 수 없다(吾受劉皇叔三顧之恩 不容不出). 너는 이곳 농사일을 하면서 논밭을 묵이지 않도록 하라(汝可躬畊於此 勿得荒蕪田畝). 내가 성공하는 날에 다시 돌아와 은거하리라(待吾成功之日 卽當歸隱)."

처음 출사(出仕)하는 공명은 바로 돌아올 날의 자신을 그리고 있었다. 그러나 그는 오장원(五丈原)에서 生을 마쳤고 다시는 와룡강에 돌아오지 못했다. 제갈량이 유비를 따라 와룡강을 떠나던 당시, 후한 헌제 建安 12년(서기 207년), 겨울 孔明은 27세였고, 유비는 47세, 조조는 53세였다.

257 博望坡(박망파)의 전투는 獻帝 建安 7년(서기 202년)에 있었다. 200년 관도싸움에서 조조가 원소를 격파한 뒤에, 배후 불안 요소

한다.

○ 제갈량의 지략에 대한 평가

제갈량의 두뇌 속의 지혜나 지략(智略)은 무형이기에 어떻게 측량할 수 없다. 때문에 다른 사람과 그 우열을 비교하는 것이 불가능하다고 말할 수 있다. 그러나 그 지혜나 지략의 결과를 놓고 평가한다면 우열과 고저를 판단할 수 있다.

비록 소설 속의 내용을 근거로 평가한 것이지만 제갈량의 지혜나 지략은 당시 삼국의 그 누구보다도 우수했다.

우선 제갈량과 함께 지혜와 지략을 겨루었던 인물들 – 곧 제갈량이 상대하고 겨루었던 사람들의 수준을 생각해보아야 한다. 제갈량은 조조와 손권, 사마의나 주유 육손과 지략을 겨루었다. 조조나 손권 휘하의 그 수많은 참모나 모사들 그 누구 하나 녹록한 인물들은 아니었다. 이들과 싸워 제갈량은 패퇴하거나 물러서지 않았다.

두 번째로, 제갈량의 활동 영역을 생각해야 한다. 제갈량은 군사(軍師)로 전술 전략상 군사적 승리를 거두면서 나라의 행정과

를 제거하려고 曹操가 大將 하후돈(夏侯惇)을 보내 博望이란 곳에서 劉備와 교전했었다. 물론 이때는 제갈량 등장 이전이다. 그러나 소설에서는 제갈량의 첫 번째 성공으로 바뀌었다. 그리고 博望이란 지명은 여러 곳인데 河南省 南陽市 관할 新野縣은 湖北省과 접경이나 박망파가 구체적으로 어디인가는 알 수 없다.

민정(民政)까지도 제갈량의 책임이었다. 또 오나라와 외교전(外交戰)뿐만 아니라 남만을 원정하며 통치권 내의 여러 민족을 아우르는 영역까지 제갈량의 능력이 미치지 않은 곳이 없었다.

셋째로, 제갈량은 현실을 근거로 미래를 예측하는 탁월한 능력의 소유자였다. 유비를 도와 출사하기 전, 삼분천하의 큰 밑그림을 그렸고, 또 그의 뜻대로 삼국이 정립하여 세력을 다투었다. 먼 장래를 예측하고 그대로 이끌어갔다는 점에서 십여 수를 미리 예견한 뛰어난 혜안이었다고 평가할 수 있다.

《삼국지》를 읽고 이야기하는 중국인들에게 제갈량은 거의 신에 가까운 형상으로 나타난다. 금낭묘계(錦囊妙計)의 비책은 기본이면서도 비바람을 마음대로 조절하고, 축지법을 쓰고 돌을 쌓아 만든 팔괘진으로 적의 내침을 방어하는 초능력의 소유자가 바로 제갈량이다.

그러나 중국인들은 제갈량의 지략은 자신들의 노력으로 따라갈 수 있다고 생각했다.

그리하여 '한 사람의 가죽신 장인은 좋은 신발을 만들어내기 어렵다. 가죽신 장인이 두 사람이면 일이 있을 때 잘 의논한다. 세 사람이면 제갈량보다 낫다.'라고 했다. 또 '지혜로운 사람의 온갖 사려에도 실수가 있고(智者千慮 必有一失), 어리석은 사람도 많이 생각하면 성취하는 것이 있다(愚者千慮 必有一得).'라고 했다.

(5) 제갈량 관련 중국 속담

제갈량의 재능과 인격은 후세의 존경을 받았으니, 그의 일생은 '국궁진췌(鞠躬盡瘁)하여 죽음 뒤에야 끝나다(死而後已).'라고 한마디로 요약할 수 있다.

중국인들에게 충신(忠臣)과 지혜의 대표적 인물로 각인되었는데, 이런 이미지는 아마 앞으로도 바뀌지 않을 것이다.

- 死諸葛嚇走生仲達.
 (죽은 제갈량이 산 사마중달을 놀라 도망치게 하였다.)
 사마의(司馬懿)는 제갈량의 이름만 들어도 놀라 도망쳤던 모양이다. 제갈량의 일생은 오직 근신뿐이었기에(諸葛一生唯謹愼), 사마의는 제갈량의 존재에 놀라 도망치지 않을 수 없었다.
- 張飛粗中有細 ― 諸葛細中有粗.
 (장비는 거칠지만 찬찬한 곳이 있고, 제갈량은 꼼꼼하지만 거친 면이 있다.)
- 八擒孟獲. ― 多此一擧.
 (맹획을 8번 사로잡다. ― 한 번이 더 많다. / 한 번은 쓸데없는 짓이다.)
 제갈량은 북벌(北伐)을 위한 사전 준비로 촉(蜀)의 배후를 안정시켜야 했기에 서남이(西南夷)인 남만(南蠻)을 원정했다.

남만의 우두머리인 맹획(孟獲)을 7번 풀어주고, 7번 사로잡
았다. 이를 칠종칠금(七縱七擒, 縱 늘어질 종. 풀어주다. 擒 사로
잡을 금)이라 한다. 그런데 8번 사로잡았다면 필요없는 짓 한
번을 더했다는 뜻이다.

- 司馬懿受諸葛亮的禮. ─ 臉憨皮厚.
  (사마의가 제갈량의 인사를 받다. ─ 어리석은 척하면서
   도 낯은 두껍다.)
  臉은 뺨 검. 憨은 어리석을 감.
- 死諸葛亮嚇走活仲達. ─ 生不如死.
  (죽은 제갈량이 산(活) 사마중달을 놀라 달아나게 하다.
   ─ 산 사람이 죽은 사람만 못하다.)
- 諸葛亮當軍師. ─ 名實相符.
  (제갈량이 군사軍師가 되다. ─ 명실이 상부하다.)
  지모(智謀)가 넘쳐나다(足智多謀).
- 諸葛亮用兵. ─ 虛虛實實.
  (제갈량의 용병. ─ 허허실실하다.)
  眞眞假假(진眞은 眞이고, 가假는 假이다.)
- 諸葛亮的扇子. ─ 不離手.
  (제갈량의 부채. ─ 손에서 놓지 않다.)
- 諸葛亮遊東吳. ─ 群儒舌戰.
  (제갈량이 동오에 가다. ─ 여러 유생과 설전하다.)
- 孔明大擺空城計. ─ 化險爲夷.

(제갈공명이 공성계를 펴다. − 위험을 안전으로 바꿨다.)
擺는 벌릴 파. 險은 험할 험. 夷는 평평할 이. 마음이 편하다.

- 孔明彈琴. − 玩的是空城計.

  (공명이 탄금하다. − 오락이 바로 공성계이다.)

- 孔明給周瑜看病. − 自有妙方.

  (제갈공명이 주유의 병을 살펴보다.−기묘한 방책이 있다.)

- 孔明借東風. − 巧借天計.

  (공명이 동풍을 불게 하다. − 교묘히 하늘의 계책을 차용하다.)

- 孔明哭周瑜. − 虛情假義.

  (공명이 주유의 죽음을 통곡하다. − 헛 감정에, 거짓 의리.)

- 孔明揮揮斬馬謖. − 明正軍紀.

  (공명이 눈물을 흘리며 마속을 참수하다. − 군기軍紀를 확실히 바르게 세우다.)

  마속(馬謖)은 백미(白眉) 마량(馬良)의 동생. 속(謖)은 일어날 속, 뛰어난 모양.

- 馬謖用兵. − 言過其實.

  (마속의 용병하기. − 실질보다 말이 앞서다.)

  유비는 임종 직전에 제갈량에게 '마속은 총명재기(聰明才氣)하나 위인(爲人)이 언과기실(言過其實)하니 중임(重任)을 맡길 수 없다.'고 말하였다.

- 孔明借箭. − 滿載而歸.

(공명이 화살을 차용하다. — 가득 싣고 돌아오다.)

- 孔明誇諸葛亮. — 自誇自.

    (공명이 제갈량을 자랑하다. — 자신을 스스로 자랑하다.)

- 孔明斬魏延. — 借刀殺人.

    (공명이 위연을 참수하다. — 남의 손을 빌려 살인하다.)

- 孔明七擒孟獲. — 要他心服.

    (제갈공명이 일곱 번 맹획을 사로잡다. — 그를 심복시키려 하다.)

- 諸葛亮的醜妻. — 家中寶.

    (제갈량의 못생긴 아내. — 가문의 보배.)

- 莫作孔明擇婦. — 正得阿承醜女.

    (공명처럼 장가들지 말라. — 바로 황승언의 못생긴 딸을 얻는다.)

제3부

삼국의 형성

〈三國 形成〉

◎ 건안(建安) 13년(서기 208)

정월, 조조는 업성(鄴城)에 현무호(玄武湖)를 만들고 수군(水軍)을 조련하며 강남에서 벌어질 전쟁에 대비하였다.

손권은 시상(柴桑)에 임시 군영을 설치하고 형주에서 일거에 황조(黃祖)를 죽였다.

6월, 조조는 삼공(三公)을 폐지하며 승상과 어사대부를 설치하고, 스스로 승상이 되었다.

7월, 조조는 30만 대군을 동원하여 형주 정벌을 명령했다.

8월, 유표가 죽고 작은 아들 유종(劉琮)은 형주목(荊州牧)이 되었다. 29일 조조는 태중대부(太中大夫) 공융(孔融)과 그 일족을 모두 죽였다.

조조는 완현(宛縣), 섭현(葉縣)으로 대군 출동 명령을 내리고, 자신이 5천 경기병을 직접 지휘하였다.

9월, 형주목 유종은 조조의 대군이 도착하기도 전에 투항하였다.

조조는 유비를 장판(長坂)에서 격파하고 강릉(江陵)으로 진군케 했다. 손견의 사자 노숙(魯肅)이 유비를 만났고, 제갈량은 유비와 손권의 결맹(結盟)을 설득했다.

10월, 조조는 손권에게 국서를 보내 선전포고했다. 적벽의 싸움(赤壁之戰)의 시작.

제갈량은 오(吳)에 사신으로 나가서 유비, 손권 간 동맹으로 정족(鼎足) 형세가 성립. 손권 유비 연합군이 적벽대전 승리 — 조조 패배 후 귀국.

12월, 손권 적벽전 승세로 합비 포위 4개월 — 성과 없이 환국.

주유 — 강릉(江陵)에 진출, 조인(曹仁) 도주. 주유는 강릉 접수, 남군태수가 됨.

유비 — 장강(長江) 이남의 무릉(武陵) 장사(長史) 계양(桂陽), 영릉(零陵)의 4군을 차지.

1. 적벽의 싸움

적벽의 싸움은 소설《삼국연의》중에서 가장 재미있고, 광채나는 부분이다. 전쟁의 결과는 조조의 대참패, 손권과 주유(周瑜)의 화려한 승리, 그리고 유비와 제갈량은 형주를 차지하여 생존의 터전을 마련한다. 그런데 이런 큰 전쟁에 대한 정사 삼국지의 기록은 매우 간략하다. 특히 《삼국지 위서(魏書)》의 기록은 아주 소략하여 단 22자뿐이다.

(1) 정사의 기록

○ 〈무제기(武帝紀)〉 (위서 魏書 1)

건안 13년(서기 208) 봄 정월, 조조는 업현(鄴縣)으로 돌아와서 현무지(玄武池)를 만들고 주사〔舟師, 수군(水軍)〕를 훈련시켰다.

여름 6월에, 조조는 승상(丞相)[258]이 되었다.

가을 7월에, 조조는 남쪽으로 유표를 원정하려 출발했다.

8월, 유표가 죽고 그 아들 유종(劉琮)[259]이 대(代)를 이은 뒤, 양

---

[258] 전한 초기에는 蕭何(소하)가 丞相이었다가 相國으로 바뀌었다. 惠帝, 呂后, 文帝 초년에는 좌우 승상을 두었다. 그러다가 승상 1인을 두었다. 전한의 제후국도 초기에는 승상이라 칭하다가 나중에는 相이라 했다. 前漢 哀帝 元壽 2년에 丞相을 대사도(大司徒)라고 부르다가 후한에서는 大를 뗀 司徒(사도)라 하였다. 이때 조조는 다시 승상 호칭을 부활시켰다. 《後漢書》에서는 조조가 스스로 승상이 되었다고 기록했다. 삼국의 蜀漢과 東吳도 승상을 두었다.

[259] 劉表에게는 長子 劉琦(유기), 小子 劉琮(유종)이 있었는데, 유종이 후사가 되었다. 유비가 유종과 유표의 처남 채모(蔡瑁)의 살해음모를 피해 적로마(的盧馬)를 타고 단계(檀溪)를 뛰어넘었다는 이야기는 《三國演義》 34回에 나온다.

양(襄陽)에 주둔하였고, 유비는 남군(南郡) 양양현(襄陽縣) 번성(樊城)²⁶⁰에 주둔하였다.

9월에, 조조가 남양군(南陽郡) 신야현(新野縣)²⁶¹에 당도하자 유종은 투항했고, 유비는 하구(夏口)²⁶²로 달아났다.

조조는 강릉(江陵)²⁶³에 주둔하면서 형주를 복속케 한 공로를 평정하여 15명을 제후에 봉했으며, 유표(劉表)의 대장이었던 문빙(文聘)을 강하태수로 임명하여 형주 본부 병력을 통솔케 하였고, 형주의 명사들을 등용하였다. 익주목(益州牧)인 유장(劉璋)은 조조의 명령에 따라 요역을 할 백성을 동원하여 조조의 군사를 도왔다.

12월에, 조조는 적벽(赤壁)에서 유비와 싸웠는데,²⁶⁴ 크게 불리

---

260 樊城(번성) – 보루, 작은 성 이름. 당시 襄陽郡, 今 湖北省 襄陽市 樊城區에 해당. 漢水 남안.

261 신야현(新野縣) – 今 河南省 서남부 白河 유역 南陽市 관할 新野縣. 예로부터 인걸지령(人傑地靈)하다고 유명, 음려화(陰麗華. 後漢 光武帝劉秀의 황후)의 고향. '삼청제갈(三請諸葛)', '화소신야(火燒新野)' 등《삼국연의》의 무대.

262 하구(夏口) – 漢水와 長江의 합류지점. 漢水(漢江)는 長江의 최대 지류이고 漢水 중 襄陽(양양) 이하를 특별히 夏水라고 불렀다. 長江에서 보면 夏水로 들어가는 입구. 今 湖北省 武漢市의 江夏區에 해당.

263 강릉(江陵) – 荊州 南郡의 治所, 今 湖北省 중남부 江漢平原에 위치한 荊州市 관할 江陵縣.

264 서기 208년, 赤壁大戰은 魏와 吳의 싸움이었다. 형세가 약한 유

하였다. 거기에 전염병이 크게 돌아 군리(軍吏)와 병졸로 죽는 자가 많아 군사를 이끌고 돌아왔다.(원문 公至赤壁, 與備戰, 不利. 於是大疫, 吏士多死者, 乃引軍還. 총 22자)

유비는 마침내 형주(荊州)와 장강(長江) 남쪽의 여러 군(郡)을 차지하였다.

○ 〈선주전(先主傳)〉 (촉서蜀書 2)

건안 13년(208), 유비는 가장 가까운 길로 한진(漢津)으로 가서 배를 준비한 관우(關羽)와 만났고, 면수(沔水)를 건너 유표(劉表)의 장남인 강하(江夏) 태수 유기(劉琦, 유표의 아들)의 1만여 군사와 함께 하구(夏口)에 주둔하였다.

유비는 제갈량을 보내 손권과 동맹을 맺었고, 손권은 주유(周瑜)와 정보(程普)[265] 등 수군 수만 명을 보내 유비와 협력하여 조조와 적벽에서 싸워 조조의 군사를 대파하고 그 전선(戰船)을 불

비가 吳를 끌어들였다. 諸葛亮(孔明)이 孫權을 격분케 한 논쟁이나 孔明이 '지격주유(智激周瑜)' 했다든지, '공명차전(孔明借箭)', '조조부시(曹操賦詩)', '제갈제풍(諸葛祭風)', '운장의석조조(雲長義釋曹操)' 등 수많은 얘깃거리를 제공했다.

적벽 싸움의 장소가 어딘가에 대해서는 논의가 분분하다. 여러 이론을 근거로 1998년, 湖北省 남동부 咸寧市 관할 蒲圻市(포기시)는 적벽시(赤壁市)로 정식 개명하였다.

265 정보(程普, 생졸년 미상) – 東吳의 三代 元勳(程普, 黃蓋, 韓當). 손권의 무신 중 최연장자라서 程公이라 통칭했다.

태웠다.

유비와 오군(吳軍)은 수륙으로 병진하면서 조조의 군사를 남군(南郡)까지 추격하였는데, 그때 질병이 크게 유행하여 조조의 많은 군사들이 죽자, 조조는 군사를 거느리고 철수하였다.

○ 〈오주전(吳主傳)〉 (오서吳書 2)

(건안) 13년(208), 이 무렵 조조는 유표의 군사를 합병하여 그 형세가 아주 막강하였다. 많은 사람들이 그 소문만으로도 두려워 떨며 손권에게 조조를 영입해야 한다고 권유하였다.

그러나 오직 주유와 노숙은 조조에 대항해야 한다며 손권과 뜻을 같이하였다.

주유와 정보는 좌, 우도독이 되어 각각 1만여 군사를 거느렸고, 유비도 함께 전진하여 적벽(赤壁)에서 만나 조조의 군사를 대파하였다.

조조는 나머지 전선(戰船)을 소각한 뒤 군사를 이끌고 퇴각했는데, 전염병으로 사졸의 절반이 죽었다. 유비와 주유 등은 조조를 남군(南郡) 지역까지 추격하였다. 조조는 북쪽으로 돌아가면서 조인(曹仁)과 서황(徐晃) 등을 강릉에 남겨두었고, 악진(樂進)은 양양(襄陽)을 지키게 하였다. 이때 감녕(甘寧)[266]은 이릉(夷陵)[267]

---

[266] 감녕(甘寧, ?-215) - 巴郡 臨江縣(今 重慶市 忠縣) 출신. 東吳의 名將. 유표와 황조에게 인정받지 못하자 孫權에게 귀부, 周瑜와 여몽(呂蒙)의 인정과 천거를 받았다. 손권은 '맹덕(孟德, 曹操)에게

에서 조인(曹仁)의 군사에게 포위되었는데, 여몽(呂蒙)은 부장 능통(凌統)을 남겨 조인을 막게 하면서 그 절반의 군사로 감영을 구원하여 여몽의 군사는 이기고 돌아왔다.

(2) 유비와 손권의 연합

1) 노숙

○ 세객(說客)의 대결

생존을 위한 근거지조차 없는 유비에게 조조의 남하는 큰 위협이었다. 유비와 제갈량은 손권과 연합하되 남북 대치 상황을 만들어 그 중간에서 독자 세력을 형성한다는 장기적 전략을 세운다. 유비는 이 장기적 계략에 의거하여 강동(江東)에 가서 손권을 설득하는 막중한 임무를 수행할 인물을 찾는다.

이때 제갈량이 말한다.

"만약 강동에서 우리에게 사람을 보내오면 제가 배를 타고 강동에 가서 세 치의 살아 있는 혀를 이용하여〔憑三寸不爛之舌(빙삼촌불란지설)〕손권을 설득하겠습니다."

장료(張遼)가 있다면 나에게는 흥패(興霸, 감녕)가 있어 가히 상대할 만하다'고 말했다. 東吳의 江表之虎臣의 一人.

267 南郡 夷陵縣(이릉현) - 수 湖北省 서부 宜昌市(의창시) 夷陵區. 뒷날 유비가 관우의 복수를 위하여 대군으로 진주하지만, 이곳에서 吳에 대패하고, 이후 병들어 죽는다.

이후 제갈량은 노숙을 따라 시상(柴桑)²⁶⁸으로 동오(東吳)를 방문하여 여러 관리(群儒)들과 설전을 벌인 다음에 손권(182 – 252)을 만난다.

　기록상으로 보면, 제갈량은 서기 181년 출생이니 손권보다 한 살 많았다. 하여튼 28, 27세, 패기만만한 영웅들의 지략(智略) 싸움이었다. 제갈량은 손권과 주유(周瑜)를 유세와 협상으로 설득하여 적벽대전(208)으로 연결시킨다.

○ 부유한 노숙

　노숙(魯肅)의 자(字)는 자경(子敬)으로, 임회군(臨淮郡)²⁶⁹ 동성현(東城縣) 사람이다. 태어나면서 부친을 여의고 조모와 함께 살았다. 집은 부유했고 남에게 베풀기를 좋아하였는데, 당시 천하가 매우 혼란했기에 노숙은 가산을 늘리지 않고 재물을 크게 나눠주며 전지(田地)를 헐값에 팔거나 궁색한 사람을 도우며 사인(士人)과 교제에 힘썼기에 향읍에서 크게 환심을 얻었다.

---

268 柴桑縣(시상현) – 豫章郡 나중에는 江夏郡 소속, 今 江西省 최북단 九江市 서남. 파양호(鄱陽湖)와 長江의 합류 지점. 吳의 세력 거점, 金陵으로 천도한 이후에도 제2의 행정 겸 군사도시였다. 孫權은 211년에 秣陵(말릉, 建業, 今 南京)으로 옮기고 金陵邑 舊地에 石頭城 요새를 축조하고 다음 해 建業으로 개칭한다. 서기 229년, 孫權이 칭제한 뒤에, 건업은 명실상부한 帝京이 되었다.

269 임회군(臨淮郡) – 前漢의 군명. 후한 중기에 폐군, 그 땅은 하비군(下邳郡)에 흡수되었다.

손권(孫權)의 참모들
왼쪽부터 황개(黃蓋), 오 대제[吳 大帝, 손권(孫權)], 주유(周瑜),
장소(張昭), 노숙(魯肅) 〈국립중앙도서관 소장〉

주유(周瑜)가 여강군(廬江郡) 거소(居巢) 현장(縣長)으로 있을 때, 수백 명 군사를 거느리고 일부러 노숙을 찾아가 물자와 군량을 요구하였다. 그때 노숙의 집에는 3천 곡(斛)을 보관하는 큰 창고 2채가 있었다. 노숙은 창고 한 채의 곡식을 주유에게 내주었는데, 주유는 노숙이 기재(奇才)라고 생각하였다. 그러면서 주유와 노숙은 서로 친교를 맺고 정자산(鄭子産)[270]과 계찰〔季札, 오국(吳國) 공자(公子)〕같은 우정을 나누었다.

원술도 노숙의 명성을 듣고 노숙을 동성(東城) 현장(縣長)에 임명하였다. 노숙은 원술의 군사가 아무 기강도 없는 것을 보고 뜻을 같이 할 수 없다 생각하여 조모 및 노약자와 협기가 있는 젊은 소년 1백여 명과 함께 남쪽 거소현(居巢縣)으로 주유를 찾아갔다. 주유가 강동(江東)으로 돌아갈 때 노숙도 함께 갔고, 노숙은 곡아현(曲阿縣)에 살 집을 마련했다. 그때 노숙의 조모가 죽어, 노숙은 동성현(東城縣)으로 운구하여 장례를 치렀다.

노숙은 조모의 장례를 마치고 곡아(曲阿)로 돌아왔다가 북쪽으로 가려고 하였다. 그런데 마침 주유가 벌써 노숙의 노모를 오군(吳郡)으로 모셔왔기에, 노숙은 주유에게 그간의 일을 설명하였다.

그때 손책은 이미 죽은 뒤였고 손권은 아직 오군(吳郡)에 머물고 있었는데, 주유가 노숙에게 말했다.

"옛날 후한(後漢)의 마원(馬援) 장군이 광무제에게 '지금 세상은 주군이 신하를 선택할 뿐만 아니라 신하도 주군을 고릅니다.'라고 말했소. 지금 이곳의 주군(손권)은 현사(賢士)를 귀하게 존중하고 기이한 인재를 모으고 있는데, 또 내가 알기로 선철(先哲)의 여러 비론(秘論)에서도 유씨(劉氏)를 대신할 자는 틀림없이 동

---

270 子産(자산, ?-前 522년) - 姬姓, 國氏, 名은 僑(교), 字는 子産. 又稱 公孫僑, 公孫成子, 東里子産, 국교(國僑), 정교(鄭喬). 春秋 말기 鄭國의 政治家. 공자가 존경한 인물.

남방에서 흥기한다고 하였으며, 지금 세상 돌아가는 추이와 시대의 역수(歷數)를 볼 때, 제왕의 기초를 마련하고 천명(天命)에 부응해야 하나니, 이런 때야말로 열사들이 용이나 봉황을 따라 함께 치달릴 시기입니다. 나는 이를 확실하게 믿고 있으니 족하(足下)는 자양(子揚, 유엽(劉曄))의 말에 개의치 말기를 바랍니다."

노숙은 주유의 말을 따랐다. 그러자 주유는 노숙을 천거하며 노숙의 재능이야말로 왕자(王者)를 보좌할 적임자이고, 노숙과 같은 인재를 많이 모아 공업을 이뤄야 하며, 노숙을 떠나보내서는 안 된다고 손권에게 말했다.

○ 노숙과 손권

손권은 바로 노숙을 만났고, 함께 이야기를 나누고서는 매우 좋아하였다. 여러 손님이 떠나갈 때, 노숙도 인사를 하고 나가려 했는데, 손권은 노숙만을 따로 불러 같은 자리에 앉아 술을 마셨다.

그러면서 은밀하게 말했다.

"지금 한실(漢室)이 무너지면서 사방이 구름처럼 들고 일어나는데, 나는 부친과 형님의 대업을 이어받아, 제(齊) 환공(桓公)이나 진(晉) 문공(文公)과 같은 업적을 이루고 싶소. 군(君)도 생각한 것이 있을 것이니, 나를 어찌 도울 생각이오?"

이에 노숙이 말했다.

"옛날 한 고조는 충심으로 (초楚) 의제(義帝)를 받들었지만, 관중(關中)의 왕이 되지 못한 것은 항우의 방해 때문이었습니다. 지금의 조조는 옛 항우와 같은데, 장군께서는 어떻게 (제齊) 환공이나 (진晉) 문공 같이 성취할 수 있겠습니까? 제 생각으로는 한실(漢室)을 다시 부흥할 수가 없고, 조조를 제거할 수도 없습니다. 장군을 위한 계책으로는 우선 강동(江東)에서 정족(鼎足, 솥의 삼족)을 형성한 뒤에 천하의 빈틈을 노려야 합니다. 지금 이와 같은 규모의 세력이니 스스로 약하다 생각할 필요는 없습니다. 왜 그렇겠습니까? 북방에는 정말로 변고가 많습니다. 북쪽의 변고에 맞추어, 장군께서는 황조(黃祖)의 근거를 없애고 유표를 정벌한 다음에 장강 유역을 끝까지 다 차지한 다음에 연호를 정하고 제왕을 칭하면서 천하를 도모한다면, 이것이 바로 한 고조와 같은 대업일 것입니다."

이에 손권이 말했다.

"지금 우선 한쪽을 차지하는데 진력하라는 것과 한(漢)을 보필할 필요가 없다는 말은 내가 생각하지 못했소."

손권은 노숙을 더욱 아껴주었으며, 노숙의 모친에게 의복과 가내의 여러 기물을 선물하여 옛날처럼 부유하게 되었다.

○ 노숙 – 유비를 만나다

형주의 유표가 죽었을 때(서기 208), 노숙은 조조보다 먼저 형주를 차지해야 한다고 건의했다. 손권은 즉시 노숙을 출발시켰다.

노숙은 하구(夏口)에 이르러, 조조가 이미 형주로 진군하고 있다는 소식을 듣고 밤낮으로 두 배 빨리 서둘렀다. 노숙은 남군(南郡, 강릉)에 이르러, 유표의 작은 아들 유종이 이미 조조에 투항했고, 유비는 경황없이 달아나 남쪽으로 장강을 건너려 한다는 소식을 들었다.

노숙은 바로 유비를 찾아 당양현(當陽縣) 장판(長阪)에서 회담하였고, 손권의 뜻을 전하고 아울러 강동의 군사력을 설명하며 유비에게 손권과 협력할 것을 권유했다.

유비는 매우 기뻐했다.

그때 제갈량이 유비를 수종하고 있었다.

노숙은 제갈량에게 "나는 자유(子瑜, 제갈근)의 친우라." 말했고, 즉석에서 벗이 되었다.

유비는 하구(夏口)로 내려와서 제갈량을 손권에게 보냈고, 노숙도 손권에게 복명했다.

○ 노숙-손권을 설득하다

그때 손권은 조조가 동쪽으로 진출하려 한다는 소식을 듣고 여러 장수와 이를 논의했는데, 모두가 손권에게 조조를 영입해야 한다고 권했지만 노숙은 아무 말도 하지 않았다.

손권이 일어나 변소에 가자(갱의更衣), 노숙이 처마 밑까지 따라 나왔는데, 손권이 그 뜻을 알고 노숙의 손을 잡고 "경은 무슨 말을 하려는가?"라고 물었다.

이에 노숙이 대답했다.

"그간 여러 사람의 의논을 지켜보았지만, 모두가 장군을 그르치려고 하니 나라의 큰일을 함께 할 수 없습니다. 이번에 제가 조조를 영입해야 한다고 주장하더라도 장군은 그럴 수가 없습니다. 그러니 어찌 말하겠습니까? 이번에 제가 조조를 영입케 한다면 조조는 저를 고향으로 돌려보낼 것입니다. 저의 이름에 맞는 지위라면 어떤 부서의 하급 서리가 되어 소가 끄는 수레를 타고 다니며, 이졸(吏卒) 노릇을 하고 사림(士林)과 교유하며 주(州)나 군(郡)에서 여러 관직을 맡을 것입니다. 그런데 장군이 조조를 영입한다면 장군은 어디로 가겠습니까? 큰 계략을 빨리 결정하시되 여러 사람의 말을 따르지 마십시오."

2) 주유

○ 동오(東吳)의 상남자

주유(周瑜)[271]의 자(字)는 공근(公瑾)으로, 여강군(廬江郡) 서현(舒縣)[272] 사람이다. 종조부(從祖父)인 주경(周景)과 주경의 아들 주충(周忠)은 모두 한(漢)의 태위를 역임했다. 주유의 부친 주이(周異)는 낙양현령(洛陽縣令)이었다. 주유는 키도 크고 건장하며 용모가 뛰어났다.

---

271 주유(周瑜, 175–210년, 字는 公瑾) – 瑜는 아름다운 옥 유. 주석 164 참고.

272 廬江郡의 치소는 舒縣, 今 安徽省 중서부 六安市 관할 舒城縣.

그전에 손견(孫堅)이 동탁 토벌 의병을 일으킬 때 가족을 여강군 서현으로 이사시켰다. 손견의 아들 손책은 주유와 동갑이어서 특별히 서로 가까웠는데, 주유는 길 건너 대저택을 손책에게 내주었고, 함께 입실하여 손책의 모친(吳夫人)께 배례하였으며, 모든 물건을 융통하며 함께 사용하였다.

손책은 크게 기뻐하며 "내가 그대를 얻었으니 모두가 잘될 것이다."라고 말했다.

손책은 군사를 거느리고 장강(長江)을 건너 말릉(秣陵)을 공격하고, 방향을 돌려 오군(吳郡) 곡아현(曲阿縣)[273]에 진입하였다. 손책의 군사는 이미 수만 명이나 되었다.

이에 손책이 주유에게 말했다.

"나는 이 군사로 산월(山越)을 평정할 것이니, 경은 단양군(丹楊郡)을 진무해 주오."

주유는 단양군으로 돌아왔다. 원술은 주유를 부장으로 삼으려 했지만, 주유가 볼 때 원술은 도저히 대업을 성취할 수 없다 생각하여 여강군(廬江郡) 거소현(居巢縣)[274] 현장(縣長)을 원하면서 길을 빌려 동쪽으로 돌아가려 했다.

이에 원술은 수락하였다.

주유는 거소현을 경유하여 오군(吳郡)으로 돌아왔다. 이 해가

---

273 吳郡 曲阿縣 – 今 江蘇省 남부 長江 남안 鎭江市 관할 丹陽市.

274 廬江郡 居巢縣(거소현) – 今 安徽省 중동부 巢湖市(소호시).

건안 3년(서기 198)이었다. 손책은 친히 주유를 맞이했고 건위중 랑장(建威中郞將)을 제수하고 그 자리에서 군사 2천 명과 말 50필을 내주었다.

그때 주유는 24세였는데, 오군(吳郡) 사람 모두는 주유를 주랑(周郞)이라 불렀다.

주유는 젊어서도 음률에 정통하였다. 비록 많은 술을 마신 뒤라도 음률이 틀리면 주유는 꼭 알았고, 알면 뒤를 돌아보았다. 그래서 그때 사람들은 '곡(曲)이 틀리면 주랑(周郞)이 돌아본다' 라고 말했다.

○ 국색(國色) – 대교(大橋)와 소교(小橋)

주유는 여강군에서 이미 은애(恩愛)와 신의로 이름이 알려졌었다. 얼마 뒤에 손책은 형주를 차지하려고 주유를 중호군(中護軍)으로 삼아 강하(江夏)[275]태수를 겸임케 하였다. 주유는 손책을 따라 환성(皖城)[276]을 공격하여 점령했다.

그때 교공(橋公)[277]에게 두 딸이 있었는데, 모두 국색(國色)이었

---

275 荊州 江夏郡 – 治所 西陵縣, 今 湖北省 동부 武漢市 新洲區. 촉한과 東吳의 최전선.
276 여강군(廬江郡)의 현명. 今 安徽省 서남부 皖河(환하) 상류 安慶市 관할 潛山縣(잠산현).
277 橋公(교공) – 正史《三國志》에는 二橋의 부친인 廬江郡 橋公이 누

다. 손책은 큰딸 대교(大橋)를, 주유는 소교(小橋)를 맞이하였다
(自納).[278] 주유는 다시 심양(尋陽)으로 진격하여 유훈(劉勳)을 격

구인지 설명이 없다.《三國演義》에서는 橋公 또는 교국노(喬國老)라 하면서 漢朝의 太尉를 역임한 橋玄(교현)으로 설정했지만, 橋玄은 靈帝 光和 6년(서기 183년)에 향년 75세로 죽었다. 당시 橋玄(교현, 字 公祖)은 靈帝 때 三公과 太尉를 역임했다.《後漢書》51권,〈李陳龐陳橋列傳〉에 立傳. 교현은 젊은 날의 조조에게 "天下가 크게 어지러울 텐데 命世之才가 아니면 不能濟인데, 천하를 안정시킬 사람은 바로 당신이요."라고 말했다.

손책이 격파한 皖城(환성)은 원술의 故地였다. 그렇다면 橋公(喬公)은 원술의 옛 부하로 대장군이었던 橋蕤(교유, ?-197년)로 추정할 수 있다. 그렇다면 二橋는 승전의 결과로 얻은 여인이었고, 그때까지 손책과 주유가 미혼일 수 없기에 正妻가 아닌 첩실로 맞이했을 것이다.

278 大橋, 小橋를《三國演義》에서는 大喬, 小喬로, 송나라 蘇軾(소식)의〈念奴嬌(염노교)〉에서는 嬌(아리따울 교)로 표기했다. 이 二橋(二喬, 二嬌)를 소재로 한 唐 두목(杜牧)의 七絶 詩〈적벽(赤壁)〉을 읽지 않고 넘어갈 수가 없어 아래에 소개한다. 이 시는 대략 武宗 會昌 2년(842)에 지은 시로 알려졌다. 당시 두목은 나이 40세로 적벽에 가까운 黃州(今, 湖北省 중동부 黃岡市)의 자사(刺史)로 있었다.

〈적벽〉 두목(杜牧)	〈赤壁〉
모래밭 부러진 창은 아직 삭지 않아,	折戟沉沙鐵未銷,
비비고 씻어서 前代 유물이라 알았다.	自將磨洗認前朝.
동풍이 주유의 편이 아니었더라면,	東風不與周郎便,
늦은봄 동작대에 二喬가 있었으리라.	銅雀春深鎖二喬.

파했고, 강하군(江夏郡)을 평정한 뒤에 돌아와 예장군과 여릉군(廬陵郡)을 차지하고서 파구(巴丘)[279]에 주둔하였다.

○ 조조와 맞대결을 주장

건안 5년(200) 4월에 손책이 죽었고, 손권이 권력을 계승했다. 주유는 군사를 거느리고 와서 조문한 다음에 오군(吳郡)에 머무르면서 중호군(中護軍)의 직책으로 손책의 장사(長史)였던 장소(張昭)와 함께 모든 일을 처리하였다.

건안 11년(서기 206), 주유는 강하(江夏) 태수인 유표의 신하 황

북송의 대 문호 소식(蘇軾, 1037-1101)의 사(詞)인 〈염노교(念奴嬌)〉를 그냥 지나칠 수 없어 그 원문만을 여기 수록한다.

〈念奴嬌·赤壁懷古〉, 1082年 作
大江東去, 浪淘盡, 千古風流人物.
故壘西邊, 人道是, 三國周郎赤壁.
亂石崩雲, 驚濤裂岸, 捲起千堆雪.
江山如畫, 一時多少豪傑.
遙想公瑾當年, 小喬初嫁了, 雄姿英發.
羽扇綸巾, 談笑間, 強虜灰飛煙滅.
故國神遊, 多情應笑我, 早生華髮.
人生如夢, 一樽還酹江月.

279 巴丘(파구) — 東吳 豫章郡(廬陵郡)의 巴丘縣, 今 湖南省 동북단 岳陽市. 서쪽으로 洞庭湖에 임했다. 岳陽市는 名山, 名水, 名樓, 名人, 名文의 집합처라고 소문이 났다. 주유가 죽은 巴口는 同名異處라는 주석이 있다.

조(黃祖)가 강하군 시상현(柴桑縣)[280]에 침입하자, 주유가 추격 토벌한 뒤에 생포하여 오군(吳郡)으로 압송하였다.

건안 13년(208), 손권은 강하군(江夏郡)을 원정했는데, 주유는 전부(前部) 대도독(大都督)이었다. 그해 9월에, 조조가 형주에 진입하자 유표의 아들 유종(劉琮)은 무리를 거느리고 투항했다. 조조는 형주의 수군(水軍)과 선박, 그리고 보병 수십 만을 보유하였는데, 이런 소식을 알게 된 장졸은 모두 두려워했다. 손권은 여러 신하를 불러 모아 계책을 물었다.

논의에 참가한 많은 신하들이 가장 좋은 계책은, 조조의 군사를 영입하는 것이라 말했다.

이에 주유가 강력히 반대하였다.
이에 손권이 말했다.
"저 조조 늙은 것이 한실(漢室)을 없애고 자립하려는지 오래 되었지만, 원소와 원술, 여포와 유표, 그리고 나를 꺼렸었다. 지금 다른 강자들은 모두 없어졌지만 나는 아직 남았으니 나와 조조는 결코 양립할 수 없다. 응당 맞아 싸워야 한다는 군(君, 주유) 뜻은 나와 딱 맞나니, 이는 하늘이 군을 나에게 보낸 것이다."

---

280 柴桑(시상) - 縣名. 예장군(江夏郡) 소속, 今 江西省 최북단 九江市 서남. 파양호(鄱陽湖)와 長江의 합류 지점.

○ 노숙과 주유의 의견 일치

그때 주유는 임무를 받아 파양군(鄱陽郡)[281]에 나가 있었는데, 노숙은 주유를 빨리 돌아오게 하라고 권했다. 그러면서 주유에게 임무를 부여했고, 노숙은 찬군교위(贊軍校尉)가 되어 큰 전략을 짜게 하였다. 조조를 패주시킨 뒤(적벽대전 승리) 노숙은 먼저 바로 돌아오자, 손권은 여러 장수를 보내 노숙을 영접케 하였다.

노숙이 전각에 올라 배례하려 하자, 손권도 일어나 예를 표하면서 물었다.

"내가 말에서 내려 자경(子敬, 노숙)을 맞이해야 경을 높이는 것이 아니겠는가?"

노숙은 빠른 걸음으로 가까이 가서 "그렇지 않습니다(충분하지 못합니다)."라고 말했다. 그 말을 듣고서 놀라지 않는 사람이 없었다.

자리에 앉자, 노숙은 채찍을 들어 예를 표하며 말했다.

"원컨대, 지존의 위덕(威德)을 사해(四海)에 널리 펴시고, 구주(九州)를 총괄하는 제업(帝業)을 이룩하신 다음에, 바퀴를 감싼 안차(安車)를 보내 저를 불러주신다면 저를 높이 대우하는 것입니다."

---

281 鄱陽郡(파양군) - 建安 15년(서기 210), 東吳에서 豫章郡을 분할하여 신설한 군. 郡治는 鄱陽縣, 수 江西省 동북부 鄱陽湖의 동쪽, 江西省 직할 鄱陽縣.

손권은 손뼉을 치며 기쁘게 웃었다. 뒷날 유비가 건업에 와서 손권을 알현했고 형주의 군사를 감독할 수 있게 해달라고 요청하자, 노숙만이 형주를 유비에게 빌려주어 함께 조조를 막아야 한다고 손권에게 권유했다.

손권이 유비에게 형주를 빌려주었다는 소식에, 조조는 놀라서 손에 쥔 붓을 떨어트렸다고 한다.

○ 황개(黃蓋)의 고육지계

그때 유비는 조조에게 격파된 뒤라서 군사를 이끌고 남쪽으로 장강(長江)을 건너려 했다. 유비는 당양현(當陽縣)에서 노숙(魯肅)과 만나 함께 대응하기로 합의하고 하구(夏口)로 이동했고, 유비는 제갈량(諸葛亮)을 손권에게 보냈다.

손권은 주유와 정보(程普) 등을 보내 유비와 협력하여 조조와 맞서 싸우려고 적벽(赤壁)에서 합세하기로 했다. 주유 등은 장강(長江)의 남안에 주둔했다.

주유의 부장인 황개(黃蓋)[282]가 말했다.

"지금 적은 많고 우리 군사는 적어서 오래 상대할 수 없습니다. 그러나 조조 군의 선함(船艦)은 모두 수미(首尾)가 연결되었기

---

[282] 黃蓋〔황개, 2世紀 - 215년?, 字는 公覆(공복)〕 - 荊州 零陵郡 泉陵縣 출신. 孫堅 휘하 장군, 孫家 三代元勳의 한 사람. 赤壁之戰 中 火攻計策을 건의. 苦肉之計에 詐降으로 曹操를 대패케 하였다. 적벽 싸움에서 부상을 입었다. 나중에 군진에서 병사했다.

에 불태운 다음에 도망 나올 수 있습니다."

이에 적선과 부딪쳐 부술 수 있는 배 수십 척에 건초를 싣고 거기에 기름(고유膏油)을 부었다. 건초를 천으로 싸서 숨기고 배에는 군기(軍旗, 牙旗)를 세웠는데, 먼저 조조에게 서신을 보내 거짓으로 투항하려 한다고 알렸다.

○ 주유의 후손

주유는 2남 1녀를 두었는데, 딸은 손권의 태자 손등(孫登)과 결혼했다. 아들 주순(周循)은 공주와 결혼했고 기도위(騎都尉)로 주유의 풍모가 있었는데 일찍 죽었다.

3) 제갈량의 손권 설득

유비가 하구(夏口)에 이르렀을 때, 제갈량(諸葛亮)이 말했다.
"상황이 위급하오니[283] 명을 받아 오(吳)의 손장군(孫將軍)에게 구원을 요청하겠습니다."
그때 손권은 군사를 거느리고 예장군(豫章郡) 시상현(柴桑縣)에서 성패를 관망하고 있었는데, 제갈량이 손권에게 말했다.
"지금 천하가 크게 혼란하지만 장군께서는 기병하여 강동(江東)을 차지하고 계시며, 유예주(劉豫州, 유비) 역시 한수(漢水) 이남

---

[283] 당시 조조는 當陽에서 유비에게 치명타를 가하고 江陵에서 長江을 따라 동쪽으로 진군하였다.

에서 군사를 모아 조조와 천하를 다투고 있습니다. 지금 조조는 주요 강적을 차례로 제거하면서 대략 평정하였고, 이번에 형주를 격파하여 그 위세를 사해(四海)에 떨치고 있습니다. 영웅일지라도 힘을 쏠 땅이 없기에 유예주께서는 지금 이쪽에서 쫓기고 있습니다. 장군께서는 전력을 살피면서 목전의 상황에 대처하고 계시지만, 만약 중원의 조위(曹魏)와 항쟁을 한다면 아마 다른 세력자처럼 일찌감치 끝날 것입니다. 만약 조조를 감당할 수 없다면, 왜 북쪽을 섬기지 않으십니까? 지금 장군께서는 겉으로는 조조에 복종하겠다는 이름을 걸고 안으로는 이리저리 미루고 계시니, 만약 사태가 급박한데도 단안을 내리지 않는다면 재앙은 곧 닥칠 것입니다."

이에 손권이 물었다.

"정말로 군(君)의 말대로라면 유예주는 왜 조조에게 칭신(稱臣)하지 않는가?"

그러자 제갈량이 말했다.

"유예주는 한실(漢室)의 후예이며 세상에 으뜸가는 영걸이라서 마치 강물이 바다로 흘러가듯 모든 인재들이 우러러보고 있습니다. 만약 뜻대로 성공하지 못한다면 그것은 하늘의 뜻이겠지만, 지금 어찌 조조의 아래에 들어가겠습니까!"

이에 손권이 발끈 화를 내며 말했다.

"내가 오(吳)의 전부와 10만의 군사를 거느리지 않았더라도 어찌 남에게 굴복하겠는가! 나의 계획은 이미 결정되었소! 유예주가 아니라면 조조에게 맞설 자가 없다고 말하는데, 그렇다면 유예주는 얼마 전에 대패했으니 이 난관을 어찌 이겨내겠는가?'

이에 제갈량이 대답하였다.

"유예주께서 비록 당양현 장판(長阪)에서 패전하였지만, 지금 되돌아온 군사 및 관우(關羽) 휘하의 수군과 정병이 1만여 명 있고, 유표(劉表)의 아들 유기(劉琦)가 거느린 강하군(江夏郡)의 전사 역시 1만 명이 넘습니다. 조조의 군사는 먼 길을 행군해왔기에 지칠 대로 지쳤는데, 유예주를 추격하려고 경기병이 하루 밤낮에 3백여 리를 추격해왔습니다. 이를 두고 '강한 쇠뇌 화살이라도 날아가 떨어질 때면 노(魯)의 흰 비단도 뚫지 못한다' 고 하였습니다. 그래서 병법에서 무리한 추격을 금기하면서 '틀림없이 상장군을 잃을 것이라' 고 하였습니다. 또 북방의 군사들은 수전(水戰)에 익숙지 않습니다. 그리고 형주의 백성이 조조에 귀부한 경우는 무력의 핍박 때문이지 심복한 것이 아닙니다. 지금 장군께서 진정으로 맹장(猛將)에게 수만 군사를 거느리고 공격케 한다면, 유예주 또한 한마음으로 협력할 것이니 틀림없이 조조의 군사를 격파할 것입니다. 조조의 군사가 격파되면 북으로 돌아갈 것이고, 그러면 형주와 동오(東吳)의 세력은 강대해져서 세 발 솥(정鼎)과 형세가 갖춰질 것입니다. 이번 성패의 관건은 바로 오늘 결정에 있습니다."

손권은 크게 기뻐하면서 즉시 주유, 정보(程普)에게 3만 수군

(水軍)을 거느리게 했고, 노숙은 제갈량을 따라가 유비를 만나게 하여, 힘을 합쳐 조조와 맞서 싸웠다.

(3) 적벽대전의 결과

○ 화공(火攻)의 승리

황개는 도망 나올 배를 미리 준비하여 큰 배 뒤에 묶어 함께 순차적으로 전진하였다.

조조 진영의 장졸은 모두 목을 늘여 바라보면서 황개가 투항해 온다고 말했다. 오군(吳軍)은 모든 배를 풀어놓고 동시에 불을 질렀다. 그때 바람이 사납게 불어와서[284] 연안의 군영까지 번졌다. 이어 연기와 화염이 하늘까지 닿으며 많은 군사와 말들이 불타거나 물에 빠져 죽었고, 조조의 군사는 후퇴하여 남군(南郡)으로 돌아가 지켰다. 유비와 주유 등은 다시 함께 추격하였다. 조조는 조인(曹仁) 등을 남겨 강릉성(江陵城)을 지키게 한 뒤에 지름길로 북쪽으로 돌아갔다.

조조는 적벽(赤壁)에서 패전하였고(건안 13년, 서기 208. 적벽대전), 군사를 거느리고 (본거지인) 업현(鄴縣)으로 돌아갔다.

---

284 원문의 時風盛猛 −《三國演義》第 49回 ·〈七星壇諸葛祭風 三江口周瑜縱火〉 참고. 소설이지만 뛰어난 構想과 묘사이다.

유비는 드디어 장강(長江) 남부 지역을 차지하고, 제갈량을 군사중랑장(軍師中郎將)에 임명하였으며, 영릉(零陵), 계양(桂陽), 장사(長沙)의 3개 군을 감독케 했고 그 부세(賦稅)를 징수하여 군수물자를 확보하였다.

○ 적벽전의 기록

《삼국지 무제기(武帝紀) (위서 1)》에는 조조의 체면을 지켜주려고 화공에 대패한 사실을 기록하지 않고, 다만 유비와 교전에서 불리하여 철수하였다고만 기록하였다.

《후한서 효헌제기(孝獻帝紀)》에는 손권은 주유를 보내 조조의 수군을 적벽(赤壁)과 오림(烏林)에서 크게 패퇴시켰다고만 기록하였다. 그리고 관우, 장비, 조운, 제갈량의 열전에는 적벽 및 오림의 전투에 관한 기록이 없지만 오장(吳將)인 황개, 정보, 노숙, 여범, 한당(韓當), 여몽(呂蒙), 감영(甘寧), 주태(周泰)의 열전에는 주유와 함께 조조의 군사를 패퇴시킨 사실을 기록하였다.

《삼국지 선주전(先主傳)》 및 《삼국지 주유전(周瑜傳)》에는 적벽싸움이 주유와 유비가 연합하여 조조에 대항하였다고 기록하였다.

○ 분석(分析)

적벽의 전쟁 이전에는 조조의 군세가 단연 우세하였다. 우선 조조는 「천자를 끼고(挾天子) 제후와 지방관을 호령하여(以令諸

侯)」 다른 지방 세력으로서는 정통성을 다툴만한 상황이 아니었다. 그리고 조조는 남하하면서 형주의 군사, 특히 수군을 흡수하여 기세가 왕성하였다. 조조의 군사는 숫자적으로도 손권과 유비 연합군의 숫자보다 확실하게 2배 이상이었다.

이런 상황에서는 손권과 유비의 연합군은 수전(水戰)에서의 이점을 최대로 살렸고, 바람에 맞춰 화공(火攻)이 성공하였고, 지세를 잘 이용하여 패퇴하는 조조의 군사를 효과적으로 공격하여 소규모 군사로 대규모 원정군을 이겨낸 역사상 유명한 전쟁으로 기록되었다.

《삼국연의》에서 조조가 달밤에 남병산(南屛山)에서 긴 창을 끼고 시를 읊었다는 '횡삭부시(橫槊賦詩)'는 전장(戰場)에서도 시문(詩文)이 창작되었다는 사실을 말해준다.

그리고 본래 전쟁에서 과장은 인정해야 한다. 조조 군사 80만은 과장이 매우 심한 편이고, 실제로 조조가 동원할 수 있는 군사는 대략 7만 정도였다고 평가한다.

《삼국연의》 적벽의 싸움은 아주 중요하고, 또 가장 대규모의 전투였고 동원된 인물도 최대였다. 《삼국연의》의 42회 「유예주패주한진구(劉豫州敗走漢津口), 노숙래하구적유표지상(魯肅來夏口吊劉表之喪)」에서 시작하여, 43회 「제갈량설전군유(諸葛亮舌戰群儒)」, 44회 「공명용지격주유(孔明用智激周瑜)」, 45회 「군영회장간

중계(群英會蔣幹中計)」, 46회 「용기모공명차전(用奇謀孔明借箭)」, 47회 「방통교수연환계(龐統巧授連環計)」, 48회 「쇄전선북군용무(鎖戰船北軍用武)」, 49회 「칠성단제갈제풍(七星壇諸葛祭風)」, 50회 「관운장의석조조(關雲長義釋曹操)」까지가 적벽대전을 다루고 있다. 이 부분 중 그야말로 어느 한 곳인들 숨이 막힐 듯 긴장되지 않는 곳이 없으니, 가히 《삼국연의》 중 가장 정채(精彩)나는 부분이다.

《삼국연의》에서 그 결전일은 11월 갑자일이고, 주유의 본영은 지금 호북성(湖北省) 중동부, 장강 남안(南岸), 서쪽으로 무한시(武漢市)와 접경하고 있는 악주시(鄂州市)의 서산(西山)이고, 관운장이 조조의 목숨을 살려 보내준 화용도(華容道)는, 지금의 호북성(湖北省) 남부 형주시(荊州市) 관할 감리시(監利市, 장강 북안) 경내, 또는 호남성 중북부 화용현(華容縣) 일대라고 한다.

(4) 관우 – 조조를 살려주다

○ 조조의 도주로

서기 208년, 겨울의 적벽대전은 조위(曹魏)와 동오(東吳)의 싸움으로 《삼국연의》 3대 전투의 하나이며, 소수의 군사로 대군을 격파한 전투로 유명하다. 제갈량은 조조가 대군을 잃고 도주할 길을 들여다보고 있었다.

화용도(華容道)에 관운장을 보낸 것은 '조조가 죽을 때가 아니라서 인정이나 베풀도록' 보냈다지만 좀 석연치 않다. 패전한 뒤 막바지에 몰렸다면 이미 천수(天壽)가 다한 것인데, 만약 화용도에 장비를 보냈다면?

그러나 《삼국연의》는 소설이고, 소설은 재미있어야 한다.

(이하 《삼국연의》 제50회 「제갈량지산화용(諸葛亮智算華容) 관운장의석조조(關雲長義釋曹操)」를 절록(節錄)했다.)

o 조조의 앙천대소

조조는 호통을 쳐 인마(人馬)가 좁은 길을 따라 가게 했는데,[285] 죽은 자가 이루 셀 수도 없었으며 길에 통곡소리가 그치지 않았다.

조조가 화를 내며 말했다.

"생사가 다 천명이거늘, 운다고 무슨 소용이 있느냐! 만약 또 우는 자가 있다면 즉시 목을 자르겠다!"

군사를 세 개 무리로 나눠 한 무리는 뒤에 방어케 하고, 한 무리는 구덩이를 메우고, 다른 한 무리는 조조를 따라오게 하였다. 험준한 길을 지나자 길은 점차 평탄해졌다. 조조가 돌아보니 겨우 3백여 명이 조조를 따라오고 있었지만, 갑옷을 입고 전포와 투

---

[285] 조조가 적벽에서 대군을 잃고 烏林(오림)을 지나 趙雲과 張飛의 추격을 받으면서 형주로 가는 길은 매우 험난했다. 나무를 베고 흙을 메우면서 힘들게 나아갔다.

구를 다 갖춘 자가 하나도 없었다. 조조는 갈 길을 재촉하였다.

여러 장수들이 "말들이 너무 지쳤으니 조금 쉬는 것이 좋겠습니다."라고 말했다.

그러나 조조는 "형주에 들어가서 쉬어도 늦지 않다."고 말했다.

다시 몇 리를 못 갔는데, 조조는 말 위에서 채찍을 휘두르며 웃었다.[286]

여러 장수가 "승상께서는 왜 또 웃으십니까?"라고 물었다.

그러자 조조가 말했다.

"사람들은 주유와 제갈량이 지략이 많다고 말하지만, 내가 볼 때 아무래도 역시 무능한 자들이다. 만약 이곳에 500명 군사만 숨겼어도, 우리들은 모두 손발을 써보지도 못하고 묶였을 것이다."

○ 관우의 출현

조조의 말이 끝나지도 않았는데, 대포 소리가 들리면서 길 양쪽에서 5백 명의 칼을 든 군사들이 나타났는데, 그 우두머리 대장은 관운장(關雲長)으로 청룡도를 든 채 적토마를 타고 조조의 앞길을 차단하였다. 조조의 군사들은 이를 보고 혼이 나간 듯 낙담하여 서로 얼굴만 쳐다보았다.

---

[286] 烏林(오림) 서쪽에서 大笑할 때는 趙雲이, 葫蘆口(호로구)에서 앙천대소할 때는 張飛가 나타나 조조군을 타격했었다.

그러자 조조가 말했다.

"기왕 이렇게 되었으니 죽기 살기로 싸워보자!"

그러나 여러 장수들이 말했다.

"우리 군사들이야 두려워하지 않는다지만, 말이 이미 지쳤으니 어찌 싸우겠습니까?"

정욱(程昱)이 말했다.

"저는 평소에 관운장이 윗사람에게는 오만하고, 아랫사람에게는 정이 있고, 강자를 업신여기지만 약자를 깔보지 않으며, 은혜와 원한을 확실히 가르며 신의(信義)가 평소에도 분명하다고 들었습니다. 지금 다만 직접 운장(雲長)에게 말씀하시면, 이 난관을 벗어날 수 있을 것입니다."

조조는 정욱의 말을 듣고 말을 몰아 앞으로 나가 몸을 굽히며 운장에게 말했다.

"장군께서는 그동안 별일 없었소?"

운장 역시 몸을 굽히며 대답했다.

"저는 군사(軍師)의 장령(將令)을 받고 여기서 승상을 기다린 지 오랩니다."

조조가 말했다.

"나는 패전하고 위기에 처하여 여기까지 와서 이제 더 갈 수가 없으니, 장군께서는 옛 정을 거듭 생각해 주시길 바랄 뿐이오."

이에 운장이 말했다.

"옛날 제가 승상의 후한 은덕을 입었지만, 이미 안량(顔良)의 목을 베고 문추(文醜)를 죽였으며, 백마성(白馬城)의 포위를 풀어 보답했습니다. 오늘의 이런 사정에 어찌 공사(公事)를 폐할 수 있겠습니까?"

그러자 조조가 말했다.

"5관(五關)을 지나면서 장수를 죽였던 일을 기억하시는가? 대장부는 신의를 중시합니다. 장군께서는 《춘추(春秋)》에 밝으시니, 어찌 유공지사(庾公之斯)가 자탁유자(子濯孺子)²⁸⁷를 추격했던 일을 모릅니까?"

운장(雲長)은 대의를 산처럼 중시하는 사람이라서 옛날 조조의 많은 은의(恩義)를 떠올렸고, 그와 함께 5관을 지나면서 장수를 죽였던 일을 생각하니, 어찌 마음이 움직이지 않겠는가? 또 조군(曹軍)이 어쩔 줄 모르고 모두 눈물을 흘리려는 것을 보고서는 더욱 차마 어찌할 수 없다는 마음이 일어났다.

이에 마두(馬頭)를 당겨 돌리면서, 군사들에게 말했다.

"사방으로 갈라서라."

이는 분명히 조조를 풀어주겠다는 뜻이었다.

---

287 庾公之斯(유공지사)는 人名. 춘추시대 衛나라의 大夫. 濯은 씻을 탁. 孺는 젖먹이 유. 子濯孺子(자탁유자)는 鄭나라 大夫. 유공지사에게 弓術을 가르친 사부(師傅)의 사부. 유공지사가 子濯孺子를 추격하는데, 사부의 사부를 쏠 수가 없어 촉이 없는 화살을 4대 쏘고 돌아왔다는 故事. →《春秋左傳》魯 襄公 14年 條의 기록. 《孟子 離婁 下》〈逢蒙學射於羿章〉에 기록이 있다.

조조는 운장(雲長)이 말을 돌리는 것을 보고, 곧 여러 장수와 함께 일제히 달려 지나가려 했다. 그러나 운장이 몸을 돌려 크게 호통을 치자, 모든 군사들이 모두 말에서 내려 땅바닥에서 울며 절을 했다.

운장은 더욱 어찌할 수가 없었다. 이러지도 못하고 망설이는 동안 조조의 장군 장료(張遼)가 말을 달려 다가왔는데, 운장이 장료를 보고서는 또 옛 정을 생각하여 길게 한숨을 쉬고서는 모두를 풀어주었다.

후세 사람이 이를 시로 지었다.

조조는 결국 패전하고 화용도로 지나다가　曹瞞兵敗走華容
마침내 좁은 길목에서 관운장을 만났도다.　正與關公狹路逢
당초에 은의를 무겁게 여기는 사람이라서　只爲當初恩義重
인정상 사슬을 풀어서 교룡을 놓아주었네!　放開金鎖走蛟龍

○ 곽가를 생각하다

(전략)[288]

이에 조조는 군사를 이끌고 남군(南郡)에 들어가 휴식했다. 뒤따라 장료도 도착하여 운장(雲長)의 덕행을 말해주었다. 조조는 많은 장교가 부상을 입은 것을 점검하고서 모두에게 휴식을 명령

---

288 (前略) - 曹操가 화용도(華容道)를 벗어날 때, 겨우 27명이 수행했다. 이어 曹仁의 軍馬가 도착해 조조를 호위했다.

했다. 조인(曹仁)은 술자리를 준비하여 조조를 위로해 주었다.

모든 모사(謀士)들이 자리를 함께 하였다. 그러자 조조는 하늘을 보며 대성통곡하였다.

이에 여러 책사들이 말했다.

"승상께서는 호랑이 굴에서 난관을 이겨내야 할 때도 전혀 두려움이 없으셨습니다. 이제 성에 안착하여 군사들이 모두 먹을 것을 먹고 말들도 먹이를 먹었으니, 군마를 정돈하여 원수를 갚아야 하는데, 도리어 왜 통곡하십니까?"

그러자 조조가 말했다.

"나는 곽봉효(郭奉孝, 곽가)[289]를 생각했다. 만약 봉효가 살아 있었다면, 결코 내가 이처럼 대패하지는 않았을 것이다!"

---

[289] 곽가(郭嘉, 170-207년, 字는 奉孝) - 潁川郡 陽翟縣(양책현, 今 河南省 중부 許昌市 관할 禹州市, 翟은 꿩 적. 땅이름 책) 출신, 본래는 袁紹(원소)의 휘하에 있었다. 몸이 허약했던 조조의 참모, 司空軍祭酒 담당. 적벽대전 1年前에 病死했다. 순욱의 추천을 받은 곽가가 조조를 만났고, 조조는 "나의 대업을 성취케 할 사람은 틀림없이 이 사람이다."라고 말했다. 곽가도 역시 기뻐하며 "나의 참 주인이다."라고 말했다. 郭嘉(곽가)는 계산과 책략이 깊었고 여러 사정에 통달했었다. 조조는 "오직 奉孝(郭嘉)만이 나의 의중을 알고 있다."고 말했다. 뒷날 조조는 형주를 정벌하고 돌아오면서 (적벽대전 패배) 巴丘(파구)란 곳에서 심하게 앓았고, 戰船을 불태우며 탄식하였다. "郭奉孝(郭嘉)가 있었다면 나를 이 지경으로 만들지 않았을 것이다." 正史《三國志 魏書》14권,〈程郭董劉蔣劉傳〉에 立傳.

그리고서는 자기 가슴을 치며 대성통곡했다.

"슬프다, 봉효(奉孝)여! 애통하다, 봉효여! 정말 애석하구나, 봉효여!"

모든 모사들은 아무 말 없이 스스로 부끄러웠다.

(이상 진기환 편역,《삼국연의 원문 읽기(상, 하)》(2020, 명문당 간행)

◎ 건안 14년(서기 209)

유비는 공안(公安)에 주둔하며 표문(表文)을 올려 손권을 서주목(徐州牧)에 임명케 하였다. 손권 역시 표문을 올려 유비를 형주목(荊州牧)에 임명케 하였다. 손권은 여동생을 유비에게 출가시키면서 동맹을 강화하였다.

◎ 건안 15년(서기 210)

유비는 경구(京口)에서 손권을 만났고, 형주(荊州)의 남군(南郡) 강릉(江陵) 땅을 빌렸다(借). 주유와 여범(呂範)은 유비를 억류시켜야 한다고 주장했으나, 손권은 북쪽으로 조조와 대치하고 있으며 아직 자신의 세력 범위가 안정되지 않았다며 수락하지 않았다.

주유는 군사를 정돈하여 서쪽으로 익주(益州)를 정벌하려 했지만, 병이 나서 파구(패구)에서 죽었다. 이에 노숙이 군사를 거느렸다.

노숙은 유비가, 형주를 임차하여 조조의 적으로 만드는 것이 상책이라고 손권에게 권유하였고, 손권은 이에 따랐다. 손권이 유비에게 형주를 빌려주었다는 소식을 들은 조조는 크게 놀라며 손에 쥔 붓을 떨어트렸다고 한다.

◎ 건안 16년(서기 211)

정월, 손권은 수군을 하구(夏口)에 주둔시키고 유비와 함께 촉(蜀)을 정벌하자고 제안했다. 그러나 유비는 촉(蜀)을 혼자 차지하려고, 익주목(益州牧)인 유장(劉璋)은 한(漢)의 종실이라는 핑계로 손권의 제안을 거절하였다.

8월, 조조는 서쪽으로 군사를 보내 마초와 한수(韓遂)를 격파하였다.

12월, 익주목인 유장(劉璋)은 유비를 영입하여 북쪽으로 장로(張魯)를 토벌케 하였다. 손권은 유비에게 출가시켰던 여동생을 불렀다. 유비의 손부인은 유비의 아들 아두〔阿斗, 유선(劉禪)〕를 데리고 돌아가려 하자, 조운이 손부인을 막고 아들을 데려왔다.

2. 유비의 터전

(1) 유비의 여복

○ 재앙과 복(福)

사람에게는 아침저녁으로 달라지는 재앙과 복이 있다. 하늘이 주는 복이라면 재앙이 아니고, 하늘의 재앙이라면 피할 수 없다. 새옹이 잃어버린 말처럼 그 화복을 알 수 없고, 모든 화와 복은 스스로 만들고 스스로 받는 것이다. 화와 복은 문이 없어도 사람이 스스로 불러들인다.

재앙이 한번 지나가면 10년간 크게 흥한다. 재난을 한 해 당하면 3년 안에 되살아나기 어렵다. 사람이 운이 왕성한 10년 동안에는 귀신도 감히 얼씬거리지 못한다.

세상에는 여러 가지 복이 있고, 여복을 타고난 사람도 있다.

○ 선주(先主) 감황후(甘皇后)

선주(先主, 소열제 유비)의 감황후(甘皇后)는 패현(沛縣)[290] 사람이다. 선주가 예주자사가 되어 소패(小沛, 패현)에 머무를 때 첩실(妾室)로 맞이했다.

---

[290] 감부인은 후주 유선의 생모이다. 패현(沛縣)은, 今 江蘇省 徐州市 沛縣.

유비(劉備)와 그의 부인
왼쪽부터 미(糜)부인. 손(孫)부인. 감(甘)부인과 소열제(昭烈帝,
유비,先主) 〈국립중앙도서관 소장〉

선주(先主)는 적실(嫡室)을 여러 번 잃었기에 감부인이 늘 내사(內事)를 주관하였다.

감부인은 선주를 따라 형주(荊州)에 왔고, 후주(後主, 유선)를 출산했다. 조조의 군사가 형주에 들어와 유비를 (남군南郡) 당양현 장판(長阪)에서 공격하자, 매우 급박한 상황에서 유비는 감부인과 아들 유선을 버리고 달아났지만, 조운(趙雲)의 보호로 난리 속에서 살아날 수 있었다. 감부인이 죽자, 남군(南郡)[291]에 장례했다.

소열제(昭烈帝) 장무(章武) 2년(222년), 감부인에게 황사부인(皇思夫人)의 시호를 올렸고 촉(蜀)으로 장지를 옮기게 하였는데, (운구가) 도착하기 전에 선주(先主)도 붕어하였다.

○ 미부인(糜夫人)

미부인(糜夫人, 큰 사슴 미)은 미축의 여동생이다.

미축(糜竺, ?-221)은 서주(徐州) 동해국(東海國) 구현[朐縣, 지금의 강소성 동북단 연운항시(連雲港市)]의 부상(富商) 출신인데, 미축은 여동생을 유비에게 출가시켰다.

유비는 미축한테서 많은 경제적 도움을 받았다. 조운(趙雲)이 당양현 장판에서 유비의 아들 유선을 안고 쫓기는 미부인을 구했지만, 미부인은 아기를 조운에게 주고 우물에 뛰어들어 죽는 것으로 되어있다. 〈촉서(蜀書)〉 본전(本傳)에는 미부인에 관한 기록이 없다.

(《촉서(蜀書)》 8권, 〈허미손간이진전(許糜孫簡伊秦傳)〉의 미축전(糜竺傳) 참고.)

○ 손부인(孫夫人)

손부인(孫夫人, 생존 연도 미상)은 손권의 여동생으로, 재지(才智)

---

291 南郡 治所는 江陵縣, 今 湖北省 남부 荊州市 江陵縣.

가 민첩했고 그 성격도 강강(剛强)했다. 적벽대전 이후 손권은 유비의 커가는 세력을 두려워하여 손부인을 유비에게 출가시켰다(209).

유비와 결혼했지만 손부인은 오빠를 믿고 오만하며 무장한 시녀의 호위를 받으며 유비와 만났다. 건안 17년(212), 유비가 촉에 들어가자, 형주에 남은 손부인을 데려가려고 손권은 모친이 위독하다며 큰 배를 보냈다.

손부인은 아두(阿斗, 유선)를 데리고 돌아가려다가 제갈량이 조운(趙雲)을 보내 아두를 뺏어온다. 유비가 익주(益州)를 차지한 뒤에 오일(吳壹, 오의(吳懿)]의 여동생을 정실로 맞이했고 그 이후 손부인에 관한 기록은 보이지 않는다. 정사에서는 손부인에 관한 입전이 없다. 《삼국연의》에는 손인(孫仁)이라는 이름이 보인다.

《촉서 이주비자전(蜀書 二主妃子傳)》에는 손부인은 입전하지 않았다. 그 결혼은 《삼국연의》 54회 〈오국태불사간신랑(吳國太佛寺看新郞)·유황숙동방속가우(劉皇叔洞房續佳偶)〉에 묘사되었다. 손권은 유비를 불러들여 죽일 계획이었지만, 손권의 모친의 보호로 유비와 손부인은 결혼한다.

중국 속담에 「동오(東吳)에서 주선한 혼사는〔東吳招親(동오초친)〕거짓이 진실이 되었다〔弄假成眞(농가성진)〕.」고 하였다. 곧 처음 목적과 반대로 일이 종결되었다.

주유는 묘책으로 천하를 편안케 하려 했으나(周郞妙計安天

下), 손씨 부인도 뺏기고 병사도 잃었다(賠了夫人又折兵). 곧 이중 손해를 당했다는 뜻이다.

○ 선주(先主) 목황후(穆皇后)

선주(先主)의 목황후(穆皇后) 오씨(吳氏)는 진류군(陳留郡)[292] 사람이다. 오빠인 오일(吳壹, 오의)은 어릴 적 부친을 여의었는데, 오일의 부친은 평소에 (익주자사) 유언(劉焉)과 가까웠기에 온 가족을 데리고 유언을 따라 촉군(蜀郡)으로 이주하였다.

유언은 평소에 다른 뜻을 품고 있었는데, 관상을 잘 보는 사람이 오일의 여동생 관상을 보고 대귀(大貴)하다는 말을 들었다. 그때 유언의 아들 유모(劉瑁)가 부친을 수행하고 있었는데, 오일의 여동생을 유모의 아내로 맞이하였다(유언의 며느리가 되었다). 그런데 유모가 죽어 과부로 지내고 있었다.

유비가 익주(益州)를 차지한 뒤에 손부인은 동오(東吳)로 돌아가버렸고, 아랫사람들이 유비에게 맞이하라고 권유하였는데, 유비는 유모(劉瑁)가 같은 일족(劉氏)이라서 망설이자, 법정(法正)이 유비에게 적극 권했다. 이에 유비는 오일의 여동생을 부인으로 맞이했다.

헌제 건안 24년, 유비가 한중왕후(漢中王后)로 책립하였다. 선

---

292 陳留郡(진류군) – 치소는 陳留縣, 今 河南省 동부의 開封市.

주 장무(章武) 원년(서기 221) 여름 5월에 책서를 내렸다.

「짐은 천명(天命)을 이어받아 지존의 자리에 올라 만국을 친람한다. 지금 왕후를 황후로 삼고, 부절을 가진 승상 량(亮)을 보내 황후의 새(璽)와 수(綬)를 내리나니, 종묘를 받들고 만백성의 모친으로서 황후는 공경할지어다!」

(후주後主) 건흥 원년(서기 223) 5월, 후주(後主)가 즉위하며 황후를 황태후로 올렸으며 그 궁궐을 장락궁(長樂宮)이라 호칭하였다. 오일(吳壹)은 거기장군(車騎將軍)이 되었고, 현후(縣侯)에 봉해졌다. (후주) 건희(延熙) 8년(서기 245)에, 황후가 붕어하여 (소열제昭烈帝의) 혜릉(惠陵)에 합장하였다.

(2) 주유의 죽음

○ 적벽대전 뒤에

주유와 정보(程普)는 남군(南郡)으로 전진하여 장강(長江)을 사이에 두고 위(魏)의 조인(曹仁)을 상대하였다. 전투가 벌어지기 전에 주유는 바로 감녕(甘寧)[293]을 보내 이릉(夷陵)[294]을 점령케 하였

---

[293] 甘寧〔감녕, ?-215년, 字는 興霸(흥패)〕- 巴郡 臨江縣(今 重慶市 忠縣) 출신. 東吳의 名將. 유표와 황조에게 인정받지 못하자 孫權에게 귀부, 周瑜와 呂蒙의 인정과 천거를 받았다. 손권은 '孟德에게 張遼가 있다면, 나에게는 홍패(興霸)가 있어 가히 상대할 만하다'고 말했다. 東吳의 江表之虎臣의 한 사람.

다. 이에 조인은 기병을 나눠 보내 별도로 감녕을 포위하였다. 감녕은 주유에게 위급을 알렸다. 주유는 여몽(呂蒙)의 계책에 따라 능통(淩統)을 남겨 배후를 차단하게 한 뒤에, 직접 여몽과 함께 감녕을 구원하러 갔다.

감녕에 대한 포위는 이미 풀렸기에, 주유는 장강을 건너 북안에 주둔한 뒤에 날짜를 정해 조인과 크게 싸웠다.

주유는 직접 말에 올라 독전하다가 오른팔 팔뚝에 유시(流矢)를 맞았고 상처가 심하여 바로 회군했다. 그 뒤에 조인은 주유가 병석에서 일어나지 못한다는 소식을 듣고, 군진을 치고 준비하였다. 이에 주유는 일어나 군영을 순시하며 장졸을 격려하자, 조인은 그냥 퇴군하였다.

○ 유비 견제를 상주

손권은 주유를 편장군(偏將軍)에 임명하여 남군(南郡) 태수를 겸임케 하였다. 그리고 4개 현을 식읍으로 주었고 강릉(江陵)[295]에 주둔하게 하였다.

---

294 (南郡) 夷陵縣(이릉현) - 今 湖北省 서부 宜昌市 夷陵區. 뒷날 유비가 이곳에서 吳에 대패한다. 東吳에서는 西陵으로 개명한다.

295 南郡의 치소는 江陵縣(今 湖北省 荊州市 荊州區). 建安 14년(서기 209), 조인의 철군 후 주유가 차지. 나중에 유비에게 임차. 건안 24년(서기 219), 呂蒙(여몽)이 형주를 차지하자 東吳의 소유가 되었다.

유비는 한(漢)의 좌장군(左將軍)으로 형주목(荊州牧)을 겸하며, 남군(南郡) 공안현(公安縣)²⁹⁶에서 다스렸는데, 유비가 (오吳의) 도읍에 가서 손권을 만났다.

이에 주유가 상소하였다.

「유비는 효웅(梟雄)인데다가 관우와 장비 등 호랑이 같은 장수가 있기에 결코 오랫동안 남에게 굽히고 있을 사람이 아닙니다. 우견이지만 가장 좋은 방책은 유비를 吳에 머물게 하는 것이니, 좋은 집을 지어주고 미녀와 여러 사치품을 준비하여 그의 이목을 즐겁게 하며 관우 장비와 떼어 각각 머물게 한 뒤에 내가 그들과 싸운다면 큰일을 마무리할 수 있을 것입니다. 지금 땅을 나눠주어 그들의 바탕을 마련해 3인이 모일 수 있게 하여 그들 영역을 지키게 된다면, 이는 교룡(蛟龍)이 운우(雲雨)를 만난 것과 같아 결코 연못에 가둬둘 수(지중물池中物) 없을 것입니다.」

그러나 손권은 조조가 북방을 차지하고 있어 모든 영웅들을 끌어모아야 하고, 또 유비를 갑자기 제어할 수도 없다고 생각하여 주유의 건의를 받아들이지 않았다.

○ 익주 정벌 준비

이 무렵, 유장(劉璋)²⁹⁷은 익주목(益州牧)이 되었는데 밖으로 장

---

296 南郡 公安縣 - 後漢 말 縣名. 今 湖北省 남부 荊州市 관할 公安縣.
297 劉璋(유장, 162 - 220년, 字는 季玉) - 부친 劉焉(유언)의 뒤를 이어 益

로(張魯)²⁹⁸에게 노략질을 당하고 있었다.

이에 주유는 상경하여 손권을 만나 말했다.

"지금 조조가 적벽대전에서 패하고 얼마 되지 않았지만 내부적으로도 여러 걱정거리가 있어 장군(손권)과 군사적으로 대결할 수가 없는 상황입니다. 이에 분위장군(奮威將軍)²⁹⁹과 함께 진격하여 촉(蜀)과 장로(張魯)를 병합하고자 합니다. 촉과 장로의 땅을 병합한 다음에 분위장군과 함께 그 땅을 지키면서 마초(馬超)와 연결할 수 있습니다. 그런 다음에 저와 장군이 양양(襄陽)에 주둔하면서 조조를 압박하면 북방의 땅도 도모할 수 있을 것입니다."

손권은 주유의 건의를 수락했다. 주유는 강릉으로 돌아와 출정 준비를 위하여 파구(巴丘)를 지나다가 병으로 죽었는데, 그때 36세였다.

州牧이 되었다가 劉備에게 패배한 뒤에 익주(益州)를 떠나 형주에서 죽었다. 한마디로 유약하고 무능했다. 《後漢書》 75권, 〈劉焉袁術呂布列傳〉 참고. 《蜀書》 1권, 〈劉二牧傳〉에 입전.

298 張魯(장로, ?-216년?, 245년?) - 五斗米道의 창립자 張陵(장릉, 張道陵)의 손자, 張衡(장형)의 아들. 天師道의 교주. 張道陵은 늘 호랑이를 타고 다녔으며 葛玄(갈현), 許遜(허손) 등과 함께 四大天師로 추앙된다. 한때 무장으로 漢中郡 일대를 장악했었다. 《魏書》 8권, 〈二公孫陶四張傳〉에 입전.

299 분위장군(奮威將軍)의 직함을 받은 사람은 여러 사람이다. 여기서는 孫瑜(손유, 177-215년, 字는 仲異)를 지칭한다. 손유는 孫靜(손정)의 次子이니, 孫權의 사촌 형제이다. 당시 단양태수를 겸하고 있었다. 東吳의 무장이지만 好學했다.

○ 도량이 넓은 주유

손권이 소복(素服)으로 문상하자 측근들이 감동하였다. 운구가 오군(吳郡)에 돌아갈 때, 손권은 (단양군) 무호현(蕪湖縣)까지 나와 맞이하면서 일체의 비용을 제공하였다. 손권은 뒷날 다시 명령하였다.

「고(故) 장군 주유와 정보 소유의 전객(佃客, 소작인)에 대해서는 일체의 부세나 요역을 부과하지 말라.」

그전에 주유가 손책과 벗이 되었을 때 대비(太妃, 吳夫人, 손권의 모친)는 손권에게 주유를 형으로 모시게 하였다. 그 후 손권이 장군이 되었을 때, 여러 장수나 빈객들이 손권에 대한 예우가 간략했지만 주유 혼자만은 공경을 다하고 신하의 지조를 지켰다. 주유는 그 도량이 넓어 대체로 모두의 인심을 얻고 있었다.

(3) 유비 - 익주를 차지하다

1) 유언

○ 익주(益州)에 천자의 기운이

유언(劉焉)[300]은 강하군(江夏郡) 경릉현(竟陵縣) 사람이다. 한(漢)

---

[300] 劉焉(유언, ?-194년, 字는 君郞) - 焉은 어조사 언, 어찌 언. 劉璋(유장, 162-220년, 字는 季玉)의 父. 삼국 형성 시기 이전의 군벌세력

경제(景帝)의 아들 노(魯) 공왕(恭王, 劉余)의 후예로, (후한) 장제(章帝) 원화(元和) 연간에 경릉(竟陵)에 옮겨 봉해진 지손(支孫)의 가문이었다.

유언은 젊었을 때 주군(州郡)에 출사하였고, 종실이라서 중랑(中郞)을 제수 받았는데, 양성산(陽城山)에 거처하면서 학문을 닦고 제자를 가르치다가 현량방정(賢良方正)한 인재로 천거되어 사도부(司徒府)에 근무했으며, 낙양 현령(縣令), 기주(冀州)자사, 남양(南陽) 태수와 종정(宗正), 태상(太常) 등을 역임하였다.

○ 황건적 난에 익주를 차지

이 무렵 익주(益州)의 역적들이 면죽현(綿竹縣)[301]에서 황건적이라 자칭하면서, 불과 며칠 사이에 부역으로 피폐한 백성을 수천 명을 불러 모은 뒤, 먼저 면죽(綿竹)의 현령을 죽였는데, 관리와 백성 수만 명을 모아 바로 진격하여 낙현(雒縣)을 격파한 뒤에 익주자사부를 공격하여 익주목을 죽였으며, 이어 촉군(蜀郡)과 건위군(犍爲郡)[302]을 차지하여 한 달 남짓에 3개 군을 파괴하였다.

중 하나. 서기 214년에, 아들인 益州자사 劉璋(유장)이 劉備에 투항하며 끝났다. 荊州 江夏郡 竟陵縣(경릉현)은, 今 湖北省 중남부 潛江市(잠강시).

301 廣漢郡 綿竹縣(면죽현) – 今 四川省 중북부 德陽市 관할 綿竹市.
302 益州관할 犍爲郡(건위군) – 治所는 武陽縣, 今 四川省 중앙부 眉山市(미산시) 彭山區(팽산구).

반적 마상(馬相)은 천자를 자칭하며 수만 군사를 거느렸다. 그러다가 가룡은 관리를 보내 유언(劉焉)을 영입하였다. 유언은 익주목을 면죽현(綿竹縣)으로 옮기고 반란에 동참하며 흩어졌던 백성을 회유하며 너그럽게 용서하면서 마음속으로 다른 일을 꾸몄다.

그때 장로(張魯)[303]의 모친은 무당으로 귀신을 섬기며 약간의 젊음과 자색도 있어 유언의 집에 출입하였는데, 유언은 장로를 사마(司馬)로 한중군(漢中郡)에 파견하여, 관중(關中)에서 촉(蜀)으로 통하는 협곡의 잔도〔棧道, 격도(閣道)〕를 단절한 뒤에 한(漢)에서 보낸 관리를 죽여버렸다.

유언은 조정에 미적(米賊, 오두미도 신봉자)들이 잔도를 단절하여 교통할 수 없다고 보고하면서, 다른 평계를 대어 익주 관내의 호족들을 처형하여 자신의 위엄을 보였다.

○ 유언의 야심

유언의 야심은 점차 방자하여 황제용 수레와 필요한 장비를 1천여 대나 제조하였다. 이에 형주목인 유표(劉表)는 익주 유언의 소행이 마치 공자의 제자 자하(子夏)[304]가 전국시대 위(魏)의 서하

---

[303] 張魯(장로, ?-216년?, 245년?) - 五斗米道의 창립자 張陵(장릉, 張道陵)의 손자, 張衡(장형)의 아들. 天師道의 敎主. 張道陵은 늘 호랑이를 타고 다녔으며 葛玄(갈현), 許遜(허손) 등과 함께 四大天師로 추앙된다. 장로는 한때 武將으로 漢中郡 일대를 장악했었다. 《魏書》 8권, 〈二公孫陶四張傳〉에 입전.

(西河)에 머물면서 성인(聖人)의 도(道)를 어지럽힌 것에 비교할 수 있다고 표문(表文)을 올렸다.

그때 유언의 아들 유장(劉璋)은 봉거도위(奉車都尉)로 장안에서 헌제를 모시고 있었으며, 다만 유언의 조카 별부사마(別部司馬)인 유모(劉瑁)만이 평소에 유언을 수행하고 있었다.

헌제는 유장을 보내 유언을 설득케 하였는데, 유언은 유장을 억류하며 조정으로 돌려보내지 않았다.

그리고 유언은 익주의 치소를 성도(成都)[305]로 옮겼지만, 아들의 죽음에 이어 요상한 재해를 당해 걱정하다가, 헌제 흥평 원년(194)에, 등에 등창(악성 피부병)이 나서 죽었다.

익주의 고급 관원인 조위(趙韙)는 유장이 온화 인자하기에 여러 사람과 함께 유장을 익주자사로 옹립하자, 조정에서는 조서를 내려 유장을 감군사자(監軍使者) 겸 익주목(益州牧)을 겸임케 하였다.

---

[304] 子夏〔자하, 본명 卜商(복상)〕— 공자보다 44세나 어렸음. 孔門十哲의 한 사람으로 문학 분야에 뛰어났는데 특히 經學에 밝았다. 공자가 함께 《詩》를 논할 수 있는 제자였다. 공자가 '너는 君子儒가 되어야지 小人儒가 되어서는 안 된다'는 가르침을 주었으며, 공자의 학문과 사상을 후세에 전하는데 공이 많았다.

[305] 成都(성도) — 蜀郡의 治所. 나중에는 益州牧의 치소. 유비 蜀漢의 도읍지, 今 四川省 중부 成都市.

2) 유장

○ 장송(張松)

유장(劉璋)[306]의 자(字)는 계옥(季玉)인데, 이미 부친 유언(劉焉)의 지위를 계승했다. 장로가 점점 교만 방자하면서 유장에게 순종하지 않자, 유장은 장로의 모친과 동생을 죽여 유장과 장로는 원수가 되었다.

유장은 조조가 형주를 징벌하려고 남하하여 이미 한중군(漢中郡)을 평정했다는 소식을 듣고, 사자를 조조에게 보내 치하하였다. 이에 조조는 유장에게 진위장군(振威將軍) 직함을, 유장의 형인 유모(劉瑁)에게는 평구장군(平寇將軍) 직위를 수여했다.

유장은 별가(別駕)인 장송(張松)[307]을 조공(曹公)에게 보냈는데, 조공은 이미 형주(荊州)를 평정했고, 선주(先主, 유비)는 패주하였기에, 조조가 장송을 등용하지 않자, 이에 장송은 원한을 품었다.

마침 조공의 군사가 적벽(赤壁)[308] 싸움에서(208년) 크게 불리

---

306 劉璋(유장, 162-220년, 字는 季玉) — 부친 劉焉(유언)의 뒤를 이어 益州牧이 되었다가 劉備에게 패배한 뒤에 益州를 떠나 형주에서 죽었다. 한마디로 유약하고 무능했다. 《後漢書》 75권, 〈劉焉袁術呂布列傳〉 참고.

307 張松(장송, ?-212) — 蜀郡 成都人, 張肅의 동생. 益州牧 劉璋의 별가종사. 足智多謀한 謀士. 《삼국연의》에서는 키도 작고 용모가 볼품없는 사람으로 묘사되었다. 張松과 楊修(양수)가 지식을 자랑하는 이야기가 나온다.

했고 아울러 전염병으로 많은 군사가 죽었다. 장송은 돌아와 유장에게 조조를 헐뜯으며 유장에게 조조와 단절을 건의하였고, 또 유장에게 "유예주(劉豫州, 유비)는 사군〔使君, 자사(刺史), 유장(劉璋)〕의 폐부(肺腑, 일족)이니 서로 도와야 합니다."라고 말했다.

유장도 그렇게 생각하여, 법정(法正)[309]을 보내 유비와 화친하면서 얼마 뒤에 다시 법정과 맹달(孟達)을 시켜 수천 병력을 보내 선주(先主)의 방어를 도와주게 했으며, 법정은 임무를 마치고 돌아왔다.

○ 익주에 들어온 유비

뒤에 장송은 다시 유장을 설득했다.

"지금 익주의 장수로 방희(龐羲), 이이(李異) 등은 모두 자신의 공적을 자랑하고 교만한데다가 변란을 생각하고 있으니, 만약 유비의 도움을 받지 않을 경우에, 적은 외부에서 백성들은 내부에서 봉기한다면 이는 틀림없이 망하는 길입니다."

유장은 이에 법정의 말을 따랐고, 법정을 보내 유비를 초빙케

---

308 서기 208년의 적벽대전, 적벽 싸움의 장소가 어딘가에 대해서는 논의가 분분하다. 여러 이론을 근거로 1998년, 湖北省 咸寧市 관할 蒲圻市(포기시)는 赤壁市로 정식 개명하였다.

309 法正(법정, 176-220, 字는 孝直) - 右扶風 郿縣 출신. 뒷날 蜀漢의 軍師. 曹操의 謀士 程昱(정욱)과 郭嘉(곽가)와 대등한 인물이다. 《蜀書》7권, 〈龐統法正傳〉에 입전.

하였다. 유장의 종사(從事)인 광한군(廣漢郡) 출신 왕루(王累)[310]는 자신의 익주 관아의 정문에 거꾸로 매달은 뒤에 간언을 올렸지만, 유장은 하나도 받아들이지 않으면서, 유비가 들어오는 곳에서 유비를 잘 대우하라고 명령하자, 유비는 자기 집에 돌아오듯 익주로 들어왔다.

이에 유비는 파군(巴郡) 강주현(江州縣)의 북쪽에 도착했고, 점강(墊江)에서 수로를 이용하여 성도(成都)에서 3백 리 떨어진 (광한군) 부현(涪縣)[311]에 도착하였는데, 이때가 건안 16년(211)이었다.

유장은 보병과 기병 3만 병력을 거느렸고 수레와 휘장과 깃발이 번쩍이며 행차하여 유비와 회동하였다. 유비도 장졸을 거느리고 서로 왕래하면서 1백여 일을 마시며 즐겼다. 유장은 유비에게 여러 물자를 공급하면서 장로(張魯)를 토벌하라고 부탁한 뒤에 헤어졌다.

○ 유장의 항복

서기 212년, 유비는 가맹(葭萌)[312]에 도착한 뒤에 군사를 돌려

---

310 王累(왕루, ?-211년) - 益州 廣漢郡 新都縣 출신. 간언은 올렸고 받아들여지지 않자 자살했다. 《삼국연의》처럼 거꾸로 매달렸다가 밧줄을 절단하여 자살하지는 않았다.
311 (廣漢郡) 涪縣(부현) - 今 四川省 북부 綿陽市. 涪는 물거품 부.
312 廣漢郡 葭萌(가맹) - 현명. 今 四川省 북부 廣元市. 陝西省과 연접. 葭는 갈대 가. 萌은 싹 맹.

남쪽으로 진격하면서 가는 곳마다 유장의 군사를 격파하며 승리했다.[313]

건안 19년(214), 유비는 성도성(成都城)을 수십 일간 포위하였다. 성 안에는 3만 정병(精兵)과 1년을 지탱할 곡식과 비단이 있었고 관리와 백성이 모두 싸우려 했다.

그러나 유장이 말했다.

"우리 부자가 익주에 머물기 20여 년에 백성에게 은덕을 베푼 것도 없다. 백성들이 3년을 싸우며 초야에 죽어 묻혔으니 모두가 나 때문이다. 어찌 마음이 편하겠는가!"

그리고는 성문을 열고 나가 항복하였고 아랫사람 모두 눈물을 흘렸다.

유비는 유장을 (남군南郡) 공안현(公安縣)[314]으로 이주시켰고, 그 재물과 옛 진위장군(振威將軍) 인수(印綬) 등을 모두 돌려주었다. 손권이 관우를 죽이고 형주(荊州)를 차지하면서(서기 219) 유장을 익주목(益州牧)에 임명하여 (남군) 자귀현(秭歸縣)에 주둔케 하였다.

---

313 張松의 형인 廣漢太守 張肅(장숙)은 화가 자신에 미칠 것이 두려워 장송의 모의를 유장에게 말했고, 장송은 잡혀 처형되었으며 모든 관문에서 (유비의) 왕래를 금지시켰다. 유비는 화가 나서 군사를 돌려 유장을 공격했고 가는 곳마다 이겼다.

314 南郡 公安 – 後漢 말 縣名. 今 湖北省 남부 荊州市 관할 公安縣.

O 그릇에 따른 화복(禍福)

옛날 위표(魏豹)[315]는 관상가 허부(許負, 여인)의 말을 믿고 박희(薄姬)를 아내로 삼았고, 유흠(劉歆)[316]은 도참(圖讖)에 따라 이름을 고쳤지만(劉歆 → 劉秀), 끝내 제 명대로 살지 못하고, 복운(福運)은 다른 두 군주(한 문제와 후한 광무제)에게 있었다.

이는 곧 신명(神明)의 도움이나 천명(天命)을 함부로 기대하거나 바랄 수 없다는 분명한 증거이다. 유언(劉焉)은 동부(董扶)란 사람의 천자의 기(氣)가 있다는 말을 믿고 익주(益州)를 마음에 두었고, 상자(相者)의 말에 따라 오씨(吳氏)에게 구혼하였으며, 천자의 수레와 복색을 준비하고 제위(帝位)를 탐냈으니 큰 미혹에 빠졌었다.

유장(劉璋)은 재능이 인걸(人傑)도 못 되면서 난세에 한 지역을

---

315 魏豹(위표, ?-前 204) - 전국 말기 魏國 종실, 魏咎(위구)의 아우, 뒷날 項羽에 의해 魏王에 봉해졌다. 漢王에 귀부하는 등 叛服이 무상하여 漢將 周苛에 의해 살해되었다. 魏豹의 妻가 薄姬(박희)였는데, 박희는 나중에 高祖를 모셨고 文帝(劉恒)의 생모이다. 《漢書》 33권, 〈魏豹田儋韓王信傳〉 입전.

316 劉歆(유흠, 前 50-서기 23, 字는 子駿) - 학자로서 고대 전적을 정리 분류하는데 큰 업적을 남겼다. 왕망의 신임과 인정을 받으며 왕망의 新朝 건설에 큰 역할을 다했다. 뒷날 참서를 믿고 자신의 이름을 劉秀(유수)로 개명했는데, 후한을 건국하고 제위에 오른 사람은 유흠이 아니라 南陽의 劉秀(光武帝)였다. 나중에 왕망을 암살하려던 어설픈 계획이 탄로나 자살하였다. 劉向(유향, 前 77-前 6)의 아들. 유향의 原名은 更生(경생). 成帝 때 向으로 改名.

차지하였으니, 이는 재물이 많아 도적을 자초한 것과 같으며, 그가 직위와 땅을 빼앗긴 것은 당연한 귀결이지 불행은 아니었다.(촉서 〈유이목전(劉二牧傳)〉. 진수(陳壽)의 평론)

(4) 조운과 마초

1) 조운

○ 아두(阿斗)를 구하다

조운(趙雲)[317]의 자(字)는 자룡(子龍)으로, 상산군〔常山郡(國)〕 진정현(眞定縣) 사람이다. 본래 공손찬(公孫瓚)의 부장이었는데, 공손찬이 조자룡을 유비에게 보내 돕게 하였는데, 조운은 유비를 따랐고 유비의 시종 기장(騎將)이 되었다.

유비가 조조에 쫓겨 당양현(當陽縣) 장판(長阪)에서 처자를 버리고 남쪽으로 도주할 때, 조운은 어린아이(아두阿斗, 뒷날 후주

---

[317] 趙雲(조운, ?-229년, 字 子龍) - 三國시기 蜀漢 名將, 常山 眞定(今 河北省 省會 石家莊市 관할 正定縣) 출신. 身高 8척, 체구 장대. 처음 公孫瓚의 부하, 나중에 劉備에 귀부. 牙門將軍, 偏將軍, 領桂陽太守, 翊軍將軍, 領中護軍, 征南將軍에 역임했다. 조운의 대담한 용기에 대하여 유비도 "子龍의 一身이 전부 쓸개이다(子龍一身都是膽也)."라고 말했으니, 사람의 담력은 쓸개에서 나온다고 생각하였다. 趙子龍은 중국 민간신앙과 민간예술에 수많은 소재를 제공한 인물이며, 우리나라 村夫들도 趙子龍의 武勇을 즐겨 듣고 이야기했다.

유비(劉備)의 부장
왼쪽부터 조운(趙雲), 요화(廖化), 마초(馬超), 위연(魏延), 황충(黃忠)
〈국립중앙도서관 소장〉

後主, 유선劉禪)를 품에 안았으니, 곧 후주(後主)이며 감부인(甘夫人)을 지켰으니 곧 후주의 모친이었는데, 모두 난관을 피할 수 있었다. 조운은 아문장군(牙門將軍)이 되었다. 선주(先主)는 입촉(入蜀)하며 조운을 형주에 남겨두었다.

○ 선주 이어 후주에게 충성

유비는 가맹현(葭萌縣)에서 방향을 돌려 익주목(益州牧) 유장(劉璋)을 공격하면서 제갈량을 소환하였다. 제갈량은 조운, 장비 등과 함께 장강(長江)을 거슬러 서쪽으로 올라가면서 여러 군현을 평정하였다.

파군(巴郡) 강주현(江州縣)에 이르러 조운을 별도로 파견하여 장강의 지류를 거슬러 올라가 건위군(犍爲郡) 강양현(江陽縣)을 거쳐 제갈량과 성도(成都)에서 합세하였다. 파군 성도가 평정된 뒤에 조운은 익군장군(翊軍將軍)이 되었다.

후주(後主) 건흥(建興) 원년(223), 조운은 중호군(中護軍)에 정남장군(征南將軍)이 되었고, 영창정후(永昌亭侯)가 되었다가 진동장군(鎭東將軍)으로 승진했다.

건흥 5년(227), 제갈량을 따라 한중군(漢中郡)에 주둔하였다. 다음 해 제갈량은 대군을 출동시키면서 사곡도(斜谷道)를 따라 공격한다고 소문을 냈고, 위군(魏軍) 대장 조진(曹眞)은 대군을 거느리고 이를 방어케 했다.

제갈량은 조운과 등지(鄧芝)를 보내 조진과 대적케 하면서, 자신은 기산(祁山)을 공격하였다. 조운과 등지의 군사는 약하고 적은 강성하여 결국 기곡(箕谷)[318]에서 패전하였지만 군사를 모아 굳게 지켜 대패하지는 않았다. 군사가 철수하자, 조운은 자신의

---

318 今 陝西省 서남부 漢中市 箕山의 계곡.

직급을 낮춰 진군장군(鎭軍將軍)이 되었다.

후주 건흥 7년(229)에 조운이 죽었고, 추시(追諡)는 순평후(順平侯)였다.

조운의 아들 조통(趙統)이 후사가 되었는데, 관직은 호분중랑(虎賁中郞)이었고 군사를 감독하였다. 차자(次子)인 조광(趙廣)은 아문장(牙門將)으로 강유(姜維)[319]를 따라 답중(沓中)에서 싸우다가 전사하였다.

2) 마초

○ 양주(涼州)의 장문(將門) 출신

마초(馬超)의 자(字)는 맹기(孟起)로, 우부풍(右扶風) 무릉현(茂陵

---

[319] 강유(姜維, 202-264년, 字는 伯約) – 涼州 天水郡 기현(冀縣, 今 甘肅省 天水市 甘谷縣) 출신. 촉한의 장수, 본래는 曹魏의 天水郡 中郎將, 촉한에 투항한 뒤, 제갈량의 인정을 받았다. 제갈량 사후에 촉한의 군권을 쥐고 전후 11차례나 벌위(伐魏)에 나섰다. 조위(曹魏)의 사마소(司馬昭)가 촉한을 멸망시킬 때, 강유는 劍閣(검각)에서 鍾會(종회)를 막고 있었으나, 鄧艾(등애)가 陰平(음평) 小路로 成都를 함락시켰고 後主 유선의 투항을 받았다. 종회는 등애를 제거한 뒤, 강유와 그 군사를 거느리고 조위를 정벌하려는 반역을 꾸몄고, 강유는 종회에 동조하였지만, 종회의 부하들이 반기를 들면서 亂軍 속에서 62세로 죽었다.《蜀書》14권,〈蔣琬費禕姜維傳〉에 立傳.

縣)³²⁰ 사람이다. 부친인 마등(馬騰)³²¹은 영제(靈帝) 말기, 변장(邊章), 한수(韓遂) 등과 함께 서주(西州, 양주)에서 기병하였다.

헌제 초평(初平) 3년(서기 192), 한수와 마등이 군사를 거느리고 장안(長安)에 들어오자, 한조(漢朝)에서는 한수에게 진서장군(鎭西將軍)을 제수하여 금성군(金城郡)으로 회군하게 하고, 마등을 정서장군(征西將軍)으로 삼아 (우부풍의) 미현(郿縣)에 주둔케 하였다. 뒷날 마등은 장안을 습격했다가 패주한 뒤에 양주로 달아났다.

사예교위(司隸校尉)인 종요(鍾繇)³²²는 관중(關中)을 진압한 뒤에 한수와 마등에게 서신을 보내 앞으로 행동에 따른 화복(禍福)으로 설득하였다. 이에 마등은 아들 마초(馬超)를 보내 종요와 함께 곽원(郭援)과 고간(高幹)의 세력을 평양(平陽)에서 진압했다.

뒷날 마등은 한수와 불화하며 경기(京畿) 일대로 돌아가겠다고

---

320 茂陵縣(무릉현) — 본래 茂陵은 漢 武帝의 능. 前漢 帝王 陵 중에서 최대 규모. 소재지가 漢代 槐里縣 茂鄕이라서 무릉이라 했다. 今 陝西省 咸陽市와 興平市 중간. 漢代에는 황제 능 주변에 주민을 이주시킨 뒤, 현을 설치하였다. 이런 縣을 능현(陵縣)이라 하는데, 조정 九卿 중 太常의 관할이었다.

321 馬騰(마등, ?-212년) — 字는 壽成(수성), 右扶風 茂陵縣人, 馬援(마원)의 후손. 八尺이 넘는 신장에 신체가 매우 장대하였고 천성이 현명 온후하여 많은 사람의 존경을 받았다. 마등의 아들이 촉한의 馬超(마초, 176-222. 字는 孟起)이다.

322 鍾繇(종요, 151-230년, 字는 元常) — 豫州 潁川 長社縣 출신. 曹魏의 重臣, 유명한 서예가. 太傅 역임. 晉代 書法家 王羲之와 함께 '鍾王'으로 불린다. 《魏書》 13권, 〈鍾繇華歆王朗傳〉에 立傳.

요청했다. 이에 조정에서는 마등을 위위(衛尉)에 임명하고, 마초(馬超)를 편장군(偏將軍)에 임명하고 도정후(都亭侯)에 봉했으며, 부친 마등의 옛 부대를 거느리게 하였다.

○ 조조의 이간계

마초가 군사를 통솔하게 되자, 한수(韓遂)[323]와 합종(合從)하였고, 다른 무장과도 합세하여 동관(潼關)[324]까지 진출하였다. 조조는 한수, 마초 등과 단마(單馬)로 이야기를 나누곤 했는데, 마초는 자신의 강한 힘을 믿고 은밀히 돌진하여 조조를 잡으려 했으나, 조조 측근의 장수 허저(許褚)[325]가 화난 눈으로 노려보고 있어 마초는 감히 움직일 수가 없었다.

조조는 가후(賈詡)의 책모에 의거하여 마초와 한수를 이간시켜 서로 의심케 했고,[326] 결국 마초와 한수는 대패하였다.

---

323 韓遂(한수, ?-215년, 일명 韓約, 字는 文約) - 후한 말 양주(涼州) 출신 군벌의 한 사람.

324 潼關(동관) - 今 陝西省 동남부 渭南市 관할 潼關縣 북쪽의 관문, 北東쪽으로 黃河에 연접했다.

325 許褚(허저, 161-230년, 字는 仲康) - 褚는 솜옷 저. 초국(譙國) 譙縣〔초현, 今 安徽省 서북단 亳州市(박주시)〕 사람. 조조와 同鄕. 典韋(전위)가 전사(197년)한 이후, 曹操의 경호실장. 力大하지만 寡言(과언)하여 '虎痴(호치)' 또는 '虎侯(호후)'로 통칭.

326 曹公이 韓遂에게 서신을 보냈는데, 여러 곳에 검은 점으로 글자를 지워 마치 한수가 고친 것처럼 보였기에 마초 등은 한수를 더

○ 양주 일대를 장악

마초는 서쪽으로 달아나 여러 서융(西戎)의 종족을 아울렀고, 조조는 추격하여 안정군(安定郡)327 지역까지 이르렀지만, 마침 북방에 일이 있어 군사를 거느리고 동쪽으로 돌아갔다.

이에 양부(楊阜)라는 사람이 조조에게 말했다.

"마초는 한신(韓信)이나 영포(英布) 같이 용맹한데다가 강족(羌族)과 호인(胡人)들의 민심을 얻고 있습니다. 만약 대군(大軍)이 회군하며, 마초에 대한 경계가 풀어지게 되면 농산(隴山) 일대의 군현은 우리나라의 소유가 아닐 것입니다."

마초는 예상 그대로 서융(西戎)의 여러 종족의 군사를 거느리고 농산(隴山) 일대의 군현을 공격하자, 일대의 모든 군현이 마초에 호응하였으며, 마초는 양주(涼州)자사인 위강(韋康)을 죽이고 한양군(漢陽郡) 기현(冀縣)에 주둔하며 그 인근의 군사를 통솔하였다.

마초는 징서장군(徵西將軍)을 자칭하고 병주목(幷州牧)을 겸임하며 양주 일대의 군사를 감독하였다.

그러나 군사 세력을 잃고 한중군(漢中郡)으로 달아나 장로(張

욱 의심하였다. 曹公은 마초 등과 날짜를 정해 會戰하였는데, 먼저 경무장 군사로 싸우다가는 나중에 중무장 기병으로 공격하여 대파하면서 마초의 부장을 죽였다. 한수와 마초 등은 涼州(양주)로 도주하였다.

327 安定郡의 治所는 臨涇縣(임경현), 今 甘肅省 동부 慶陽市 관할 鎭原縣.

魯)에 의지하였다. 그러나 장로는 함께 큰일을 도모할 사람이 못 되어 마초는 번민하다가, 선주(先主)가 익주 유장(劉璋)을 성도(成都)에서 포위 공격한다는 소식을 듣고 밀서를 보내 투항하겠다고 말했다(건안 19년, 214).

○ 유비의 오호장군(五虎將軍)

선주(先主)가 사람을 보내 마초(馬超)를 영입했고, 마초는 군사를 거느리고 지름길로 성도(成都) 근처에 이르렀다.[328] 성중(城中) 관민이 두려움에 떨었고 유장은 곧 투항하였는데, 선주는 마초를 평서장군(平西將軍)에 임명하여 남군(南郡)에 주둔케 했고, 이전 작위를 계승케 하며 도정후(都亭侯)로 봉했다. 선주가 한중왕(漢中王)이 되자, 마초를 좌장군(左將軍)에 임명하였다.

선주 장무(章武) 원년(221), 마초는 표기장군(驃騎將軍)으로 승진하며 양주목(涼州牧)을 겸임케 했다.

마초는 장무(章武) 2년(222)에 죽었는데, 그때 47세였다. 죽기 전에 마초가 상서하였다.

「신(臣)의 문종(門宗) 2백여 명이 모두 맹덕(孟德, 曹操)에게 주살당하여 거의 없어졌고, 다만 종제(從弟)인 마대(馬岱)[329]만 남아 쇠

---

328 유비는 마초의 투항 소식에 기뻐하며 "나는 이제 益州를 얻었다."라고 말했다. 마초가 成都에 들어온 지, 10일이 안 되어 劉璋은 투항했다.

약해진 일족의 제사를 받들어야 하기에 폐하께 진심으로 부탁드리오며, 다른 말씀은 드릴 것이 없습니다.」

마초에게 위후(威侯)라는 추시(追諡)를 내렸고, 아들 마승(馬承)이 후사가 되었다. 마대는 평북장군(平北將軍)을 역임하였고 진창후(陳倉侯)로 작위가 올랐다.

3) 황충

○ 처음엔 유표의 부장

황충(黃忠)330의 자(字)는 한승(漢升)으로 남양군 사람이다. 형주목(荊州牧)인 유표가 중랑장에 임명하여 장사군(長沙郡)에 주둔하였다. 조조가 형주를 정벌한 뒤에는 임시 비장군(裨將軍)이 되어 이전 임지에 근무케 하였는데, 장사(長沙) 태수 한현(韓玄)에게 소속되었다.

선주(先主, 유비)가 남으로 여러 군을 평정하자, 황충은 유비에

---

329 馬岱(마대, 183-?) - 司隷교위부 관내 右扶風 무릉(茂陵) 출신. 馬騰(마등)의 조카, 馬超(마초)의 사촌 동생, 蜀漢의 平北將軍. 제갈량 사후에 항명하는 위연을 죽였다.

330 黃忠(황충, 148?-220년, 字는 漢升) - 蜀漢의 노장이고 맹장(猛將). 본래 漢末 유표(劉表)의 部將, 長沙 太守 韓玄(한현)의 部將, 유비의 장군으로 討虜將軍, 征西將軍, 後將軍 역임. 시호는 剛侯(강후). 황충의 나이는 本傳에 기록이 없다. 소설에서 황충을 노장으로 묘사한 것은 의심의 여지가 많다. 진수의 《三國志 蜀志》〈關張馬黃趙傳〉 참고.

투항하였고 유비를 따라 촉(蜀)에 들어갔다. 황충은 명을 받아 유장(劉璋)의 군사를 공격하였는데, 황충은 늘 맨 앞에서 공격하여 군진을 함락시켰고, 황충의 용기에 무예는 삼군(三軍)의 으뜸이었다. 익주가 평정되자, 황충은 토로장군(討虜將軍)이 되었다.

○ 관우와 같은 반열

(헌제) 건안 24년(서기 219), 한중군(漢中郡) 정군산(定軍山)에서 (조위曹魏의) 하후연(夏侯淵)을 공격했다. 하후연의 군사는 정예군이었지만, 황충은 부대를 지휘하여 정확하게 진격했고, 장졸을 격려하고 앞장서서, 단 한 차례 싸움으로 하후연을 참수하자 하후연의 군사는 대패했다. 황충은 정서장군(征西將軍)으로 승진했다.

이 해에 선주는 한중왕(漢中王)이 되었는데, 황충을 후장군(後將軍)에 임용하려 하자, 제갈량이 선주에게 말했다.

"황충의 명망은 평소에 관우나 마초에 미치지 못하는데, 지금 같은 반열에 세우려 하십니다. 마초나 장비는 가까이 있어 황충의 공적을 직접 보았기에 이해할 수 있다지만, 관우가 멀리서 이를 알게 된다면 틀림없이 싫어할 것이니, 상황이 별로 좋지 않을 것 같습니다."

이에 선주가 말했다.

"내가 응당 알아서 해결할 것이요."

결국 황충과 관우는 나란한 지위에 올랐고, 황충은 관내후(關內侯)가 되었다. 황충은 그 다음 해에 죽었는데, 추시(追諡)는 강후

(剛侯)였다. 아들 황서(黃敘)가 일찍 죽어 후사가 없었다.

○ 촉 무장(蜀武將)에 대한 총평

진수(陳壽)의 평론(評論) : 관우와 장비는 모두 만인(萬人)을 상대할만한 장수라는 칭송을 들은 당대에 뛰어난 호신〔虎臣, 무신(武臣)〕이었다. 관우는 조조에게 은혜를 갚았고, 장비는 의리로 엄안(嚴顔)331의 결박을 풀어주었으니, 두 사람 다 국사(國士)의 풍모를 지닌 사람이었다.

그러나 관우는 너무 강하고 자긍심〔剛而自矜(강이자긍)〕 때문에, 장비는 사납고 은덕을 베풀지 않는〔暴而無恩(폭이무은)〕 단점으로 패망했으니, 사리(事理)로 보면 당연하였다.

마초(馬超)는 서융(西戎)의 도움과 자신의 용력을 믿었지만 그 일족은 거의 죽었으니 그저 안타까울 뿐이다. 차라리 실의(失意)했다가 태평을 이루는 것이 더 낫지 않았겠는가!

황충(黃忠)과 조운(趙雲)은 강단과 용맹으로 호국(護國)의 무신이었으니 (전한前漢의) 관영(灌嬰)332이나 하후영(夏侯嬰)333과 같

---

331 嚴顔(엄안) - 본래 유장(劉璋)의 巴西太守로, 건안 19년(서기 214) 江州를 지키다가 장비에게 사로잡혔지만, 장비가 엄안을 풀어주어 굴복케 했다.

332 灌嬰(관영, ?-前 176년) - 漢朝 開國功臣, 太尉, 丞相 역임. 관영은 본래 비단 장수였다가 한 고조를 따라 기병하였다. 나중에 呂氏 일족을 제거하고 文帝를 영입하는 공을 세웠다.

지 않겠는가?

◎ 건안 17년(서기 212)

9월, 손권은 말릉에 도읍하고 건업(建業)이라고 개명하였다. 손권은 여몽(呂蒙)의 계책에 따라 유수구(濡須口)에 군사시설을 마련하고 적의 내침에 대비하였다.

10월, 조조가 손권을 공격하였다.

12월, 유비는 가맹관(葭萌關)에서 유장(劉璋)을 공격하였다.

◎ 건안 18년(서기 213)

정월, 조조는 보병과 기병 40만을 동원하여 동오(東吳)의 유수구를 공격하였고, 손권은 7만 군사로 방어하였다.

조조는 손권의 강서(江西) 군영(軍營)을 격파하였지만 유수구에 막혀 한달 여를 대치하다가 철수 회군하였다.

---

333 夏侯嬰(하후영, ?－前 172년) － 漢朝 開國功臣, 보통 滕公(등공)이라 호칭. 嬰은 어린아이 영. 하후영은 패현에서 말을 관리하며 수레를 몰았는데 사상정장이던 고조 劉邦과 친했다. 하후영은 고조가 패현에서 봉기할 때부터 늘 太僕(태복)으로 고조가 죽을 때까지 수행했으며, 나중에 태복으로 惠帝를 섬겼다. 孝惠帝와 高后는 하후영이 혜제와 노원공주를 下邑에서 구해준 것을 은덕으로 생각하였는데, 하후영에게 궁궐 북쪽에 제일 좋은 집을 하사하며 '내 가까이 살라!' 하면서 특별히 존중하였다. 曹魏의 하후(夏侯)씨는 모두 전한 하후영의 후손이다.

4월, 조조는 회남 지역의 백성을 내지(內地)로 이주시켰다. 이 과정에서 백성들이 서로 약탈하였고, 여강, 구강군, 관할 지역 10여만 호가 강을 건너 동쪽으로 이주하였다. 이에 강서 지역이 공허했고, 합비(合肥)의 이남 지역에는 환성(皖城)[334]만이 남았다.

5월, 조조는 작위가 올라 위공(魏公)이 되었다.

7월, 위(魏)의 종묘와 사직을 건립하였다.

◎ 건안 19년(서기 214)

4월, 유비는 낙성(雒城)을 공격했는데, 군사(軍師)인 방통(龐統)은 유시(流矢)에 맞아 죽었다. 제갈량은 관우를 남겨 형주를 지키게 하고, 장비와 조운을 데리고 장강을 거슬러 익주(益州)에 들어가 성도(成都)에서 유비와 합세하였다.

5월, 손권은 위(魏)의 환성을 공격, 점거하였다.

6월, 유비는 익주(益州)를 차지하였다. 손권이 분노하다.

7월, 조조는 17만 대군으로 손권을 공격했지만 성과없이 철수했다.

◎ 건안 20년(서기 215)

5월, 손권은 제갈근(諸葛瑾)을 유비에게 보내 형주의 남쪽 3개

---

334 환성(皖城) - 今 安徽省 서남부, 환하(皖河) 상류 安慶市 관할 潛山市(잠산시).

군(郡)의 반환을 요구했다.

그러나 유비는 "양주(涼州)를 차지하게 되면 형주를 돌려주겠다."고 하였다.

이에 손권은 "돌려줄 생각도 없이 핑계를 대며 지연한다."고 분노하였다.

손권은 장사(長沙), 영릉(零陵), 계양(桂陽) 3개 군 태수를 임명, 부임케 했으나 관우가 이들을 모두 축출하였다. 이에 손권은 여몽에게 2만 군사를 주어 형주의 남(南) 3군을 공격케 하였다. 이에 유비는 5만 병력을 거느리고 공안(公安)에 주둔하며 동오(東吳)에 맞섰다.

7월, 조조는 손권과 유비의 대립을 이용하여 장로(張魯)를 격파하고 한중(漢中)을 차지하였다. 주부(主簿)인 사마의(司馬懿)는 조조에게 촉(蜀)을 점거해야 한다고 건의하였지만 조조는 받아들이지 않았다. 그러면서 한중의 백성 8만여 명을 관중(關中)과 낙양(洛陽), 업군(鄴郡)으로 이주시켰다.

유비는 익주를 빼앗길까 걱정하면서 손권과 강화하려 했다. 그래서 형주의 장사, 강하(江夏) 계양군(桂陽郡)을 동오에 돌려주었다. 대신 형주의 서쪽인 남군(南郡), 영릉(零陵), 무릉(武陵)은 유비가 차지하였다.

8월, 손권은 10만 대군으로 위(魏)의 합비(合肥)를 포위하였지만, 장료(張遼)와 이전(李典) 등에 패해, 성과 없이 철수하였다.

11월, 장비가 조조의 무장 장합(張郃)을 물리치자, 장합은 한중

(漢中)으로 도주하였다.

3. 격화되는 다툼

(1) 손권의 기반 강화

1) 건업에 정도

건안 16년(211), 손권은 동오(東吳)의 치소를 말릉(秣陵)335으로 옮겼다.

다음 해(212)에, 석두산(石頭山)에 축성하고 말릉(秣陵)을 건업(建業)으로 개명하였다. 조조가 내침할 것을 예상하고 유수(濡須)336에 방어시설인 오(塢, 성채 오)를 축조하였다.

---

335 秣陵(말릉, 建業, 수 南京) — 손권은 211년에 도읍을 말릉으로 옮기고 금릉읍 옛터에 석두성(石頭城) 요새를 축조한다. 그리고 다음 해 건업(建業)이라 개칭한다. 229년, 손권이 칭제한 뒤 명실상부한 帝京이 되었다. 東吳가 멸망한 뒤에 282년(太康 3년)에 建業은 建鄴(건업)으로 나중에는 建康으로 명칭이 바뀐다. 지금의 江蘇省 남경시는 '六朝古都', '十朝都會'로도 불린다. 석두성은 남경시의 일부로 청량산(清涼山) 일대인데, 남경은 '石頭城' 또는 '石城'으로도 통칭한다.

336 濡須(유수) — 하천名. 손권의 江西軍營이 있었다. 長江과 합류 지

(건안) 18년 정월(213), 조조는 유수(濡須)를 공격했고, 손권은 한 달이 넘도록 방어하였다. 조조는 손권의 잘 정돈된 군영에 감탄하고 퇴각하였다.

그전에 조조는 장강 주변의 군현이 손권에게 노략질을 당할 것을 걱정하여, 백성을 내지(內地, 북쪽)로 이주하라고 명령했다. 그러나 백성들은 모두 놀라면서 여강(廬江), 구강(九江), 기춘(蘄春),[337] 광릉군(廣陵郡) 일대의 민호(民戶) 10여만 호가 모두 동쪽으로 장강(長江)을 건너 이주하였다. 이에 강서(江西) 일대는 텅 비었고 합비(合肥) 이남에는 겨우 환성(皖城)만 남았다.

2) 여몽의 활약

○ 여몽의 입신양명(立身揚名)

여몽(呂蒙)[338]의 자(字)는 자명(子明)으로, 여남군(汝南郡) 부파현

점이 유수구. 그곳의 土城 보루는 濡須塢(유수오)라 했다. 今 安徽省 동남부 소호시(巢湖市). 建安 18년(213)에, 조조의 남침을 손권이 방어했다.

337 蘄春郡(기춘군, 풀이름 기) – 建安 13년(208), 東吳가 黃祖의 근거지 江夏郡 남부를 격파한 뒤에 신설한 郡, 건안 18년(213) 曹魏에 속했다가 223년 東吳의 영역. 치소는 蘄春縣(기춘현), 今 湖北省 동부, 長江 북안, 黃岡市(황강시) 관할 기춘현.

338 呂蒙(여몽, 178–220년, 字는 子明) – 汝南郡 富陂縣〔今 安徽省 서북부 阜陽市(부양시) 관할 阜南縣〕의 빈농 출신이었다. 虎威將軍이었기에 呂虎로 통칭한다. 孫權의 장려에 힘입어 경전을 공부하고

(富陂縣) 사람이다. 어렸을 때 장강(長江)을 건너 자부(姉夫)인 등당(鄧當)에 의지했다. 등당은 손책(孫策)의 부장이었는데, 자주 산월인(山越人)을 토벌했다. 여몽이 15, 6세 때, 몰래 등당의 군사와 함께 적을 무찌르는 것을 등당이 보고 크게 놀라 질책했지만 못하게 할 수가 없었다.

등당이 여몽의 모친에게 말했고, 모친이 화를 내며 여몽을 크게 혼내려 하자 여몽이 말했다.

"빈천한 지금 이대로 살 수는 없고, 공을 세워야만 가난을 벗어나고 부귀를 누릴 수 있습니다. 호랑이 굴에 들어가지 않고 어찌 호랑이 새끼를 잡겠습니까?"

모친은 슬피 울면서 그냥 두었다. 그 당시 군리(軍吏)가 여몽이 어리다 하여 무시하면서 "저런 녀석이 무엇을 하겠나? 제 몸뚱이나 호랑이 밥으로 주겠지."라고 말했다.

다른 날 다시 여몽을 만났는데, 또 무시하고 욕을 했다.

여몽은 크게 화를 내며 칼을 뽑아 군리를 죽여버리고 도망쳐 읍내 사람 정장(鄭長)의 집에 숨었다. 나중에 교위(校尉) 원웅(袁雄)을 찾아가 자수했고, 원웅은 틈을 보아 손책에게 말했는데, 손

많은 책을 읽어 戰略에 관한 안목을 틔웠고 지용쌍전(智勇雙全)의 장군이 되었으니 '士別三日, 刮目相看(괄목상간, 괄목상대)'의 주인공이다. 關羽를 생포한 東吳의 장수로, 周瑜, 魯肅, 陸遜(육손)과 함께 東吳의 四大都督으로 유명하다. 《吳書》9권, 〈周瑜魯肅呂蒙傳〉에 입전.

책은 불러 만나본 뒤 기특하게 여겨 측근으로 삼았다.

몇 년 뒤 등당이 죽자, 여몽은 등당의 후임으로 별부사마(別部司馬)가 되었다. 손권이 국가대사를 총괄하면서 거느린 군사가 많지 않은 젊은 장수나, 별 쓸모가 없는 부대를 병합하려고 했다. 그러자 여몽은 우선 몰래 빚을 내어 병졸에게 붉은 옷에 각반을 만들어 입혔는데, 검사하는 날에 여몽의 진용은 눈에 띄었고 병졸의 숙련된 동작에 손권은 크게 기뻐하며 군사를 늘려주었다.

여몽은 손권을 수행하며 황조(黃祖)[339] 원정에 나섰고(208), 황조의 부장을 잡아 목을 효수한 뒤에, 승세를 몰아 병졸을 거느리고 성을 공격하였다. 달아나는 황조를 손권의 군사가 추격하여 생포하였다.

이에 손권이 말했다.

"이번 싸움은 황조의 부장을 여몽이 먼저 죽였기에 우리가 이길 수 있었다."

○ 형주를 방어

이 해에 여몽은 또 주유(周瑜)와 정보(程普) 등과 함께 서쪽으로 진출하여 조조의 군사를 오림(烏林)에서 격파했으며(赤壁大戰), 조인(曹仁)을 남군(南郡)에서 포위하였다.

---

[339] 黃祖(황조, ?-서기 208) - 荊州牧 劉表의 宿將, 江夏 太守 역임. 황조의 부하에게 손견이 부상을 당한 뒤 죽었다.

주유가 감녕(甘寧)을 시켜 전진하여 이릉(夷陵)을 점거케 하자, 조인은 군사를 나눠보내 감녕을 포위했는데, 급박해진 감녕이 사람을 보내 구원을 요청하였다.

여러 장수들은 병력이 적어 나눠보낼 수가 없자, 여몽이 주유와 정보에게 말했다.

"능통(凌統, 189-237년)을 남겨두고, 이 여몽이 장군들과 함께 출정하여 위급한 포위를 풀어야 하며, 감녕도 오래 버틸 수 없지만, 저는 능통이 열흘은 버틸 수 있다고 확신합니다."

또 여몽은 군사 3백 명을 나눠 건초와 장작을 가지고 험한 산길을 차단하면 적을 축출하면서 적의 말(馬)을 빼앗을 수 있다고 주유에게 건의하였다.

여몽의 군사는 이릉에 도착하여 당일 전투를 벌였고 적군 절반을 죽였다. 적은 한밤에 도주하였는데, 도중에 장작으로 차단한 길에서 기병은 말을 버리고 도주하였다. 군사가 바짝 추격하여 말 3백 필을 사각형 배에 싣고 돌아왔다.

이에 장졸의 사기가 크게 올라 강을 건너 보루를 만들고 공격하자 조인은 퇴각하였다. 결국 남군(南郡)을 차지하고 형주(荊州)를 진무하였다. 여몽은 돌아와 편장군(偏將軍)에 제수되었고 심양(尋陽) 현령을 겸임하였다.

○ 노숙과 친교

노숙(魯肅)이 주유의 후임이 되어, 육구(陸口)에 와서 여몽의 군영에서 하루를 머물렀다. 노숙은 여전히 여몽을 경시하였는데, 어떤 사람이 노숙에게 "여(呂)장군의 공명(功名)이 날마다 높아지니, 전처럼 대할 수 없으니 군(君)께서도 한번 살펴보십시오."라고 말했다.

술이 거나하게 돌아가자, 여몽이 노숙에게 말했다.

"군께서는 중임을 담당하시며 관우와 연접하고 있는데, 어떤 전략으로 만약의 사태에 대비하십니까?"

이에 노숙은 "때에 따라 적의하게 대응합니다."라고 말했다.

그러자 여몽이 말했다.

"지금 동서 두 나라가 비록 한 나라와 같다지만, 관우는 사실 호랑이나 곰과 같으니, 어찌 대책을 세우지 않을 수 있겠습니까?"

그러면서 여몽은 노숙에게 5가지 방책을 설명하였다.

이에 노숙은 자리를 건너 여몽과 나란히 앉아 그 등을 어루만지며 말했다.

"여자명(呂子明, 여몽)! 나는 장군의 재능과 전략이 이런 경지에 이른 줄 생각하지 못했습니다."

그리고서는 여몽의 모친에게 가서 배례하고, 벗이 되어 떠나갔다.

○ 괄목상대(刮目相對)

그전에, 손권이 여몽과 장흠(蔣欽)에게 말했다.

"경(卿)들은 지금 관직을 갖고 일하지만, 그래도 학문을 하여야 스스로 앞길을 넓힐 수 있다."

이에 여몽이 말했다.

"군중(軍中)의 업무가 많고 힘들어 독서할 겨를이 없습니다."

손권이 말했다.

"내가 어찌 경들에게 경전을 전공하여 박사가 되라고 했는가? 그래도 지나간 일은 두루 읽어 알아야 한다. 경들이 일이 많고 힘들어도 나만큼이야 하겠는가? 나는 젊었을 적에 《시(詩)》, 《서(書)》, 《예기(禮記)》, 《좌전(左傳)》, 《국어(國語)》를 읽었지만, 《역(易), 주역》을 읽지는 못했다. 국사를 주관하면서 나는 《삼사(三史)》[340]와 여러 병법서를 읽었는데 크게 유익하다고 생각하고 있소. 경들은 천성이 영명하니 학문을 하면 크게 진보할 것인데, 그래도 하지 않겠는가? 그리고 응당 서둘러 《손자(孫子)》, 《육도(六韜)》, 《좌전(左傳)》, 《국어(國語)》 및 《삼사(三史)》를 읽어야 하오. 공자께서도 '종일불식(終日不食)하고, 종야불침(終夜不寢)하며 생각해 보아도 무익하니 배우는 것만 못하다.' 고 하였소!(《논어(論語) 위령공(衛靈公)》) 또 광무제(光武帝)도 병마(兵馬)의 격무 속에서도 손에서 책을 놓지 않았소〔手不釋卷(수불석권)〕하였소. 조맹덕(曹孟德, 曹操)도 스스로 노이호학(老而好學)이라 하였소. 그러니 경들이 어찌 배움에 힘쓰지 않을 수 있겠는가?"

---

340 삼사(三史) - 《史記》, 《漢書》, 《東觀漢記》. 唐代 이후에는 《史記》, 《漢書》, 《後漢書》.

이에 여몽은 처음으로 학문을 시작하여 돈독한 의지로 게을리 하지 않았으며, 그가 읽은 책에 대해서는 나이 많은 유생한테도 지지 않았다. 노숙이 주유의 후임이 되어 여몽의 군영에 들려 의논할 때도 노숙은 여몽에 비해 자신이 부족하다고 느꼈었다.

그래서 여몽이 이렇듯 대략(大略)을 갖고 있는 줄 몰랐다고 감탄하였다.

이에 여몽이 말했다.

"사인(士人)이 헤어져 3일을 만나지 못했다면, 눈을 비비고 다시 보아야 한다〔士別三日, 即更刮目相待(刮은 비밀 괄)〕고 하였습니다. 제가 알기로, 대형(大兄, 노숙)께서는 공근(公瑾, 주유)의 후임으로 관우(關羽)를 상대해야 하십니다. 관우 또한 어른이 되어서도 호학(好學)하여 《좌전(左傳)》을 늘 읽는다고 하였습니다만, 관우는 자존심이 강하여 사람을 무시한다고 들었습니다. 그러니 응당 여러 가지로 대응이 있어야 하지 않겠습니까?"

손권도 늘 여몽과 장흠(蔣欽)을 국사(國士)라고 칭송하였다.

이는 본래 《강표전(江表傳)》[341]에 수록된 글이다.

---

341 《강표전(江表傳)》– 서진(西晉) 사람. 우부(虞溥)가 편찬한 三國시대 손오(孫吳)의 역사 관련 사실들을 기록한 책. 《舊唐書 經籍志(경적지)》에는 총 5권이라 하였다. 우부의 아들 우발(虞勃)이 이 책을 晉 元帝에게 헌상하였다. 배송지(裵松之)의 《三國志註》 중에는 《江表傳》의 내용을 많이 인용하였지만, 지금은 失傳된 책이다.

○ 유수오(濡須塢) 설치

그때, 여몽(呂蒙)과 성당(成當), 송정(宋定), 서고(徐顧) 등은 가까이에 주둔하고 있었는데, 3명의 장수가 죽고 아들이나 형제는 어렸기 때문에 손권은 그 병력을 모두 여몽에게 통합하려고 했다.

그러나 여몽은 완강히 사양하면서 서고 등이 그동안 나라를 위하여 애를 쓰기에 그 자제가 비록 어리더라도 폐출할 수 없다고 하였다. 여몽이 3번이나 상서하자 손권이 수락하였다. 여몽은 이에 어린 자제를 위한 스승을 골라 보필케 하였는데, 여몽의 조심하는 정도가 대개 이와 같았다.

여몽은 손권을 수행하여 유수(濡須)에서 조조를 방어하였는데 여러 번 기이한 대책을 제안하였고, 또 손권에게 강물 가까운 곳에, 방어 보루인 오(塢)[342]의 축조를 건의하였는데, 여몽의 방어시설이 매우 완벽하여, 조조도 남하를 포기하고 퇴각하였다.

○ 관우에 대처하는 여몽

노숙(魯肅)이 죽자(건안 22년, 서기 217), 여몽은 서쪽으로 나아

---

342 유수오 – 塢는 작은 둑 오. 낮은 성. 돈대 오, 마을 오. 여기서는 군사적 방어시설 겸 생활공간. 보통의 塢(오)는 높이가 1丈(사람 키 높이이니 쉽게 오를 수 없다), 둘레가 1里(400m)정도라 하였으니 직경이 100m 정도일 것이다. 그런데 후한 말 董卓이 본거지인 郿縣(미현)에 축조한 萬歲塢(만세오)는 높이가 7장이었다니 그 높이와 넓이, 시설을 짐작할 수 있다.

가 육구(陸口)에 주둔하였고, 노숙의 군사 1만여 명과 말은 모두 여몽의 소속이 되었다. 여몽은 관우와 접경하였는데, 관우의 용맹과 또 관우의 오(吳)를 겸병하려는 뜻을 알고 있었으며, 또 관우가 강 상류에 있어 오래 방어하기가 어렵다는 것도 알고 있었다.

그전에 노숙과 관우는 조조가 북쪽에 있어 언제든지 침략할 수 있다는 것을 알기에 서로 협조하고 위(魏)를 공동의 적으로 대처하며 신의를 잃지 않았다. 그러나 여몽은 비밀리에 손권에게 대응책을 설명했었다.

손권은 여몽의 대책을 전적으로 받아들였는데, 겸해서 북으로 서주(徐州)를 쟁취하려는 뜻을 함께 의논하였다.

이에 여몽이 대답하였다.

"지금 조조는 멀리 북쪽으로 원씨(袁氏) 형제들을 격파한 뒤에 유주(幽州)와 기주(冀州)를 안정시켜야 하기에 동쪽으로 진출할 겨를이 없습니다. 그리고 서주를 지키는 군사가 충분하지 않다는 소문도 있으니 우리가 진격하면 이길 수도 있습니다. 그러나 서주와는 육로로 진출해야 하며 용감한 기병이 있어야 하기에 지존께서 서주를 차지한다 하여도 조조는 열흘 쯤 뒤에는 틀림없이 공격해 올 것이니, 우리가 비록 7, 8만의 군사로 방어한다 하여도 걱정이 됩니다. 그러니 관우를 먼저 잡아서 장강 전체를 장악하여 형세를 키우는 것만 못할 것입니다."

손권이 여몽의 말을 옳다고 생각했다. 여몽이 노숙의 후임으로 육구(陸口)에 부임해서는 백성들에게 은덕을 두터이 베풀고, 관우에게 우호적으로 상대하였다.

○ 관우 부자 생포

그 뒤에 관우는 번성(樊城)[343]을 토벌하면서 병력을 남겨 공안(公安)과 남군(南郡, 치소 강릉현)을 수비케 하였다. 이때 여몽이 상소하였다.

「관우가 번성(樊城)을 토벌하면서 다수의 병력을 남긴 것은 틀림없이 이 여몽이 후방을 공격할까 걱정한 것입니다. 저는 늘 병을 앓고 있어 군사를 나눠 건업(建業)으로 돌아가길 바라고 있다고 소문을 내고 있습니다. 관우가 이 소식을 들으면 틀림없이 예비 병력조차 철수시켜 전 병력을 양양(襄陽)으로 집결시킬 것입니다. 그러면 우리 대군이 강을 거슬러 밤낮으로 달려 군사가 없는 남군(南郡)을 습격하여 함락시키고 관우를 잡을 수 있습니다.」

여몽은 병이 심하다고 상서했고, 손권은 여몽의 격문과 여몽을 소환하겠다는 뜻을 공개하면서 은밀히 계책을 추진케 하였다. 관우는 그런 내용을 믿었고 예비 병력을 차츰 철수하며 번성으로 집결시켰다. 위(魏)에서는 우금(于禁)을 보내 번성(樊城)을 구원케 했지만, 관우는 우금과 수만 군사를 생포하였기에 군량 부족을

---

343 번성(樊城) - 보루, 작은 성 이름. 당시 襄陽郡, 今 湖北省 襄陽市 樊城區에 해당. 漢水 남안.

평계로 상관(湘關) 일대의 쌀을 마음대로 빼앗게 방치했다.

  손권은 이 소식을 듣고 대군에게 공격을 명령하며 여몽을 선봉으로 내세웠다. 여몽이 심양(尋陽)에 이르러 그 정병(精兵)은 축로(舳艫)[344]에 숨기고, 백의를 입혀 노를 젓게 하며 모두 상인의 옷을 입혀 밤낮으로 2배의 속도로 나아갔는데, 관우가 설치한 초소마다 척후병을 모두 잡아 묶어두었기에 관우는 소식을 알 수가 없었다. 여몽의 군사가 남군(南郡)에 들어가자 부사인(傅士仁)과 미방(糜芳)[345]은 모두 투항했다.

  여몽은 입성한 뒤에 관우의 식솔이나 휘하 장졸의 가족을 모두

---

344 축로(舳艫) – 배의 船尾(선미, 고물)와 船首(선수, 이물). 方形의 큰 배.

345 傅士仁(부사인)의 字는 君義(군의)인데, 廣陽郡 사람으로 장군이 되어 公安(공안)에 주둔하며 關羽(관우) 휘하의 소속이었다. 관우와 뜻이 맞지 않아 배반한 뒤 손권의 군사를 불러들였다. 糜芳(미방)은 糜竺(미축)의 동생. 미축은 자기 여동생(糜夫人)과 함께 많은 재물을 유비에게 지원하였고 유비의 절대적 신임을 받고 있었다. 南郡 태수인 糜芳(미방)은 江陵(강릉)에 있었고, 將軍인 傅士仁(부사인)은 公安縣(공안현)에 주둔하고 있었는데, 관우가 평소에 자신을 모욕한데 대하여 감정이 있었다. 관우가 出軍하면 미방과 부사인이 군량을 공급해야 했지만, 전력을 다하여 돕지 않았다. 이에 관우는 "회군하면 治罪하겠다."고 말했다. 미방과 부사인 모두 두렵고 불안하였다. 이에 손권은 은밀히 미방과 부사인을 회유했고, 미방과 부사인은 사람을 보내 손권의 군사를 영입하였다. 그리고 曹公이 徐晃(서황)을 보내 曹仁을 구원하자, 관우는 당할 수 없어 결국 군사를 철수하였다.

잡았지만 그들을 위로하였으며 군중에 명령하여 백성의 집에 들어가거나 물건을 가져가지 못하게 단속하였다.

여몽 휘하의 사졸 한 사람은 여남현(汝南郡) 사람인데, 민가에서 삿자리(笠)를 가져다가 관물(官物)인 갑옷을 덮었는데, 갑옷이 비록 관물이지만 군령을 어겼으며, 고향 사람이라 하여 법을 적용하지 않을 수 없다면서 눈물을 흘리며 참수하였다.

이에 군중의 장졸은 모두 두려워 떨었고 길에 떨어진 물건도 주워갖지 않았다. 여몽은 아침저녁으로 근처의 노인들을 보살피고 부족한 것이 있는가를 물었으며, 병든 자에게 약을 주고, 춥고 굶주린 백성에게 옷과 곡식을 하사하였다. 관우 휘하 창고의 재보는 모두 봉한 뒤에 손권의 도착을 기다렸다.

관우는 남군(南郡)을 구원하러 오면서 길에서 사자를 여몽에게 보내 성 안의 소식을 묻게 하였는데, 여몽은 관우의 사자를 후하게 대접했고, 성 안을 마음대로 돌아다니면서 (사졸의) 집집마다 안부를 묻거나 편지를 받아가기도 했다.

관우가 보낸 사람이 돌아오자, 장졸은 서로 소식을 물으면서 집안에 아무런 변고가 없으며 평상시와 같이 지내고 있다는 소식에, 관우의 장졸들은 오군(吳軍)과 싸우려는 마음이 없었다.

마침 손권의 본진이 (강릉에) 도착했고, 관우는 고립무원임을 알고 맥성(麥城)[346]으로 도주하여 서쪽 장향(漳鄉)에 도착하였지

---

346 맥성(麥城) - 今 湖北省 서부 宜昌市(의창시) 관할 當陽市 兩河鎭

만, 대부분의 장졸은 관우를 버려두고 투항하였다. 손권은 주연(朱然)과 반장(潘璋)을 시켜 샛길을 미리 차단하여 관우 부자를 생포하면서 형주(荊州)는 마침내 평정되었다.

○ 여몽의 죽음

여몽은 남군태수(南郡太守)가 되었고 잔릉후(孱陵侯, 무릉군의 縣名)에 책봉되었으며, 금전 일억(一億)과 황금 5백 근을 하사받았다. 여몽이 금전을 고사하였지만, 손권은 수락치 않았다. 여몽이 새로 책봉이 되기 전에 병에 걸렸는데, 손권은 그때 공안(公安)에 머물 때라서 여몽을 내전(內殿)에 거처하게 하였다. 그러면서 만방으로 병을 고칠 자를 찾으면서, 여몽의 병을 고치는 자에게 천금을 하사한다고 포고하였다. 여몽에게 침을 시술할 때, 손권은 여몽을 대신하여 슬퍼했고, 수시로 여몽의 안색을 살피면서 여몽이 힘들어할까 걱정하여 벽에 구멍을 뚫고 병세를 살폈는데, 여몽이 조금이라도 음식을 먹으면 기뻐서 측근들에게 웃으며 말했지만, 그렇지 않으면 크게 탄식하였으며 밤에는 잠을 이루지 못했다. 여몽의 병이 좀 차도가 있자 손권은 사면령을 내렸고, 모든 신하들은 차도가 있다고 치하했다.

뒤에 병세가 더 위독하자, 손권은 친히 문병을 했고 도사(道士)

麥城村에 해당한다. 建安 24년(219)에, 맥성에서 관우를 사로잡은 사람은 馬忠(마충)이다.

들에게 명하여 성신(星辰)에게 수명을 빌게 했다. 그러나 여몽은 42세에 손권의 내전(內殿)에서 죽었다.[347] 그때 손권은 크게 애통해하며 음식을 들지도 못했다. 여몽이 죽기 전에 그동안 하사받아 창고에 모아둔 상금이나 보화를 상사(喪事)를 주관하는 자에게 자신이 죽는 날에 국고에 반환케 했으며 검소한 장례를 치루라고 하였다. 손권은 이를 전해 듣고서는 더욱 슬퍼하였다.

○ 너그러운 여몽

여몽은 젊어 경전을 공부하지 않았기에 중요한 업무에 관해서는 문서가 아닌 구술로 진술하였다. 여몽은 군사 관련 업무로 강하(江夏) 태수 채유(蔡遺)의 고발을 당했지만, 채유에게 아무런 원한도 품지 않았다. 예장(豫章) 태수 고소(顧邵)가 죽자, 손권이 그 후임자 천거를 묻자, 여몽은 채유가 업무를 잘 처리한다며 천거하였다.

이에 손권은 웃으며 "군(君)은 기해(祁奚)[348]가 되고 싶은가?"라고 말했다. 그리고서 채유를 등용하였다.

감녕(甘寧)은 성격이 거칠고 사나우며 살인을 좋아했기에 늘 여몽의 뜻에 맞지 않았고, 또 가끔 손권의 명령을 어겼기에, 손권이 감녕에게 화를 낼 때마다, 여몽은 "천하(天下)가 미정(未定)인

---

347 《三國演義》에서는 여몽이 관우의 혼령에 놀라 비참하게 죽은 것으로 묘사하였으나, 이는 허구이다.

348 祁奚(기해) – 春秋시대 晉國의 大夫.

데 감녕 같이 잘 싸우는 장수를 얻기 어려우니 용인(容忍)해야 합니다."라고 주청하였기에, 손권은 감녕을 후하게 대했고 마침내 등용하였다.

3) 제갈근

○ 제갈량의 친형

제갈근(諸葛瑾)³⁴⁹의 자(字)는 자유(子瑜)로, 낭야군(琅邪郡) 양도군(陽都縣) 사람이다. 한말(漢末)에 강동(江東)으로 피난하였다. 마침 손책이 죽은 뒤에 손권(孫權)의 자서〔姊壻, 누이의 남편, 매형 / 또는 손권의 외생(外甥), 저지자(姐之子)〕인 곡아(曲阿) 사람 홍자(弘咨)가 제갈근을 만나 특이한 사람으로 여겨 손권에게 천거하였는데, 제갈근은 노숙(魯肅) 등과 함께 빈객으로 대우받았다.

---

349 諸葛瑾(제갈근, 174-241년, 字는 子瑜) - 琅邪郡(낭야군) 출신, 三國時期 東吳의 정치가 겸 무장, 제갈량(諸葛亮)의 친형, 族弟인 諸葛誕(제갈탄)은 魏에 출사했다. 제갈근은 太傅 및 대장군을 역임했고, 제갈근의 아들 諸葛恪(제갈각)은 東吳의 太傅 및 승상을 역임했다. 제갈근은 용모가 온화하고 大方하였으며 손권의 절대적 신임을 받았다. 제갈근은 張昭의 아들 張承(장승) 및 步騭(보즐), 嚴畯(엄준) 등과 널리 교제했다. 제갈량의 두뇌를 본다면 그 형제들은 모두 두뇌 명석하였다. 諸葛瑾은 공사가 분명하여 아우 諸葛亮과 오랫동안 헤어져 있으면서 제갈근이 蜀에 사신으로 가서 공무만을 논했지 私的 만남이 없었다.《吳書》7권,〈張顧諸葛步傳〉에 입전. 諸葛恪은《吳書》19권,〈諸葛滕二孫濮陽傳〉에 입전.

뒷날 손권의 장사(長史)[350]가 되었다가 증사미(中司馬)로 자리를 옮겼다. 건안 20년(서기 215), 손견은 제갈근을 촉(蜀)에 보내 유비와 통호(通好)하게 하였는데 그 동생인 제갈량(諸葛亮)과 공적으로 상견(相見)할 뿐 나와서도 사적으로 만나지는 않았다.

ㅇ 완곡하게 충심(衷心)을 표출

제갈근이 손권과 대화하며 풍간(諷諫)을 할 때는, 절절하게 직선적으로 말하지 않았으며 그 뜻만 조금 비추면서 이런저런 이야기를 하다가 본뜻을 피력하였다.

의견의 일치를 보지 못하면 화제를 다른데로 돌렸다가 다른 일로 다시 화제를 꺼내고, 비슷한 예로 본뜻을 관철시키기에 손권의 주장은 가끔 바뀌고 풀어졌다.

오군(吳郡)태수인 주치(朱治)는 손권을 (한漢 조정에) 장군으로 천거했었는데, 손권은 한때 그 천거를 원망하면서도 주치를 직접 힐난할 수가 없어 분분히 화를 풀지 못하고 있었다.

제갈근은 그런 연고를 알고 있어 감히 공개적으로 의견을 개진하지 못하고, 손권의 뜻을 바탕으로 주치에게 따져 묻겠다고 말한 뒤에, 나중에 손권에게 서신을 작성하여 사물의 이치를 두루 설명한 뒤 자신의 심중으로 손권의 마음을 헤아려 추측하였다. 서신

---

350 長史 – 職官名. 오늘의 秘書長, 막료장(幕僚長)에 해당. 별가(別駕)라고도 부른다.

을 다 작성하여 손권에게 올렸고, 손권은 기뻐 웃으면서 말했다.

"내 마음이 풀렸도다. 안연(顔淵, 안회)의 덕으로 공자 제자들이 서로 친해졌다 하니, 이를 두고 한 말이 아닌가?"[351]

○ 관용과 금도(襟度)

뒷날 제갈근은 관우의 토벌에 참여하였고, 선성후(宣城侯)에 봉해졌다. 제갈근은 수남장군(綏南將軍)으로 여몽의 뒤를 이어 남군태수(南郡太守)를 겸임하며 공안(公安)에 주둔하였다.

황무(黃武) 원년(서기 222), 제갈근은 좌장군(左將軍)으로 승진하여 공안(公安)의 군사를 총 지휘하였고 부절을 받았으며 완릉후(宛陵侯)에 봉해졌다.

제갈근은 용모와 의표(儀表)가 좋고 사려 깊으며, 금도(襟度)가 있어 당시 사람들이 그의 관용과 고아(高雅)함에 심복하였다. 손권도 제갈근을 무척 존중하였고 중요한 국사는 모두 함께 상담하였다.

---

351 원문의 '顔氏之德, 使人加親' ─ 顔回(안회)가 죽었을 때, 공자는 통곡했고 "自吾有回, 門人益親(내 문하에 안회가 있어 제자들이 나와 더 가까워졌다)."고 말했다. 공자와 안회는 서로 의지하고 뜻이 같은 가까운 師弟 간이었기에 다른 제자도 공자를 가깝게 생각하였다는 뜻. 《史記 仲尼弟子列傳》에 보인다.

○ 제갈근의 죽음

손권이 제위를 칭한 후(황룡黃龍 원년, 서기 229), 제갈근은 대장군[352]으로 좌도호(左都護)에 임명되어 예주목(豫州牧)을 겸임했다. 여일(呂壹)[353]이 주살된 뒤에, 손권은 조서를 내려 제갈근과 정무를 토론하였는데, 이는 《오서(吳書)》 2권, 〈오주전(吳主傳)〉에 수록했다. 제갈근은 매번 현실에 근거하여 답변하였는데 그 언사는 늘 순리에 맞았다.

제갈근의 아들 제갈각(諸葛恪)은 당시 꽤나 유명했고 손권 역시 특별하게 생각하였지만, 제갈근은 오히려 아들을 억제하면서 가문을 지킬 아들이 아니라며 늘 걱정하였다.

제갈근은 적오(赤烏) 4년(241) 68세에 죽었는데, 검소한 작은 관(棺)에 입던 옷으로 염을 하여 간략한 장례를 치루라고 유언하

---

352 제갈근이 大將軍일 때 동생 제갈량은 蜀 丞相이었고, 제갈근의 두 아들 제갈각과 제갈융도 군사를 지휘하고 휘하 장령을 거느렸으며, 族弟인 諸葛誕(제갈탄)은 魏에서 명성을 날렸는데 一門이 三國에서 높은 벼슬을 누려 천하 사람들이 부러워하였다. 제갈근의 재략은 동생만 못했지만 德行은 더 순수하였다. 제갈근은 아내가 죽은 뒤 다시 결혼하지 않았으며 애첩이 낳은 자식을 거두지 않았다고 한다.

353 呂壹(여일, ?-238년?) - 東吳 孫權의 心腹, 中書典校郎, 중앙과 지방 주군의 문서 감찰, 일종의 특무 감찰. 재상인 고옹(顧雍)과 좌장군 朱據(주거) 등도 여일의 고발을 당했다. 불법이 드러나 참수되었다.

였다.

○ 제갈근의 아들 – 제갈각

제갈근의 아들 제갈각(諸葛恪, 203 – 253, 삼갈 각)은 동오(東吳)의 태부 및 승상을 역임했다. 손권이 임종하며 보정대신(輔政大臣)에 임명하여 태자(太子) 손량(孫亮)을 보필하라고 유언했다. 손량이 즉위한 뒤 제갈각은 혼자 군정(軍政) 대권을 장악하고 초기에는 민심을 얻었으나 계속되는 위(魏) 원정 실패로 인심을 잃어, 결국 손준(孫峻)에게 살해당했고 삼족이 멸족되었는데, 죽을 때 51세였다. 제갈각은 《오서(吳書)》 19권, 〈제갈등이손복양전(諸葛滕二孫濮陽傳)〉에 입전되었다.

(2) 유비의 기반 강화

1) 방통

○ 새끼 봉황 – 봉추(鳳雛)

방통(龐統)[354]의 자(字)는 사원(士元)으로, 남군(南郡) 양양현(襄

---

354 龐統(방통, 179 – 214년, 字 士元) – 襄陽郡 襄陽縣(今 湖北省 襄陽市 襄州區) 출신. 별호 鳳雛(봉추). 臥龍 諸葛亮과 함께 유명, 南郡의 功曹 역임. 적벽대전 중 조조에게 連環計(연환계)를 건의한 것은 소설의 虛構이다. 후에 吳의 魯肅(노숙)이 유비에게 보낸 서신에

陽縣) 사람이다. 어렸을 적에는 순박하고 노둔하여 알아주는 사람이 없었다. 영천군의 사마휘(司馬徽)³⁵⁵는 청아한 인품에 사람을 잘 알아보았는데, 방통이 약관(弱冠)에 사마휘를 찾아갔고, 사마휘는 방통을 특별한 인재로 알아주며 방통을 남주(南州) 사인(士人)의 으뜸이라고 칭찬했는데, 이로부터 방통은 점차 알려졌다.

서 말했다. "龐士元은 백 리 고을을 다스릴 평범한 인재가 아닙니다(非百里之才). 그에게 정사의 특별한 임무를 맡겨 큰 능력을 발휘토록 해야 합니다(使處治中別駕之任 始當展其驥足). 만약 그의 외모만을 취한다면, 평소 그가 배운 바를 버리는 것이며(如以貌取之 恐負所學), 나중에는 다른 사람이 등용할 것이니 실로 애석한 일입니다(終爲他人所用 實可惜也)." 여기서 '기린의 발을 펴다(展其驥足).'는 큰 능력을 발휘한다는 뜻이다. 유비는 '臥龍, 鳳雛 二者 중 得一하면 可安 天下라.'는 司馬徽(사마휘)의 말을 생각하고 방통을 副軍師로 임명한다. 曹魏의 荀彧(순욱)과 荀攸(순유)에 비교될만한 인물. 유비의 軍師中郞將 역임. 落鳳坡(낙봉파)에서 죽었다는 것도 소설상의 허구이다. 《蜀書》7권, 〈龐統法正傳〉에 입전.

355 司馬徽(사마휘, ?-208년, 字 德操) - 별호는 水鏡, 穎川郡 陽翟縣(今 河南省 許昌市 관할 禹州市) 출신. 漢末에 천하가 혼란하자 형주로 피난했다. 曹操가 荊州를 원정하고 사마휘를 데려다가 중용하려고 했으나 곧 병사했다. 후한 말 은사인 龐德公(방덕공, 龐統의 당숙)은 諸葛亮을 臥龍, 龐統을 鳳雛(봉추), 司馬徽를 水鏡이라고 불렀다.

오장(吳將) 주유는 유비를 도와주고(적벽대전) 형주를 차지했는데, 남군태수(南郡太守)를 겸임하였다. 뒷날 주유³⁵⁶가 죽자 방통은 주유를 운구하여 오(吳)에 갔는데, 소문으로 들어 방통을 아는 사람이 많았다. 방통이 서쪽으로 돌아오려 할 때, 방통을 전송하려고 많은 사람이 창문(昌門, 서문)이란 곳에 모였는데, 육적(陸勣, 陸績),³⁵⁷ 고소(顧劭), 전종(全琮)³⁵⁸ 등도 있었다.

이에 방통이 말했다.

"육자(陸子, 육적)는 노둔한 말(駑馬)이나 빨리 달릴 수 있는 힘이 있고, 고자(顧子, 顧劭)는 우둔한 소(노우駑牛)지만 큰 짐을 싣고 멀리 갈 수가 있습니다."

그리고 전종(全琮)에게 말했다.

"경(卿)은 베풀기를 좋아하고 명성을 추구하는 것이 여남군(汝南郡) 사람 번자소(樊子昭)와 같습니다. 비록 지력(智力)이 많지 않지만, 그래도 한 시대의 뛰어난 인재입니다."

이에 육적과 고소가 방통에게 말했다.

---

356 周瑜(주유, 175 – 210년, 字는 公瑾) – 별칭 '周郎' 적벽대전 중 입은 상처가 악화되어 건안 15년(서기 210), 36세로 巴丘에서 병사했다.

357 陸勣(육적, 陸績, 188 – 219년, 字는 公紀) – 孫權 휘하의 관리, 鬱林太守, 偏將軍 역임. 〈二十四孝〉 중 '회귤유친(懷橘遺親)'의 주인공. 《吳書》 12권, 〈虞陸張駱陸吾朱傳〉에 입전.

358 全琮(전종, 198 – 247년, 字는 子璜) – 東吳의 장군. 爲人이 겸공(謙恭)하며 有謀했다. 손권의 장녀와 결혼. 右大司馬, 左軍師 역임.《吳書》 15권, 〈賀全呂周鍾離傳〉에 입전.

"천하가 태평하다면 응당 경(卿)과 함께 천하의 인재를 논평하고 싶습니다."

그러면서 방통과 깊이 친교를 맺고 돌아갔다.

O 백리지재(百里之才, 말단 지방관)가 아님

유비가 형주를 차지하자, 방통은 종사(從事)에서 계양군(桂陽郡) 뇌양(耒陽) 현령이 되었지만 뇌양현의 업무를 보지 않아 면직되었다.

오장(吳將) 노숙(魯肅)이 유비에게 서신을 보내 말했다.

「방사원(龐士元, 방통)은 백리재(百里才)[359]가 아니오니, 치중(治中)[360]이나 별가(別駕)의 직무를 맡겨 그 능력을 발휘할 수 있게 하십시오.」

제갈량 역시 유비에게 그런 말을 하자, 유비는 방통을 불러 함께 이야기를 나눈 뒤에, 그 능력을 크게 중시하며 치중종사(治中從事)에 임명하였다. 유비는 방통을 제갈량 다음으로 대우했고, 방통은 제갈량과 나란히 군사중랑장(軍師中郎將)이 되었다. 제갈량은 형주에 남았고, 방통은 유비와 함께 촉군(蜀郡)으로 진군하

---

359 百里才 — 사방의 둘레가 1백 리 되는 작은 고을을 다스릴만한 인재.

360 治中 — 자사를 도와 문서를 취급하고 치안을 관장하는 治中從事의 약칭. 州牧의 수석 속관인 別駕는 別駕從事의 약칭. 別駕의 다음 직위가 治中이었다.

였다.

○ 유비의 익주 차지

익주목(益州牧)인 유장(劉璋)과 유비가 부현(涪縣)³⁶¹에서 만날 때, 방통(龐統)이 계책을 올렸다.

"지금 이 회견을 이용하여 바로 유장을 잡아버린다면, 장군은 군사를 동원하지 않고서도 익주를 평정할 수 있습니다."

그러자 유비가 말했다.

"남의 나라에 들어와서 아직 은덕과 신의를 베풀지도 않았으니 그럴 수 없다."

유장은 성도(成都)로 돌아갔고, 선주(先主)는 유장을 위해 북쪽으로 한중군(漢中郡)을 원정해야 했다.

○ 방통의 전사

방통은 진격하여 (광한군廣漢郡) 낙현(雒縣)³⁶²을 포위하였고, 군사를 거느리고 성을 공격하다가 유시(流矢)에 맞아 죽으니, 그 때 36세였다(건안 19년, 서기 214년). 유비는 애통해하면서 방통을 얘기할 때마다 눈물을 흘렸다. 방통의 부친을 의랑(議郞)에 임명했고 간의대부(諫議大夫)로 승진했는데, 제갈량은 방통의 부친

---

361 廣漢郡 涪縣(부현) - 今 四川省 북부 綿陽市. 涪는 물거품 부.
362 廣漢郡 雒縣(낙현) - 본래 益州刺史部 치소. 今 四川省 德陽市 관할 廣漢市에 해당.

을 만나면 절을 올렸다. 방통에게 관내후의 작위를 추가로 하사
했고, 시호는 정후(靖侯)였다.

2) 법정

○ 유비의 익주 차지

법정(法正)[363]의 자(字)는 효직(孝直)으로, 우부풍(右扶風) 미현(郿縣) 사람이다. 조부인 법진(法眞)은 청절(淸節)로 명성이 높았다.

(헌제) 건안 초년(서기 196)에, 천하에 흉년이 들자 동군(同郡)의 맹달(孟達, ?-228년)[364]과 함께 촉군(蜀郡)으로 유장(劉璋)을 찾

---

[363] 法正(법정, 176-220년, 字는 孝直) — 蜀漢의 軍師, 益州牧 劉璋(유장)의 부하였지만 인정받지 못하자 유비에 귀부하였다. 유비의 신임과 제갈량의 인정을 받았다. 유비 在世 시에 죽어 처음 시호를 받았는데 추시(追謚)는 翼侯(익후)이다. 曹魏의 모사 程昱(정욱), 郭嘉(곽가)처럼 개성이 뚜렷했고 恩怨(은원)을 분명히 했던 인물이었다. 법정이 죽었을 때 유비는 수일간 통곡했다.

[364] 맹달(孟達, ?-228) — 본래 益州 劉璋(유장)의 부하. 劉備가 蜀에 들어갈 때 유장은 맹달을 보내 유비를 영접케 했는데, 맹달은 유비에 귀부한다. 맹달은 江陵(강릉)을 수비했다. 건안 24년(서기 219년)에 孟達은 秭歸(자귀)에서 房陵(방릉)을 공격하고 이어 上庸(상용)까지 진격하여 劉封(유봉)과 합세한다. 關羽(관우)가 樊城(번성)에서 포위되었을 때 유봉과 맹달은 구원을 거절한다. 관우가 패전 후 전사하자, 맹달은 문책이 두렵고 또 유봉과 不和하여 바로 曹魏에 투항했다.
투항한 맹달은 魏에서 승진을 거듭하다가 文帝(曹丕)가 죽자, 蜀

아가 의탁했는데, 오랜 세월이 지나서야 (광한군) 신도(新都) 현령에 임명되었다가 뒤에 군의교위(軍議校尉)에 임명되었다. 법정은 이처럼 중용되지 못했고, 또 익주 지역으로 이주해 온 사람들 사이에서도 비방을 당하며 뜻을 펼 수가 없었다.

익주(益州) 별가(別駕)인 장송(張松)[365]은 법정과 서로 가까웠는데, 유장이 큰일을 할 인재가 못된다고 생각하며 늘 탄식하였다.

장송은 남양군(南陽郡, 형주)에 가서 조조를 만나고 돌아와 유장(劉璋)에게 조조와 관계를 끊고 유비와 결합할 것을 권유했다.

유장이 "누구를 보내야 하겠는가?"라고 묻자, 장송은 법정을 천거했고, 법정은 사양했지만 부득이 유비를 만나고 돌아왔다. 법정은 돌아와서 장송에게 유비의 웅재대략(雄才大略)을 칭송하며 함께 유비를 받들기로 모의했으나 적절한 기회가 없었다.

뒤에 유장은 조조가 장수를 보내 장로(張魯)를 공격할 것이라

　　으로 다시 돌아가려다 계획이 누설되어 司馬懿(사마의)에게 잡혀 죽었다(서기 228년).

365 장송(張松, ?-212) – 蜀郡 成都人, 張肅의 동생. 益州牧 劉璋의 별가종사. 족지다모(足智多謀)한 謀士. 장송은 유비에게 마음이 기울었고, 유비에게 巴蜀(今 四川省)의 地理, 事物, 兵器, 군현제도, 倉庫, 人馬의 다과 등 군사에 필요한 모든 지식을 해설하고 지도로 그려주어서, 유비는 益州牧 관내의 구체적 상황을 곧 파악할 수 있었다. 《三國演義》에서는 키도 작고 용모가 볼품없는 사람으로 묘사되었다. 張松과 楊修(양수)가 지식을 마음껏 자랑하는 장면도 나온다.

는 소식을 듣고 조조의 침공을 두려워했는데, 이에 장송은 유장에게 유비를 불러들여 유비로 하여금 장로를 토벌해야 한다고 적극 권장하자, 유장은 법정을 다시 유비에게 보냈다.

법정은 유비에게 유장의 뜻을 전하면서 유비에게 은밀히 방책을 말했다.

"장군의 영명하신 재략으로 익주목 유장의 나약한 무능을 이용하신다면, 유장의 최측근인 장송이 안에서 장군에게 호응할 것입니다. 그런 뒤에 익주의 풍부한 자원과 천부지지(天府之地)의 험한 지형을 이용한다면 대업을 이루기가 손바닥 뒤집기처럼 쉬울 것입니다."

유비는 법정의 헌책을 받아들였고 장강(長江)을 거슬러 서쪽으로 나아가 유장과 부현(涪縣)[366]에서 만났다(서기 212년). 유비는 (장로張魯를 원정하러) 북쪽으로 가맹현(葭萌縣)[367]에 이르렀다가 군사를 돌려 유장의 익주를 빼앗았다(214년).

o 사소한 은원도 기억하다

건안 19년(서기 214), 유비는 진격하여 성도(成都)를 포위했는데, 촉군태수(蜀郡太守)인 허정(許靖)[368]은 성을 넘어 투항하려다

---

366 (廣漢郡) 涪縣(부현) – 今 四川省 북부 綿陽市. 涪는 물거품 부.
367 廣漢郡 葭萌(가맹) – 현명. 今 四川省 북부 廣元市. 陝西省과 연접. 葭는 갈대 가. 萌은 싹 맹.
368 許靖(허정, 147–222, 字 文休) – 人物評論家로 유명한 許劭(허소)의

가 사전에 발각되어 단행하지 못했다. 유장은 멸망이 목전이라서 허정을 죽이지는 않았다. 유장이 굴복한 뒤에 유비는 허정을 박대하며 등용하지 않았다.

이에 법정이 말했다.

"천하에 헛 명성만 있고 실질이 없는 사람이 바로 허정입니다. 그러나 지금 주공(主公)께서는 대업을 처음 시작하셨기 때문에 가가호호에 이런 사연을 다 설명할 수도 없으며, 허정의 부화(浮華)한 칭송은 천하에 널리 퍼졌기에 허정을 예우하지 않는다면 세상 사람들은 주공(主公)께서 현자를 천대한다고 말할 것입니다. 그냥 대우하며 중시하여 원근의 이목에 부응하시면, 마치 옛날 연왕(燕王)이 곽외(郭隗)³⁶⁹를 대우한 것과 같을 것입니다."

유비는 이에 허정을 후대하였다. 법정은 촉군태수에 양무(揚武)장군이 되었고, 도성과 기내(畿內)를 통솔하였고, 조정의 모주

堂兄, 촉한의 太傅와 司徒 역임. 제갈량 다음 자리이나 실권은 없었다. 章武 2년(서기 222)에 노환, 병사.《蜀書》8권,〈許麋孫簡伊秦傳〉에 입전.

369 곽외(郭隗, 생졸년 미상) - 戰國시대 燕國, 燕 昭王(소왕)의 重臣, 燕國을 강대국으로 변화시켜 靑史에 이름을 남긴 賢臣이 되었다. 昭王이 곽외에게 強國之策을 묻자, 곽외는 천금매골(千金買骨)의 예를 들며 "賢士를 모으려면, 우선 곽외 자신에게 깍듯이 대우하면 곽외보다 훌륭한 인재들이 모여들 것이라."고 건의하였다. 소왕이 곽외를 크게 예우하자, 각국의 현사들이 소문을 듣고 만 리가 멀다 하지 않고 燕國으로 모여들었다.

(謀主)가 되었다. 법정은 한 끼 식사를 대접받은 작은 은덕이나 자신에게 눈을 한번 흘긴 사소한 원망까지도 모두 보답하거나 보복하였고 마음대로 죽이거나 다치게 한 사람이 수십 명이었다.

그러자 어떤 사람이 제갈량에게 말했다.

"법정(法正)은 촉군(蜀郡)에서 너무 멋대로 설쳐대고 있으니, 장군께서는 응당 주공(主公)에게 보고하여 법정의 위세를 억제해야 합니다."

이에 제갈량이 말했다.

"주공께서 지금 공안(公安)[370]에, 이는 북으로 조조의 강성과 동쪽으로는 손권의 위협에 대처하면서 가깝게는 손부인(孫夫人)이 가까운 집안에서 변란을 일으킬까 걱정하기 때문입니다. 이렇게 진퇴가 매우 난처한 상황에서 법정은 정사의 중신으로 주공(主公)의 큰 뜻을 펼 수 있게 돕고 있어 억제할 수 없으니, 어떻게 해서 법정의 그런 속뜻을 견제할 수 있겠습니까!"

제갈량은 유비가 법정을 한결같이 친애하고 신임한다는 사실을 잘 알고 있었기에 그렇게 말했었다.

○ 법정(法正)이 살았더라면

유비가 한중왕(漢中王)을 자칭한 뒤, 법정(法正)은 상서령(尙書

---

370 公安(공안)은 지명. 군사 주둔지, 今 湖北省 남부 荊州市 관할 公安縣, 長江 남안.

슈) 겸 호군장군(護軍將軍)이 되었다. 법정은 다음 해에 죽었는데 (서기 220년), 그때 45세였다. 한중왕은 여러 날 눈물을 흘렸다. 법정의 시호는 익후(翼侯)였다.

제갈량과 법정은 취향이 같지 않았지만 공의(公義)로 함께 협력하였다. 제갈량도 법정의 지략과 술책을 늘 기특하게 생각하였다.

선주(先主)가 제위에 오른 뒤에, 동쪽으로 손권을 원정하여 관우(關羽)가 당한 치욕을 복수하려 하자, 여러 신하들이 간언을 올렸지만 한결같이 받아들이지 않았다.

장무(章武) 2년(서기 222), 대군(大軍)은 패전한 뒤 백제성(白帝城)으로 회군하였다.

이에 제갈량이 탄식하며 말했다.

"만약 법정이 살아있었다면 주상을 제지하여 동쪽을 원정하지 못하게 했을 터이고,[371] 동쪽을 원정했더라도 위기에 처하지는 않았을 것이다."

---

[371] 유비와 조조의 전투에서 전세가 불리하여 퇴각해야 했는데도, 유비는 화를 내며 따르지 않자, 감히 간언을 올리는 자가 없었다. 화살이 비처럼 쏟아질 때, 법정은 유비 앞에서 그대로 서있었다. 유비가 "孝直은 화살을 피하라."라고 말하자, 법정이 말했다. "明公께서 矢石을 그대로 맞고 계신데, 하물며 제가 어찌 피하겠습니까?" 이에 유비가 말했다. "孝直이여! 내가 곧 철수하겠다."

《삼국지 촉서(蜀書) 방통법정전(龐統法正傳)》의 평론 :

방통은 품성이 인물평을 좋아했고, 경학(經學)과 책모를 깊이 연구하여 당시 형주(荊州)와 초(楚) 일대에 고아(高雅)한 준걸로 알려졌다. 법정은 성패를 정확하게 예측하고 기이한 책략이 뛰어났지만 덕행의 칭송은 없었다.

위(魏)의 인물에 비교한다면, 방통은 아마 순욱(荀彧)의 위 또는 아래였고, 법정은 정욱(程昱)이나 곽가(郭嘉)의 상대가 될 만했다.

◎ 건안 21년(서기 216)

5월, 조조의 작위를 올려 위왕(魏王)에 봉하다.

10월, 조조는 손권을 공격하기 위해 치군(治軍)하다.

◎ 건안 22년(서기 217)

2월, 조조는 손권 정벌을 위해 유수(濡須)에 진군했다가 3월에 회군하다. 손권은 거짓으로 청항(請降)했고, 조조는 수호(修好)를 허락했다.

4월, 조조, 천자의 정기(旌旗)를 사용했고, 출입에 경필(警蹕, 출입이나 통행금지)하였다.

10월, 조비(曹丕)는 위 태자에 책봉되었다.

노숙이 죽었고, 여몽이 후임으로 육구(陸口)에 주둔했다. 손권은 형주를 반환하지 않는 유비에 반발하며, 친위(親魏)하며 관우를 생포하려는 작전으로 전환하였다.

◎ 건안 23년(서기 218)

유비는 한중(漢中) 진출, 제갈량은 성도(成都) 수비. 하후연(夏候淵)과 한중(漢中)에서 대치하였다.

손권은 오군(吳郡)에서 맹호(猛虎)를 때려잡다.

◎ 건안 24년(서기 219)

정월, 유비는 한중(漢中)에 진출하여 하후연을 공격하여 죽였다.

3월, 조조는 유비에 한중에서 싸웠으나 패퇴하였다. 유비는 맹달(孟達)을 보내 위(魏)의 방릉(房陵)을 공격케 하였고, 양자 유봉(劉封)을 보내 맹달을 감독케 하였다. 맹달은 형주를 지원해야 하는데 그 책무를 수행치 않았다.

7월, 유비는 한중왕(漢中王)을 자칭했다.

8월, 손권이 합비를 공격하였지만 성과없이 돌아왔다.

9월, 관우가 번성(樊城)의 우금(于禁)을 공격하여 사로잡았다. 관우의 승승장구는 오히려 손권에게 두려움이 되어 위(魏)에 밀착하였다.

10월, 손권은 조조에 국서를 보내 관우 토벌을 요청하였다. 조조는 조인(曹仁)을 시켜 손권에게 서신을 관우에게 보내게 했다.

12월, 여몽(呂蒙)이 형주를 기습하여 관우를 죽였다.

4. 위왕 조조

(1) 즉위 과정

○ 이성(異姓) 제후왕

헌제 건안 21년(216) 3월, 조조는 친히 적전례(籍田禮)를 거행했다.

여름 5월, 천자는 위공(魏公)의 작위를 위왕(魏王)[372]으로 올렸다.

헌제는 위왕(魏王, 조조)의 딸을 공주(公主)로 대우하여 식읍으로 탕목읍(湯沐邑)[373]을 하사하였다.

---

[372] 魏王(위왕) – 漢 고조는 개국공신들과 개국 후 봉한 異姓諸侯王 외에 劉氏가 아니면 王이 될 수 없다고 서약하였다. 曹操가 魏王이 된 것은 고조의 약조를 어긴 것이나 獻帝로써는 어쩔 수 없는 조치였다. 헌제의 책봉 조서에 魏王은 상서하여 3번 사양하였고, 헌제는 3번 사양을 불허한다고 회답하였다.

[373] 前漢 高祖의 고향인 沛縣(패현, 今 江蘇省 徐州市 沛縣)의 豊邑(今 江蘇省 徐州市 豊縣)에 대해서는 "패현을 湯沐邑(탕목읍)으로 삼을

8월에, (위국의) 대리(大理)인 종요(鍾繇)[374]가 한(漢)의 상국(相國)이 되었다.

10월, 위왕은 군사를 훈련 점검하고 손권을 원정하러 출발하여 11월에, 초현(譙縣)에 도착하였다.

o 조조의 이력서

동탁이 낙양을 불태우고, 장안(長安, 西都)으로 헌제를 강제로 끌고갔다. 헌제가 동탁의 잔당 손아귀를 벗어나 천신만고(千辛萬苦) 끝에 낙양으로 돌아왔지만, 대신은 물론 황제도 굶주리며 고생했다. 이런 곤경에 처한 헌제에게 군사를 보내 우선 안전하게 보호하며 굶주림을 해결해 준 사람이 조조였다.

당시 조조보다 더 막강한 세력을 형성했던 원소는 헌제를 모셔 온다는 정치적 식견이 없었다. 조조가 헌제를 허도(許都)에 안착시킨 뒤에, 원소가 헌제를 옹립하려 했지만 조조가 그렇게 멍청하지 않았다.

것이고, 백성의 부세를 면제하여 대대로 부과하지 않겠다.(其以沛爲朕湯沐邑, 復其民, 世世無有所與.)"고 하였다. 황제의 딸인 公主의 식읍과 湯沐(탕목)을 위한 봉지는 邑이라 하는데, 縣과 함께 郡國의 하부 행정단위이다.

374 大理〔大理寺(대리시)〕는 刑獄(형옥), 사법을 주관하고 심리하는 기관. 鍾繇(종요, 151-230)는 豫州 潁川郡 사람. 曹魏의 重臣이며 著名한 書法家였다. 晉代 명필 王羲之(왕희지)와 함께 '鍾王'으로 불린다. 《魏書》 13권, 〈鍾繇華歆王朗傳〉에 입전.

군사력도 행정력도 권위도 없는 황제를 지켜준다. 이보다 더 좋은 명분이 어디 또 있겠는가! '명분이 바르면 그 언사도 순리이다(名正言順).' 라고 하였다.

황제를 보호하는 일은 제후나 신하의 당연한 임무였다. 그런 임무를 자원하여 황제를 지킨다! 이보다 더 좋은 명분이 무엇이겠는가? 황제를 끼고 제후를 호령한다는 정치적 계산을 조조는 헤아리고 있었다. 원소는 그만한 능력이 없었고, 그럴만한 그릇도 되지 못했다.

헌제가 허도에 안착하면서 연호를 건안(建安)으로 개원한다(196년). 그리고 조조는 삼공 중 하나인 사공(司空)이 되었다. 조조가 조정의 정치를 휘두르면서 조조의 세력은 점차 막강해졌다. 조조는 208년에 승상이 되었다. 승상이 된 이후 적벽대전에서 패전하였지만 조조의 지위는 반석처럼 탄탄하였다.

서기 213년, 조조는 작위가 올라 공(公, 위공)이 되었다.

이어 216년, 조조의 작위는 왕(王, 위왕)이 되었다. 한 고조는 그의 신하들과 유씨가 아닌 이성(異姓)이 왕이 된다면 함께 토벌한다는 맹서도 했었다. 따라서 한(漢)에서 조조는 왕이 될 수 없었지만, 왕이 되어도 괜찮을 만큼 조조의 세력은 안정되었다.

헌제를 옹위한지 24년(196-220), 조조가 죽자 위왕이 된 조비(曹丕, 187-226)는 34세 젊은이였다. 아버지처럼 왕의 자리에 만족할 수 없어 왕위를 계승하면서 바로 헌제의 선양(禪讓)을 받아 제위(帝位)에 오른다. 이는 아버지 조조의 업적이고 공덕이었다.

○ 태자 조비(曹丕) 책봉

건안 21년 여름(216) 4월, 천자는 위왕(魏王)에게 천자의 정기(旌旗)를 사용하고 출입 시 통행을 금지시켜도(경필警蹕) 좋다고 허락하였다.

5월에, 반궁(泮宮)^{375}을 지었다.

6월에, 군사(軍師)인 화흠(華歆)^{376}이 어사대부(御史大夫)가 되

---

375 천자 도성의 明堂, 靈臺(영대), 辟雍(벽옹)을 三雍(삼옹)이라 칭한다. 明堂은 皇帝가 政敎의 大典을 행하는 건물로 朝會, 祭祀, 慶賞, 養老, 敎學 등의 행사를 집행하는 곳이다. 靈臺는 본래 周 文王이 만들었다는 樓臺(누대)로 음양과 천문의 변화를 관측하는 곳이며, 3월과 9월에 鄕射禮(향사례)를 거행했다. 天子의 누대는 靈臺, 제후(諸侯)는 관대(觀臺)라고 했다. 辟雍(벽옹)은 본래 周代의 중앙교육기관으로 太學이 소재한 곳이다. 전체적으로 둥근 모양(하늘을 상징)을 물(敎化가 물처럼 흘러 널리 퍼지라는 뜻)이 두르고 있는 형상이다. 제후국의 교육기관이 있는 곳은 泮宮(반궁)이라고 했다.

376 華歆(화흠, 157－232) － 管寧(관녕, 158－241)과 함께 공부한 벗이었다. 화흠은 《三國演義》에서는 伏황후를 죽이는데 악역을 담당하였고 권세에 추종하는 악인으로 묘사되었다.
화흠은 獻帝가 제위를 조비에게 선양하는 과정에서 중요 역할을 했고 魏의 사도, 태위를 역임했다. 《魏書》 13권, 〈鍾繇華歆王朗傳〉에 입전. 관녕(管寧)은 魏에 끝까지 출사하지 않았다. 화흠이 勢利를 탐하는 것을 보고 단교하였다〔割席斷交(할석단교)〕. 관녕

었다.

겨울 10월에, 천자는 위왕의 12줄의 면류관 착용과 6마(馬)의 금근거(金根車)를 타고 5시(時)의 부차(副車)[377]를 탈 수 있게 허용하였으며, 오관중랑장(五官中郎將)인 조비(曹丕)를 위 태자(魏 太子)로 책봉하였다.

ㅇ 수릉(壽陵) 조성하기

건안 23년(서기 218) 여름 4월에, 대군(代郡)과 상곡군(上谷郡) 지역의 오환인(烏丸人) 무신저(無臣氐) 등이 반역하자, 언릉후(鄢陵侯)인 조창(曹彰)[378]을 보내 토벌 격파하였다.

6월에, 명령을 내렸다.

「옛날의 장례는 필히 척박한 땅을 골랐다. 지금 서문표(西門豹) 사당의 서쪽 고원을 잡아서 나의 수릉(壽陵)[379]을 조성하되 높은 곳을 수릉의 바닥으로 삼고 봉분을 쌓아올리거나 나무를 심지도

은《魏書》11권에 입전.

377 五時副車는 天子의 青, 赤, 黃, 白, 黑色의 수레. 五帝車.

378 조비(曹丕)가 장남이고, 曹彰(조창, 189-223)은 曹操의 第三子, 卞氏(변씨) 소생의 第二子, 曹操가 黃鬚兒(황수아)라 부르며 신임했던 아들.《魏書》〈任城陳蕭王傳〉에 立傳.

379 漢代의 천자는 즉위하면, 곧 자신의 능원공사를 시작하였다. 능묘의 정식 이름은 사후에 정해지기에, 살아서는 이를 壽陵(수릉)이라고 불렀다. 죽기 전에 수의를 짓는 데는 장수를 기원하는 뜻이 들어 있다.

말라. 《주례(周禮)》에 총인(冢人, 塚人)이 왕공(王公)의 묘지를 고르면 여러 제후의 무덤을 좌우에, 그리고 경(卿)과 대부의 무덤을 배후에 만들었으니, 한(漢)의 법제(法制)에서도 이를 배릉(陪陵)이라고 하였다. 공경대신이나 여러 장수 중 유공자를 나의 수릉에 배장(陪葬)하되, 그 묘역을 넓게 잡아 충분히 수용토록 하라.」

○ 변(卞)왕후 책봉

건안 24년(219) 봄 정월, 조인(曹仁)은 완현(宛縣)을 도륙하였다.

하후연(夏侯淵)과 유비가 한중군(漢中郡) 정군산(定軍山)의 양평관(陽平縣)에서 싸웠는데, 유비가 하후연을 죽였다.[380]

3월에, 위왕(魏王)은 장안(長安)에서 사곡(斜谷)을 통과하였는데, 위군(魏軍)은 험지를 지나 한중(漢中)을 압박하며 양평관에 이르렀다. 유비는 험지에 의거하여 저항하며 방어하였다.[381]

---

[380] 夏侯淵(하후연)은 定軍山에서 유비의 부장 黃忠(황충)에게 죽는다. 당시 漢中郡 沔陽縣(면양현) 定軍山의 陽平關(양평관).

[381] 이때 조조는 진격할 수도 퇴각할 수도 없는 상황이었다. 雞肋(계륵)이란 軍令의 뜻을 다른 관속들은 몰랐지만 楊脩〔양수, 字는 德祖, 太尉 楊彪(양표)의 아들〕는 그 뜻을 알았다. 脩는 포 수. 육포. 닭을 수(治也), 익힐 수(習也)로 修와 같은 뜻으로 쓰일 때도 있지만 같은 字는 아니다.

본래 양수는 建安 연간에 효렴으로 천거되어 郎中이 되었다가 계속되는 전투에 군수 창고를 관리하는 주부(主簿)가 되었다. 양수는 두뇌가 우수하여 조조의 아들 曹丕(조비) 형제와 두루 친했다. 양수가 혼자 말했다. "雞肋(계륵)이란 먹자니 먹을 것이 없여름 5월에, 위왕은 군사를 거느리고 장안으로 회군하였다.

가을 7월에, 위왕 부인 변씨(卞氏)³⁸²를 왕후로 책봉하였다. 위왕은 우금(于禁)을 보내 조인(曹仁)을 도와 관우를 공격케 하였다.

8월, 한수(漢水)³⁸³가 범람하자, (관우는) 우금의 군영으로 물길을 돌려 우금의 군영은 물에 잠겼고, 우금은 관우에게 생포되었으며 조인도 포위되었지만 서황(徐晃)이 구원하였다.

9월에, 상국(相國) 종요가 위풍(魏諷)³⁸⁴의 반역에 연루되어 면

고, 버리자니 아까운 것이니 조조는 철수할 계획을 세웠다." 조조는 예상대로 회군하였는데 자신의 뜻을 간파한 양수가 미웠고, 또 거기에 양수가 袁術(원술)의 생질이기에 후환을 염려하여 이를 구실로 죽여버렸다. 《後漢書》 54권, 〈楊震列傳〉에 立傳.

382 曹操의 原配(원배) 정실 丁夫人은 曹操와 反目으로 폐위되었고, 첩실이었던 卞氏(변씨)는 曹丕(조비), 曹彰(조창), 曹植(조식), 曹熊(조웅)의 생모로 조비가 등극하면서 조조는 武帝, 변씨는 武宣皇后로 추존되었다.

383 漢水(漢江) — 長江의 최대 지류, 陝西省 秦嶺(진령)에서 발원, 武漢市에서 長江에 합류. 漢族, 漢王, 국호 漢도 모두 漢水와 연관이 있다.

384 魏諷(위풍, ?-219년, 字는 子京) — 鍾繇(종요)는 위풍을 불러 西曹掾(서조연)에 임명하였다. 위풍은 대중을 현혹시키는 재능이 있었다. 建安 24년(서기 219), 曹操가 漢中을 정벌할 때 위풍은 비밀리에 무리를 모아 鄴城에서 모반을 계획했다. 이에 가담했던 陳禕(진의)가 조비에게 자복하자, 조비는 관련된 수십 명을 체포하여 처형하였고 相國인 鍾繇(종요)도 魏諷(위풍)의 반역에 연루되어 해임되었다.

직되었다.

겨울인 10월, 위왕의 군사는 낙양(洛陽)으로 돌아왔다. 손권(孫權)이 사자를 보내 관우 토벌에 협조하겠다고 상서하였다.[385] 위왕은 낙양에서 관우를 원정하려고 남하였는데, 그러는 동안 서황이 관우를 공격 격파하자, 관우는 패주하였고[386] 조인에 대한 포위를 풀었다.

○ 위왕 조조의 죽음

건안 25년 봄 정월(서기 220), 위왕은 낙양에 돌아왔다. 손권은 관우를 격파하고 죽인 뒤 그 수급을 보내왔다.[387]

경자일(庚子日)에, 위왕이 낙양에서 66세에 죽었다(崩).[388]

---

385 손권은 이때 魏王에게 稱臣하면서 天命이 魏에 있다고 하였다. 魏王은 손권의 국서를 공개하였고, 신하들은 천명이 漢에서 떠났다며 魏王에게 順天順民해야 한다고 말했다.
386 관우가 형주를 잃고 고립된 맥성(麥城)은, 今 湖北省 서부 의창시(宜昌市) 관할 當陽市이다.
387 孫權이 關羽의 首級을 조조에게 보내자, 조조는 諸侯의 禮로 洛陽에 안장했는데, 머리가 안장된 곳을 보통 關琳(관림)이라 한다. 손권은 관우의 시신을 제후의 예로 當陽(당양)에 안장했다. 蜀漢은 成都에 關羽 衣冠冢(의관총)을 만들었는데, 成都關羽墓라 부른다. 관우 고향인 山西省 運城 解州에는 解州關帝廟가 혼백이 깃든 곳으로 알려졌다.
388 曹操의 공식 작위는 魏王이니 제후왕의 죽음은 薨(죽을 훙)이다. 다만 뒷날 武帝로 추존되었기에 崩(무너질 붕)이라 기록했다. 《삼

진수(陳壽)《삼국지 위서(三國志 魏書)》의 평론 :

한말(漢末)에 천하가 크게 혼란하자, 영웅호걸이 일제히 봉기하였으니, 원소(袁紹)는 4주(州)를 지배하며 호시탐탐(虎視眈眈) 천하를 노렸으니 그 강성에 맞설 자가 없었다. 태조(太祖, 무제, 조조)는 주책(籌策)과 모략(謀略)을 병행하며 천하를 정벌하였다.

조조는 신불해(申不害)와 상앙(商鞅)의 법술(法術)을 채용하였고, 한신(韓信)과 백기(白起)의 뛰어난 전술을 적용하였으며, 적임자를 골라 직책을 수여하고 능력에 맞게 등용하였으며, 감정을 잘 제어하면서도 지난날의 원한을 마음에 두지 않았기에 마침내 조정의 총체적 대권을 확실하게 장악하여 최후로 대업을 성취하였으니, 지혜와 책략이 가장 뛰어났었다.

조조는 평범한 사람이 결코 아니었으며 시대를 뛰어넘은 호걸이었다고 말할 수 있다.[389]

국연의》에서는 78회 〈治風疾神醫身死 傳遺命奸雄數終〉에 조조의 죽음이 묘사되었다. 조조는 자신의 진짜 무덤을 포함한 "72개의 疑塚(의총)을 만들어 후세 사람이 자신이 묻힌 곳을 알지 못하게 하라."고 유언하였다(遺命設立疑塚七十二, 勿令後人之吾葬處). 이는 후인의 발굴을 두려워했기 때문이다.

389 魏王(曹操)의 공식 시호(諡號)는 武王이고, 二月 정묘일에 高陵(고릉)에 장례했다. 曹操(155-220)는 소설《三國演義》의 중심인물이다. '조조' 하면 곧바로 '권모술수'가 연상되지만 뛰어난 전략가였고 성공한 정치인이었으며 무엇보다는 當代의 우수한 시인이었다.

(2) 조조의 왕후 변씨(卞氏)

○ 본래 예인(藝人) 출신

무선변황후(武宣卞皇后)[390]는 낭야군(琅邪郡) 개양현(開陽縣) 사람으로,[391] 문제(文帝, 조비)의 모친이다. 본래 창가〔倡家, 가무예인(歌舞藝人)〕였는데, 20세에 조조가 초현(譙縣)에 있을 때 조조의 첩(妾)이 되었다. 변씨는 조조를 따라 낙양에 왔다. 동탁이 작란(作

소설《삼국연의》를 읽다보면, 조조의 캐릭터는 매우 복잡다단하여 파악하기가 결코 쉽지 않지만, 유비나 손권과는 비교가 안될 큰 그릇이었다고 말할 수 있다. 조조는 변화에 잘 적응했고 참모나 신하들이 그 역량을 발휘하도록 키워서 後漢 말기에 새로운 시대를 열었다.
조조의 인격에 대한 비판도 많지만 조조는 나름대로 미래를 내다보는 시각을 가졌던 인물이었고, 삼국에서 가장 뛰어난 지도자였다.
조조의 臨機應變(임기응변)은 '새로운 변화와 적응'이다. 조조의 적극성은 세상과 맞서면서 풍파를 이기며 개척하는 출발점이었다. 물론 그 변화와 적극성이 항상 正道만은 아니었다. 漢末의 혼란 속에 正道만을 고집하는 그 자체가 변화와 적응은 아닐 것이다.

390 武宣卞皇后(161 – 230, 卞氏, 名字 미상) – 卞은 조급할 변, 법 변. 조조의 첩에서 정실로 승격, 조비(曹丕), 조창(曹彰), 조식(曹植), 조웅(曹熊)의 생모.

391 琅邪(낭야)는 琅邪郡(國), 徐州 관할 군명, 治所는 開陽縣, 今 山東省 남부의 臨沂市(임기시).

亂)할 때, 조조는 미복(微服)으로 동쪽으로 피난하였다.

원술이 사람을 보내 조조가 죽었다는 소식을 알려왔는데, 그때 조조와 함께 낙양에 왔던 측근이 모두 귀향하려고 하자, 변씨가 그들을 제지하며 말했다.

"조군(曹君, 조조)의 길흉을 확실히 알 수 없는데, 오늘 귀향했다가 나중에 살아있다면 무슨 면목으로 다시 보겠습니까? 또 정말로 죽었다면 같이 죽는 것이 어찌 어렵겠습니까!"

결국 변씨의 말에 따랐다.[392] 뒷날 조조가 알고서는 변씨를 칭찬하였다.

○ 조비(曹丕)의 생모

한(漢) 헌제 건안(196-220) 초에, (본처) 정부인(丁夫人)[393]을

---

392 변씨는 지혜롭고도 검소했다. 언젠가 조조가 좋은 귀고리(名璫) 몇 벌을 변씨에게 주었는데, 변씨는 그 중간 정도 하나만을 골라 가졌다. 조조가 까닭을 묻자, 변씨는 "가장 좋은 것을 고르면 욕심이고, 가장 나쁜 것을 고른다면 위선(僞善)이기에 중간 것을 골랐다."고 말했다.

393 丁夫人(정부인, 생졸 미상) - 조조의 본처. 출산하지 못하여 妾 劉夫人이 출산한 曹昻(조앙)을 친자처럼 키웠다. 그러나 조앙이 197년에 張繡(장수) 토벌 전투 중에 조조를 구하고 전사했는데, 정부인은 조조를 크게 원망하였다.

조조는 정씨를 본가로 돌려보냈다. 나중에 조조가 정씨를 다시 데려오려고 그 집에 갔을 때, 정씨는 베를 짜면서 베틀에서 내려오지도 않았다. 조조가 정씨의 등을 어루만지며 "함께 수레를

내보내자 변씨가 정실이 되었다. 조조는 여러 서자 중 모친이 없는 자를 변씨가 양육하게 하였다.

문제(文帝, 조비)가 태자에 책봉되자, 좌우 시중들이 변후(卞后)에게 축하하며 말했다.

"장군께서 태자가 되자 모든 백성이 기뻐하니 후비께 큰 상이 내릴 것입니다."

그러자 변후가 말했다.

"아들(조)이 나이가 제일 위라서 위왕(魏王, 조조)께서 후사로 정한 것이니, 나는 다만 아들을 잘못 키웠다는 말만 안 들어도 기쁠 뿐이지 어찌 큰 상을 받을 수 있겠는가!"

좌우 시중이 이를 위왕에게 전하자, 위왕이 기뻐하며 말했다.

"화가 나도 안색이 안 바뀌고, 기쁘다고 절도를 넘지 않나니 이는 정말 어려운 일이다."

타고 집으로 돌아갑시다."라고 말했지만, 정씨는 대꾸도 하지 않았다. 조조가 문을 나서며 "정말 돌아가지 않겠는가?"라고 물어도 정씨는 대답하지 않았다. 이에 조조는 탄식했다. "이제 정말 결별이다."

丁氏가 정실로 있는 동안 卞부인(卞皇后)을 박대하였다. 변부인은 정실이 된 뒤에도 늘 정씨의 안부를 물었다. 정씨가 죽었다는 소식에 변부인은 조조에게 정씨의 장례를 치러주라고 애써 권했고, 조조는 변부인의 말에 따랐다.

○ 왕후 – 황태후

헌제 건안 24년(서기 219), 왕후에 책봉되었는데 책서를 내렸다.
「부인 변씨(卞氏)는 여러 아들을 양육하면서 모의(母儀)의 덕행(德行)을 실천하였다. 이제 왕후로 봉하나니 태자와 제후(諸侯)들은 왕후를 모실 것이며, 여러 공경은 축수(祝壽)하고, 나라 안 사형수의 죄를 1등급 감형하라.」

건안 25년(220), 조조가 붕어하고,[394] 조비(曹丕)[395]가 위왕(魏王)이 되자 왕후를 왕태후로 존칭했고, 제위에 오르고 왕태후를 황태후로, 거처를 영수궁(永壽宮)이라 했다. 명제〔明帝, 조예(曹叡)〕가 즉위하고서는 태후를 태황태후(太皇太后)로 받들었다.

명제 태화(太和) 4년(서기 230) 그해 5월에, 황태후 변씨가 붕어했고, 7월에 고릉(高陵, 조조의 능)에 합장하였다.

---

394 조조는 時年 66세였다. 《三國演義》에는 72개의 疑塚(의총)을 만들어 자신이 묻힌 곳을 알지 못하게 하라고 유언하였다.

395 曹丕(조비, 187 – 226년, 재위 220 – 226) – 丕는 클 비. 조비의 魏를 조위(曹魏)라 통칭한다.

(3) 조인

○ 조조의 사촌 동생

조인(曹仁)[396]은 조조의 사촌 동생(從弟, 堂弟)이다. 젊어서도 궁마(弓馬)와 사냥을 좋아했다. 뒷날 호걸들이 봉기하자, 조인 역시 젊은이들 1천여 명을 모아 회수(淮水)와 사수(泗水) 일대를 누볐으며, 나중에 조조를 수행하며 별부사마(別部司馬)를 역임했고 여봉교위(厲鋒校尉)를 대행하였다.

조조가 원술을 격파할 때, 조인은 많은 적을 죽였다. 조조를 따라 서주를 정벌할 때도 조인은 기병을 지휘하며 늘 선봉에 섰다. 조인은 도겸(陶謙)의 부장을 별도로 격파하였고, 돌아와 팽성(彭城)에서 조조의 본대에 합류한 뒤에, 도겸의 군사를 대파하였다.

조조가 여포를 정벌할 때, 조인은 별도로 제음군 구양현(句陽縣)을 점령하면서 여포의 별장을 생포하였다.

조조가 황건 잔당을 평정하며 헌제를 영입하여 영천군(潁川郡) 허현(許縣)에 정도(定都)할 때도(許都), 조인은 여러 번 공을 세워 광양군(廣陽郡) 태수에 임명되었다. 조조는 조인의 용기와 책략을

---

396 曹仁(조인, 168-223년, 字는 子孝)은 曹熾(조치)의 아들. 조부인 曹褒(조포)는 潁川太守를, 부친 曹熾(조치)는 長水校尉를 역임했다. 曹操의 從弟(堂弟)이며 魏의 명장. 일찍부터 조조를 따라 원정과 각종 전투에 참여했다. 樊城(번성)의 싸움에서 관우의 水攻을 최후까지 방어했다. 대사마를 역임하였고 병사했다.

인정하며 군(郡) 태수로 보내지 않고 의랑(議郞)의 직책으로 기병을 감독 지휘케 하였다.

조조가 장수(張繡)를 정벌할 때, 조인은 별도로 주변의 현을 공격하며 3천여 명의 남녀를 생포하였다. 조조의 군사가 철수하면서 장수의 공격을 받아 대군이 패전하며 사졸의 사기가 크게 저하했지만, 조인이 장졸을 격려 고무했는데, 결국 조조는 이에 힘입어 장수를 격파하였다.

ㅇ 유비를 견제

조조와 원소가 관도(官渡)[397]에서 오랫동안 대치할 때, 원소가 유비를 보내 여러 현을 공략케 하자, 많은 군사가 유비에 호응하였다. 그러면서 허도(許都) 이남의 관리와 백성이 불안해하자, 조조는 이를 우려하였다.

이에 조인이 말했다.

"지금 남방(南方)은 대군을 목전에 두고 위급한 상황이라서 서로 도울 수가 없는데, 유비가 강한 군사로 압박한다면 틀림없이 우리를 배반할 것입니다. 그러나 유비는 원소의 병력을 처음 지휘하여 아직 뜻대로 부릴 수 없으니 우리가 공격한다면 충분히 격파할 수 있습니다."

---

397 官渡(官度) － 魏郡 黎陽縣의 지명. 今 河南省 중부 鄭州市 仲牟縣(중모현) 황하의 작은 지류의 나루터. 조조와 원소의 河北 패권을 결정지은 전투가 있었던 곳.

조조는 조인의 말을 옳게 여겨 기병을 거느리고 유비를 공격케 했는데, 조인은 유비를 격파하고, 반기를 들었던 여러 현을 수복한 뒤에 돌아왔다.

○ 건안 24년(219) – 관우와 맞서다

관우가 번성(樊城)을 공격했는데, 마침 한수(漢水)가 크게 범람하여 우금(于禁) 등 칠군(七軍)[398]이 모두 몰사했고, 우금은 관우에게 투항하였다. 조인은 장졸 수천 명을 거느리고 번성을 지켰는데 물에 잠기지 않은 곳이 불과 몇 곳이었다. 관우가 배를 타고 공격하며 번성을 몇 겹으로 포위하여 내외의 모두가 연락이 끊겼고 식량도 바닥이 나려 했지만 구원병은 오지 않았다.

조인은 군사를 격려하고 필사의 의지를 장졸에게 보이자, 장사(將士)가 모두 감동하여 두 마음을 가진 자가 없었다. 마침 서황(徐晃)의 구원병이 도착하고 물도 점점 빠지면서 서황이 성 밖에서 관우를 공격하자, 조인은 포위를 벗어날 수 있었고 관우도 퇴각하였다.

조인(曹仁)은 젊어 행실이 바르지 않았지만, 나이를 먹어 장수가 되어서는 엄격하게 법령을 지키면서 늘 좌우에 법령을 놓아두

---

[398] 7軍을 거느린 장수는 于禁(우금), 張遼(장료), 張郃(장합), 朱靈(주령), 李典(이전), 路招(노초), 馮楷(풍해) 등이었다.

고 법에 따라 업무를 처리하였다.

　조인은 황초(黃初) 4년(서기 223)에 죽었는데, 시호는 충후(忠侯)였다. 아들 조태(曹泰)가 작위를 계승했고 진동장군(鎭東將軍)을 역임하며 부절을 받았고 영릉후(寗陵侯)에 옮겨 봉해졌다.

　조태가 죽자, 아들 조초(曹初)가 계승하였다.

5. 한중왕 유비

(1) 유비 - 한중왕이 되다

　○ 헌제에게 올린 표문(表文)

건안 24년(219) 가을, 여러 신하들은 유비를 한중왕(漢中王)[399]으로 옹립하려고 한(漢) 헌제(獻帝)에게 표문을 올렸다.

　이어 면양(沔陽, 면수의 북쪽)에 단을 설치하고 군사를 정렬하여 군신(群臣)이 배위(陪位)한 뒤에 상주문을 다 읽자 유비는 왕관을 받았다.

---

399 曹操는 이미 건안 21년(서기 216)에 魏王에 책봉되었다.

그리고서는 성도(成都)로 돌아와 다스렸다. 위연(魏延)[400]을 뽑아 도독(都督)에 임명하여 한중군(漢中郡)을 방어하게 하였다. 그 무렵 관우는 조조의 장수 조인을 공격했고, 번성(樊城)에서 우금(于禁)을 사로잡았다. 그러나 얼마 뒤 손권은 기습공격으로 관우를 죽였고(219), 형주를 탈취하였다.

○ 헌제의 붕어

건안 25년(서기 220), 위(魏) 문제(文帝, 조비)는 황제를 칭하면서, 황초(黃初, 서기 220-226년)로 개원하였다. 어떤 사람이 한(漢) 황제(헌제)가 시해 당했다는 소식을 전하자, 선주(先主)는 곧 발상(發喪)하고 복상(服喪)하며, 효민황제(孝愍皇帝)라는 시호를 올렸다.

이후로 선주(先主)가 있는 곳에서는 종종의 상서(祥瑞)가 보고되며, 날마다 또 매달 이어지자, 의랑(議郞)인 양천후(陽泉侯) 유표(劉豹), 편장군(偏將軍)인 장예(張裔)와 황권(黃權), 대사마 속관인

---

[400] 魏延(위연, ?-234, 字는 文長) - 荊州 義陽郡 출신. 作戰에 뛰어났고 장수로서의 기본 책략을 갖춰 여러 번 전공을 세워 유비와 제갈량의 신임을 받았다. 사졸을 잘 대우했고 뛰어난 용맹으로 제갈량 북벌에 최전선을 담당했던 장수였다. 위연이 타고난 '反骨'이라는 주장은《三國演義》에서 지어낸 형상이다. 제갈량은 위연의 머리 뒤쪽에 반골이 있어(吾觀魏延腦後有反骨) 뒷날 필히 배반할 것이기에 미리 참수하여 화근을 끊으려 한다(久後必反 故斬之而絶禍根)고 하였다.《蜀書》10권,〈劉彭廖李劉魏楊傳〉에 입전.

은순(殷純), 권학종사(勸學從事)인 장상(張爽), 윤묵(尹默), 초주(譙周, 진수의 스승) 등이 제위에 오를 것을 상서하였다.

(2) 유비 – 제위에 오르다

○ 촉한(蜀漢) – 연호는 장무(章武)

한중왕(漢中王)은 성도(成都) 무담산(武擔山)의 남쪽에서 제위(帝位)에 등극하였다(서기 221년).

장무(章武) 원년(서기 221) 여름 4월, 나라의 죄수를 대사면하고 연호를 바꿨다. 제갈량(諸葛亮)을 승상(丞相)에, 허정(許靖)[401]을 사도(司徒)에 임명했다. 백관(百官)을 설치하고 종묘를 세웠으며, 고황제(高皇帝) 이하의 협제(祫祭)를 올렸다.

5월, 오씨(吳氏)를 황후에 책립하고, 아들 유선(劉禪)을 황태자로 삼았다.

6월, 아들 유영(劉永)을 노왕(魯王)에, 유리(劉理)를 양왕(梁王)에 봉했다.

---

401 許靖(허정, 152–222, 字는 文休) – 劉備가 漢中王 때 太傅(태부)였다가 221년 稱帝 時 三公의 하나인 司徒(사도)에 임명되었지만 실권은 없었다. 丞相 諸葛亮도 허정을 매우 존경했었다.

6. 관우와 장비의 죽음

(1) 관우의 죽음

○ 건안 24년

헌제 건안 24년(219), 유비가 한중왕이 되자, 관우에 전장군(前將軍)을 제수하고 부월(斧鉞)을 내렸다. 이 해에 관우는 군사를 거느리고 조인(曹仁)[402]을 번성(樊城)에서 포위했다. 조조는 우금(于禁)을 보내 조인을 돕게 했다. 가을에 큰 장마가 지면서 한수(漢水)가 범람하자, 우금이 관할하는 7군(軍)이 모두 물에 갇혔다. 우금은 관우에게 항복했고, 관우는 장군 방덕(龐德)을 참수했다.

(하남윤) 양현(梁縣), (영천군) 겹현(郟縣), (홍농군) 육혼현(陸渾縣)의 각 군도(群盜)들은 관우에 투항하고 인수나 장군 칭호를 받아 관우 편이 되었고, 관우의 위세는 중원(中原)을 흔들었다.

조공(曹公)은 허도(許都)에서 도읍을 옮겨 가서 관우의 예봉을 피할 수 있는가를 논의했는데, 사마의와 장제(蔣濟) 등은 관우의 득지(得志)를 손권은 틀림없이 원하지 않을 것이라고 말했다. 그

---

[402] 曹仁(조인, 168–223년, 字는 子孝) – 曹操의 堂弟, 일찍부터 조조를 따라 원정과 각종 전투에 참여했다. 樊城(번성)의 싸움에서 관우의 水攻을 최후까지 방어했다. 曹魏 建國 후(220) 大司馬를 역임, 병사했다. 《魏書》 9권, 〈諸夏侯曹傳〉에 입전.

러면서 사람을 보내 손권에게 유비의 후방을 공격하게 하고, 강남(江南)을 할양하여 손권에게 봉한다면, 번성의 포위는 절로 풀릴 것이라고 말했다. 조공은 그 말에 따랐다.

이보다 앞서 손권은 사자를 보내 관우의 딸과 혼사를 원했는데, 관우는 사자에게 욕을 하며 허락하지 않았다.[403] 이에 손권은 대노하였다.

또 남군(南郡) 태수인 미방(麋芳)[404]은 강릉(江陵)에 있었고, 장군인 부사인(傅士仁)은 공안현(公安縣)에 주둔하고 있었는데, 관우가 평소에 자신을 모욕한데 대하여 감정이 있었다. 관우가 출군(出軍)하면 미방과 부사인이 군량을 공급해야 했지만, 전력을 다

---

403 《三國演義》에 의하면, 이 일은 諸葛瑾(제갈근)이 중개했다. 漢中을 차지한 유비가 漢中王을 자칭하며 자립하자, 손권은 제갈근을 관우에게 보내어 양가 혼인을 제의한다. 이에 제갈근이 형주에 가서 관우를 만난다. "吳侯에게 총명한 아드님이 한 분 계신데, 듣자니 장군도 한 따님을 두었다니 특별히 청혼하오니, 양가 혼인을 맺고 힘을 합하여 조조를 격파한다면 이 얼마나 좋은 일이겠습니까?" 이 말을 들은 관우가 얼굴을 붉히며 벌컥 성을 내어 말한다. "나의 호랑이 딸 같은 애를 어찌 강아지에게 시집보내겠는가?(吾虎女安肯嫁犬子) 당신 동생(諸葛亮)의 체면을 생각지 않았다면 당장 목을 자를 것이니, 두 번 다시 여러 말하지 마시오." 관우가 대노하자, 제갈근은 '고개를 숙이고 쥐가 구멍에 숨 듯' 돌아갔다.

404 麋芳(미방) — 麋竺(미축)의 동생. 미축은 자기 여동생(麋夫人)과 함께 많은 재물을 유비에게 지원하였고, 元老로서 유비의 절대적 신임을 받고 있었다. 미방은 南郡 태수였다.

하여 돕지 않았다.

○ 관우의 죽음

손권이 강릉(江陵)을 점거한 뒤에, 관우 수하 장졸의 가족을 모두 포로로 잡자, 관우의 군사는 흩어졌다. 그러자 손권은 장수 여몽(呂蒙)을 보내 관우를 공격했고, 관우와 아들 관평(關平)을 남군(南郡) 임저현(臨沮縣)에서 생포하였다.[405]

(촉한에서는) 관우에게 장목후(壯繆侯)라는 추시(追諡)를 내렸고, 아들 관흥(關興)이 뒤를 이었다. 관흥의 자(字)는 안국(安國)인데, 젊어서도 이름이 알려졌고, 승상 제갈량은 관흥의 기량(器量)을 인정하며 특별하게 대우하였다.

관흥은 약관(弱冠)에 시중(侍中)과 중감군(中監軍)을 역임했으나 몇 년 뒤에 죽었다. 관흥의 아들 관통(關統)이 계승하여 후주(後主)의 공주(公主)를 맞이했고, 관직은 호분중랑장(虎賁中郎將)이 되었다. 관통이 죽은 뒤에 아들이 없어, 관흥의 서자(庶子)인 관이(關彝)가 뒤를 이어 열후에 봉해졌다.

○《삼국연의》에 묘사된 관우

관우는 하동군(河東郡) 해현(解縣) 출신으로, 신장은 9척(23.1cm

---

[405] 관우가 생포된 맥성(麥城)은, 今 湖北省 서부 의창시(宜昌市) 관할 當陽市 兩河鎭 麥城村에 해당한다. 建安 24년(서기 219) 맥성에서 관우를 사로잡은 사람은 여몽의 부장인 馬忠(마충)이었다.

×9)에 수염이 2척이고, 눈은 봉황의 눈이며, 누에 눈썹을 가진 당당하고 위풍이 늠름한 모습으로 등장한다.

관우는 고향에서 위세를 부리던 사람을 죽이고 5~6년 각지를 방랑했다고 자신을 소개한 뒤, 유비 장비와 함께 장비(張飛)네 도원(桃園)에서 의형제를 맺는다.

《삼국연의》에 나타난 관우는 가히 신(神)의 경지에 이른 인물로 묘사되고 있다. 뛰어난 무예(武藝超群), 80근 무게의 청룡언월도(靑龍偃月刀)와 적토마(赤兎馬), 멋진 수염(미염공美髥公), 경전과 《춘추》에 정통한〔兼通經史(겸통경사)〕학문적 실력도 갖추었고, 무엇보다도 의리를 중히 여기며 문무(文武)를 겸비한 가장 이상적인 인물로 형상화되었다.

《삼국연의》에 등장하는 주요 인물들은 전쟁터에서 서로 욕을 하며 싸운다. 그러나 《삼국연의》에는 관우에 대한 욕설이 없다. 기껏해야 "관모는 도망가지 마라!〔關某休走(관모휴주)〕" 정도로 서술된다. 이는, 소설 《삼국연의》의 모습이 완성되는 명(明)나라 때, 이미 관우의 신격화(神格化)가 완성되었다는 것을 의미한다.

중국인들에게 관우는 관성제군(關聖帝君)으로 불리며 군신(軍神), 마귀로부터 인간을 지켜주는 수호신, 또 재물을 주관하는 재신(財神)으로도 널리 숭배되고 있다.

관우를 소재로 하는 경극(京劇)에서 관우로 분장하는 배우는 목욕재계하고 관우의 신위에 절을 한 뒤 출연하며 극중에서도 이름 우(羽)를 발음하지 못한다 하니, 관우에 대한 숭배가 어느 정도인지 알 수 있다.(졸저,《중국의 토속신과 그 신화》중 관성제군(關聖帝君) 참고. 1996, 지영사)

※ 참고 : 관우 = 무 재신(武 財神)

인간의 행복이란 재물과 밀접한 관계가 있다.

중국인들은 재신(財神)을 숭배하였고, 큰돈을 벌 수 있도록 재신이 돌보아줄 것을 간절히 바랬다. 특히 정초에 재신을 맞이하고 제사하는 여러 민속이 많다고 한다.

중국인들에게 관우는 관성제군(關聖帝君)으로 불리며 군신(軍神), 마귀로부터 지켜주는 수호신이다. 또한 관우의 전지전능을 전폭적으로 믿고 있기에, 관우는 재물의 신으로서도 영험한 능력이 있다 하여 극진히 모신다고 한다.

관우를 재신으로 모시는 것에 대한 또 다른 해석이 있다. 관우의 고향인 산서성 해현(解縣)은 소금의 산지로 유명하다. 산서의 상인은 소금 거래상 전국 각지를 여행하게 되고 자연스럽게 큰돈을 벌며 각지에 정착해 나갔다. 이 과정에서 산서(山西) 상인들은 자신들의 보호 겸 재물을 벌게 하고 지켜주는 신으로 관우를 섬기게 되었고 각지에 관왕묘(關王廟)를 세웠다고 한다.

이처럼 관우는 중국인들에게 영원한 사표(師表)이며 동시에 복을 내려주고 정의를 실현시킬 수 있는 그야말로 중국인들의 슈퍼

맨이라 아니할 수 없다.

※ 관공희(關公戱)

관우가 전 중국인들의 숭배 대상으로 최고의 칭송을 받게 되자, 아주 자연스럽게 관우에 관한 여러 가지 이야기들이 연극무대의 소재로 등장하였다. 관우와 관계되는 연극 제목들은 수십 종이 있고, 그것들은 모두 관공희(關公戱)라는 특별한 명칭으로 일컬어진다.

관공희는 일종의 전문 분야로 독특한 창법과 복장, 그리고 도구가 있다고 한다. 그리고 관공희는 청대(淸代)까지 특별한 규정 아래 공연되었다고 한다.

청대에는 공자와 관우를 문무(文武) 성인(聖人)으로 똑같이 존중하였다. 공자의 무덤을 공림(孔林)이라 부르듯 관우의 무덤을 관림(關林)이라고 부른다. 또 공자와 관공의 이름자인 구(丘)와 우(羽)는 휘자(諱字)라 하여 소리 내어 읽거나 문장에 사용하지 못하였다.

사실 우(羽)자를 전혀 쓰지 않을 수 없었다. 그래서 羽의 삐침이 본래 셋이었으나 양쪽에서 한 획씩 두 획을 줄여 지금 통용되는 '깃 羽' 자가 되었다고 한다.

관공희에서 관우의 이름을 말할 때는 '관우'라고 전체를 발음하지 못하고 '관' 한자만 발음했다. 그리고 극중에서 관우는 자신을 관모(關某)라 말하고, 다른 배역이 관우를 지칭할 때는 '관공'이라고 말했다고 한다.

또 관우로 분장한 배우는 몸을 깨끗이 해야 하기에 목욕재계는 물론 부인과의 방사도 할 수 없었다고 한다. 또한 무대 뒤에서 관공의 신위를 받들고 분향재배한다.

(2) 장비의 죽음

○ 도읍(成都)의 치안 책임자

유비가 한중왕(漢中王)으로 즉위하며(건안 24년, 219), 장비에게 우장군(右將軍)을 제수하고 부절을 내렸다. (촉한 소열제) 장무(章武) 원년(서기 221), 장비는 거기장군(車騎將軍)으로 승진하여 수도의 치안을 담당하는 사예교위(司隷校尉)를 겸했으며 작위를 올려 서향후(西鄕侯)에 봉해졌다.

○ 형벌이 지나치니 –

그전에, 장비(張飛)의 힘과 용맹은 관우에 버금갈 정도라서 위(魏)의 모사(謀士)인 정욱(程昱)[406] 등은 모두 관우와 장비가 만인

---

406 程昱(정욱, 141–220년, 字는 仲德) – 東郡 東阿縣 출신. 原名 程立, 泰山에 올라 해를 들어 올리는 꿈을 꾸었다 하여 조조가 '立' 위에 '日'을 보태어 程昱으로 개명해 주었다. 담략이 뛰어난 장수였

(萬人)을 상대할 수 있다고 말했었다.

관우는 병졸을 잘 대우했지만 사대부에게는 오만하였으며,[407] 장비는 군자(君子)를 존중하였지만 병졸을 돌보지 않았다.

때문에 유비는 늘 이를 훈계하였다.

"경(卿)은 형벌이 너무 지나치고, 또 장사를 매질하고도 측근으로 가까이 두는 것은 화를 불러오는 길이다."

그런데도 장비는 매질하는 버릇을 고치지 않았다.

선주(先主)가 관우에 대한 복수의 일념으로 오(吳)를 원정할 때, 장비는 1만 군사를 거느리고 파서군(巴西郡) 치소(治所)인 낭중현(閬中縣)[408]에서 출병하여 (파군) 강주〔江州, 지금의 중경시(重慶市)〕에서 합세하기로 되었었다. 그런데 출병하기 전에 그 휘하 부장인 장달(張達)과 범강(范彊)이 장비를 죽이고(서기 221년), 그 목을 가지고 강을 따라 손권에게로 달아났다.[409]

지만 성격이 급박하여 다른 사람과 원만하지 못했다는 설명이 있다. 《三國演義》에서 정욱은 10회에 등장하는데, 荀彧(순욱)이 정욱을 조조에게 천거하였다. 정욱은 나중에 郭嘉(곽가)를 조조에게 천거한다. 《魏書》14권, 〈程郭董劉蔣劉傳〉에 입전.

407 關羽는 여러 경전, 특히 《春秋》에 박통하다고 알려졌다. 그래서 관우의 초상은 대개 書案에 기대어 독서하는 모습으로 그려졌다. 자신이 그만한 학식이 있기에 어설픈 士人을 무시했을 것이다.

408 낭중현(閬中縣) - 지명. 今 四川省 동북부, 嘉陵江(가릉강) 중류, 四川省 직할 縣級市.

409 東吳로 달아난 이후의 역사 기록은 없다. 《삼국연의》에서는 나

장비 군영의 도독(都督)이 선주에게 표문을 올렸는데, 장비 군영 도독의 표문이 왔다는 소식에 선주는 "어허! 장비가 죽었구나!"라고 말했다.

장비의 추시(追諡)는 환후(桓侯)이다. 장자(長子)인 장포(張苞)는 요절했다. 차자(次子)인 장소(張紹)가 후사가 되었고, 관직은 시중 상서복야(侍中尙書僕射)를 역임했다.⁴¹⁰ 장포의 아들 장준(張遵)은 상서(尙書)가 되었는데, 제갈첨(諸葛瞻)과 함께 면죽(綿竹)에서 등애(鄧艾)와 싸우다가 전사하였다.

○ 장비의 두 딸

후주(後主)의 경애황후(敬哀皇后)는 거기장군 장비(張飛)의 장녀이다. 선주(先主) 장무(章武) 원년(서기 221), 태자비가 되었다. 후

중에 蜀漢과 東吳가 강화하면서 동오에서는 두 사람을 잡아 촉한으로 보냈고, 촉한에서는 2인을 능지처참하였다.

410 장비의 장녀는 漢 章武 원년(서기 221)에 태자비가 되었고, 建興 원년(서기 223)에 황후(敬哀皇后 張氏)가 되었다가 後主 建興 15년(서기 237)에 죽었다. 경애황후가 죽자, 후주는 장비의 딸, 경애황후의 여동생을 다시 황후로 맞이했고(延熙 원년, 서기 238), 촉한이 망하자 후주와 함께 낙양으로 가서 安樂公夫人으로 생을 마쳤다. 장비의 두 딸이 황후로 간택될 정도면 기본 미모는 갖추었다는 뜻이다. 그렇다면 장비가 추남은 아니었을 것이다. 《蜀書》 4권, 〈二主妃子傳〉에 입전.

주 건흥(建興) 원년(서기 223), 황후가 되었다.

건흥 15년(서기 237)에 죽어, 남릉(南陵)에 장례했다.

후주의 장황후는 앞서 황후였던 경애황후의 여동생이다. 건흥 15년에, 궁궐에 들어와 귀인이 되었다가 후주 연희(延熙) 원년(서기 238) 봄 정월에, 황후가 되었다.

장황후는 조위(曹魏) 함희(咸熙) 원년(서기 264)[411]에, 후주를 따라 낙양으로 옮겨갔다.

---

[411] 촉한은 263년에 멸망하여 조위(曹魏)에 병합되었다.

제4부

삼국의 상호 항쟁
〈三國 相互 抗爭〉

1. 조위의 흥망

(1) 문제의 치적

1) 조비(曹丕) 위왕(魏王)이 되다

o 조조의 아들 조비(曹丕)

(위魏) 문제(文帝)의 휘(諱)는 비(조, 클 비)[412]이며, 자(字)는 자환(子桓)으로, (魏) 무제(武帝, 조조)의 태자이다. (후한 영제) 중평(中平) 4년(187) 겨울에, 패국(沛國) 초현(譙縣)[413]에서 출생했다.

---

[412] 曹丕(187-226년) - 曹操와 부인 卞氏(변씨)의 장남. 8세에 글을 지었고 문재가 뛰어났고, 고금 경전과 제자백가에 두루 통했으며, 기사(騎射)도 잘했으며 격검(擊劍) 실력도 우수하였다.

[413] 초현(譙縣) - 지금의 안휘성(安徽省) 서북단 박주시(亳州市). 태어날 때, 청색 운기(雲氣)가 수레 덮개 모양으로 집을 종일 에워쌌다. 望氣者가 이를 至貴의 증거이며, 人臣의 기운은 아니라고 말했다.

헌제 건안(建安) 16년(서기 211)에, 오관중랑장(五官中郎將)에 부승상(副丞相)이 되었다.

건안 22년(217)에, 위(魏) 태자로 책립되었다.

위왕(魏王, 조조)이 죽자, 조비(曹丕)는 한(漢)의 승상 겸 위왕이 되었다. 왕후〔王后, 변씨(卞氏), 무제의 왕후, 조비의 생모〕를 왕태후로 높이고, 건안 25년(220)을 연강(延康) 원년으로 개원하였다(연강은 한漢의 마지막 연호이지 위魏의 연호는 아니다).

연강 원년(220) 2월 임술일, 태중대부인 가후(賈詡)[414]가 태위(太尉), 어사대부인 화흠(華歆)이 상국(相國)이 되었고, 최고 사법(司法) 담당관 대리(大理)인 왕랑(王朗)[415]이 어사대부가 되었다.

---

414 賈詡(가후, 147-223년, 字 文和) - 前漢 賈誼(가의)의 후손, 武威郡 姑臧縣(今 甘肅省 중부 武威市) 출신. 본래 동탁의 부하, 동탁이 살해된 뒤에 이각 등에게 반기를 들라고 건의했었다. 뒷날 조조 제일의 모사로 능력을 발휘했다. 《魏書》 10권, 〈荀彧荀攸賈詡傳〉에 立傳.

415 王朗(왕랑) - 《魏書》 13권, 〈鍾繇華歆王朗傳〉에 立傳. 漢의 舊臣이었지만 華歆(화흠)과 함께 조조의 출세를 적극 도왔고, 헌제에게 曹丕에게 禪讓(선양)할 것을 도왔다. 왕랑의 손녀가 司馬昭(사마소, 사마의의 아들)에게 출가하여 司馬炎(사마염) 형제를 낳으니, 왕랑은 곧 武帝 司馬炎(재위 265-290)의 외증조이다. 《삼국연의》에서는 諸葛亮의 北伐 때, 王朗(왕랑)은 76세의 고령에도 불구하고 조진(曹眞) 등과 함께 祁山(기산)에서 제갈량과 맞서지만, 제갈량이 그의 불충을 꾸짖자 분통이 터져 말에서 떨어져 죽는다(武鄕侯罵死王朗).

기묘일, 전장군(前將軍)인 하후돈이 대장군이 되었다.

여름 4월 경오일, 대장군 하후돈[416]이 죽었다.

2) 헌제의 선양

O 헌제 – 산양공(山陽公) 강등

한제(漢帝, 헌제)는 나라의 중망(衆望)이 위국(魏國)에 있는 것을 알고, 곧 여러 공경(公卿)과 사인(士人)을 불러 모아 (한漢) 고조(高祖)의 묘당에 나아가 아뢰었다. 그리고 어사대부(御史大夫)를 시켜 부절과 국새(國璽)와 인끈(綬)을 갖고 가서 위왕에게 선위(禪位)케 하였다. 그리고 위군(魏郡) 번양현(繁陽縣)에 제단(祭壇)을 마련하였다.

10월 경오일에, 위왕은 제단에 나아가 제위에 오르니 백관(百官)이 모두 배위(陪位)했다. 대사(大事)를 마치고 제단을 내려와 횃불을 태워(燎, 화톳불 료) 천제(天帝)에 대한 예를 올리고 돌아왔다.

---

416 夏侯惇(하후돈, ?-220) – 沛國 譙縣〔今 安徽省 亳州市(박주시)〕 출신, 曹操의 從兄弟(4촌). 하후는 복성. 漢 開國 功臣인 夏侯嬰(하후영)의 후손. 조조의 절대적 신임을 받았던 무장. 조조가 죽은 몇 개월 뒤에 죽었다. 그의 忠義는 후세에 미담으로 전해졌다. 하후돈은 조조의 절대 신임을 받으며 지위와 권한이 막강하였지만, 생활은 늘 검소하였다. 하후돈의 인품은 고결하였지만 군사 지휘관으로서는 크게 성공하지 못하여, 승리보다는 패배가 많았다. 그래서 조조는 하후돈을 최일선 지휘관으로는 내보내지 않았다.

한(漢) 연강(延康)을 위(魏) 황초(黃初)로 개원하고 대사령(大赦令)을 반포했다(220년 10월).

위(魏) 문제(文帝) 황초(黃初) 원년(서기 220) 11월 계유일(癸酉日), 하내군(河內郡) 산양읍(山陽邑)의 1만 호로 한제(漢帝, 헌제)를 산양공(山陽公)에 봉했는데, 산양공 유협(劉協)은 한(漢)의 정삭(正朔, 曆法)을 그대로 사용하며 천자(天子)의 예로 교제(郊祭)를 지낼 수 있고, 상서(上書)하더라도 신(臣)이라 칭하지 않으며, 경도(京都)의 태묘(太廟)에 제사를 지내면 제육을 보내주기로 하였다(致胙, 胙는 제사 지낸 고기 조).

산양공의 아들 4명을 열후(列侯)로 봉하였다.

위(魏) 황제의 조부 태왕(太王, 조숭)을 태황제(太皇帝)로, 선고(先考)인 무왕(武王, 조조)을 무황제(武皇帝)로 추존하고, 왕태후(王太后, 변씨, 조비의 생모)를 황태후로 올려 모셨다. 전국의 남자(男子, 戶主)에게 작위 1급(級)을, 부친의 뒤를 이은 아들과 효제(孝悌)나 역전(力田)으로 뽑힌 사람에게는 2급을 하사하였다.[417]

---

417 秦, 漢代의 일반 백성(平民)은 신분상 등급이 있었는데, 1등급(公士)에서부터 8등급(公乘(공승))까지는 일반 백성의 등급이다. 9등급 五大夫부터 18등급 大庶長까지는 官吏의 등급으로 요역이 면제된다. 19등급 關內侯와 20등급 徹侯(列侯)는 爵位(작위)이다. 백성은 작위를 사고팔았으며 일정 작위를 보유하면 사형을

한(漢) 제후왕(諸侯王)을 모두 숭덕후(崇德侯)로 강등시켰고, 한(漢)의 열후(列侯)는 관중후(關中侯)라 하였다.

상국(相國)을 사도(司徒)⁴¹⁸로, 어사대부를 사공(司空)으로, 봉상(奉常)을 태상(太常)⁴¹⁹으로, 낭중령(郎中令)을 광록훈(光祿勳)⁴²⁰으로, 대리(大理)를 정위(廷尉)⁴²¹로, 대농(大農)을 대사농(大司農)으로 개칭하였다.

면할 수 있었다. 국가에 경사가 있으면 수시로 백성에게 작위를 하사하였다. 男子는 각 家戶의 어른 가장. 孝悌(효제)와 力田은 모두 향직명(鄕職名)이다.

418 後漢의 경우 司徒(사도)는 公 1인. 백성과 관련한 업무를 총괄하는 丞相 격이었다. 백성 교화, 지방관의 치적 평가를 담당했다. 國政의 大疑나 大事에 관하여 太尉와 동격으로 협의, 상주하였다.

419 太常은 종묘 제사 주관 및 사직 및 산천에 대한 국가의 제사, 국가의 교육 관련 업무를 주관.

420 光祿勳(광록훈) - 卿 1인, 질록 中2천 석. 宮殿門戶를 숙위(宿衛), 각 낭관을 지휘 감독, 덕행에 따라 승진과 퇴출의 인사를 담당. 교사(郊祀)에서 3헌(三獻)을 담당. 속관 승(丞) 1인은 질록 比천 석. 光祿大夫도 광록훈의 속관. 무관으로 五官中郎將, 左中郎將, 右中郎將, 虎賁中郎將, 羽林中郎將, 奉車都尉, 駙馬都尉, 騎都尉 등은 모두 광록훈의 속관으로 질록은 比2천 석이다. 光武帝가 前漢에 비해 많이 감축했지만 그래도 광록훈의 속관이 제일 많았다.

421 後漢에서는 太常, 光祿勳, 위위(衛尉), 태복(太僕), 정위(廷尉), 대홍려(大鴻臚), 宗正, 大司農(조세 징수 및 국가 재정 담당), 少府를 九卿이라 칭했다. 질록 中2천 석. 정위는 重 죄수에 대한 조사와 평결, 집행 담당. 郡國에서 올라오는 옥안에 대한 최종 평결도 담당. 洛陽에는 황제 명에 의한 詔獄(조옥)이 있었다.

군국(郡國)과 현읍(縣邑)을 많이 고치거나 (속속, 관할 지역 등을) 바꿨다. 12월, 처음으로 낙양(洛陽)에 궁궐을 짓고, 무오일(戊午日)에 낙양에 행차하였다.

○ **구품중정법**(九品中正法, 九品官人法)

위(魏) 문제(文帝) 조비는 즉위하면서 중앙정부의 관리 선발제도인 구품관인법(九品官人法, 구품중정법)을 시행하였다. 관리 등용을 위한 제도를 시행한 것은, 신분에 의한 등용이 아니고 능력이나 품행에 따른 인재 등용이란 점에서 매우 큰 의미가 있다.

구품중정법의 주요 내용은 각 주나 군에서 '현명하고 식견이 높은 관리'를 선정하여 중정(中正)으로 임명한다. 이 중정관이 지방의 인재를 추천하면 중앙정부의 2품 이상의 고관이 그 인재를 전형하여(문벌, 재주나 학식, 지방중정관의 추천 내용 등) 인재를 9등급(上上, 上中, 上下, 中上－下下)으로 등용하는 제도이다.

그러나 이 제도는 문장이나 학식 또는 업무능력보다도 도덕적 품성에 더 많은 비중을 두고 평가하였기에 중정관의 주관적 평가가 많이 작용하였다. 결국 중정관이 현임 관리이기에 자연적으로 세가대족(世家大族)의 자제가 많이 추천되었다.

그리하여 '상품(上品)에 한문(寒門) 없고, 하품(下品)에 세족(世族) 없다(上品無寒門 下品無世族).'는 말 그대로였다. 결국 구품중정법은 위진남북조 시대에 문벌 귀족제도를 강화하는 큰 역할을 하였다. 결국 능력에 의한 인재 등용은 수(隋)나라의 선거제(選

擧制, 과거제도) 실시(587년) 이후에나 가능했다.

○ 40세에 붕어

문제(文帝) 황초(黃初) 2년(221) 봄 정월, 천지 신명에 대한 교제(郊祭)와 명당(明堂)의 제사를 지냈다. 갑술일, 사냥을 나가 원릉(原陵)에 이르러 사자(使者)를 보내 태뢰(太牢)로 한(漢) 세조(世祖, 광무제, 유수)[422]의 제사를 지냈다. 을해일, 동교(東郊)에 나가 태양을 맞이했다(朝日, 祭日).[423]

영천군(潁川郡)[424]의 1년 전조(田租)를 면제시켰다. 영천군 허현(許縣)을 허창현(許昌縣)[425]으로 개칭하였다.

[422] 後漢 건국자 劉秀(유수, 前 5 – 서기 57년, 재위 서기 25 – 57년). 廟號는 世祖, 諡號(시호)는 光武皇帝. 光武帝의 무덤 原陵은, 今 河南省 洛陽市 관할 孟津縣에 위치.

[423] 禮에 天子는 春分에 朝日하고, 秋分에 夕月한다고 하였다. 정월에 교사를 지냈으면 다른 달에 朝日했을 터인데, 몇 月인지 누락되었을 것이라는 주석이 있다.

[424] 潁川郡(영천군) – 치소는 陽翟縣(양책현), 今 河南省 許昌市 관할 禹州市(우주시). 조조가 처음 기병한 곳이며, 조조가 화북 패권을 잡게 된 官渡(관도)의 전투 이전에, 사방의 군현이 와해되고 원근의 군현이 원소의 눈치를 살폈지만, 영천군 백성만은 조조를 위해 싸우고 군량을 운반하였다. 漢 高祖가 關中 땅을 기반으로 일어났고, 後漢 光武帝가 河內郡을 기반으로 흥기한 것처럼 魏는 영천군을 기반으로 하겠다는 의미이다.

[425] 曹丕(조비)는 魏 건국 후, 洛陽에 定都한 뒤에, '漢은 許縣에서 망했

여름 4월, 거기장군인 조인이 대장군이 되었다.

6월 경자일, 처음으로 5악(五嶽)과 4독(四瀆)[426]에 제사를 지냈는데, 순차에 의거 각종 제사를 지내게 하였다. 정묘일에, 부인 견씨(甄氏)[427]가 죽었다.

무진일 그믐에 일식이 일어나자, 유사(有司)가 태위(太尉)를 면직시켜야 한다고 상주하자 조서(詔書)를 내렸다.[428]

지만 魏는 許에서 번창한다(漢因許而亡, 魏因許而昌).'는 뜻으로, 許縣(許都)를 許昌으로 개칭하여 지금껏 사용되고 있다. 許昌市는 河南省 중앙부에 위치하며 人口 450만이 넘는 거대도시이다.

426 오악(五嶽)은 北岳(北嶽)인, 今 山西省의 恒山(항산, 常山), 西岳인 陝西省의 華山, 中岳인 河南省의 嵩山(숭산), 東岳인 山東省 泰山, 南岳인 湖南省 衡山(형산). 사독(四瀆, 瀆은 도랑 독)은 淮水(회수)를 東瀆, 長江(江은 본래 고유명사로 장강을 지칭)을 南瀆, 黃河(황하는 보통 河水로 통칭, 河는 본래 고유명사) 西瀆, 濟水(제수)를 北瀆이라 칭했는데, 황하의 물길이 여러 번 바뀌면서 濟水는 사라졌는데, 지금의 黃河의 下流가 원래 濟水의 물길이라고 한다.

427 文昭甄皇后(문소견황후, 183－221)는 名 不明, 魏 明帝 曹叡(조예)의 生母. 曹叡(조예, 明帝) 즉위 후 文昭皇后로 추존, 上蔡令 甄逸(견일)의 딸. 袁紹의 2子 袁熙의 처, 원소가 패망할 때(건안 9년), 曹丕(조비)가 그 미모에 반해 娶妻(취처). 황후가 되었다. 뒷날 文德皇后 郭氏(곽씨)가 조비의 총애를 받자, 질투하여 賜死하였다. 조비는 견씨를 미워하여 '시신을 염할 때 머리를 풀어 얼굴을 가리고 쌀겨(糠)로 입을 채우라'고 했다는 일화가 전한다. 甄은 질그릇 견, 성씨 견, 땅이름 견. 甄에 '진' 音이 있지만 성씨일 때는 분명히 '견' 이다. 후백제 건국자도 甄萱(견훤)이다.

428 漢制度에 皇帝의 下書는 4종류로, 策書, 制書, 詔書, 誡勅(계칙)으

「재이(災異)의 발생으로 삼공(三公, 元首)을 견책하는 것은 (사람의 잘못에) 팔다리를 탓하는 것과 같으니, 어찌 우왕(禹王)과 탕왕(湯王)이 자신의 허물이라 탓한 것과 같겠는가? 백관(百官)은 모두 자신의 직무를 성실히 수행할 뿐이니, 뒷날 천지에 재해가 일어난다 하여 다시는 삼공(三公)을 탄핵하지 말라.」

가을인 8월, 손권이 사신을 보내 국서를 올리면서 아울러 (생포했던) 우금(于禁) 등을 돌려보냈다. 손권에게 대장군직을 수여하고 오왕(吳王)에 봉했으며 구석(九錫)을 하사하였다.

(황초黃初) 7년(226) 봄 정월, 허창현(許昌縣)에 행차하려 했는데, 허창성(許昌城)의 남문(南門)이 아무 까닭도 없이 저절로 붕괴되어, 황제는 마음이 꺼려 성 안에 들어가지 않았다.

여름 5월 병진일에, 황제는 병환이 위독하자, 중군대장군(中軍大將軍)인 조진(曹眞), 진군대장군(鎭軍大將軍)인 진군(陳羣),[429] 정

로 구분한다. 策書는 1尺 2寸의 編簡에 篆書(전서)로 年月日을 기록하는 皇帝가 諸侯王에 대한 명령이다. 三公의 죄가 있어 면직시킬 때도 策書를 내리는데 隸書(예서)로 기록했다. 制書는 제도에 관한 명령으로 國璽(국새)를 찍어 封하고 尙書令의 인장으로 다시 한번 봉하여 州郡에 반포한다. 詔書의 詔는 吿의 뜻으로, 그 문장은 告某官云으로 시작한다. 誡勅〔誡勅(계칙)〕은 刺史(자사)나 太守를 훈계하는 내용의 글이다.

429 陳羣(진군, 陳群) -《魏書》22권, 〈桓二陳徐衛盧傳〉에 立傳. ※ 한 자에는 群과 羣처럼 部首의 위치나 모양이 바뀌어도 통용되는

동대장군인 조휴(曹休), 무군대장군인 사마의(司馬懿)[430]를 불러 함께 유조(遺詔)를 받고 사주(嗣主, 조예, 명제)를 보필토록 했다.

정사일, 황제가 붕어하니, 나이 40이었다.

6월 무인일(戊寅日)에, 수양릉(首陽陵)에 장례했다.

그전에 황제는 문학을 좋아하여 저술에 힘썼으며 1백 편에 가까운 글을 남겼다.[431] 또 여러 유생으로 하여금 경전을 수집 편찬케 하여 종류별로 편찬케 하니 모두 1천여 편에 달했고, 이를 《황람(皇覽)》이라고 불렀다.

글자가 있다. 중국에서 출판되는 책에도 이런 경우가 많다. 陳群과 陳羣이 같은 책에서도 다르게 표기되지만 모두 통한다. 이런 예는 裏－裡, 裵－裴, 鑑－鑒, 讎－讐(원수 수), 慙－慚(부끄러울 참), 匯－滙(물 모일 회) 등 매우 많다.

430 司馬懿(사마의, 179－251, 字는 仲達)－魏의 무장. 조조, 조비, 조예, 조방의 四代君主를 섬겼고 나중에 '高平陵의 變'으로 국가권력을 장악했다. 曹操는 사마의를 싫어했고 '狼顧之相'이라면서 뒷날 조씨 일가를 휘두를 것을 염려했고, 이를 아들 曹丕에게 알려줬으나 조비는 사마의와 관계가 좋았고 지켜주었다.

431 魏 文帝 曹丕(조비)는 어려서부터 文學을 좋아하여 詩, 賦(부)에 특별한 성취를 이루었는데, 특히 五言詩에 능하였고, 현재 〈燕歌行(연가행)〉 등 40여 수가 전해온다. 부친 조조 및 동생 조식(曹植)과 함께 三曹(삼조)로 통칭한다. 이외에 조비는 《典論》을 저술했는데, 그중 〈論文〉은 문학비평을 체계화한 글로 유명하다. 조비는 '蓋文章, 經國之大業, 不朽之盛事(文章은 經國의 大業이며 不朽의 큰일이다)'라 하여 文學의 역사적 가치와 중요성을 인정하였다.

○ 하필성장(下筆成章)

문제(文帝)는 천부적인 문재(文才)를 바탕으로 하필(下筆)하면 성장(成章)하였고, 박문강기(博聞强記)하였으며 재예(才藝)를 겸비한 사람이었다. 만약 (그런 바탕에) 넓은 도량이 보태지고 공평한 성심(誠心)으로 힘쓰며, 고상한 대지(大志)로 왕도(王道)를 실천하고 도덕(道德)을 널리 폈더라면, 고대의 어떤 현주(賢主)보다도 훨씬 훌륭했을 것이다!

3) 문소견황후(文昭甄皇后)

○ 이웃에 은혜를 베풀어야

문소견황후(文昭甄皇后)[432]는 중산국(中山國) 무극현(無極縣)[433] 사람으로, 조예의 생모이다. 부친 견일(甄逸)은 상채(上蔡) 현령이었는데, 견후(甄后)가 3살 때 죽었다.

그 무렵 천하가 병란을 만났고, 거기에 흉년이 들어서 백성들은 모두 금은이나 구슬 등 보옥(寶玉)을 처분하였는데, 견후의 집에는 곡식의 여분이 있었고 그런 곡식으로 금은보화를 사들였다.

그때 견후는 10여 세였는데, 모친에게 말했다.

---

432 文昭甄皇后(문소견황후, 183-221년) - 文帝 曹丕(조비)의 황후.

433 中山國은 冀州 관할, 군국명. 치소는 盧奴縣, 今 河北省 남부 省 직할 定州市. 無極縣은 중산국의 현명. 今 河北省 남서부 石家莊市 관할 無極縣.

"지금 세상 사람들이 난리를 당할 때 우리는 보물을 사들이는데, 보통 백성이 지은 죄가 없더라도 보물을 갖고 있다면 허물이 됩니다. 또 주변 사람이 모두 굶주리니, 이 곡식을 친척과 향리에 나눠주어 널리 은혜를 베풀어야 합니다."

이에 집안 모두가 견후를 칭찬하면서 그 말에 따랐다.

문소견황후(文昭甄皇后, 조비(曹丕)의 황후)
〈출처: 위키백과〉

○ 본래 원소의 며느리

헌제 건안 연간에, 원소가 둘째 아들 원희(袁熙)의 처로 견씨를 맞이했다. 원희가 유주자사로 나가 있을 때, 견씨는 남아서 시모를 모셨다. 기주(冀州)가 평정되면서, 조비는 업현(鄴縣)에서 견씨를 아내로 맞이했고[434] 총애하였는데, 견씨는 명제(明帝, 曹叡)와

---

434 조조가 鄴縣을 공략하여 차지할 때, 조비는 먼저 袁尙(원상)의 저택에 진입하였는데, 어떤 여인이 산발하고 더러운 얼굴로 袁紹(원소)의 처 劉氏 뒤에 울며 서있었다. 조비가 묻자, 유씨는 둘째

동향공주(東鄕公主)를 낳았다.

헌제 연강(延康)⁴³⁵ 원년(220년) 정월에, 조조가 죽자 조비가 위왕(魏王)으로 즉위했고, 6월에 조비가 남쪽을 원정할 때 견후는 업현(鄴縣)에 남아있었다.⁴³⁶

○ 미인에게 사약을!

황초(黃初) 원년(서기 220) 10월, 조비가 황제로 즉위했다. 문제(文帝) 즉위 후에 산양공(山陽公, 한 헌제)은 두 딸을 조비에게 시집보냈고, 곽후(郭后, 문제의 2번째 황후), 이귀인(李貴人), 음귀인(陰貴人)이 모두 문제의 총애를 받자 견후(甄后)는 더욱 실의에 빠지면서 원망을 많이 했다.

문제는 대노하였고, 황초 2년(221) 6월에 견후에게 사약을 내렸고 업현에 장례했다.

아들(袁熙)의 처라고 말했다. 그러면서 며느리의 머리를 묶고 수건으로 얼굴을 닦게 하자, 미색이 絶倫(절륜)하였다. 그러자 유씨가 며느리에게 말했다. "죽을 걱정은 하지 않아도 된다!" 조비는 견씨를 맞이했고 또 총애했다.

435 헌제는 황제였고 曹操는 魏王이었다. 건안 26년(서기 220)을 조비가 延康으로 개원하였지만 헌제의 연호이다. 서기 220년 10월에 조비는 헌제의 선양을 받고 黃初로 다시 개원했다.

436 여러 기록에 의하면, 甄氏는 시어머니 卞后(曹操의 처)에게 효도했다. 그러나 조비의 미움으로 사약을 받아 죽었기에 사소한 기사는 기록하지 않았을 것이다.

4) 조식

○ 시문(詩文) 천재

진(陳) 사왕(思王) 조식(曹植)⁴³⁷의 자(字)는 자건(子建)이다. 10세 남짓에 《시경(詩經)》과 《논어(論語)》 및 문장 수십만 자를 외웠으며, 글을 잘 지었다.

어느날 조조가 조식이 지은 글을 보고 물었다.

"너는 남의 글을 베꼈는가?"

이에 조식이 무릎을 꿇고 말했다.

"제가 입을 열면 바른말을 하고, 붓을 잡으면 문장을 짓지만, 눈앞에서 지어보라고 하실 수도 있는데, 남의 글을 어찌 베끼겠습니까?"

그때 업현에 동작대(銅爵臺)⁴³⁸를 신축했는데, 조조는 여러 아

---

437 조식(曹植, 192-232년, 字는 子建) - 曹操 第4子, 변씨(卞氏) 소생 第3子, 조비(曹丕) - 조창(曹彰) - 조식 順. 曹魏의 저명한 詩人. '才高八斗(八斗之才)', '칠보성시(七步成詩)'의 주인공. 조식의 재화(才華)는 후세 시인의 추앙을 받았다. 조조, 조비와 함께 시단의 '三曹'로 불림. 부친이나 형과는 달리 정무에는 전혀 손을 대지 않았다. 陳 思王은 죽은 다음의 시호이다. 조식의 작품은 1백여 편이 전하나 대부분 五言詩이고 후세에 《陳思王集》이 편찬되었다. 조식의 詩作은 '골기기고(骨氣奇高)'하다는 평을 듣는데, 建安文學의 성취와 特色을 잘 나타내고 있다. 보통 알려진 〈七步詩〉는 《三國演義》 第 79回, 〈兄逼弟曹植賦詩〉에 수록되었다.

438 後漢 建安 15년(서기 210), 鄴縣〔업현, 今 河北省 邯鄲市(한단시) 臨漳

조식(曹植) 〈출처: 위키백과〉

들을 동작대로 불러 각자 글(賦)을 짓게 하였다. 조식은 붓을 잡자 바로 〈동작대부(銅爵臺賦)〉를 지었는데, 문채(文彩)가 훌륭하여 조조가 그 뛰어난 재화(才華)를 매우 기특하게 여겼다.

조식은 천성이 간결 용이하고 위엄이나 형식을 따지지 않았다. 수레나 말, 복장이나 차림새에 멋을 내지도 않았다. 들어가 뵐 때마다 어려운 문제에 금방 대답을 잘하여 특별한 총애를 받았다.

조식이 재능으로 조조의 총애를 받으면서 정의(丁儀), 정이(丁廙), 양수(楊脩) 등을 우익(羽翼)으로 삼았다. 조조는 태자 책정을 호의(狐疑)하면서도, 여러 번 조식을 태자로 정하려 했었다. 그렇지만 조식은 제멋대로 행동하면서 행실을 꾸미거나 억지로 하지

縣 三臺村에 건립한 누각. 曹操가 원소를 격파한 뒤에 건립한 일종의 기념물이었다. 이어 나중에 金虎臺와 冰井臺(빙정대)를 지어 三臺라 통칭하였다. 이는 建安 17년(212年)의 일로 알려졌다. 당시 조비는 〈登臺賦〉를 지었다.

않았으며 음주를 절제하지도 않았다.

친형 조비는 여러 계산을 바탕으로 감정이나 행실을 꾸몄고, 궁인과 조조의 측근 모두가 조비를 위해 좋은 말을 하였기에 결국 후사가 되었다.

태조(太祖)는 결국 뒷날에 어떤 일이 있을까를 생각해야만 했고, 또 양수(楊脩)[439]가 재주와 책략이 뛰어나지만 원소의 생질이기에, 후환을 미리 제거한다는 뜻으로 양수를 주살하였다. 이 때문에 조식은 내심으로 더욱 불안하였다.

건안 24년(서기 219), 조인(曹仁)이 관우에게 포위되었다. 위왕은 조식을 남중랑장(南中郎將)으로 삼아 정로장군(征虜將軍)을 대행토록 하여 조인을 구원하려고 불러 주의를 주려 했는데, 조식이 술에 대취하여 책명을 받을 수가 없자, 조조는 후회하며 취소하였다.

○ 조식의 반성과 불우(不遇)

문제(文帝) 황초 4년(223), 옹구왕(雍丘王)[440]으로 옮겼다. 그해

---

[439] 楊脩(양수, 字는 德祖, 太尉 楊彪의 아들) – 建安 연간에, 효렴으로 천거되어 郎中이 되었다가 계속되는 전투에 군수창고를 관리하는 주부(主簿)가 되었다. 양수는 두뇌가 우수하여 조조의 아들 曹丕(조비) 형제와 두루 친했다. 脩는 포 수. 육포. 닦을 수(治也), 익힐 수(習也)로 修와 같은 뜻으로 쓰일 때도 있지만 같은 字는 아니다. 《後漢書》 54권, 〈楊震列傳〉에 立傳.

낙양에 입조했다. 조식이 상소하여 황제에게 자신의 죄과를 반성하였다.

문제는 조식(曹植)의 문사(文辭)와 반성을 가상히 여기며, 조서를 내려 격려했다.

문제 황초 6년(225), 문제는 동오(東吳) 원정에서 돌아오는 길에 옹구현(雍丘縣) 조식의 왕궁에 행차하여 식읍 5백 호를 늘려주었다.

명제(明帝) 태화(太和) 원년(227), 조식을 옮겨 준의왕(浚儀王)에 봉했다. 2년에, 다시 옹구왕(雍丘王)으로 환원했다. 조식은 늘 강개하며 원망을 품었으며 좋은 재능(利器)을 갖고서는 활용할 곳이 없다며 자신을 시용(試用)해주기를 바라는 상소를 올렸다.

태화 3년(229), 조식을 옮겨 동아왕(東阿王)에 봉했다.

태화 5년(231) 겨울, 조서로 모든 제후왕이 (태화) 6년 정월에 입조토록 명했다.

그해 2월, 진군(陳郡) 4현으로 조식을 진왕(陳王)에 봉했고, 식읍은 3,500호였다. 조식은 매번 별도로 황제와 독담(獨談)을 하면서 시정(時政)을 논하거나 관직 등용을 원했지만, 끝내 뜻을 이룰 수 없었다. 봉지로 돌아온 조식은 슬프고 절망하였다. 그때 법제로는 제후 번국(藩國)을 심하게 압박하였으며 관료도 거의 비속한 하재(下才)였고 군사도 쇠약한 노병이었으며 많아야 2백 명을 넘

---

440 陳留郡의 雍丘縣(옹구현), 今 河南省 중부 開封市 관할 杞縣(기현).

지 않았다. 그리고 조식은 전과가 있다 하여 건수가 있을 때마다 반감하였으니, 왕으로 재위 11년 중에 3개 군을 옮겨 다녔으며 늘 울울불락하였기에 결국 병에 걸려 죽으니 41세였다.

(2) 명제의 치적

1) 명제 즉위

○ 모친에게 시호를 올리다

명황제(明皇帝)의 이름은 예(叡)[441]이고, 문제(文帝, 조)의 태자이다. 태어나면서부터 조조가 늘 곁에 두고 귀여워하였다. 문제 황초 2년(221) 제공(齊公) 3년에, 평원왕(平原王)이 되었다. 그 모친이 사사(賜死)되었기에 사당을 세울 수도 없었다.[442]

문제 황초 7년 여름 5월, 문제의 병이 위중하자 조예(曹叡)를 황태자로 책봉했다.

---

[441] 魏 明帝 曹叡(조예, 204-239, 재위 226-239, 字는 元仲, 叡는 밝을 예) - 조예도 詩文에 뛰어났지만 할아버지 조조나 부친 조비만 못했다. 明帝 死後에 曹芳(조방)은 허수아비 황제였고, 결국 司馬懿(사마의)의 고평릉의 변(高平陵之變) 이후 魏國의 大權은 司馬氏의 수중에 들어갔다. 《魏書》3권, 〈明帝紀〉.

[442] 조예는 甄氏 소생, 황후 견씨가 서기 221년에 사약을 받아 죽은 뒤, 無子한 황후 곽씨(郭氏)가 조예를 돌보았고 조예 역시 모후로 섬겼다. 조예가 즉위한 뒤, 생모 견씨를 文昭甄皇后(문소견황후)로 추존했다.

이어, 황제로 즉위하였다. 황태후(皇太后, 조조의 왕후 변씨)를 태황태후(太皇太后), 황후(皇后, 조비의 곽씨)를 황태후로 올렸다. 생모 견부인(甄夫人)에게 문소황후(文昭皇后)라는 시호를 올렸다.

○ 대장군 조진(曹眞)

(태화) 2년(서기 228) 봄 정월, 사마의(司馬懿)가 신성군(新城郡)을 공격하여 맹달(孟達)을 죽여 그 수급(首級)을 보내왔다.

촉(蜀)의 대장 제갈량(諸葛亮)이 변경을 노략질하자, 천수(天水), 남안(南安), 안정(安定)의 3군의 관리와 백성이 배반하며 제갈량에게 호응하였다. 대장군 조진(曹眞)을 보내 무관(武關) 우측의 군대를 독려하여 진격케 하였다. 우장군(右將軍)인 장합(張郃)이 제갈량을 가정(街亭)[443]에서 공격하여 크게 격파하였다. 제갈량은 패주하였고, 삼군(三郡)은 평정되었다.

12월, 제갈량이 진창(陳倉)을 포위하자, 조진(曹眞) 등을 보내 막게 하였다.

○ 장군 관구검

명제 청룡(青龍) 3년(235) 봄 정월, 대장군 사마의는 태위(太尉)가 되었다. 삭방군(朔方郡)[444]을 다시 설치하였다.

---

443 街亭(가정)은, 今 甘肅省 남부 天水市 관할 秦安縣 隴城鎭(농성진)에 해당.

444 후한시대 병주(幷州) 관할 삭방군(朔方郡)의 治所는 臨戎縣(임융

명제 경초(景初) 원년(237) 가을 7월,

그전에, 손권은 사자를 보내 바다 건너 고구려와 통교하면서 요동군(遼東郡)⁴⁴⁵ 지역을 공격하려고 했다. 황제는 유주(幽州) 자사인 관구검(毌丘儉)⁴⁴⁶을 보내 모든 군사와 선비족과 오환족을 거느리고 요동군 남부에 주둔하면서 국서를 보내 공손연(公孫淵)을 소환하였다. 이에 공손연은 군사를 일으키며 반발하자, 관구검이 군사를 거느리고 나아가 토벌하였는데, 마침 10여 일이나 큰 비가 내려 요수(遼水)가 크게 범람하였고, 황제는 조서로 관구검에게 군사를 거느리고 돌아오게 하였다.

현)으로, 今 內蒙古自治區 黃河 북안 巴彦淖爾市(파언요이시) 서남부의 磴口縣(등구현)이다. 建安 20年(서기 215), 흉노와 강족의 침입으로 인구가 크게 줄자, 曹操는 雲中, 定襄, 五原, 朔方郡을 폐지하고 太原郡의 북부에 新興郡을 설치하고 4개 군의 백성을 옮겨 살게 하였다. 그러다가 靑龍 3년(서기 235)에 다시 설치했으나 나중에 다시 폐군되었다.

445 유주자사 관할 遼東郡은 後漢의 舊郡, 遼東 公孫氏가 차지. 郡治는 襄平縣, 今 遼寧省 중부 遼陽市. 襄平, 汶, 安市縣 등 12縣을 관장했다.

446 毌丘儉(관구검, ?-255) — 毌丘(관구)는 복성〔毌은 貫의 本字, 毋(말 무, 금지사)〕가 아님. 正始 7년(서기 246), 玄菟郡(현도군)에서 출발하여 고구려 도읍 丸都城을 점령, 東川王은 옥저로 피난했다. 《魏書》 28권, 〈王毌丘諸葛鄧鍾傳〉에 立傳.

제4부 삼국의 상호 항쟁 397

o 명제의 붕어

경초 3년(239) 봄 정월, 태위인 사마의가 회군하면서 하내군(河內郡)에 도착하자, 황제는 역마(驛馬)를 불러 보내 내전으로 들어오자 사마의의 손을 잡고 말했다.

"내 병이 심하여 후사를 그대에게 부탁하노니, 그대는 조상(曹爽)과 함께 소자(少子)를 보필하라. 내 그대를 보았으니 아무 한이 없도다!"

사마의는 머리를 조아리며 눈물을 흘렸다. 바로 그날 황제는 붕어했다. 나이는 36세였다. 계축일에, 고평릉(高平陵)에 장례했다.

명제(明帝)는 침착하고 굳세며 결단력과 식견이 있어 마음 내키는 대로 행하여도 인군(人君)의 훌륭한 기개가 있었다. 당시는 백성의 살림이 매우 곤궁하고 천하가 사분오열되었는데, 먼저 선조의 좋은 치적을 빛내거나 기반을 튼튼히 다지지 않고, 진시황이나 한 무제(漢 武帝)의 행적대로 궁궐을 크게 짓거나 원대한 지모(智謀)를 이루고자 하였으니, 이는 진황제(秦皇帝)나 한 무제(漢武帝)의 병폐와 거의 같을 것이다.

2) 사마의의 대두

사마의〔司馬懿, 179-251년, 자(字) 중달(仲達)〕는 하내군(河內郡) 사람으로, 어려서부터 총명하고 대략(大略)을 지녔으며, 풍부한 식견에 유가사상을 바탕으로 늘 천하를 걱정하는 마음을 갖고 있었다고 한다.

승상 조조가 사마의를 부르면서 '거절하면 가두겠다.' 라며 엄포를 놓자, 사마의는 두려워 벼슬에 나아갔다.

사마의(司馬懿) 〈출처: 위키백과〉
명대(明代) 주천연(朱天然) 찬(撰), 《역대고인상찬(歷代古人像贊)》의 사마의(司馬懿).

사마의는 제갈량한테 여러 차례 패전했기에 촉의 군사들을 마치 호랑이처럼 무서워했다. 패전한 사마의는 갈림길에서 금빛 투구를 다른 길에 벗어 던지고 겨우 목숨을 건진 일이 있었는데, 이후 사마의는 성문을 닫고 꼼짝하지 않았다.

촉장 위연이 사마의의 투구를 흔들며 도전하자, 사마의가 웃으며 부장들에게 말했다.

"작은 것을 참지 못하면 큰일을 망친다(小不忍則難大謀)."

'36번째 계략, 달아나는 것이 가장 좋은 계략이다(三十六計 走爲上計).' 란 말과 함께, 즉 모든 계략이 안 통한다면 '그 다음은

제4부 삼국의 상호 항쟁 399

참는 것이 최상의 계책이다.'란 말을 자주 쓴다. 그만큼 참는 것은 중요하지만 어려운 것이다.

'한 마디를 참고〔忍一句(인일구)〕, 분노 한번 가라앉히고〔息一怒(식일노)〕, 한발 물러서라!〔退一步(퇴일보)〕'는 말 역시 큰일을 하는 동안 참고 또 참으라는 뜻이다. '인내 한 번은 온갖 용맹을 제압할 수 있고〔一忍可以制百勇(일인가이제백용)〕, 한 번의 안정은 온갖 움직임을 제압할 수 있다〔一靜可以制百動(일정가이제백동)〕.'라는 말 역시 같은 의미로 쓰이고 있다.

조조보다 24살 연하인 사마의는, 조조의 아들 조비와 교제하며 여러 벼슬을 역임했다.

조조는 사마의가 마음속에 큰 뜻을 품고 있음을 잘 알고 크게 신임하지 않았다고 한다.

조조는 아들 조비에게 "사마의는 다른 사람의 신하가 될 사람이 아니다."라며 항상 경계할 것을 충고했었다. 또 조조는 사마의를 싫어했고 '낭고지상(狼顧之相, 이리가 다니면서 흘깃흘깃 뒤를 돌아보는 꼴)'이라면서 뒷날 조씨 일가를 휘두를 것을 염려했고, 이를 아들 조비에게 알려줬으나 조비는 사마의와 관계가 좋았고 지켜주었다.

조비 또한 평시에 사마의와 친분이 있었지만 이후 차츰 사마의를 멀리하였다. 사마의 역시 이런저런 눈치 속에 자신의 안전을 위하여 하급 관리의 직무에 밤을 새는 등 하찮은 일까지도 기꺼이 하면서 조조를 안심시켰다.

○ 사마씨(司馬氏) 3대(代)

사마씨의 진(晉, 서진)나라가 이루어지기까지 사마씨 삼대에 걸친 노력과 성장 과정이 있었다.

그전에, 조조는 어느 날 세 마리의 말이 한 구유(槽 구유 조 : 曹와 동음)에서 먹이를 먹는 꿈을 꾸고 이를 매우 언짢게 여겼다고 전해진다. 말 세 마리는 훗날 위나라를 멸망의 길로 들게 하는 사마의와 그 두 아들, 곧 사마사(司馬師)와 사마소(司馬昭)를 뜻한다.

조조를 섬겨 그 능력을 인정받은 사마의는 조조의 아들 조비(曹丕, 문제)가 죽고(226), 그 아들 조예(明帝) 때 표기대장군이 되어 옹주와 양주의 병마권을 장악하게 된다.

이 소식을 들은 제갈량은 마속의 건의를 받아들여 반간(첩자)을 밀파한다. 첩자들은 사마의의 이름이 붙은 벽보를 곳곳에 붙인다. 명제는 사마의를 의심했고, 대신 화흠은 '조조도 사마의에게 군사권을 맡기지 말라'고 했다며 사마의를 제거하라고 건의한다.

결국 사마의는 모든 관직을 박탈당하고 고향마을로 돌아간다. 이 소식을 들은 제갈량은 '안심하고 위를 칠 수 있다'며 출사표(出師表)를 올리고 출정한다.

그 이후 위나라 군사가 제갈량에게 계속 패하자, 위나라에서는 다시 사마의를 등용한다.

사마의는 위(魏)의 장수로 조조(曹操), 조비(曹丕), 조예(曹叡, 명제), 조방(曹芳)의 4대를 섬겼고, 나중에 '고평릉(高平陵)의 변(變)'으로 조위(曹魏)의 권력을 장악했다.

사마의는 소제 조방(曹芳)의 가평(嘉平) 3년(251), 향년 73세로 병사하였다. 장례는 수양산(首陽山)에 검소하게 마쳤다. 시호는 무양선문후(舞陽宣文侯)로 추존했다.

264년에, 아들 사마소(司馬昭)가 진왕(晉王)이 되자 사마의를 진왕(晉王)으로 추존하며, 시호는 선왕(宣王)이라 했다. 손자인 사마염(司馬炎)이 칭제하며 서진(西晉)을 건국하자(265), 황제로 추존하며 묘호를 고조(高祖), 시호를 선황제(宣皇帝)라 하였다.

(3) 소제 조방

○ 명제의 양자

제왕(齊王) 조방(曹芳, 232-274년, 재위 239-254년)의 자(字)는 난경(蘭卿)이다. 명제(明帝)가 무자(無子)하여 제왕 조방과 진왕(秦王) 조순(曹詢)을 양자로 삼았는데, 궁내에 비밀이 많아 정확한 사유를 아는 사람이 없었다.[447]

---

[447] 明帝가 無子하여 養子를 데려다 어려서부터 궁 안에서 성장하였다. 曹芳(조방)은 任城王 曹楷(조해)의 아들이라는 설이 있지만 확

명제 청룡(靑龍) 3년(235)에, 조방을 제왕으로 책립하였다. 명제 경초(景初) 3년(239) 정월 초하루, 황제(明帝)의 병이 위독하자 제왕을 황태자로 책립하였다. 이날 바로 황제로 즉위하면서 온 나라의 죄수를 사면했다. 대장군인 조상(曹爽), 태위(太尉)인 사마의(司馬懿)가 정사를 보필하였다.

2월에, 서역(西域)에서 2중 통역을 거쳐 화완포(火浣布)[448]를 헌상하였는데, 대장군과 태위가 직접 여러 신하들 앞에서 실험해 보라고 명령하였다.

○ 사마의(司馬懿)에게 군권(軍權)을

소제 조방(曹芳)이 조서를 내렸다.

「태위(太尉, 사마의)는 정도(正道)를 지키며 정직무사(正直無私)하며 3세(무제, 문제, 명제)에 걸쳐 충성하였고, 남쪽으로는 맹달(孟達, 촉장으로 투항 후 반란)을 죽였고, 동쪽에서는 공손연(公孫淵)을 멸망시켰으니 그 공적은 온 나라에 미쳤다. 옛 주 성왕(周 成王)은 태보(太保)와 태부(太傅)의 관직을 두었고, 근래 후한(後漢)의 현종(顯宗, 명제)[449] 등우(鄧禹)[450]를 높이 존중하였는데, 이는 재덕

인할 수 없다. 조방은 재위 16년으로 가장 오래 재위했지만, 첫번째 허수아비 황제였다. 司馬師(사마사)의 정변으로 퇴출되었다.
448 서역의 남쪽 바다에 있는 섬나라에서 만든다고 하는 火浣布(화완포)는 '불로 세탁하는 옷감'이란 뜻인데, 흰색의 옷이 더러워지면 불속에 집어넣어 깨끗하게 세탁한다는 장황한 주석이 있다.

(才德)이 출중한 신하를 반드시 존중해야 한다는 뜻이다. 이에 태위(太尉)를 태부(太傅)⁴⁵¹로 임명하니, 부절을 받아 군사를 지휘하며 모든 군사업무를 전처럼 감독하기 바란다.」

○ 정시(正始) 연간의 정치

소제(少帝) 조방(曹芳)의 정시(正始)⁴⁵² 2년(241) 봄 2월, 황제가《논어(論語)》를 처음 통독(通讀)했는데, 태상(太常)⁴⁵³이 벽옹(辟雍)⁴⁵⁴에서 태뢰(太牢)로 공자(孔子)를 제사하며, 안연(顏淵)을 배향

---

449 後漢 2代 明帝(劉莊, 재위 서기 57-75년) - 顯宗은 묘호, 시호는 孝明皇帝, 後漢 光武帝 劉秀의 四子, 생모는 미인으로 유명했던 陰麗華(음려화).

450 鄧禹(등우, 서기 2-58) - 南陽 新野人, 光武帝의 측근, 개국공신. 광무제가 蕭何(소하)처럼 믿을 수 있는 사람이라고 생각했다. 後漢 개국에 크게 기여하였으며 '雲臺二十八將'의 첫째. 등우의 아들이 鄧訓, 등훈의 딸이 和帝의 황후인 鄧綏(등수)였다.

451 太傅(태부) - 三公보다 상위직. 황제의 자문 담당. 상설직은 아니었다.

452 正始(정시, 240-249년 4월) - 曹魏 君主 魏 齊王 曹芳(조방)의 첫 번째 연호. 正始 10년(서기 249년) 4월에 嘉平(가평) 원년으로 개원했다.

453 太常(태상) - 나라의 禮儀와 종묘 제사와 각종 祭祀를 주관하며, 각종 의례나 행사, 제사에서 천자를 보좌한다. 또 博士의 선발과 관리업무도 관장하며, 황제의 능묘를 정기적으로 순찰하였다. 속관으로 차관인 丞(승) 1인(질록 比千石)이 있어 부서 내 업무를 관장하였다.

(配享)하였다.

정시(正始) 4년(서기 243) 봄 정월, 황제가 원복(元服, 관례)[455]을 거행했는데, 모든 신하에게 차등을 두어 물품을 하사하였다.

정시 7년(서기 246) 봄 2월, 유주자사(幽州刺史) 관구검(毌丘儉)이 고구려(高句驪, 고구려)를 원정하였고, 여름 5월에는 예맥(濊貊)을 격파하였다.

○ 고평릉(高平陵)의 변란(變亂)

조방(曹芳) 가평(嘉平) 원년(서기 249), 봄 정월 갑오일, 황제가 고평릉(高平陵, 명제의 능)을 참배하였다. 태부(太傅)인 사마의가 대장군 조상(曹爽)[456]과 조상의 동생, 무위장군(武衛將軍) 조훈(曹訓), 산기장군(散騎常侍)인 조언(曹彦)의 관직을 파면하고, 조상(曹爽)은 작위를 가지고 재가(在家)해야 한다고 상주하였다.[457]

---

454 辟雍(벽옹) — 본래 周代의 중앙교육기관. 太學이 소재한 곳. 전체적으로 둥근 모양(하늘을 상징)을 물(敎化가 물처럼 흘러 널리 퍼지라는 뜻)이 두르고 있는 형상. 제후국의 교육기관이 있는 곳은 泮宮(반궁)이라고 했다.

455 元服은 加冠하다. 황제가 관례를 치르다. 元服은 성년의 衣冠. 元은 머리(首).

456 조상(曹爽, ?-249, 字는 昭伯)은 曹眞의 아들, 曹操의 侄孫(질손). 明帝의 유조를 받아 사마의와 함께 曹芳을 輔政하였지만 난폭하게 권력을 휘두르다가 司馬懿의 高平陵之變(서기 249년)으로 권력을 잃고 멸족되었다. 《魏書》9권, 〈諸夏侯曹傳〉에 立傳.

가평 3년(서기 251) 가을 7월인 임술일(壬戌日), 황후인 견씨(甄氏, 조방의 황후)가 붕어했다.

신미일, 사공(司空)인 사마부(司馬孚)가 태위(太尉)가 되었다.

무인일, 태부(太傅) 사마의가 죽었고, 위장군(衛將軍)인 사마경왕(司馬景王, 사마사)[458]이 진무대장군(撫軍大將軍)이 되어 상서 업무를 총괄하였다.[459]

가평 4년(서기 252) 봄 정월, 무군대장군(撫軍大將軍)인 사마사가 대장군이 되었다.

가평 6년 가을 9월, 대장군 사마사(司馬師)가 조방을 폐위할 계

---

457 황제 曹芳의 고평릉 참배에 曹爽의 일족이 모두 수행했는데, 사마의는 낙양 성문을 봉쇄한 뒤에 (明帝의 두 번째 황후인) 皇太后 郭氏(곽씨)를 협박하여 조상 일족의 군권을 박탈하고 조상 일족을 주살하였다(高平陵의 變). 이로써 사마의는 曹魏의 전권을 장악했고 曹芳은 완전한 傀儡(괴뢰) 황제가 되었다. 사마의가 상주한 글은 《魏書》 9권, 〈諸夏侯曹傳〉 중 〈曹爽傳〉에 수록되었다.

458 司馬景王은 사마사(司馬師, 208-255, 字는 子元)로, 司馬懿와 母 張春華의 長子. 司馬昭의 형. 西晉 開國君主 晉 武帝 사마염(司馬炎)의 큰아버지(伯父).

459 錄尙書事(녹상서사)는 前漢의 領尙書事를 개칭한 것. 황제에게 올라가는 모든 문서업무를 주관하는 직책이 尙書臺의 尙書令이고 상서령 이하 상서복야, 상서, 尙書郎 등은 모두 少府 소속이었다. 후한에서 尙書의 권한이 점차 강대하면서 국가 최고의 대신이 이 상서 업무를 감독하였다. 곧 錄尙書事는 宰相의 의미로 사용되었는데, 상서 업무를 감독한다는 뜻이지 직책을 직접 수행한다는 뜻은 아니다.

획으로, 이를 황태후(皇太后, 명제의 두 번째 황후인 곽씨)에게 아뢰었다.

갑술일에, 황태후가 칙령을 내렸다.

「황제 방(芳)은 춘추(春秋)가 이미 성인이지만 만기(萬機)를 친람(親覽)하지 않으면서, 전적으로 희첩만을 총애하고 여인의 음악(淫樂)만을 탐하면서 날마다 가기(歌妓)나 무녀(舞女)를 불러들여 멋대로 추악한 짓을 일삼으며, 궁 안 6궁(宮)의 가인(家人)을 불러 내방(內房)에 머물게 하면서 인륜의 질서를 어지럽히고, 남녀의 지조를 교란하였으며, 공경과 효순의 마음을 날마다 훼손하는 등 그 패악(悖惡)이 점차 심하졌기에 황통(皇統)을 계승하거나 종묘 제사를 받들 수 없게 되었다. 이에 태위(太尉) 고유(高柔)로 하여금 책서를 받들어 제사용 소(一元大武)[460]를 종묘에 바치고 고하여 조방을 제(齊)의 번왕(藩王)으로 삼아 황위(皇位)에서 물러나게 하노라.」

바로 이날 조방을 별궁으로 옮겨가니, 나이는 23세였다.

정축일에, 황태후가 칙령을 내렸다.

「동해왕(東海王) 조림(曹霖)은 고조(高祖)인 문황제(文皇帝, 조비)의 아들이다. 조림의 여러 아들은 나라의 지친(至親)이며, 그중 고귀향공(高貴鄉公) 조모(曹髦, 긴 털 모)는 대성의 기량이니 명황제

---

460 一元大武는 종묘 제사에 쓰는 소. 이때 元은 首의 뜻. 大武는 큰 발자국(武는 迹也). 소가 크면 발자국도 크다는 주석이 있다. 武는 跡(자취 적)의 뜻.

(明皇帝)의 후사로 삼는다.」

○ 죽림칠현(竹林七賢)

청담(淸談)은 위(魏)나라 정시(正始) 연간(240－249)부터 시작되었으며, 이는 한대(漢代)의 청의(淸議, 인물평)에 그 기원을 두고 있다고 한다.

청담을 학문적으로는 현학(玄學)이라고도 하는데, 현학이란 유가의 주장과 도가의 사상을 결합한 사상체계로, 특히 노자와 장자를 숭상하며 현실 문제가 아닌 추상적 개념을 논하였다. 이러한 철학 풍조를 이끈 사람은 하안(何晏 195?－249)과 왕필(王弼, 226－249, 24세로 요절)이었다. 이후 죽림칠현이 출현하면서 청담은 서진(西晉)의 시대 풍조가 되었다.

죽림칠현은 위말진초(魏末晉初)의 명사(名士) 7명을 지칭한다. 완적〔阮籍, 〈대인선생전(大人先生傳)〉 지음〕, 혜강(嵆康, 琴을 잘 연주했음.《금부(琴賦)》지음), 산도(山濤), 유영〔劉伶, 대표적 술꾼, 〈주덕송(酒德頌)〉을 지음〕완함(阮咸, 음률에 정통했음. 자신의 이름을 붙인 악기를 발명했음), 상수(向秀, 向은 성씨로 쓸 때는 상), 왕융(王戎)인데, 주로 당시의 산양현〔山陽縣, 지금의 하남성(河南省) 북부 신향시(新鄕市) 관할 휘현시(輝縣市)〕일대에서 활동하였다.

이들 중 가장 어린 사람은 왕융으로 완적과는 24살 차이가 났었다고 한다. 그리고 그 일생과 사상, 취미나 문학적 성취가 달랐고 인품에서도 차이가 많았다.

죽림칠현은 현학(玄學)의 대표 인물이긴 하지만 그들의 사상은 서로 달랐다. 혜강, 완적, 유영, 완함 등은 노장 철학에 바탕을 두고 예교(禮敎)의 속박에서 벗어나 자연에 귀의한다는 기본을 갖고 있었다. 산도와 왕융은 노장을 좋아하긴 했지만 유가의 학문을 존숭했으며, 상수는 명수(名數)와 자연의 합일(合一)을 주장하였다. 그들은 종래의 예법에 구애받지 않고 청정무위(淸靜無爲)를 주장하면서 죽림에 모여 술을 마시며 멋대로 노래를 불렀다.

그들은 기본적으로 최상류 신분이면서 문인이고 지식인이며, 정치인들이었다. 혜강, 완적, 유영 등은 위(魏)를 섬기면서 당시 집권세력인 사마씨에게 비판적이었다. 완함은 진(晉)을 섬기며 산기시랑(散騎侍郞)이라는 관직에 머물렀고, 산도(山濤)는 은신하다가 40세 이후에 벼슬을 하여 사마사(司馬師)편이 되어 시중(侍中), 사도(司徒) 등을 역임하며 사마씨(司馬氏) 정권(政權)의 고관(高官)을 역임했다. 왕융은 아주 인색한 사람이지만 벼슬 욕심이 강해 오랫동안 시중(侍中), 이부상서(吏部尙書), 사도(司徒) 등을 역임하며 서진 무제와 혜제를 섬겼다. 그런가 하면, 완적은 미친척하며 사마씨에 비협조적이었고, 혜강은 피살당했기에 죽림칠현은 보통 사람들의 친목계가 깨지듯 와해되었다.

○ 왜 왔다가, 왜 가는가?

촉한을 멸망시키는데 한몫을 한 장군 종회(鍾會)는 젊었을 적에 당시의 명사들과 친하고 싶어 혜강(嵇康)을 처음으로 찾아갔다. 그때 혜강은 큰 나무 아래에서 쇠를 단련(鍛鍊)하고 상수(向秀)는 옆에서 풀무질을 하고 있었다. 혜강은 망치질에 열중하고 있어 말 한마디를 건넬 수도 없었다.

종회가 가려고 하자, 혜강이 말했다.

"무슨 말을 듣고 왔다가, 무엇을 보고 가는가?"

(何所聞而來, 何所見而去)

그러자 종회가 대답했다.

"들을 것을 듣고 왔다가, 볼 것을 보고 갑니다!"

(聞所聞而來, 見所見而去)   -《世說新語 簡傲》-

○ 미치광이 술꾼

〈주덕송(酒德頌)〉을 지은 유영(劉伶, ? 221-300)은 술을 먹고 취해 제멋대로 놀았다. 심지어 집안에서 옷을 다 벗고 나체로 술을 마시기도 했다.

어떤 지인(知人)이 유령을 찾아와 이를 비웃자, 유령이 말했다.

"나는 천지(天地)를 내 집으로 삼고, 이런 집은 내의(內衣)로 생각하며 살고 있소! 그런데 그대는 왜 내 속에 들어왔는가?"

○ 청담(淸談)의 스타 ; 왕연과 악광

왕연(王衍, 256-311)은 준수한 용모에 피부가 몹시 희었다. 때문에 산도(山濤)가 '이렇듯 총명하고 준수한 인물을 낳은 할멈이 누구냐.'고 농담을 했던 것이다. 청담은 주로 주객(主客)이 서로 토론하듯 대화를 나누는 것인데, 그때 대화의 주체가 되는 사람은 큰사슴 꼬리의 꼬리로 만든 먼지떨이(이를 '불진(拂塵)' 또는 '진미(塵尾)' 라 하는데, 후세에는 도사(道士)들의 소지품이었다.)를 휘저으며 담론을 했다고 한다.

왕연이 준수한 용모에 옥으로 만든 자루가 달린 불진을 휘두르며 열변을 토하면 사람들이 감탄했다고 한다. 거기에다가 높은 관직에 있었기에 젊은이들의 우상이 될만했다. 이 왕연에 필적할 만한 청담의 대가이며 달변가는 악광(樂廣)이었다.

악광(樂廣)이 하남윤(河南尹)으로 근무할 때 자주 오던 친우가 오지를 않자, 그를 찾아가 원인을 물었다.

그 사람이 "전에 나에게 술을 권했는데, 술잔에 뱀이 들어 있어 매우 언짢았지만 그냥 마셨다. 그 뒤로 병이 났다."고 말했다.

당시 하남윤의 근무처 벽에는 뱀 장식을 한 활이 걸려 있었다. 악광은 뒤에 그 친우를 특별히 불러 꼭 그 자리에 앉히고 술잔에 비친 뱀 그림자에 대하여 설명해 주었다. 그는 곧 병이 나았고 그 뒤로는 뱀을 무서워하지 않았다고 한다. '배중사영(杯中蛇影, 술잔의 뱀 그림자)'이라는 고사성어는 '공연한 의혹으로 생긴 쓸데없는 걱정'이란 뜻이다.

○ 청담 망국(淸談 亡國)

청담의 기본은 허무와 무위자연(無爲自然)의 노장(老莊)사상이다. 일체의 속진(俗塵)과 명리(名利)를 털어버리고 도덕을 무시하고 현실에 초연하고자 하였다. 한말(漢末) 이후 정치 불안과 이민족의 침입과 살육, 권문세가의 횡포는 지식인들을 실의에 빠지게 하였다. 그들은 보신(保身)의 일환으로 개인주의를 지향하고 자유를 희구하면서 불안한 사회에서의 도피를 꿈꾸었다.

그래서 유가의 도덕과 예절을 비웃고 인생의 허무를 말하고, 노장의 은유와 자연을 좋아하며 정치에 관여하지 않으려 했다. 그러면서도 일부는 고관의 지위와 권세를 탐하는 이율배반도 있었다. 이러한 풍조는 당시 관료들에게도 스며들어 무사안일에 빠지고 책임회피의 궤변을 늘어놓았다. 또한 관료의 귀족화는 무능과 직결되어 사회기강을 어지럽히며 일종의 방임을 죄악시하지도 않았다.

청담이 크게 유행하면서 사람들은 실무나 실제적인 일에 관심을 갖지 않았다. 공리공론에 온 정력과 지식을 다 동원하는데, 무슨 여력이 있어 정치를 돌보고 민생을 걱정하겠는가? 본서에도 실려 있지만, 석륵(石勒)이 낙양에 쳐들어와서 청담의 대가이며 젊은이들의 우상이었던 왕연을 생포한다.

왕연은 한 나라의 국정을 책임질만한 고관직에 오래 있었는데도 "나는 벼슬에 뜻이 없었으며 세상일에 관여하지도 않았다."고 무책임한 발뺌을 했다.

이에 석륵은 "이런 사람은 처음 본다."고 말하면서 칼로 죽이는 것도 아깝다며 담을 무너뜨려 압사시켰다.

청담의 유행은 곧 퇴폐 생활의 보편화와 정당화라고 말할 수 있다. 청담의 유행은 서진 귀족들의 사치풍조, 왕족의 골육상잔과 함께 위로는 나라를 망쳤으며, 아래로는 후대에 이르기까지 심각한 영향을 주었다는 평가를 받았다.

(4) 고귀향공 조모

○ 예를 지켜 즉위하다

고귀향공(高貴鄕公)의 휘(諱)는 모(髦)[461]인데, 문제(文帝, 조비)의 손자이며 동해정왕(東海定王) 조림(曹霖)의 아들이다. 정시 5년(서기 244)에, 담현(郯縣, 동해국의 치소, 지금의 산동성(山東省) 남부 임기시 관할 담성현)에 고귀향공으로 봉해졌다. 어려서부터 호학(好學)하였고 숙성(夙成, 夙은 일찍 숙)하였다. 제왕(齊王, 조방)이 폐위되

---

[461] 曹髦(조모, 241-260년, 재위 254-260년, 연호 正元, 254-256, 甘露, 256-260) - 髦는 긴털 모. 빼어나다. 조모는 나이가 어린 황제라서 허수아비와 같았고, 실권은 사마의의 아들인 司馬師와 司馬昭 형제가 장악하였다. 司馬師가 鍾會(종회)에게 조모의 능력을 물었더니, 종회는 "문장은 陳思王(曹植)과 같고, 武才는 太祖(조조)와 같다(文同陳思, 武類太祖)."고 대답하였다. 이에 司馬師는 조모에 대하여 경계와 감시를 강화하였다. 甘露 5년(서기 260) 5월에, 조모는 몇몇 신하를 불러 "사마소의 속셈은 길 가는 사람들이 다 알고 있다!(司馬昭之心, 路人皆知也!)"라고 분개하며 당일 사마소를 토벌하려 했지만 그날 칼에 찔려 죽었다.

자, 공경들이 고귀향공을 영립(迎立)하였다.

서기 254년 10월 기축일, 고귀향공(조모曹髦)이 현무관(玄武館)에 도착하자, 여러 신하들이 전전(前殿, 정전)에서 머물러야 한다고 말했지만, 조모(曹髦)는 선제(先帝)가 계시던 곳이라면서 서쪽 건물에 머물렀으며, 또 신하들이 (황제의) 법가(法駕)를 타야 한다고 말했으나 조모는 따르지 않았다.

그 다음 날(경인일), 조모가 낙양에 입성하였는데 신하들이 서액문(西掖門) 남쪽에서 줄지어 절을 올리자, 조모는 수레에서 내려 답배를 하려 했는데, 빈자(儐者, 앞에서 인도하는 자)가 "예의상 답배하지 않습니다."라고 말했다.

그러나 조모는 "나는 아직 신하(人臣, 제후의 한 사람)이다."라고 말하며 답배하였다.

수레가 멈추는 문에 도착하였다. 측근이 "그전에는 수레를 타고 들어갔습니다."라고 말했다. 이에 조모는 "나는 황태후의 부름을 받고 왔지만 아직 어찌될지 모른다!"라고 말했다. 조모는 걸어서 태극전(太極殿) 동당(東堂)에 들어가 태후를 알현하였다. 바로 그날로 태극(太極) 전전(前殿)에서 즉위하였고, 배위(陪位)했던 모든 신하들이 마음으로 기뻐하였다.

나라 안 죄수를 크게 사면하였고 개원(改元)하였다(嘉平 → 正元). 황제용 수레와 복식과 후궁의 지출을 줄였으며, 상방(尙方)[462]

---

462 尙方(상방) - 궁중에 필요한 각종 생활용구 공급 담당 부서.

과 어부(御府)에서 제조하는 각종 공예와 기교(技巧)의 장식품 등 무익한 물품 제조를 모두 폐지하였다.

정원(正元) 원년(서기 254) 겨울인 10월, 대장군 사마사에게 황월(黃鉞)[463]을 하사하였고, 입조(入朝)할 때 종종걸음으로 걷지 않고, 상주할 때 이름을 말하지 않으며, 칼을 차고 신발을 신은 채 전각에 오를 수 있도록 허용하였다.

○ 사마소(司馬昭)의 집권

고귀향공 정원 2년(255) 봄 정월, 진동장군(鎭東將軍) 관구검(毌丘儉)과 양주자사 문흠(文欽)[464]이 반역하자, 대장군 사마사가 토벌하였다.

진남장군(鎭南將軍)인 제갈탄(諸葛誕)[465]이 진동대장군(鎭東大將軍)이 되었다. 사마사(司馬師)가 허창(許昌)에서 죽었다.[466]

---

463 黃鉞(황월) - 황금 장식 도끼. 반역자를 처단하라는 의미. 假는 빌려주다. 권한을 수여하다.

464 文欽(문흠, ?-258년, 字는 仲若) - 予州 譙郡 출신, 曹魏의 前將軍, 揚州刺史 역임. 建安 24년(서기 219)에, 魏諷謀의 모반에 연좌되어 치죄하여 사형 판결이 났으나 조조는 자신의 부장 文稷(문직)의 아들이라 하여 특별히 사면하였다. 관구검과 함께 모반한 뒤, 東吳로 도주하여 譙侯(초후)로 책봉되었다.

465 諸葛誕(제갈탄, ?-258년, 字는 公休) - 諸葛豊의 후손, 제갈량(諸葛亮)과 諸葛瑾(제갈근)의 堂弟. 뒷날 壽春縣에서 반란을 일으켰다가 피살되었다.

2월, 위장군(衛將軍) 사마소(司馬昭)⁴⁶⁷가 대장군이 되어 녹상서사(錄尙書事)를 겸했다.

감로(甘露) 원년(256) 5월, (위군魏郡) 업현(鄴縣)과 (옹주雍州 경조군京兆郡의) 상락현(上洛縣)에서 감로가 내렸다고 보고하였다.

여름 6월 병오일, 감로(甘露)로 개원하였다.

8월 경오일에, 대장군 사마소에게 대도독(大都督)의 칭호를 하사하고 업무를 상주하며 이름을 말하지 않는 특권과 황월(黃鉞)을 하사하였다. 태위 사마부(司馬孚, 사마의의 아우)가 태부(太傅)가 되었다.

감로 3년(서기 258) 봄 2월, 대장군 사마문왕(司馬文王, 사마소)은 수춘성(壽春城)을 함락하고 제갈탄(諸葛誕)을 죽였다.⁴⁶⁸

---

466 사마사(司馬師)는 관구검(毌丘儉)과 文欽(문흠)의 亂을 진압한 뒤, 평소에 앓던 眼疾(안질)이 악화되어 許昌에서 병사했다.

467 사마소(司馬昭, 211－265년) － 河內郡 溫縣(今 河南省 河水 북쪽 焦作市 관할 溫縣) 출신, 司馬懿와 모친 張春華(장춘화)의 次子, 司馬師의 동생, 西晉 開國皇帝 武帝 司馬炎(사마염)의 부친. 蜀漢을 멸망시키고 曹魏의 권력을 완전 장악했다. 사마염은 曹魏의 마지막 황제 曹奐(조환)의 禪讓(선양)을 받아 칭제한 뒤에, 사마소를 晉 文帝로 추존했다.

468 諸葛誕(제갈탄)이 반역한 근거지 壽春에서는 조위 후기에 연속 반란이 일어났다. 이를 '壽春三叛' 또는 '淮南三叛'이라고 칭한다. 이는 司馬氏의 專政에 따른 반발이지만 본《위서》에는 그런 내용이 모두 생략되었다. 三反은 王淩의 반란(서기 251년 4월),

여름인 5월, 대장군 사마소를 상국(相國)에 임명하였고 진공(晉公)에 봉하였는데, 식읍(食邑)은 8군(郡)이었고, 9석(錫)을 하사하였지만, 사마소가 전후 9차례나 사양하기에 중지하였다.

○ 사마소의 속셈은 길 가는 사람도 모두 안다

고귀향공 감로(甘露) 5년(260) 봄, 정월 초하루에, 일식이 있었다.

여름인 4월, 유사(有司)에게 명하여 이전의 조명(詔命)을 실천하라고 하였고, 다시 대장군 사마소를 상국(相國)으로 삼아 진공(晉公)에 봉하고 9석(錫)을 내렸다.

5월, 고귀향공 조모는 황제의 권위가 날마다 위축되자 분노를 참을 수 없었다.

황제는 시중(侍中)인 왕침(王沈), 상서(尙書) 왕경(王經), 산기상시(散騎常侍)인 왕업(王業) 등을 불러 말했다.

"사마소(司馬昭)의 속셈은 길을 가는 사람도 다 알고 있다(司馬昭之心, 路人所知也). 나는 더 이상 앉아서 이런 수모를 당할 수 없다. 오늘 당장 경들과 함께 출동하여 사마소를 토벌하겠다."

이에 왕경(王經)이 옛 노(魯) 소공(昭公)이 계씨(季氏)를 토벌하려다가 패주하여 실국(失國)한 예를 들어 제지하였다.

毌丘儉(관구검)과 文欽(문흠)의 반란(255年 1월), 諸葛誕의 반란 (서기 257년 5월 – 258년 2월)인데 모두 司馬氏에게 평정되었다.

그러나 황제는 단호했다.

"행동은 과감해야 한다. 죽는다 하여 무엇이 두렵겠는가? 그리고 꼭 죽어야 되는 것도 아니다!"

그리고는 태후에게 가서 이를 아뢰었다. 그러는 동안 왕침과 왕업은 이를 사마소에게 알렸고, 사마소는 대비하였다. 사마소는 궁중 노비 수백 명을 데리고 소리를 지르며 궁을 나서려 했다. 사마소의 동생 둔기교위(屯騎校尉)인 사마주(司馬伷)가 궁의 동문에서 황제를 제지하였으나 많은 사람이 소리를 지르자 사마주는 돌아갔다.

o 고귀향공의 죽음

중호군(中護軍)인 가충(賈充)[469]이 황제의 무리와 맞섰다. 황제는 직접 칼을 빼들고 있었다. 태자사인(太子舍人)인 성제(成濟)가 사정이 급한데, 어찌해야 하는가를 물었다.

가충은 성제에게 황제를 찌르라고 말했다. 성제의 칼은 황제의 등을 뚫고 나왔다. 이날 벌어진 일에 대한 여러 기록은 서로 다르다. 하여튼 젊은 황제는 무모했다.

---

469 가충(賈充, 217-282년, 字는 公閭) - 曹魏 予州刺史 賈逵(가규)의 아들. 뒷날 西晉 建國 공신, 司馬昭와 사마염(司馬炎, 晉 武帝)의 심복. 그 딸 가남풍(賈南風)이 司馬炎의 아들 司馬衷(사마충)과 결혼. 뒷날 서진의 정치판에 큰 영향력을 행사했다.

기축일, 고귀향공(高貴鄕公) 조모(曹髦)가 죽었는데(卒), 나이는 20세였다.

감로 5년 5월, 황태후는 지절을 가진 임시 중호군(中護軍) 중루장군(中壘將軍)인 사마염(司馬炎)[470]을 사자로 보내 북으로 가서 상도향공(常道鄕公)인 조황(曹璜, 曹奐)을 명제(明帝)의 후사(後嗣)로 영입케 하였다.

(5) 진류왕 조환

○ 조위(曹魏)의 마지막 황제

진류왕(陳留王)의 휘(諱)는 환(奐)[471]이고, 무제(武帝, 조조)의 손자인 연왕(燕王) 조우(曹宇)의 아들이다. 감로 3년(258)에, (유주 연국의) 안차현(安次縣) 상도향공(常道鄕公)에 봉해졌다. 고귀향공이 죽자, 공경(公卿)의 회의에서 상도향공을 영입하기로 결정했다.

---

470 司馬炎(사마염, 236 – 290, 字는 安世) – 사마소의 아들. 晉朝(西晉)의 건국자(재위 265 – 290년), 시호는 武皇帝.

471 曹魏의 元帝 曹奐(조환, 246 – 302년, 奐은 빛날 환, 原名 曹璜, 字는 景明)은 曹魏의 최후 황제, 재위 260 – 265년. 曹魏 멸망 후에 曹奐은 西晉의 陳留王(진류왕)에 봉해졌다. 曹魏가 망하기 전까지는 常道鄕公, 曹奐, 기록 내용에 따라 皇帝, 또는 皇上으로 국역한다. 조환은 晉 惠帝 太安 元年(서기 302)에 許昌에서 57세에 죽었고, 시호(謚號)는 元皇帝이다.

6월 갑인일에, 낙양(洛陽)에 들어와 황태후를 알현하고, 그날 바로 태극전전(太極前殿)에서 황제로 즉위하고서 나라의 죄수를 사면하고, 연호를 개원(경원景元)하고 백성에게 차등을 주어 작위와 곡식과 비단을 하사하였다.

경원 원년(서기 260) 여름 6월, 대장군 사마소(司馬昭, 사마문왕)의 지위를 상국(相國)으로 올리고 진공(晉公)에 봉하고 식읍으로 2군을 더 늘려 전에 내린 식읍과 합하여 10군(郡)으로 하였고, 9식(九錫)의 예우를 내려 전에 상주한 것과 같이 하였으며, (조서로) 작위가 없는 동족(同族, 사마씨)의 자제를 모두 정후(亭侯)에 봉하였고 금전 1천만, 비단 1만 필을 하사케 하였으나 사마소가 굳이 사양하여 중지하였다.

기미일, 옛 한(漢) 헌제[472]의 황후 조절(曹節, 조조의 딸)이 죽었는데, 황제는 화림원(華林園)에 행차하였고(弔問), 부절을 가진 사자를 보내, 헌제 황후를 헌목황후(獻穆皇后)로 추존하였다. 장례에 여러 가지 거복(車服)이나 제도를 모두 한(漢)나라의 전례를 따랐다.

○ 촉한(蜀漢)의 멸망

상도향공 조환 경원(景元) 4년(263) 봄 2월, 진서장군(鎭西將軍)

---

[472] 獻帝 재위는 189년 – 220년. 헌제는 234년 4월에 죽었다.

인 종회(鍾會)를 시켜 낙곡(駱谷)을 거쳐 촉한(蜀漢)을 정벌케 하였다.

11월, 나라의 죄수를 사면하였다. 등애(鄧艾)와 종회(鍾會)가 군사를 거느리고 촉한을 원정했는데 가는 곳마다 매번 승리하였다. 이달에, 촉왕(蜀主) 유선(劉禪)[473]이 등애의 군영에 와서 투항하자 파촉(巴蜀)이 모두 평정되었다.

12월, 익주(益州)를 분할하여 양주(梁州)를 설치하였다. 익주의 관리와 백성을 사면하고 여러 부세의 절반을 5년간 면제시켰다. 정서장군(征西將軍) 등애는 태위가 되었고, 진서장군(鎭西將軍) 종회는 사도(司徒)가 되었다.

○ 등애와 종회의 종말

함희(咸熙) 원년(서기 264) 봄 정월 임술일에, 등애(鄧艾)가 함거(檻車)에 실려 낙양으로 압송되었다.[474] 갑자일, 황제가 (경조군京兆郡) 장안현(長安縣, 지금의 섬서성(陝西省) 서안시)에 행차하였다. 임신일, 사자(使者)를 보내 벽옥(璧玉)과 폐백(幣帛, 비단)으로 화산(華山)[475]에 제사를 지냈다. 이달에, 종회(鍾會)가 촉(蜀)에서 반역

---

473 劉禪(유선, 207-271년, 字 公嗣) - 蜀漢 昭烈帝 劉備의 아들. 첩실 甘夫人 소생, 서자 중 연장자. 阿斗(아두). 蜀漢 最後皇帝, 보통 蜀漢 後主로 표기. 223-263년 재위. 본서 (蜀書) 〈後主傳〉에 立傳.

474 종회가 촉한 後主의 항복을 받은 등애를 질시하여 모반죄로 무고하여 아들 鄧忠과 함께 함거에 실려 낙양으로 압송된다.

했지만 군사들에게 토벌당했다. (그 뒤에) 등애(鄧艾) 역시 피살되었다.[476]

2월 신묘일, 익주(益州)의 모든 관리나 백성을 사면했다.

3월에 진공(晉公, 사마소)을 진왕(晉王)에 봉했는데, 식읍은 10군으로 전에 주어진 것과 합하면 20개 군이었다.

유선(劉禪)을 안락공(安樂公)에 봉했다.[477]

○ 사마소의 죽음

상도향공 함희(咸熙) 원년(264) 9월 무오일, 사마소의 아들 중

---

475 화산(華山) — 5악 중 서악(西嶽). 今 陝西省 渭南市 관할 華陰市의 남쪽에 위치. 최고봉, 2,155m.

476 종회의 모반이 평정된 뒤, 등애는 무죄로 풀려나지만 사적 원한을 품었던 옛 부하였던 田續(전속)에게 피살되었다.

477 촉한의 後主 劉禪(유선)은 조자룡이 전쟁터에서 목숨을 걸고 구해온 유비의 아들이다. 중국어 사전에서 '아두(阿斗, ādou)'를 찾으면 '무능한 사람', '쓸모없는 사람' 이라는 해석이 나온다. 중국 속담에 '權勢 家門에 阿斗가 있고, 한미한 가문에서 장원 나온다(朱門出阿斗, 寒門出壯元).' 라는 말이 있다. 또 '유아두 같이 못난 사람은 받들어 모실 수 없고, 두레박줄은 부축한다 해서 반듯하게 서지 않는다.' 라는 속담은 용렬하고 무능한 사람은 도저히 어쩔 수 없다는 뜻이다. 그리고 '아두의 軍師가 되느니, 차라리 잘난 사내를 도와 마부가 되는 것이 낫다.' 라는 속담도 비슷한 의미이다. 이처럼 유비의 아들 아두가 중국인에게 '못난 사람' 이나 '못난 아들'의 대명사가 된 것은 아마 전적으로 《三國演義》 때문일 것이다.

무군(中撫軍) 사마염은 무군대장군(撫軍大將軍)이 되었다.

함희 2년(265) 5월, 황제는 진왕(晉王)에게 12류(旒)의 면류관을 하사케 하였고, 천자의 정기(旌旗)를 세우게 하였으며, 출입할 때 백성의 통행을 통제하고 금근거(金根車)를 6마(馬)가 끌게 하였으며, 5시에 맞춘 부거(副車)를 사용토록 허용하고, 길을 안내하는 기병과 앞서가는 정기(旌旗)를 세우게 하였으며, 팔일(八佾, 8行 64명)의 악무(樂舞)와 저택에 종거(鍾虡)를 세우게 허용하였다.

왕비(王妃)를 높여 왕후로, 세자(世子)를 태자로 그 외의 왕자(王子), 왕녀(王女), 왕손(王孫)의 작명(爵命)과 호칭을 옛 의례에 맞춰 사용케 하였다. 계미일에, 나라의 죄수를 사면하였다.

가을 8월 신묘일에, 상국(相國)인 진왕(晉王, 사마소)이 죽었다.[478]

○ 사마염(司馬炎)의 즉위 - 조위(曹魏)의 선양을 받다

함희(咸熙) 2년(265) 8월 임진일, 진(晉) 태자 사마염(司馬炎)이 선친의 작위와 관직을 계승하였고(紹封襲位), 백관을 총령(總領)하였는데, 여러 의장(儀仗)과 기물(器物), 전적(典籍)과 간책(簡冊) 등은 모두 사마소(司馬昭)와 같게 하였다.

9월 을미일에, 나라의 죄수를 사면했고, 진(晉) 문왕(文王, 사마소)을 장례했다.

---

478 司馬昭는 54세를 一期로 病死하였다.

12월 임술일(壬戌日, 함희 2년, 서기 265), 상천(上天)은 조위(曹魏)의 천록(天祿)을 영원히 종결케 하니, 왕조의 역수(曆數)는 진(晉)으로 옮겨갔다. 조서를 내려 모든 공경(公卿)과 관원이 남교(南郊)에 의식을 거행한 고단(高壇)을 설치케 하고, 사자(使者)를 보내 황제의 국새(國璽)와 수대(綬帶)와 간책(簡册)을 받들고 황위(皇位)를 진(晉)의 후사(後嗣) 왕(王, 사마염)에게 선양하였는데, 후한(後漢)과 조위의 전례와 같았다.

갑자일, 사자(使者)를 보내 책서(策書)를 헌상하였다. 이에 조환(曹奐)은 금용성(金墉城)[479]에 나가 머물렀고, 나중에 (위군) 업현(鄴縣)에 거주하였는데, (선양할 때) 나이는 20세였다.[480]

○ 조위 멸망에 대한 진수(陳壽)의 평론

고대(古代)에 천하는 공적(公的)이며 현인이 통치해야 한다고 생각하였다. 후대(後代)에 황위(皇位)를 세습하며 적장자(嫡長子)가 뒤를 이었다. 그러나 적장자가 계승할 수 없으면 덕을 갖춘 지친(支親) 중에서 선택하였으니, 한(漢)의 문제(文帝)나 선제(宣帝)가 그러했으며, 이는 결코 바뀔 수 없는 준거가 되었다.

조위(曹魏)의 명제(明帝)는 그러하지 않았으니 사적인 정에 끌

---

479 금용성(金墉城) — 洛陽 故城 서북, 離宮의 이름. 歷代 廢主나 廢后의 거소로 이용되었다.

480 西晉에서는 曹奐을 陳留王에 봉했다. 진류왕은 (晉 惠帝 太安 元年 서기 302年) 나이 58세에 죽었는데, 시호는 元皇帝이다.

려 어린아이를 양육하여 대기(大器, 황위)를 물려주었으며 부탁을 받은 대신은 어린 황제 보필에 전념치 않았고, 방계의 친족이 끼어들면서 결국 조상(曹爽)은 피살되었으며, 제왕(齊王, 조방)은 폐출되었다.

고귀향공(高貴鄕公, 조모)의 재지(才智)는 숙성(夙成)했고, 학문과 문사를 숭상하며 문제(文帝, 조비)의 풍모가 있었다. 그러나 경박하고 자의(恣意)에 격분하여 스스로 큰 화를 자초하였다.

상도향공(常道鄕公, 조환(曹奐)〕은 얌전하게 남면(南面)했고 승상이 정사를 통솔하였지만 옛 인습만을 따르다 보니 공수(拱手)하고 선양(禪讓)하게 되었다. 결국 대국(大國, 서진)의 책봉을 받고 손님이 되었는데, 그래도 산양공(山陽公, 후한 헌제)보다는 대우가 좋았다.

2. 촉한의 흥망

(1) 유비의 즉위와 동오 원정

○ 한중왕(漢中王)에서 한(漢) 황제로

헌제 건안 24년(219) 가을, 여러 신하들은 유비(劉備)를 한중왕

(漢中王)**481**으로 옹립하려고 한(漢) 헌제에게 표문을 올렸다.

이는 조조(曹操)가 위왕(魏王)으로 책봉된 뒤의 일이었다. 조조는 건안 21년(216) 4월에, 위왕으로 책봉받고 조비를 세자로 세웠는데, 이는 「유씨가 아닌데도 왕이 된 자는(非劉氏而王), 천하가 함께 공격한다(天下共擊之).」는 한 고조와 신하들이 백마의 맹서(白馬之盟)에 위배되는 일이었다. 217년에, 조조는 천자의 의례에 따른 대우를 받았으니 천자의 정기(旌旗)를 세우고, 천자의 면류관을 착용하였다. 이를 본다면, 한조(漢朝)는 명분만 남았고, 실질은 이미 망한 것과 같았다.

220년 10월, 조조가 죽자 조비(曹丕)는 위왕으로 즉위했다가 바로 한(漢) 헌제의 선양을 받아 제위에 올랐다. 이는 한조(漢朝)의 단절이다. 곧 전한(前漢, 前 206 – 서기 8)과 후한(後漢, 서기 25 – 220)의 400여 년을 마감하는 큰 변혁이었지만, 사실상 예고된 것이었다.

이 소식이 전해지자, 촉(蜀)의 한중왕 유비가 황제로 즉위하여 한(漢)의 대통을 이어야 한다는 주장이 나왔는데, 이는 명분론(名分論)이며 또 한(漢) 정통론(正統論)이었다.

유비에게는 조비가 헌제를 시해하였다고 전해졌다. 이에 유비는 한조(漢朝) 제위의 계승을 명분으로 즉위한다.

한중왕 유비는 건안 26년(221) 4월 병오일, 성도(成都) 무담산

---

481 조조는 건안 21년(서기 216)에, 魏王에 책봉되었다.

(武擔山)의 남쪽에서 제위에 등극하였다. 유비의 즉위(221년)로 한(漢)의 정통이 이어진다는 생각이었지만, 국세는 미약했고 유비의 재위 기간도 겨우 햇수로 3년이었다.

유비는 나라의 죄수를 대사면하고 연호를 장무(章武, 원년은 221)로 바꿨다. 제갈량을 승상에, 허정(許靖)[482]을 사도(司徒)에 임명했다. 백관(百官)을 설치하고 종묘를 세웠으며 고황제(高皇帝) 이하의 협제(祫祭)를 올렸다.

5월, 오씨(吳氏)를 황후에 책립하고, 아들 유선(劉禪)을 황태자로 삼았다.

6월, 아들 유영(劉永)을 노왕(魯王)에, 유리(劉理)를 양왕(梁王)에 책봉했다.

○ 유비의 동오 원정과 죽음

거기장군(車騎將軍)인 장비(張飛)가 그 부하들에게 피살되었다. 그전에 선주(先主)는 손권(孫權)이 관우를 공격 살해한 데에 분노하면서 221년 7월, 유비가 제위에 오른 3개월 뒤에 군사 8만을 거느리고 동오(東吳) 원정에 나섰다.

손권은 국서를 보내 강화를 요청했지만, 유비는 크게 분노하면

---

[482] 허정(許靖, 152–222, 字는 文休) – 劉備가 漢中王 때 太傅(태부)였다가 221년 칭제할 때 三公의 하나인 司徒(사도)에 임명되었지만 실권은 없었다. 승상 제갈량도 허정을 매우 존경했었다.

서 허락지 않자, 손권은 장수인 육손(陸遜),[483] 이이(李異), 유아(劉阿) 등을 파견하여 남군(南郡) 무현(巫縣)과 자귀현(姉歸縣)[484]에 주둔시켰다. 이어 선주는 자귀(姉歸)에서 군사를 거느리고 진군하여 이릉(夷陵)의 효정(猇亭)[485]에 군영을 설치하였다.

육손은 이일대로(以逸待勞)의 전술로 촉군의 공세를 관망하고 저지하면서, 222년 8월, 남군(南郡) 이릉의 싸움〔夷陵之戰, 猇亭之戰(효정지전)〕에서 화공(火攻)으로 유비의 대군을 철저하게 파괴하였다.[486]

---

483 육손(陸遜, 183-245년, 본명 陸議, 字는 伯言) - 吳郡 吳縣(今 江蘇省 蘇州市) 출신. 三國시대 吳의 저명한 장군. 대도독. 政治人. 동오의 국정을 운영했다. 出將入相의 전형. 62세에 죽어 蘇州에 묻혔고 追諡는 昭侯(소후). 周瑜, 魯肅, 呂蒙(여몽)과 四大 都督으로 합칭한다. 육손은 陳壽 正史《三國志 吳書》13권, 〈陸遜傳〉에 입전.

484 南郡 巫縣은, 今 重慶市 동부 巫山縣. 姉歸縣(자귀현)은, 今 湖北省 宜昌市 관할 姉歸縣. 巫縣의 長江 협곡을 巫峽(무협)이라 하는데 瞿塘峽(구당협), 西陵峽(서릉협)과 함께 장강삼협(長江三峽)이라 부른다.

485 이릉(夷陵, 夷道)은, 今 湖北省 서남부 宜昌市 관할 宜都市.

486 유비의 패전은 諸葛亮의 군사적 재능을 별로 신임하지 않았기에 유비 자신이 친정(親征)에 나설 수밖에 없었다고 분석하는 사람도 있다. 육손의 능력을 과소 평가한 착각에, 자신도 평생을 싸움터에서 살았다는 자만심, 빨리 吳를 치고 분을 풀겠다는 조급한 감정과 승부욕이 참패를 불러왔다.

선주는 효정에서 자귀현으로 돌아와 흩어진 군사를 불러 모은 뒤, 선박을 포기하고 도보로 어복현(魚復縣)[487]으로 돌아와서 영안현(永安縣)으로 개명하였다.

촉한 소열제(昭烈帝, 선주) 장무(章武) 3년(223), 승상 제갈량이 성도(成都)에서 영안현(永安縣)에 도착했다.

선주의 병이 위독하자 태자를 제갈량에게 부탁하고,[488] 상서령(尙書令) 이엄(李嚴)을 부직(副職)에 임명하였다.

여름 4월 계사일에, 선주가 영안궁(永安宮)에서 죽었는데, 시년(時年) 63세였다.

---

487 巴郡(巴東郡) 어복현(魚復縣)은 章武 2년(서기 222), 유비가 이릉전(夷陵戰)에서 패한 뒤 백제성(白帝城)으로 물러나와 머물면서 어복현을 永安縣으로 개명했다. 유비는 임종 전에 白帝城의 永安宮에서 승상 제갈량을 불러 후사를 부탁했다〔劉備託孤(유비탁고)〕. 당시 백제성은 한쪽은 육지와 연결되고 삼면이 강물이었으나 지금은 삼협(三峽) 댐 공사로 수면이 높아져서 완전한 섬이 되었다. 예로부터 唐의 李白, 杜甫, 백거이(白居易), 유우석(劉禹錫), 宋의 소식(蘇軾), 황정견(黃庭堅) 등이 이곳에 와서 명시를 남겼다. 그래서 백제성은 '詩城'이라는 멋진 이름으로 불린다. 今 重慶市 동부 奉節縣(봉절현).

488 유비는 '새가 죽을 때 그 울음이 애달프고(鳥之將死, 其鳴也哀) 사람이 죽을 때 하는 말이 선하다(人之將死, 其言也善).'는 曾子의 말을 인용하며, 자신의 誠心임을 강조하며 후사를 부탁했다. 이는《論語 泰伯》의 구절이다.

(2) 후주 유선

1) 동오와 강화

후주(後主)의 휘(諱)는 선(禪)⁴⁸⁹이고, 자(字)는 공사(公嗣)로 선주(先主, 유비)의 아들이다.

건안 24년(219), 선주가 한중왕이 되자 왕태자가 되었다.

장무(章武) 3년(223) 여름인 4월, 선주가 영안궁에서 죽었다.

5월, 후주(後主)는 성도(成都)에서 즉위하였는데 그때 17세였으며, 목황후(穆皇后) 오씨(吳氏)를 황태후(皇太后)⁴⁹⁰로 존칭하였다.

---

489 유선(劉禪, 207-271년, 字는 公嗣) - 蜀漢 昭烈帝 유비와 감부인(甘夫人) 所生, 17세 즉위, 223-263년 재위, 三國 중 재위가 最長인 皇帝. 魏에 멸망당한 뒤, 西晉에서 271년에 65세로 죽었다. 당시로서는 장수했고 개인적으로는 유복한 일생이었다. 趙雲(조운, 子龍)이 當陽(당양) 長坂坡(장판파)에서 아두를 구출한 것은 《삼국연의》의 명장면의 하나이다.

아두(阿斗)는 유선의 어릴 적 별호. 무능한 인물의 대명사. '朱門出阿斗, 寒門出壯元.', '諸葛有智, 阿斗有師.', '不要做阿,斗的軍師, 寧可帮好漢背馬鞭.(아두의 軍師가 되느니, 차라리 잘난 사내를 도와 마부가 되는 것이 낫다.)' 劉備摔阿斗 - 收買人心(유비가 아두를 내던지다 인심을 얻으려 하다.) 등 많은 속담이 있다.

490 목황후(穆皇后) 吳氏 - 吳壹(오일, 吳懿)의 여동생. 유비가 入蜀 후에 夫人으로 맞이했다. 漢中王后. 후주 즉위 시, 皇太后가 되었다. 후주 연희 8년(245)에, 病死하여 유비와 합장했다. 後主 劉禪의 생모는 甘夫人(甘皇后, 시호 昭烈皇后)이다. 감부인은 패현(沛縣) 출신. 劉備가 徐州 小沛에 거주할 때 첩실로 맞이했다. 형

천하에 사면령을 내리고 개원(改元)하였는데(建興), 이 해는 조위(曹魏) 황초 4년(223)이었다.

이 해에 태자비였던 장씨(張氏)[491]를 황후로 책봉하였다.

상서랑(尙書郞) 등지(鄧芝)[492]를 동오(東吳)에 보내 강화(講和)하자, 오왕(吳王) 손권(孫權)도 촉한(蜀漢)과 화친하려 사신을 보내, 두 나라가 통호(通好)했다.

2) 제갈량의 북벌

○ 제갈량의 북벌

후주 건흥 3년(225) 봄 3월, 승상 제갈량이 남쪽 4군을 원정하여 모두 평정하였고,[493] 12월에 제갈량은 성도(成都)로 돌아왔다.

건흥 5년(227) 봄, 승상 제갈량이 출병에 앞서 제갈량은 표문

주에서 죽었고, 皇思夫人의 시호를 받고 이장해 오는 도중에 유비가 죽자, 다시 昭烈皇后의 시호를 추가하여 유비와 합장했다.

491 황후 張氏(敬哀皇后 張氏) — 張飛의 長女. 유선이 태자 때 태자비로 간택. 223년 황후가 되어 237년에 죽었다. 장황후의 여동생이(小張后) 후주의 두 번째 황후가 되었다.

492 등지(鄧芝, 178 – 251) — 芝는 지초 지. 향기 나는 풀. 義陽郡 新野(今 河南省 南陽市 新野縣)에서 유비가 죽었을 때, 제갈량의 명을 받고 東吳에 사신으로 가서 講和했다. 제갈량의 북벌에도 참여했다.《蜀書》15권,〈鄧張宗楊傳〉에 입전.

493 남만(南蠻) 맹획(孟獲)을 정벌.《三國演義》의 七擒七縱(칠금칠종) 故事.

(〈출사표〉)^494을 올렸다 하여 한중군(漢中郡)에 주둔하였는데, 면수(沔水) 북쪽 양평관(陽平關)^495 석마(石馬)란 곳에 군영을 설치하였다.

건흥 6년(228) 봄, 제갈량은 출병하여 기산(祁山)^496을 공격하

---

494 제갈량의 〈出師表〉 - 황제나 주군에게 올리는 글이 表(表文)이다. 상주하여 사은(謝恩)하는 내용의 글은 장(章)이고, 사물의 이치를 진술하는 표(表), 정사를 검증하거나 탄핵하는 뜻의 주(奏) 등으로 구분할 수 있지만, 上書 또는 表라고 통칭하였다. 〈출사표〉는 그 情意가 진실하여 읽는 이의 肺腑(폐부)에 와닿는 衷心(충심)이 담겨 있어 지금까지도 명문으로 손꼽히고 있다.

제갈량은 〈출사표〉에서 蜀漢의 창업은 모두 先主의 공덕으로 가능했으며, 지금 신하들은 모두 선주의 은택을 입어 폐하에게 충성한다는 것, 그리고 폐하는 이들이 능력을 다 바칠 수 있도록 폐하 자신도 노력하라는 등 후주를 깨우치려는 내용과 아울러 제갈량 자신이 선주를 만난 지 21년째이며, 북벌에 성공하여 漢 왕실을 부흥하는 것이 선제의 은택에 보답하는 길이기에 남방을 원정했으며, 지금이 북벌의 시기라고 강조하고 있다.

이 〈출사표〉 외에, 다음 해(228)에 올린 〈後出師表〉가 있어 〈隆中對〉와 함께 제갈량의 〈一對二表〉라 일컫는다. 그러나 〈後出師表〉는 위작(僞作)이라는 주장이 있으며, 陳壽의 《三國志》에도 언급이 없고, 배송지(裴松之)의 주(注)나 〈諸葛亮文集〉 목록에도 들어있지 않으며, 문장이 〈前出師表〉만 못하고, 내용이 사실과 부합하지 않는다는 주장이 있다.

495 양평관(陽平關) - 今 陝西省 서남부 漢中市 관할 寧羌縣에 위치, 陽安對, 白馬城으로도 불렸다. 曹魏와 蜀漢의 군사 요지.

496 祁山(기산) - 諸葛亮의 북벌 중 '六出祁山'한 곳. 今 甘肅省 남단 隴南市 관할 禮縣(예현). 天水郡과 漢中郡을 연결하는 요충지. 山

였으나 이기지 못했다(1차 북벌). 겨울에, 다시 산관(散關)⁴⁹⁷에 출병하여 진창(陳倉)을 포위하였으나 군량이 다하여 철군했다(2차 북벌). 위장(魏將) 왕쌍(王雙)이 군사를 거느리고 제갈량을 추격하여 전투를 벌였는데, 위군을 격파하여 왕쌍을 죽이고 한중군으로 돌아왔다.

건흥 7년(229) 봄, 제갈량은 진식(陳式)을 보내어 무도군(武都郡)과 음평군(陰平郡) 지역을 공격하여 2군을 평정하였다(3차 북벌). 겨울에, 제갈량은 지휘부와 군영을 남산 아래 평원으로 옮기고 한성(漢城)과 낙성(樂城)을 축조하였다. 이 해에 손권이 칭제(稱帝)하면서(229) 촉한(蜀漢)이 조위(曹魏)를 멸망시키면, 천하를 양분키로 맹약을 맺었다.

8년 가을, 조위에서는 사마의(司馬懿)를 보내 서성(西城)에서, 장합(張郃)은 자오곡(子午谷)에서, 조진(曹眞)은 야곡(斜谷)에서 출발하여 한중군을 공격케 하였다. 승상 제갈량은 성고(城固)와 적판(赤坂)에서 위군(魏軍)을 기다렸는데 대우(大雨)로 길이 막혀 조진 등은 모두 회군했다. 이 해에 위연(魏延)은 위(魏)의 옹주(雍州) 자사인 곽회(郭淮)를 양계(陽溪)에서 격파하였다.

정상에 武侯祠(무후사)가 있다. 祁連山(기련산)이 아님. 祁連山은 甘肅省과 靑海省에 걸친 대 산맥 이름이다.

497 散關(산관) — 關中 땅 서쪽의 관문. 일명 大散關, 今 陝西 寶雞市 서남 17km, 大散嶺에 위치. 漢中郡으로 통하는 진창고도(陳倉古道)의 출발점.

건흥 9년(231) 봄 2월, 제갈량은 다시 출병하여 기산(祁山)을 포위했고(4차 북벌), 처음으로 목우(木牛)로 군량을 운반케 하였다. 조위(曹魏) 사마의와 장합(張郃)이 기산(祁山)을 구원하였다.

여름인 6월, 제갈량은 군량이 다하여 퇴군했는데, 장합이 추격하여 청봉(靑封)이란 곳에서 제갈량과 싸웠지만 장합은 화살에 맞아 전사했다.

건흥 10년(232), 제갈량은 군사를 휴식케 하고 황사(黃沙)란 곳에서 농사를 지었으며 목우유마(木牛流馬)[498]를 완성하고 군사를 훈련시켰다.

---

[498] 木牛流馬(목우유마) – 諸葛亮과 그 아내 黃氏 등이 발명하여 제작한 군량 운송기구. 건흥 9년에서 12년(231-234년) 사이에 제갈량의 북벌 때 이용했는데 1일에 혼자 가면 수십 리, 함께 이동하면 2십 리를 운송할 수 있다고 하였다. 전해오는 상세한 기록이 없고, 다분히 미화한 내용만 남아 전한다. 《三國演義》에 의하면, 제갈량은 葫蘆谷(호로곡)이란 곳에 비밀 공장을 마련하고 匠人 1천여 명을 동원하여 출입을 통제하며, 木牛流馬를 제조한다. 이 목우유마는 먹지도 자지도 않고, 지치지도 않으며 밤낮을 일할 수 있었고, 목우유마의 혀를 빼어버리면 다른 사람이 작동시킬 수 없는 안전장치를 갖고 있었다. 이는 마치 현대의 작업 로봇처럼 미화되었다. 제갈량은 이 장치의 기능과 치수를 여러 장수들에게 설명했으며 기계장치가 완성되자 劍閣(검각)에서 기산의 본부대까지 군량을 운송했다고 하였다.

○ 〈전 출사표(前 出師表)〉 국역

※ 〈출사표〉 – 제갈량

「선제(先帝)께서 창업하셨지만 하실 일을 절반도 못하시고 중도(中道)에 붕조(崩殂, 죽을 조)⁴⁹⁹하셨는데, 천하는 지금 삼분(三分)되었고, 익주(益州)⁵⁰⁰도 피폐하였으니, 지금은 위급하고도 나라의 존망이 달린 중요한 시기입니다.⁵⁰¹ 그렇지만 시위(侍衛)하는 신하는 중앙 부서에서 부지런하고 충지(忠志)의 재사(才士)는 변방에서 몸을 돌보지 않고 열심인 것은 아마 선제(先帝)께서 베풀어준 특별한 우대가 있어 이를 폐하께 보답하려는 뜻일 것입니다.

폐하께서는 진정 마음을 열어 이들의 말을 경청하시어 선제의 유덕(遺德)을 빛내시고, 지사(志士)의 기개를 키워주면서 스스로 망령되이 재주가 없다고 생각하거나, 대의(大義)가 아닌 비유로 신하가 충간(忠諫)할 언로를 막아서는 안 될 것입니다.

---

499 崩殂(붕조)는 崩御(붕어). 崩은 무너질 붕. 殂는 죽을 조. 陳壽는 曹魏를 정통으로 삼았기에 曹魏 황제는 崩(붕)이라 하였지만, 先主의 죽음은 殂(조)라고 기록했다.

500 사실 蜀漢의 온전한 영역은 益州뿐이었다. 荊州의 절반 이상은 東吳에 내주거나 빼앗겼고 또 전쟁터였으며, 漢中郡 지역도 曹魏와 분쟁지역이었다. 익주가 험한 지형으로 둘러싸인 옥야천리로 天府의 땅이라지만 국력이 딸릴 수밖에 없었다.

501 存亡之秋의 秋는 결실의 때. 결코 놓쳐서는 안 될 시기. 중요한 시점을 秋라 표현한다.

관중(宮中)과 부중(府中)이 함께 하나가 되어야 하고, 선악에 대한 권장과 징벌이 일정해야 합니다. 만약 간악한 행위나 위법자 및 충선(忠善)한 자를 담당관에게(有司)[502] 맡겨 형벌을 내리거나 시상해야 한다면, 폐하의 평명(平明)한 판단에 따르되 사적인 편애를 하거나 멀고 가깝다 하여 기준이 달라서도 안될 것입니다.

시중(侍中) 또는 시랑(侍郎)인 곽유지(郭攸之), 비의(費禕), 동윤(董允)[503] 등은 모두 선량 진실하며 그 의지와 사려가 충직 순수하기에 선제께서 선발하여 폐하께 물려준 신하입니다. 신(臣)의 생각으로, 궁중의 정사(政事)에 관해서는 대소를 막론하고 모두 이들에게 자문한 다음 시행하면, 부족을 보완할 수 있고 실수가 없어 널리 이로울 것입니다.

장군인 상총(向寵)[504]은 성행(性行)이 선량, 균일하며 군사에 밝아 이미 그 능력을 시험하여 선제께서도 유능하다 칭찬하시며 중의(衆議)를 거쳐 상총을 천거하여 도독에 임명하였습니다. 신의 생각으로도 군영(軍營)에 관한 모든 일은 상총에게 물어 행하면, 군

---

502 有司 – 設官하고 담당 職務를 구분하기에 事有專司(그 일을 전문으로 담당하는 자)의 뜻. 직분이나 성명을 명시하지 않은 官吏. 담당 관청이나 담당 부서의 뜻.

503 郭攸之(곽유지, 字는 演長)는 식견과 재학이 널리 알려졌다. 費禕(비의)는 《蜀書》 14권, 〈蔣琬費禕姜維傳〉에 입전. 董允(동윤)은 《蜀書》 9권, 〈董劉馬陳董呂傳〉에 立傳.

504 向寵(상총, ?-240년) – 向朗(상랑)의 조카. 뒷날 장군으로 中領軍 역임. 소수민족 반란 진압 시 전사. 《蜀書》 11권, 〈向朗傳〉에 附傳.

영이 화목하고 능력에 따라 각자 소임을 다할 것이라 생각합니다.

현신(賢臣)을 친애하고 소인을 멀리했기에 선한(先漢, 전한)이 훌륭했었고, 소인을 가까이하고 현신을 멀리했기에 후한(後漢)이 기울어지고 무너졌습니다. 선제(先帝)께서 재위 중에 신과 함께 환제(桓帝, 재위 147-167)와 영제(靈帝, 재위 168-189) 때의 이런 일을 논할 때마다 탄식하고 통탄하지 않은 적이 없었습니다. 시중(侍中)과 상서(尙書), 장사(長史)와 참군(參軍) 등 모든 직위에 재직 중인 신하들은 심지가 곧고 선량하며 사절(死節)을 다 바칠 신하들이니, 폐하께서 이들을 친애하시고 신임하신다면 한실(漢室)의 융성은 날짜를 꼽아가면서 기대할 수 있습니다.」

「신(臣)은 본래 포의(布衣)[505]로 남양군(南陽郡)에서 농사를 지으며 난세에 구차히 성명(性命)을 지켜나가며 제후에게 알려지기를[506] 원하지 않았습니다. 선제께서는 신을 미천하다 생각하지 않으시고, 몸소 몸을 낮추시어 세 번이나 초가집으로 저를 찾아오셔서 신에게 당세(當世)의 정사를 물으셨는데, 신(臣)은 이에 감격하여 결국 선제를 위해 열심히 헌신하겠다고 결심하였습니다. 그 뒤로 선제께서는 크게 패하셨는데도[507] 저는 임무를 받았고,

---

505 포의(布衣) - 無位無官한 庶民의 옷. 平民.
506 不求聞達於諸侯 - 관직을 얻으려 하지 않았다. 諸侯는 고급 지방관을 의미할 때는 있다.
507 建安 13년, 서기 208년, 當陽에서 曹操에게 대패.

위난 중에서 명을 받아 실천하기 어언 21년이 되었습니다.

선제께서는 신이 근신(勤愼)하다고 생각하시어 임붕(臨崩)에서 제게 대사(大事)를 부탁하셨습니다. 유명(遺命)을 받고서 신은 밤낮으로 걱정과 탄식하며 소임을 다하지 못할까 두려웠고, 선제의 명철하신 뜻에 누를 끼칠까 걱정하며 지난 해 5월에는 노수(瀘水)[508]를 건너 남만(南蠻)의 불모지를 원정하였습니다.

이제 남방(南方)은 이미 안정되었고 병갑(兵甲)도 충족하기에 삼군(三軍)을 인솔하여 북으로 중원(中原)을 평정코자 합니다. 신은 우둔한 능력을 다하여 흉악한 자를 물리치고 제거하여 한실을 부흥하고 옛 도읍을 되찾고자 합니다. 이는 신이 선제에게 보답하고 폐하께서 내리신 책무를 다하는 길입니다.

국정의 대략과 손익을 따져 충신(忠言)을 올리는 것은 곽유지(郭攸之)와 비의(費褘), 동윤(董允)의 책무입니다. 폐하께서는 신에게 적도를 토벌하고 한실을 부흥하는 책무를 명령하시고, 신이 소임을 다하지 못한다면 신의 죄를 문책하여 선제의 신령께 고하십시오. 만약 폐하의 덕행에 도움이 되는 간언을 올리지 않는다

---

508 五月渡瀘 – 建興 3년(서기 225) 남만 원정. 瀘水(노수)는, 今 貴州省 북부의 水名. 맹획(孟獲, 생졸년 미상)은 雍闓(옹개)의 반군에 가담했다가 촉군에 투항한 뒤에, 어사중승(御史中丞)을 역임. 그러나 이는 陳壽의 《정사 三國志》에 기록이 없다. 《三國演義》에 나오는 축융부인(祝融夫人), 맹우(孟優), 악환(鄂煥), 양봉(楊鋒), 목록대왕(木鹿大王), 타사대왕(朶思大王), 대래동주(帶來洞主), 올돌골(兀突骨) 등은 모두 창작된 가상 인물이다.

면, 곽유지나 비의와 동윤의 태만을 문책하시고 그 잘못을 널리 알려야 합니다.

폐하께서도 스스로 바른길을 찾아 실천하시고 신하에게 선도(善道)를 물어 행하시며 아언(雅言)을 살펴 받아들이고 선제의 유조를 잘 따르셔야 합니다. 신은 폐하께서 받은 은덕에 감격하고 이제 먼 길을 출발하며 표문을 올리려니 눈물이 나서 무슨 말씀을 해야 할지 모르겠습니다.」

※ 참고 : 제갈량의 〈계자서(誡子書)〉

제갈량은 늦게 47세에 아들 제갈첨(諸葛瞻)을 얻었고, 제갈첨은 영특했다. 〈계자서(誡子書)〉에 제갈첨이 7살 때, 그러니까 제갈량이 죽기 전 해에 이 글을 지은 것으로 알려졌다. 제갈량이 아들을 훈계하는 이 글은 짧은 글이지만 아들에게 수신(修身)과 입지(立志)를 강조하였다. 아들을 훈계하는 요점은 '담박명지(澹泊明志)'와 '영정치원(寧靜致遠)' 이라 할 수 있다. 쉽게 풀이한다면, 곧고 굳은 마음가짐에 평온한 생활 속에 큰 뜻을 실천하라는 뜻일 것이다.

많은 사람이 제갈량 문장으로 〈출사표〉만 알고 있기에, 여기에 원문을 싣고 국역하였다.

【계자서 원문】「夫君子之行, 靜以修身, 儉以養德. 非澹泊無以明志, 非寧靜無以致遠. 夫學須靜也, 才須學也. 非學無以廣才, 非

志無以成學. 淫慢則不能勵精, 險躁則不能治性. 年與時馳, 意與日去, 遂成枯落, 多不接世. 悲守窮廬, 將復何及!」

【국역】「군자의 행실은 정심(靜心)으로 수신(修身)하고 검소로 양덕(養德)한다. 담박(澹泊)하지 않으면 심지(心志)를 명확히 가질 수 없고, 마음이 평정(平靜)하지 않으면 원대한 뜻을 품을 수 없다. 학문은 마음이 평정해야 성취할 수 있고, 재능은 학문이 있어야 이룰 수 있다. 학문이 없으면 재능을 확장할 수 없고, 의지가 없으면 학문을 완성할 수도 없다. 방일(放逸)하거나 태만하면 정밀(精密)하게 성취할 수 없고, 거칠고 조급하면 성정(性情)을 다스릴 수 없다. 나이와 시간은 흘러가고, 의지도 세월 따라 사라져서 결국 시들어 떨어지나니, 삶에 이룬 것이 많지 않도다. 궁색한 집안에 앉아 슬퍼한들, 다시 무슨 일이 있겠는가!」

3) 제갈량의 죽음

○ 5차 북벌 – 제갈량의 죽음

후주 건흥 12년(234) 봄 2월, 제갈량은 사곡구(斜谷口)로부터 유마(流馬)를 이용하여 군량을 운반하였다(5차 북벌).

가을인 8월, 제갈량은 위수(渭水) 근처에서(五丈原) 죽었다. 오장원은 지금의 섬서성(陝西省) 서남부 보계시(寶雞市) 기산현(岐山縣) 남방 약 20km에 위치한 오장원진(五丈原鎭)인데 높이 120m,

동서 약 1km, 남북 약 3.5km 정도의 황토 대지이다.

정서(征西)대장군인 위연(魏延)과 승상부 장사인 양의(楊儀)[509]가 권력 싸움으로 불화하여 서로 군사를 거느리고 공격했는데, 위연이 패주하였다. 위연을 참수한 뒤에 양의는 군사를 거느리고 성도(成都)로 회군했다.

승상유부(丞相留府) 장사(長史)인 장완(蔣琬)[510]이 상서령(尙書令)이 되어 국사(國事)를 총괄하였다.

후주 건흥 15년(237), 황후인 장씨가 죽었다.

○ 제갈량의 국가경영

중국인들이 생각한 제갈량은 가히 전지전능(全知全能)한 신의 경지였으니, 말하자면, 1800년 전에 창조된 중국인들의 슈퍼맨이었다. 제갈량의 이름은 지금도 여전히 빛이 나고, 제갈량에 대한

---

[509] 楊儀(양의, ?-235年, 字는 威公) - 蜀漢 文臣, 北伐 시기 諸葛亮의 속관. 재간이 있고 영민했으나 국량이 좁았다. 제갈량 사후에 배반한 魏延(위연)을 제거하였지만 승진에 대한 불평불만으로 하옥되었고 옥중에서 자결했다.

[510] 장완(蔣琬, ?-246년) - 蔣은 풀이름 장. 성씨. 琬은 아름다운 옥 완. 蜀漢의 重臣. 荊州 영릉군(零陵郡) 湘鄉(今 湖南省 중부 湘潭市 관할 湘鄉市) 출신. 蜀漢 四英(四相, 諸葛亮, 蔣琬, 費禕, 董允)의 한 사람. 諸葛亮 卒後에 大將軍이 되어 후주 보필. 군정 대권을 장악했다. 폐관식민(閉關息民) 정책을 추진, 國力을 키웠다. 大司馬 역임. 《蜀書》14권, 〈蔣琬費禕姜維傳〉에 입전.

이야기는 지금도 계속 윤색되며 창조되고 있다.

제갈량의 재능은 비범했으며, 그의 기본 사상은 유학(儒學)을 숭상했고 정사에서는 법과 원칙을 준수했다. 제갈량의 천성적 우수한 능력과 자질은 그렇다 치더라도 그가 위(魏), 촉(蜀), 오(吳) 삼국의 안정적 정립(鼎立) 구도를 짜고, 천하통일을 목표로 북벌(北伐)을 추진한 그 국가경영능력은 어떻게 가능했을까?

선주(先主)가 죽은 뒤, 제갈량은 어리석은 후주(後主, 유선)와 용렬한 신하들만이 있는 촉의 내정(內政)을 추스르면서 북벌을 시도했지만 아무런 성과를 거두지 못하였다.

건흥(建興) 12년(서기 234년)에, 여섯 번째로 기산(祁山)에 출정하지만(실제로는 5회), 그것이 그의 마지막 원정이었다.

4) 2인자의 능력과 삶

○ 지혜의 화신(化神)

제갈량은 충성, 효성, 의리, 책모의 본보기가 되는, 아마 중국역사에 가장 걸출한 지혜의 화신이라고 말할 수 있다. 제갈량은 늙고 병들어 지칠 때까지 최선을 다하다가 죽어서야 끝나는 일생을 살았다.

제갈량은 충신의 귀감이 될만했다. 그러나 사람들은 충성심 외에 좀 더 새롭고 재미있는 것을 더 원했다. 그러다 보니 소설 속에서는 제갈량에게 비바람을 불러오고 도술을 부리는 만능의 슈퍼 능력이 보태진다.

그러나 민생안정이나 재정의 충실, 완벽한 병참조달 같은 국내 통치에 유능한 승상보다 전략 전술에 뛰어난 능력의 소유자로 인식된 제갈량의 평가는 실제와는 많이 다르다고 한다.

제갈량은 나라의 승상으로서 백성들을 아우르며, 가야 할 길을 제시하고, 시대에 맞는 정책을 내고, 마음을 열고 공정한 정치를 했다. 백성들의 존경과 사랑을 받는 현실적인 정치를 잘 아는 사람이었다.

제갈량의 학식이나 소양, 행정과 전략적 능력이나 수완을 생각한다면, 그가 결코 유비보다 못하지 않았다. 그러나 제갈량은 유비와 용렬한 후주에게 끝까지 자신을 낮추면서 충성을 다한 제 2인자였다.

○ 2인자의 존재

일반적으로 2인자는 1인자보다 못한 존재로 여겨진다. 무엇인가가 부족하거나 아니면 운이 없어 성공하지 못한 사람이라는 평가가 따른다. 때로는, 단순히 1인자의 보조자로 인식되는 경우도 많다. 부회장이나 부사장 등이 그런 예이다.

아니면 전문 경영인이었지만 퇴임 이후 원로나 고문의 명칭을 붙이고 조언을 하는 역할 역시 2인자의 다른 모습이라 할 수 있다.

혹은 2인자는 1인자 없이는 존재할 수 없는 보조적 존재로 여겨지기도 한다. 2인자는 패배자, 실패한 사람으로 여겨지거나 비참한 인생에 만족하는 존재로 규정되기도 한다.

과연 그렇게만 볼 수 있을까?

제갈량은 단순한 2위의 의미가 아니라 2인자이면서 실질적으로는 1위인 존재였고, 그런 역할을 다했다. 이른바 '2인자의 자리에 있는 1인자'였다.

2인자의 위치는 단순히 중간 과정이 아니라 그 자체가 하나의 1인자의 위치다. 또한 2인자의 위치에 충실할 때 1인자가 되는 구조를 더 많이 포괄하는 개념이다.

제갈량은 스스로 2인자를 선택했을 것이다. 제갈량은 1인자의 자리에 있으면서 2인자의 리더십을 행사했다.

제갈량의 리더십은 단순히 머릿속의 계산이나 전략이 아니라 진정성을 바탕으로 했다. 제갈량은 유비한테는 처음부터 충성을 다했다. 제갈량은 용렬한 후주를 누르고 자신이 최고의 자리에 나가려는 생각을 하지 않았다. 제갈량은 후주에 대하여 2인자 열등감이 없었다고 보아야 한다. 제갈량은 1인자에 대한 집착에서 벗어나 있었다. 그래서 제갈량이 더 위대해 보이는 것이다.

5) 촉한의 멸망

○ 환관 황호(黃皓)

연희(238-257년) 원년(서기 238) 봄 정월, 황후 장씨(張氏)를 책립했다. 죄수를 대사하고 연희(延熙)로 개원(改元)하였다. 아들 유예(劉睿)를 태자(太子)로 책립했다.

연희 5년(242), 감군(監軍)인 강유(姜維)[511]가 부대를 지휘하여 한중군(漢中郡)에서 돌아와 부현(涪縣)에 주둔하였다.

연희 15년(252), 오왕(吳王) 손권(孫權)이 죽었다.

경요(景耀) 원년(258), 나라의 죄수를 사면하고 개원하였다. 환관 황호(黃皓)[512]가 정사(政事)의 대권을 장악했다.

---

[511] 姜維(강유, 202-264년, 字는 伯約) - 蜀漢의 장수, 본래는 曹魏의 天水郡 中郎將, 촉한에 투항, 제갈량의 인정을 받았다. 諸葛亮 사후에 蜀漢의 軍權을 쥐고 전후 11차례나 伐魏에 나섰다. 司馬昭가 蜀漢을 멸망시킬 때, 姜維는 劍閣(검각)에서 鍾會(종회)를 막고 있었으나 鄧艾(등애)가 陰平(음평) 小路로 成都를 함락시켰고 後主 劉禪(유선)의 투항을 받았다. 강유는 나중에 亂軍 속에서 62세로 죽었다. 《蜀書》14권, 〈蔣琬費禕姜維傳〉에 立傳.

[512] 黃皓(황호, 생졸 연도 미상) - 劉禪이 총애한 환관. 董允(동윤, ?-246년, 字는 休昭) 재직 중에는 후주에게 자주 간언을 올리고 황호를 억제했었다. 동윤이 去世 후에 황호는 발호했고, 姜維(강유)도 후주에게 황호를 죽여야 한다고 말했지만, 후주는 따르지 않았다. 오히려 강유가 沓中(답중)에 머물며 황호를 피했다. 魏將 등애가 유선의 투항을 받고 황호를 죽이려 했지만, 황호는 금은으로 등애를 매수하여 화를 면했다. 후주를 따라 낙양까지 갔고, 司馬昭의

2년 여름 6월, 아들 유심(劉諶)을 북지왕(北地王)에, 유순(劉恂)을 신흥왕(新興王)에, 유건(劉虔)을 상당왕(上黨王)에 봉했다.

경요 5년(262) 봄 정월, 서하왕(西河王) 유종(劉琮)이 죽었다. 이 해에 강유는 다시 군사를 거느리고 후화(候和)란 곳에 출병했지만, 등애(鄧艾)에게 격파당하고 회군하여 답중(沓中)[513]에 주둔했다.

경요 6년(263) 여름, 조위(曹魏)는 군사를 대거 동원하였고, 정서장군(征西將軍) 등애(鄧艾)와 진서장군(鎭西將軍) 종회(鍾會) 등에 명하여 여러 길로 동시에 진격케 하였다. 이에 좌, 우 거기장군(車騎將軍)인 장익(張翼)과 요화(廖化), 보국대장군(輔國大將軍) 동궐(董厥) 등을 보내 막게 하였다.

죄수를 크게 사면했다. 염흥(炎興)으로 개원하였다.

염흥(炎興) 원년(263) 겨울, 등애는 위장군(衛將軍) 제갈첨(諸葛瞻)을 면죽(綿竹)에서 격파했다. 후주(後主)는 광록대부(光祿大夫) 초주(譙周)의 방책에 따라 등애에게 투항하는 국서를 보냈다.

이날, 후주 아들 북지왕(北地王) 유심(劉諶)은 망국의 한을 못이겨 처자를 먼저 죽이고 자결했다.

등애는 후주의 투항 국서를 받고 크게 기뻐하며 즉시 조정에 보고하였다. 등애가 성도(成都) 성의 북쪽에 이르자, 후주는 수레에

명에 의해 황호는 처형되었다.

513 沓中(답중)은 요새 이름. 당시 梓潼郡 陰平縣, 今 甘肅省 동남 隴南市 관할 文縣. 여기서 강유가 둔전했었다.

관을 싣고 자박(自縛)한 채로 등애의 군문에 들어갔다. 등애는 밧줄을 풀어주고 관을 불태우게 한 뒤에 후주를 청하여 상견하였다.

등애는 황제의 명을 받아 후주에게 표기장군(驃騎將軍)직을 하사하였다. 각 군영과 관아의 관원은 후주의 명을 받고 투항하였다. 등애는 후주를 옛 궁궐에 그대로 머물게 했고 등애가 궁으로 찾아가 만났다. 국고의 자산은 모두 엄격하게 관리하며 사용치 못하게 했다.

○ 안락공(安樂公) 유선

조위(曹魏) 상도향공 조환(曹奐)의 경원(景元) 5년(264) 3월, 황제는 유선(劉禪)을 안락현공(安樂縣公)에 봉했다.

식읍(食邑)은 1만 호였고, 비단 1만 필과 노비 1백 명과 여러 기물을 하사하였다.[514]

---

[514] 司馬昭가 유선을 만나 크게 꾸짖었다. "公은 황음무도하여 어진 신하를 내쫓고 정사를 돌보지 않았으니 죽여야 마땅하다(公荒淫無道, 發賢失政, 理宜誅戮)." 사마소는 환관 황호를 처형했다. 어느 날, 司馬昭는 유선(安樂公)을 불러 잔치를 베풀면서 악공들에게 蜀의 의상을 입혀 蜀의 음악을 연주하게 하였다. 이에 촉한의 신하들이 모두 감상에 젖어 눈물을 흘리는데, 유선만은 혼자 마냥 웃으며 즐거워하였다. 이에 사마소는 신하를 둘러보며 말했다. "사람이 무정하다더니 저 사람 같을 수 있는가? 비록 제갈공명이 살아 보필했어도 오래 못갔을 터인데, 더구나 강유 따위가 어쩔 수 있었겠나?(雖使諸葛孔明在, 亦不能輔之久全, 何況姜維乎?)"

후주의 자손으로 도위(都尉) 3명과 제후에 봉해진 자가 50여 명이었다.

안락공(安樂公, 유선)은 (서진西晉 무제武帝) 태시(泰始) 7년(서기 271)에 낙양에서 죽었다.

후주(後主)는 현상(賢相)에게 정사를 위임했을 때는 순리에 따르는 군주였지만, 환관에게 현혹되었을 때는 우매한 군주였다. 나라에 사관(史官)을 두지 않았고, 기록하는 관리도 없어 많은 정사(政事)가 누락되었고 재이에 관한 기록도 없다.

제갈량이 정사에 통달했다지만 이런 일에 대해서는 모두 챙기지를 못했다. 그러나 후주를 보필하는 12년 동안 연호를 바꾸지 않았으며, 자주 군사를 동원하였지만 가벼이 죄수 사면령을 시행하지 않은 것은 역시 탁월한 조치였다.

제갈량이 죽은 이후로 이런 제도는 점차 무너지면서 그 정사(政事)의 차이는 분명히 드러났다.

그리고는 유선에게 물었다. "고국 蜀의 생각이 나지 않는가?" 이에 후주는 "이곳이 즐거우니 촉에 대한 그리움은 없습니다(此間樂 不思蜀也)."라고 대답했다.

이는 後主 유선이 庸才(용재)임을 가장 극렬하게 말해주는 이야기로, 후세 사람에게 두고두고 많은 생각을 하게 한 말이다.

3. 동오의 흥망

(1) 손권의 황제 즉위

1) 손권의 외교

○ 유화(宥和)와 강경책

위 문제(魏 文帝)가 제위에 오르자(220), 손권은 특사를 보내 번신(藩臣)을 칭하였고, 관우에게 생포되었다가 풀려난 魏의 장수 우금(于禁) 등을 돌려보냈다.

위 문제 황초(黃初) 3년(222), 유비가 군사를 거느리고 공격해 왔다. 손권은 육손(陸遜)[515]을 도독으로 삼아 유비를 막게 하였으며, 도위(都尉)인 조자(趙咨)[516]를 위(魏)에 사자로 보냈다.
위 문제가 물었다.
"오왕(吳王)은 어떤 주군(主君)인가?"

---

515 육손(陸遜) — 先主의 군사를 猇亭(효정)에서 火攻으로 대파하였다. 先主는 효정에서 자귀현으로 돌아와 흩어진 군사를 불러 모으고, 선박을 포기하고 도보로 魚復縣(어복현)으로 돌아와서, 어복현을 永安縣(영안현)으로 개명하였다.

516 조자(趙咨, 字는 德度) — 南陽人. 박문다식(博聞多識)하였으며 응대(應對)에 민첩하고 뛰어났다. 손권의 中大夫였다.

"총명하고 인자, 지혜로우며 웅략(雄略)을 가진 주군입니다."

문제가 그 상세한 내용을 묻자, 조자가 말했다.

"노숙(魯肅)을 보통 인재들 속에서 찾아 등용하였으니, 이는 총지(聰智)입니다. 여몽(呂蒙)을 보통 병졸 중에서 발탁하였으니, 이는 그분이 명철(明哲)한 것입니다. 우금(于禁)을 찾아냈지만 해치지 않았으니, 이는 그분의 관용(寬容)입니다. 형주를 장악하면서 병기를 피로 물들이지 않았으니, 그분의 지략(智略)입니다. 3주(州)에 웅거하며 천하를 호시탐탐 노리니, 이는 그분의 웅지(雄志)입니다. 폐하에게 몸을 굽힐 수 있으니, 이는 그분의 대략(大略)입니다."

(위魏) 문제는 손권의 아들 손등(孫登)[517]을 제후에 봉하려 했지만 손권은 손등이 어리다 하여 서신을 올려 사양했고, 서조연(西曹掾)인 심형(沈珩)을 다시 보내 사례하며 토산물을 헌상하였다. 손권은 손등을 왕태자로 책립하였다.

손권의 황무(黃武)[518] 원년(222) 봄 정월, 육손(陸遜)[519]이 거느

---

517 손등(孫登, 209-241) - 孫權의 長子, 吳 皇太子. 33세 한창 나이에 조서(早逝). 시호 선태자(宣太子). 《吳書》 14권, 〈吳主五子傳〉에 입전.

518 黃武(황무, 222년 10월-229년 4월) - 東吳의 君主 孫權의 첫 번째 연호. 221년(魏 黃初2년), 손권은 名義上으로는 曹魏에 臣服하며

린 장군 송겸(宋謙)⁵²⁰ 등이 촉군(蜀軍)의 5개 군영을 공격하여 모두 격파하고 그 장수를 죽였다. 촉군은 험한 지형을 골라 50개 군영을 전후로 설치하였다. 육손은 촉군 군영의 강약에 따라 군사를 나눠 대응케 하면서 정월부터 윤(閏) 6월에 걸쳐 대파하였다. 전투에 죽거나 병기를 버리고 투항한 촉군이 수만 명이었다. 유비는 도주했고 겨우 몸만 빠져나갔다.

그전에 손권은 겉으로는 조위(曹魏)를 사대(事大)한다고 하였지만 진정으로 좋아서 하는 일은 아니었다. 조위에서는 동오(東吳)

'吳王'의 책봉을 받았지만 222년에 曹魏와 東吳의 관계가 악화되었고, 결국 조비는 대군을 보내 원정에 나섰다. 이에 손권은 222년 10월에 黃武로 건원하였고 曹魏의 신속(臣屬) 관계를 깨트렸다. 이후 黃武 8년(서기 229) 4월에 정식으로 칭제하면서 黃龍 원년으로 개원한다.

519 육손(陸遜, 183-245년, 字는 伯言)—본명은 陸議(육의). 유비는 曹操의 즉위 소식을 듣고 獻帝가 피살된 줄 알고 복상하며 221년에 제위에 올랐다(章武元年). 이어 222년, 관우와 장비에 대한 복수 일념으로 대군을 이끌고 長江을 따라 7백 리에 군영을 설치하였다. 이에 맞선 吳將 陸遜(육손)은 以逸待勞(이일대로)의 병법 교과서대로 맞섰다.

520 송겸(宋謙, 생졸년, 字는 미상)—合肥之戰에서 장료(張遼)에게 격파당함. 曹魏 黃初二年(서기 221)년 이릉(夷陵)의 전투에 참여, 백제성으로 달아난 유비를 공격해야 한다고 주장.《삼국연의》에서는 손건을 지켜 위기를 벗어나게 한다. 나중에 樂進(악진)을 추격하다가 李典의 화살에 맞아 죽자, 손권은 대성통곡했다.

에 서약을 요구하며 아울러 손권의 아들을 조정에 보내 관직에 임용하겠다고 하였지만, 손권은 거부하며 받아들이지 않았다.

손권 황무(黃武) 원년(222) 9월에, 조위에서는 대군을 보내 동오의 남군(南郡)을 포위했다.

손권은 여범(呂範) 등을 보내 5군을 통솔하여 조인의 군사를 막게 하였다.

손권은 결국 조위와의 관계를 단절하고, 연호를 바꿔 쓰면서(黃武), 장강(長江)을 경계로 저항하였다.

12월, 손권은 태중대부(太中大夫) 정천(鄭泉)을 보내 백제성(白帝城)[521]에서 유비를 위문하고 다시 왕래를 시작하였다. 그러면서도 여전히 위 문제와도 서로 왕래하였지만 그 다음 해에 두절되었다.

손권 황무 2년(223) 4월에, 손권의 모든 신하가 손권에게 제위에 오를 것을 권유했으나 손권은 수락하지 않았다. 촉한 유비(소열제)가 백제성에서 죽었다.

---

[521] 白帝城 - 巴東郡 魚復縣을 永安縣으로 개명했다. 白帝城 永安宮에서 서기 203년 昭烈帝(劉備)가 붕어했다. 今 重慶市 동부 奉節縣.

2) 손권의 칭제

 ○ 연호는 황룡(黃龍)

황룡(黃龍)[522] 원년(229) 봄, 공경(公卿)과 백관이 모두 손권에게 존호(尊號)를 바로 해야 한다고 건의하였다.

여름인 4월, 하구(夏口)[523]와 무창(武昌)에서 황룡과 봉황(鳳凰)이 출현했다고 보고하였다.

병신일, 손권은 남교(南郊)에서 황제의 자리에 올랐다. 그날 나라의 죄수를 사면했다. 연호를 개정했고(黃武 → 黃龍), 부친 파로장군(破虜將軍) 손견(孫堅)을 무열황제(武烈皇帝), 모친인 오씨(吳氏)를 무열황후(武烈皇后)로, 형인 토역장군(討逆將軍) 손책(孫策)을 장사환왕(長沙桓王)이라 추존하였다. 오왕(吳王) 태자 손등(孫登)을 황태자에 책봉했다. 장수와 관리 모두에게 작위를 올려주고 시상하였다.

---

[522] 黃龍(황룡) – 손권이 칭제한 후 첫 연호. 칭제 이전의 연호는 黃武(서기 222년 10 – 229년 4월).
 손권의 연호는 黃龍(229년 4월 – 231년) – 가화(嘉禾, 232 – 238년 8월) – 적오(赤烏, 238년 8월 – 251년 4월) – 태원(太元, 251년 5월 – 252년 정월) – 신봉(神鳳, 252년 2월 – 4월)이다.

[523] 夏口 – 漢水와 長江의 합류지점. 今 湖北省 武漢市 漢口. 漢水(漢江)는 長江의 최대 지류이고, 漢水 중 襄陽(양양) 이하를 특별히 夏水라고 불렀다. 長江에서 보면 漢水로 들어가는 입구.

황룡 원년 6월, 촉에서는 위위(衛尉)인 진진(陳震)을 보내 손권의 즉위를 경축하였다. 그리고 손권은 천하 양분에 동의하여 조위를 멸망시키면 여주(予州), 청주(靑州), 서주(徐州), 유주(幽州)는 오(吳)의 소속으로 정했고, 연주(兗州), 기주(冀州), 병주(幷州), 양주(涼州)는 촉한(蜀漢)의 영역으로 정했다. 그리고 사주(司州, 사예교위부) 관할 지역은 함곡관(函谷關)을 경계로 나눈 뒤, 맹약하는 글을 읽었다.[524]

그해 9월에, 손권은 도읍을 건업(建業)으로 옮겼는데, 전부터 있던 도성이라 건물을 고치지도 않았으며, 상대장군(上大將軍) 육손(陸遜)을 조정으로 불러 태자 등(登)을 보필케 하면서, 무창(武昌)의 업무도 관장케 하였다.

황룡 2년(230) 봄 정월, 위(魏)는 합비(合肥)[525]에 신성(新城)을 축조했다. 조서에 의거 도강제주(都講祭酒)[526]직을 신설하여 귀족

---

524 이 맹약의 글은 東吳의 문신 胡綜(호종)이 지었다. 《吳書》 17권, 〈是儀胡綜傳〉 참고.

525 合肥 – 九江郡의 縣名. 今 安徽省(안휘성) 省會(省都)이며 최대 도시인 合肥. 安徽省 중앙부에 위치.

526 都講祭酒(도강제주) – 祭酒의 기본 뜻은 연장자이다. 漢代 교육을 담당하는 여러 명의 博士 중 그 우두머리를 博士祭酒(박사제주)라 하였다. 祭酒가 고려의 國子監, 조선 成均館의 관직명일 때만 우리나라에서 '좨주'로 읽는다. 중국 관직을 '좨주'로 읽으면 난센스다. 그냥 '제주'이다.

자제를 교육케 했다.

  손권은 장군인 위온(衛溫)과 제갈직(諸葛直)에게 갑사(甲士) 1만 명을 거느리고 바다에 나가 이주(夷洲)와 단주(亶洲)[527]를 찾게 하였다. 단주는 바다 가운데의 섬인데 장로(長老)들의 전언(傳言)에 의하면, 진시황제가 방사(方士)인 서복(徐福)[528]에게 동남동녀 수천 명을 거느리고 바다에 나가 봉래산(蓬萊山)의 신산(神山)과 선약(仙藥)을 구하도록 시켰지만 서복은 단주에 머물면서 돌아오지 않았고, 그들 세대가 대를 이어 수만 호가 되었다. 그 섬의 백성이 가끔 회계군(會稽郡)에 들어와 옷감을 사갔는데, 회계 동쪽 여러 현의 백성이 바다에 나갔다가 풍랑을 만나 단주에 표류한 자

---

[527] 夷洲(이주)는 가까이 있는 대만(臺灣), 또는 일본국 오키나와(琉球群島)라는 주장이 거의 통용되나 亶洲(단주)는 일본, 또는 필리핀, 심지어 아메리카 대륙이라는 주장도 있다.

[528] 徐福(서복, 徐市, 字는 君房) － 徐市은 서불(市은 漢語拼音으로는 fú, 注音은 ㄈㄨˊ. 分勿切, 音 弗). 市(슬갑 불, 앞치마)은 巾部 一劃, 총 4획이다. 市(저자 시)는 巾部 二劃, 총 5획. 우리나라에서 徐市(서시)라 읽는 것은 오류이다. 徐福(서복, 徐市)은 秦朝의 齊地人, 方士, 秦始皇의 御醫(어의)를 역임.《史記 秦始皇本紀》기록에는 秦始皇이 長生不老를 소망하자, 秦始皇 28년(서기 前 219년)에 海中에 蓬萊(봉래), 方丈(방장), 瀛洲(영주)의 3座 仙山이 있고 神仙이 거주한다고 설득했다. 이에 童男童女 수천 명을 거느리고 3년 치 糧食과 의복과 신발, 약품들을 가지고 入海하여 求仙하였지만 神山을 찾지 못했다고 하였다.《三國志 吳書》의 본권과《後漢書 東夷列傳》에 徐福의 동도(東渡)에 관한 기록이 있다.

도 있다고 하였다. 그러나 그곳이 너무 멀어 (위온 등은) 끝내 가
질 못했고, 다만 이주(夷洲) 사람 수천 명을 데리고 왔다.

적오(赤烏) 원년(238), 당천대전(當千大錢)을 주조하였다.
적오 4년(241) 봄 정월, 평지에 3척이나 쌓이는 큰 눈이 내려
새나 짐승 태반이 죽었다.
적오 5년(242) 봄 정월, 아들인 손화(孫和)[529]를 태자로 책립하
고 죄수를 사면하였다.
적오 7년(244) 봄 정월, 상대장군 육손이 승상이 되었다.
적오 8년(245) 봄 2월, 승상 육손이 죽었다.
적오 11년(248) 봄 정월, 주연(朱然)은 강릉(江陵)에 축성(築城)
했다.
태원(太元) 원년(251) 여름 5월, 황후 반씨(潘氏)[530]를 책립하고

---

[529] 孫和(손화, 224-253년, 字는 子孝) - 손권의 3남. 생모는 王夫人, 東吳 최후 황제 孫皓(손호)의 生父. 손권의 장남 孫登(손등, 庶子)이 죽자 태자에 책립. 나중에 폐출 사사(賜死)되었다. 손권이 죽은 뒤에는 손권의 막내아들 孫亮(손량)이 10세에 즉위하나 16세 때 丞相 孫綝(손침)에게 폐위되어 회계왕(會稽王)으로 강등되었고 유배 중 병사했다.

[530] 皇后 潘氏(반씨, ?-252년 2월, 名은 淑) - 會稽郡 句章縣(今 浙江省 寧波市) 출신. 吳大帝 孫權의 공식 황후. 吳 廢帝 孫亮(손량)의 생모. 황후 책봉 1년 만에 병사했다지만 궁녀의 살인으로 알려졌다. 《吳書》 5권, 〈妃嬪傳〉에 입전.

죄수를 사면했으며 개원하였다(赤烏 → 太元).

태원 2년(252), 이전 태자였던 손화(孫和)를 남양왕(南陽王)으로 책봉하여 장사군(長沙郡)에 거처케 하였다. 아들 손분(孫奮)은 제왕(齊王)에 봉해 무창(武昌)을 다스리게 했다. 아들 손휴(孫休)는 낭야왕(琅邪王)으로 봉해 호림(虎林)[531]에 나가 있게 했다.

2월에, 나라의 죄수를 사면했고 신봉(神鳳)으로 개원하였다. 황후 반씨(潘氏)가 죽었다.

○ 손권의 죽음

태원 2년(252), 여름 4월에 손권이 죽었는데,[532] 시년(時年) 71세였고, 시호는 대황제(大皇帝)였다.

가을 7월에, 장릉(蔣陵)[533]에 장례했다.

손권은 몸을 낮추고 치욕을 참았고 인재를 임용하고 지모지사(智謀之士)를 우대하였으니, 월왕 구천(句踐)과 비슷한 기재였으며, 영웅 중의 호걸이라 할 수 있다. 그러했기에 혼자 장강 밖(江表, 江東)을 차지하고 3국이 대치(對峙)하는 형세를 정립하였다.

---

531 封地인 虎林은, 今 安徽省 서남부 池州市. 長江 南岸.

532 太元 2년(서기 252)은 曹魏는 曹芳의 嘉平 4년이었고, 蜀漢은 後主 延熙 15년이었다.

533 蔣陵(장릉) − 손권의 능묘. 南京 동쪽 교외 紫金山 남쪽 기슭의 梅花山에 위치.

그러나 손권의 성정(性情)은 의심이 많고 살육이 너무 과감하였는데, 말년에 갈수록 더욱 심해졌다. 그리고 참설을 믿었고 군자의 관용을 버렸으며 후사까지 폐출하고 죽였으니, 어찌《시경》[534]에서 말한 '원대한 지략으로 후손을 지켜준 사람'이라 할 수 있겠는가? 그 후손이 쇠락하여 결국 나라 멸망에 이른 까닭이 모두 여기에서 시작되었을 것이다.

(2) 손권 이후 3명의 황제

1) 손량

○ 손권의 막내아들

손량(孫亮, 재위 252-258)[535]의 자(字)는 자명(子明)으로, 손권(孫權)의 막내아들이다. 손권은 나이가 많았고, 손량은 가장 어렸기에 각별히 정을 더 주었다. 누나인 전공주(全公主)[536]는 늘 태자인 손화(孫和)와 그 모자를 참소했기에 마음으로 불안했었다.

전공주는 손권의 마음에 들어야 하기에, 미리 손량과 연결 지

---

534 원문 '貽厥孫謀 以燕翼子' -《詩 大雅 文王有聲》의 구절.

535 손량(孫亮, 243-260, 字 子明) - 亮은 밝을 량. 재위 252-258년. 묘호(廟號), 시호(諡號) 없음.

536 全公主 - 孫權의 長女 孫魯班(손노반)은 吳郡 錢唐縣 출신 全琮(전종, 198-247년, 249년?, 字 子璜)과 결혼했다. 남편의 성으로 공주를 호칭하였다. 전종은 右大司馬와 左軍師를 역임했다.

으려고 자주 전상(全尙)⁵³⁷의 딸에 대한 이야기를 하면서 손량이 맞아들이도록 권유했었다.

손권 적오 13년(250), 태자인 손화(孫和)를 폐립한 뒤, 손권은 손량을 태자로 책립하고 전씨(全氏, 전상의 딸)를 태자비로 삼았다.

태원(太元) 원년 여름(251), 손량의 생모인 반씨(潘氏)를 황후로 책립했다. 그해 겨울에 손권은 병석에 눕자, 대장군 제갈각(諸葛恪)을 불러들여 태자태부(太子太傅)로 삼았고, 회계(會稽) 태수인 등윤(滕胤)⁵³⁸을 태상(太常)에 임명하며 함께 조서를 받고 태자를 보필케 하였다.

다음 해(서기 252) 손권이 붕어하자, 태자 손량이 10살에 존위에 올랐다.

나라 안 죄수를 사면하고, 손량은 건흥(建興, 252-253)⁵³⁹으로 개원하였다. 이 해에(252) 조위는 조방(曹芳)의 가평(嘉平) 4년이었고, 촉한(蜀漢)은 후주(後主) 연희(延熙) 15년이었다.

---

537 全尙(전상, ?-258년, 字는 子眞) - 揚州 吳郡 錢唐縣(今 浙江省 杭州市) 사람. 全琮(전종)의 族子. 전상의 딸 全惠解(전혜해)가 태자비로 입궁, 황후에 올랐다.

538 등윤(滕胤, ?-256년, 字는 承嗣) - 滕은 물 솟을 등. 나라 이름, 성씨. 胤은 이을 윤. 孫權의 사위, 東吳의 重臣. 손권의 유조를 함께 받았다. 吳 末帝 손호(孫皓) 妻인 등(滕)황후의 族父. 《吳書》 19권, 〈諸葛滕二孫濮陽傳〉에 입전.

539 건흥(建興) - 蜀漢 後主의 첫 번째 연호(223-237)이기도 하다.

○ 계속되는 정치 혼란

손량의 건흥 원년(252), 제갈각(諸葛恪)이 황제의 태부(太傅)[540]가 되었고, 손권의 사위인 등윤(滕胤)은 위장군(衛將軍)으로 상서사(尙書事)를 겸하였으며, 상대장군인 여대(呂岱)는 대사마(大司馬)가 되었고, 모든 문무 관리가 직위와 작위가 올랐으며, 용관(冗官)[541]도 등급을 올려주었다.

겨울인 10월, 태부인 제갈각이 군사를 거느리고, 조위의 군사를 소호(巢湖)[542]에서 저지하였다. 장군인 전단(全端)을 시켜 서성(西城)을 지키게 하고, 도위(都尉) 유략(留略)은 동성(東城)을 방어하게 하였다.

손량의 건흥 2년(253), 전씨(全氏)를 황후로 책립하고 나라의 죄수를 사면하였다.

3월, 제갈각은 군사를 거느리고 위(魏) 정벌에 나서서 여름 4월

---

540 태부(太傅) — 어린 황제가 즉위할 경우, 元老大臣 중에서 태부를 두어 尙書事를 겸임케 하다가 죽으면 다른 사람을 임용하지 않았다. 황제의 학문과 정사를 보좌하는 직책.

541 용관(冗官) — 冗은 쓸데없을 용. 흐트러지다. 散也. 용관은 일정한 직역(職役)이 없는 관리(無事備員). 散官과 同. 일종의 예비 인력이다.

542 巢湖(소호) — 호수 이름. 安徽省 중부의 合肥市 동남에 위치. 安徽省(안휘성) 최대 호수, 中國 5대 담수호(淡水湖)의 하나.

에 신성(新城)을 포위하였지만 전염병이 크게 유행하여 병졸 거의 절반이 죽었다.

가을인 8월, 제갈각은 군사를 거느리고 돌아왔다.

겨울인 10월, 잔치를 크게 했다. 무위장군(武衛將軍)인 손준(孫峻)^543 은 전각에 복병을 두어 제갈각을 살해했다.

태평(太平) 원년(256), 도성인 건업(建業)에서 화재가 발생했다. 손준(孫峻)은 정북대장군(征北大將軍)인 문흠(文欽)의 계략에 의거 위(魏)를 정벌하려고 했다.

폐제인 손량의 태평(太平) 2년(257), 여름인 4월, 손량은 정전에 나와 죄인을 사면하고 친정(親政)하였다. 손침(孫綝)이 상주하는 일에 대하여 질문하고 비난하였으며, 또 18세 이하 15세 이상 병졸을 3천여 명을 선별하고 대장의 자제로 젊고 용력이 있는 자를 골라 장수로 삼았다.

그러면서 손량은 "나는 이들 군사를 바탕으로 함께 힘을 펴겠다."고 말하며 날마다 원림(苑林)에서 훈련하였다.

같은 해 5월, 위(魏)의 정동대장군(征東大將軍)인 제갈탄(諸葛誕)^544

---

543 손준(孫峻, 219-256) - 東吳 吳郡 富春(今 浙江省 杭州市) 출신. 손견 동생의 曾孫. 손권의 從孫 항렬. 제갈각을 천거하였지만 나중에 제갈각을 죽이고 권력을 장악. 廢帝 孫亮(손량)의 권신.《吳書》19권,〈諸葛滕二孫濮陽傳〉에 제갈각과 함께 입전.

이 회남군(淮南郡) 일대의 군사를 거느리고 수춘성(壽春城)^{545}을 근거로 반란을 일으켰다.

6월, 오(吳)에서는 문흠(文欽) 등에게 보병과 기병 3만을 주어 제갈탄을 도와주게 하였다. 주이(朱異)^{546}가 호림(虎林)에서 군사를 거느리고 하구(夏口)를 습격하자, 하구 독군(督軍)인 손일(孫壹)은 위(魏)로 도주하였다.

태평(太平) 3년(258), 제갈탄(諸葛誕)이 문흠을 죽였다(내분).

3월에, 사마소(司馬昭)^{547}는 수춘성을 함락시켰고, 제갈탄은 전

---

544 제갈탄(諸葛誕, ?-258) - 前漢 諸葛豊의 후손으로, 제갈량(諸葛亮)과 諸葛瑾(제갈근)의 堂弟. 서기 255년, 魏의 鎭東大將軍인 제갈탄은 征東大將軍이 되었다. 이어 제갈탄을 司空에 임명했다. 이는 제갈탄의 군권을 삭탈하는 의미였다. 제갈탄은 중앙의 징소에 응하지 아니하며 壽春城을 근거로 군사를 일으켜 반기를 들고 揚州刺史인 악침(樂綝)을 죽였다. 제갈탄은 甘露 3년(서기258) 봄에, 대장군 사마소에게 평정되었다.

545 諸葛誕(제갈탄)이 반역한 근거지 壽春에서는 曹魏 후기에 연속 반란이 일어났다. 이를 '壽春三叛' 또는 '회남삼반(淮南三叛)'이라고 칭한다. 이는 司馬氏의 專政에 따른 반발이지만《魏書》에는 그런 내용이 모두 생략되었다. 삼반은 王淩(왕릉)의 반란(서기 251년 4월), 毌丘儉(관구검)과 文欽(문흠)의 반란(255년 1월) 제갈탄의 반란(257년 5월-258년 2월)인데, 모두 司馬氏에게 평정되었다.

546 朱異(주이, ?-257년) - 吳郡 吳縣 출신. 東吳의 장군, 前將軍 朱桓(주환)의 아들. 鎭南將軍 역임. 壽春의 제갈탄을 구원할 때 孫綝(손침)에게 살해당했다.

사했으며 장수와 관리 이하 모두가 투항했다.

○ 쫓겨난 손량

황제 손량(孫亮)은 손침이 권력을 쥐고 방자하다 하여 태상(太常)인 전상(全尙, 全황후의 부친)과 장군 유승(劉丞)과 함께 손침을 제거할 모의를 했다.

258년 9월 무오일, 손침은 군사를 동원하여 전상을 체포했고 동생인 손은(孫恩)을 시켜 유승을 창룡문(蒼龍門) 밖에서 죽였다. 손침은 대신들의 회의를 궁문에서 소집하여 황제 손량을 회계왕(會稽王)으로 방축하니, 그때 손량은 16세였다.

2) 손휴

○ 꼬리 없는 용(龍)

손휴(孫休)[548]의 자(字)는 자열(子烈)인데, 손권의 6남이다.

손권의 태원(太元) 2년(252)에, 낭야왕(琅邪王)이 되어 호림(虎林)[549]에 머물렀다.

---

547 사마소(司馬昭, 211 – 265) – 河內郡 온현〔溫縣, 今 河南省 河水 북쪽 焦作市(초작시) 관할 溫縣〕 출신, 사마의와 모친 張春華(장춘화)의 次子, 司馬師의 동생, 西晉 開國皇帝 司馬炎(사마염)의 부친. 蜀漢을 멸망시키고 曹魏의 권력을 완전 장악. 司馬炎이 曹奐(조환)의 禪讓(선양)을 받아 칭제한 뒤에 司馬昭를 晉 文帝로 추존했다.

548 孫休(손휴, 235 – 264, 재위 258 – 264) – 孫權의 第六子. 묘호 景帝.

4월에, 손권이 붕어하고 동생인 손량(孫亮)이 제위를 계승했다.

제갈각(諸葛恪)이 권력을 장악하고서는 제왕(諸王)이 장강 주변 군사 주둔 지역을 다스리는 것이 좋지 않다 생각하여 손휴의 봉지를 단양군(丹楊郡)으로 옮겼다. 단양 태수인 이형(李衡)이 업무 관계로 손휴를 여러 번 괴롭히자, 손휴는 타군으로 옮겨달라고 상서하여 명에 의거 회계왕(會稽王)이 되었다. 회계왕으로 몇 년을 지냈는데, 꿈에 용을 타고 승천하는데 돌아보니 꼬리가 없었다. 깨어나서는 이상한 꿈이라 생각했다.

손량이 폐위되고 기미일에 손침은 종정(宗正)인 손해(孫楷)와 중서랑인 동조(董朝)를 보내 손휴를 영입케 하였다. 손휴는 처음 소식을 듣고 의심하였고, 종정인 손해와 동조는 손침이 영입하려는 본뜻을 설명하였다. 1일 2야(夜)를 지내고 손휴는 출발하였다.

10월 무인일, 손휴 일행이 오군(吳郡) 곡아현(曲阿縣)에 이르자, 어떤 노인이 손휴 앞에 나와 고개를 숙이며 "대사(大事)가 오래 지체되면 변고가 생길 수 있고, 지금 천하가 목을 빼 기다리니, 폐하께서는 속히 행차하십시오."라고 말했다.

손휴는 옳다고 여겼다.

궁궐에 도착하니, 호조상서가 앞으로 나와 계단 아래서 상주하고, 승상이 국새와 부절을 받들어 올렸다. 손휴는 3번 사양했고,

---

549 封地인 호림(虎林)은, 今 安徽省 서남부 池州市. 長江 南岸.

모든 신하는 3번 간청했다.

이에 손휴가 말했다.

"장상(將相)과 제후가 모두 과인을 추대하니, 과인은 국새와 부절을 받지 않을 수가 없도다."

손휴는 그날로 정전에 나아갔고, 나라의 죄수를 사면하고 개원하였다(永安). 이 해(258)는 위(魏) 고귀향공(高貴鄕公) 조모(曹髦)의 감로 3년(258)이었다(촉한 후주, 경요(景耀) 원년).

○ 경전에 관심

손휴 영안(永安) 원년(258) 겨울 10월, 조서를 내려 대장군 손침(孫綝)을 승상에 임명하여 형주목을 겸임하고 식읍을 5현으로 정했다. 무위장군(武衛將軍) 손은(孫恩)을 어사대부에 위장군(衛將軍)으로 중군(中軍)을 감독케 하며 현후(縣侯)에 봉했다. 손호(孫皓)를 오정후(烏程侯)에 봉했다.

황제 손휴는 전적(典籍, 경전)에 관심이 많아 백가(百家)의 모든 서책을 다 독파하려 했으며, 특히 꿩 사냥을 좋아하였다. 봄이나 여름철이면 새벽에 사냥을 나가 밤에 돌아오곤 했는데, 그때만 손에서 책을 놓았다.

영안(永安) 7년(264) 7월에, 황제 손휴(孫休)가 죽었는데 시년(時年) 30세였고, 시호는 경황제(景皇帝)였다.

3) 손호

○ 망국(亡國)의 군주

마지막 황제 손호(孫皓)[550]는 손권의 손자이며 (태자였던) 손화 (孫和, 손권의 3남)의 아들이다. 손휴(孫休, 재위 258-264)가 즉위하면서, 손호를 오정후(烏程侯)[551]에 봉해 봉국(封國)에 부임케 하였다. 그곳 서호(西湖)의 백성인 경양(景養)은 손호의 관상을 본 뒤에 응당 대귀(大貴)할 것이라 했는데, 손호는 은밀히 좋아하면서도 발설할 수가 없었다.

동오 마지막 황제 손호(孫皓)는 23세에 즉위하였다. 개원(改元, 원흥)하고 대사(大赦)하니, 이 해가 위(魏) 마지막 황제 조환(曹奐)

---

[550] 손호〔孫皓, 243-284년, 字는 元宗, 幼名 彭祖(팽조), 又 字皓宗〕- 吳 末帝. 孫皓의 原名은 孫晧(晧는 밝을 호). 廢太子 孫和(손화, 孫權의 三男)의 아들이니 大帝 孫權의 손자. 재위 17년, 서기 264-280). 東吳의 4번째 황제, 최후 황제, 삼국시대 제1의 폭군. 吳 景帝 孫休(손휴)가 붕어할 때, 태자는 너무 어렸고 당시 東吳의 사정은 내외적으로 어려움이 많았기에 대신의 합의와 朱황후의 승낙으로 손호를 황제로 영입했다. 손호는 즉위 뒤에 英明하게 시정(施政)을 폈고 善政도 있었지만, 서릉지전(西陵之戰)을 겪은 다음 폭정으로 이어져 결국 서기 280년 西晉에 멸망하였고 삼국시대도 終焉(종언)을 고했다. 손호는 망국의 군주로 묘호(廟號)와 시호(諡號)도 없지만 후세 사학자들은 吳 後主 또는 吳 末帝, 아니면 즉위 이전의 작위인 오정후(烏程侯) 또는 歸晉 이후 작위인 귀명후(歸命侯)로도 지칭한다.

[551] 烏程縣은 吳興郡의 치소, 今 浙江省 북단 湖州市에 해당.

의 함희(咸熙) 원년(元年, 264)이었다.

○ 폭군 손호

손호는 득지(得志)하자, 조야(粗野)하며 포악했고 교만이 넘쳤으며 끼리고 싫어하는 사람이 많았다. 주색을 좋아하여 조정의 상하 모두가 실망하였다. 복양흥과 장포 역시 숨어 후회하였다. 어떤 자가 이를 손호에게 참소하자, 11월에 복양흥과 장포를 죽여버렸다.

손호 감로(甘露) 원년(265). 12월에 진(晉) 사마염(司馬炎)[552]은

---

[552] 晉 – 西晉(서기 265 – 316年) – 魏晉南北朝 시기의 통일 왕조 晉 武帝 사마염(司馬炎)이 曹魏의 선양을 받아 건국. 洛陽에 정도할 때를 '西晉'으로 통칭. 서진 존속 기간은 51년, 東吳 통합한 이후는 겨우 37년간이었다. 晉은 사마의 이후 三代에 걸친 노력이 있어 천하를 차지했고 삼국분열의 종지부를 찍었다.

晉 武帝 司馬炎은 서기 265년에 칭제하고서 15년이 지난 280년에 吳를 통합하여 전 중국 통일이라는 큰 목표를 달성했다. 吳를 멸망시키려는 목표를 세우고 준비한 양호(羊祜)였지만 그는 죽기 전에 사마염에게 통일 후에 '마땅히 마음을 써야 할 것을 깊이 생각하라'는 충고를 했다. 이는 통일 후의 무사안일과 사치를 걱정하는 말이었다. 사마염 아래에서 이부상서를 지낸 竹林七賢의 한 사람인 山濤(산도) 역시 '밖이 평안하면 필히 안 근심이 있는 것'을 걱정하였는데, 이 역시 같은 뜻이라 할 수 있다. 晉이 천하를 통일하고서 강력한 발전을 추진하지 못하고 통일 후 37년 만에 망한 것은 무제에서부터 시작된 사치와 무사안일, 그리고 지도층이 淸談에 빠져 들어가며 건전 기풍을 상실했기 때문이다.

조위(曹魏) 조환(曹奐)의 선양을 받았다(조위 멸망).

손호 보정(寶鼎) 2년(267), 나라의 죄수를 사면하였다. 우승상인 만욱(萬彧)은 장강 상류 파구(巴丘)[553]를 지켰다.

여름 6월, 현명궁(顯明宮)[554]을 건축하여 겨울인 12월 손호가 이거하였다.

보정 3년(268) 가을인 9월, 손호는 동관(東關)[555]에서 출병하였고, 정봉(丁奉)은 진(晉)의 합비(合肥)를 공격하였으나 아무 소득이 없었다.

건형(建衡) 원년(269) 봄 정월, 황자인 손근(孫瑾)을 태자로 책립했고, (두 아들을) 회양왕(淮陽王)과 동평왕(東平王)에 봉했다.

겨울인 10월, 연호를 바꾸고 죄수를 사면했다.

건형 2년(270) 3월에, 낙뢰에 의한 천화(天火)로 1만여 민가가 불탔고 7백여 명이 죽었다.

---

[553] 巴丘(파구) - 東吳 廬陵郡의 巴丘縣, 今 湖南省 동북단 岳陽市.

[554] 東吳의 대표적 궁궐은 孫權 때 건축한 太初宮인데, 4방이 3백 丈(장)이라고 했다. 손호는 昭明宮을 지었는데, 사방이 5백 장이었다고 했다. 이 소명궁을 司馬昭의 昭를 피휘하여 陳壽가 顯明宮이라 기록했다. 이 현명궁을 지을 때 2천 석 이하 모든 관리가 산에 들어가 벌목하는 등 강제 동원했고 호화 사치스런 건물이었다. 陸凱(육개)가 간언을 올렸지만 손호는 따르지 않았다.

[555] 東關(동관) - 관문 이름. 今 安徽省 소현(巢縣) 남쪽. 소호(巢湖)의 물 배출구에 해당.

건형 3년(271), 손호는 많은 군사를 거느리고 건업(建業) 근처의 화리(華里)란 곳까지 놀러나갔는데,[556] 손호의 모친이나 비첩(妃妾)까지도 모두 같이 갔으나, 동관령(東觀令)[557]인 화핵(華覈)[558] 등이 완강하게 간언을 올리자 돌아왔다.

봉황(鳳凰) 원년(272), 서릉(西陵)의 도독(都督)인 보천(步闡)을 역모 혐의로 삼족을 모두 죽여버렸다. 우승상 만욱(萬彧)이 견책을 받고 근심 걱정으로 죽었는데 그 자제를 모두 여릉(廬陵)으로

---

[556] 이는 당시 동남에서 천자가 일어나 낙양에 들어온다는 참언에 따른 일종의 흉내이며 奇行이었다. 한 겨울의 추위와 눈 속에서 행군하며 호위하는 사졸들의 불만이 터져나오자 손호는 회군했다는 주석이 있다.

[557] 東觀은 본래 洛陽 南宮의 장서각. 觀은 누각 관, 후한의 동관에서 대를 이어 편찬한 後漢 代 역사를 《東觀記》라고 불렀는데 모두 143권이다. 기전체로 후한 光武帝에서 靈帝까지 역사를 서술한 官撰(관찬)의 當代史이다. 이는 후한 明帝 때 처음 편찬된 이후 章帝, 安帝, 桓帝, 靈帝, 獻帝까지 계속되었는데 本紀, 列傳, 表, 載記 등으로 구분 편찬하였다. 東吳에서도 동관을 설치하고 역사를 편찬하였다.

[558] 華覈(화핵, 219-278년, 字는 永先) — 吳郡 武進縣人. 孫吳의 史官, 建興 元年(서기 252년). 孫亮이 即位하자 韋昭(위소) 薛瑩(설영) 등과 함께 《吳書》 55권을 편찬했다. 元興 元年(서기 264년) 孫晧가 即位한 뒤에 徐陵亭侯로 책봉 받았고, 天冊 元年(275), 사소한 일로 탄핵을 받아 면직되었다가 天紀 2년(278) 병사했다. 《吳書》 20권, 〈王樓賀韋華傳〉에 입전.

강제 이주시켰다. 손호의 총신인 하정(何定)의 부정한 비리가 드러나 처형되었다.

봉황 2년(273) 3월, 육항(陸抗)이 대사마가 되었다.

손호의 애첩은 가끔 사람을 시장에 보내 백성의 재물을 겁탈케 하였는데, 사시중랑장(司市中郎將)인 진성(陳聲)은 평소에 손호의 총애를 받았기에, 손호의 총애를 믿고 법으로 단속하였다. 애첩이 손호에게 참소하자 손호가 대노하면서, 다른 일을 핑계로 불에 달군 톱으로 진성의 목을 자르고 시신을 버렸다.

봉황 3년(273) 가을인 7월, 사자(使者) 25명을 주군(州郡)에 나눠보내 도망자나 반역자를 색출케 하였다. 대사마 육항(陸抗)이 죽었다. 연호를 바꾼 이후 이 해까지 전염병이 크게 유행하였다.

천새(天璽) 원년(276), 오군에서 임평호(臨平湖)는 한말(漢末)부터 수초가 해마다 수로를 막았는데, 금년에는 길이 트였다고 보고하였다. 장로들의 전해오는 말로는 호수가 막히면 천하가 혼란하고, 호수 물길이 트이면 천하가 태평하다고 하였다. 이에 연호를 바꾸고 죄수를 사면하였다. 회계태수(會稽太守)인 차준(車浚), 상동(湘東) 태수인 장영(張詠)이 징수한 산민전(算緡錢)[559]을 바치

---

[559] 算緡(산민, 緡은 돈꿰미 민) – 전한 이후 주로 상인들에게 부과하는 일종의 재산세. 武帝 때(元狩 4년, 前 119년), 중앙정부의 재정이 쪼들리자 張湯(장탕)과 桑弘羊(상홍양) 등의 건의로 算緡制度를 복원 시행하였다. 상인의 재산 2천 錢을 기준으로 120錢(一算)을

지 않았다 하여 임지에서 참수한 뒤에 각 군(郡)에 수급을 돌려보
게 하였다.

○ 망국 전야(前夜)

천기(天紀) 원년(277), 하구(夏口)의 도독(都督)인 손신(孫愼)은 장
졸을 거느리고 강하군(江夏郡)과 여남군(汝南郡) 일대의 백성을 노
략질하였다. 그전에 추자(騶子, 마필을 사육하는 목부) 출신인 장숙
(張俶)은 참소를 많이 하여 차츰 승진하여 사직중랑장(司直中郎將)
이 되었고 제후에 봉해졌으며 손호의 총애를 받았다. 이 해에 그
간의 간악한 죄상이 드러나 처형되었다.

천기 2년(278), 성기왕(成紀王), 선위왕(宣威王) 등 11왕을 책립
하였다.

천기 3년(279), 여름 합포(合浦) 태수의 부대 독군(督軍)이었던
곽마(郭馬)가 반란을 일으켰다.

겨울, 진(晉)은 진동대장군(鎭東大將軍) 사마주(司馬伷)에게 명하
여 동오를 공격케 하고, 안동장군(安東將軍) 왕혼(王渾)과 양주(揚
州)자사 주준(周浚)은 우저(牛渚)로, 건성장군(建威將軍)인 왕융(王
戎)은 무창(武昌)으로, 평남장군(平南將軍)인 호분(胡奮)은 하구(夏
口)로, 진남장군(鎭南將軍)인 두예(杜預)는 강릉(江陵)으로 진격케

징수하였다. 이외에도 수레나 선박에 대해서도 일정한 기준에
의거 과세하였다.

하였으며, 용양장군(龍驤將軍)인 왕준(王濬), 광무장군(廣武將軍)인 당빈(唐彬)은 장강을 따라 동쪽으로 진격케 하였으며, 태위인 가충(賈充)을 대도독(大都督)에 임명하여 적정한 곳에서 전군(全軍)을 지휘케 하였다.

그전에 손호는 군신(群臣)을 모아 연회를 할 때마다 늘 모두에게 취하도록 마시게 하였다. 그리고는 술을 먹지 않는 황문랑(黃門郎) 10인을 잔치하는 사이에 세워놓고 관리들의 실수를 살피게 하였다. 술자리가 파한 뒤에 관리들의 실수를 보고하게 시켰는데, 각자가 불만스런 표정이나 함부로 말을 지껄였다는 둥 걸리지 않는 자가 없었다. 큰 실수는 즉각 형벌에 처하고, 작은 실수는 죄를 자복하게 하였다.

손호의 후궁 연인이 수천 명이었어도 새로운 여인 선발을 그치지 않았다. 또 급류를 궁 안으로 끌어들여 마음에 들지 않는 궁녀가 있으면 죽여서 물에 던져 흘려보냈다. 손호는 사람 얼굴 가죽을 벗기거나 또는 눈알을 파내기도 하였다.[560]

---

560 東吳가 평정된 뒤에 晉의 侍中 한 사람이 東吳의 시중이었던 李仁에게 "吳主가 얼굴 가죽을 벗기고 백성의 발뒤꿈치를 잘랐다는데 사실입니까?"라고 물었다. 이에 대하여 이인은 "말을 전한 사람이 좀 지나쳤습니다. 君子가 下流에 자리하기를 싫어하는 이유는 천하의 악언(惡言)이 다 흘러 모여들기 때문입니다. 만약 실제로 그런 일이 있었다 한들 이상할 것도 없습니다. 옛날 堯舜 시대의 五刑이나 그 이후의 肉刑이 잔인하지 않은 것이 어디 있

이 때문에 상하의 민심이 이반하여 손호를 위해 애써 일하려는 사람이 없었다. 손호의 악행이 쌓이고 쌓여 천명(天命)을 감당할 수 없기 때문이었다.

○ 두예 – 좌전벽

함녕(咸寧) 4년(278년), 양호는 진 무제(晉 武帝)에게 오(吳)나라 정벌을 건의했으나 다른 신하들의 반대로 실행하지 못하자, 양호는 병을 핑계로 사임한다. 양호가 위독하다는 소식을 들은 무제가 양호를 찾아 문병하자, 양호는 두예(杜預)를 천거한 뒤 죽는다.

두예는 평소 학문을 좋아해 좌구명(左丘明)의 《춘추좌전(春秋左傳)》을 틈만 나면 읽었고 행군 중에도 사람을 시켜 말 앞에서 《좌전》을 읽게 하였다. 이에 사람들은 두예를 '좌전에 푹 빠졌다' 는 뜻으로 '좌전벽(左傳癖)' 이라고 불렀다.

었습니까? 손호가 일국의 군주로 살생의 권한을 쥐고 있었는데, 죄인을 처형한 것을 어찌 다 문제 삼을 수 있겠습니까? 요순에게 형벌을 받은 백성이라고 원한이 없었으며, 桀紂(걸주)로부터 상을 받았다 하여 그 사람의 선행이 없었겠습니까? 이는 모두 감정이 아니겠습니까?'라고 말했다고 한다. 일단 暴君에, 亡國의 君主라는 이름이 붙었기에, 곧 下流에 처했기에 상류에서 떠내려오는 모든 오물을 뒤집어써야 한다. 惡者를 더욱 악한 자로 만드는 것이 人情일 것이다.

○ 동오(東吳)의 멸망

손호(孫皓) 천기(天紀) 4년(280), 중산왕(中山王)과 대왕(代王) 등 11명의 왕을 봉했고 죄수를 사면하였다. 왕준(王濬)과 당빈(唐彬)의 군사가 가는 곳은 이미 토붕와해(土崩瓦解)되어 저항하는 자가 없었다. 두예(杜預)는 이어 강릉 도독인 오연(伍延)을 죽였고, 왕혼(王渾)도 승상인 장제(張悌)와 단양 태수 심영(沈瑩)을 죽였고 가는 곳마다 이겼다.

3월 병인일, 궁중의 황제 측근 수백 명이 머리를 조아리며 손호에게 잠혼(岑昏)을 죽이라고 청원하자, 손호는 두려워 떨며 수락했다.

무진일, 도준(陶濬)이 무창(武昌)에서 돌아오자, 손호는 즉시 불러 만났다.

수군(水軍)의 소식을 묻자, 도준이 대답하였다.

"진군(晉軍)이 타고 오는 촉(蜀)의 배가 모두 작은 배라서 우리가 2만 수군을 모아 큰 배를 타고 싸우면 우리가 격퇴할 수 있습니다."

이에 군사를 모으면서 도준에게 부절과 황월(黃鉞, 도끼 월)을 수여하며 다음 날 바로 출전케 하였는데, 군사는 그날 밤에 모두 도주하였다. 왕준(王濬)이 강을 따라 도착하며 사마주(司馬伷)와 왕혼(王渾)도 모두 가까이 접근하였다.

손호는 광록훈 설영(薛瑩)과 중서령 호충(胡沖)의 방책에 의거 국서를 지닌 사자를 왕준(王濬), 사마주(司馬伷), 왕혼(王渾) 등에게 보냈다.

「옛날 한실(漢室)이 천통(天統)을 잃어 9주가 분열되었을 때 선조께서 때를 타서 강남을 경략하고 산천을 경계로 삼아 조위와 다투었습니다. 지금 대진(大晉)이 용홍(龍興)하였고 대덕(大德)이 사해(四海)를 덮었습니다. 나는 우매하고 열등하여 편안만을 추구하다가 천명을 깨닫지 못했습니다. 지금에 이르러 진(晉) 천자의 6군이 두렵습니다. 수레가 길을 메웠고 멀리 강가까지 내려왔기에 온 나라가 두려워 떨며 순식간에 숨을 죽였습니다. 감히 우러러 천조(天朝)의 광대한 도량에 의지하고자 삼가 제가 임명한 태상 장기(張夔) 등을 보내, 차고 있던 인수를 바치며 몸을 맡겨 목숨을 빌며, 진심이 받아들여지고 백성을 구제해 주시길 바랍니다.」[561]

○ 폭군 손호의 마지막

(280) 3월 임신일, 왕준(王濬)이 제일 먼저 입성했다. 왕준은 손호의 투항을 받았고,[562] 포박을 풀어주고 널(棺)을 불태우고 좌석을 권유하고 상견하였다.

---

[561] 이 항서는 薛瑩(설영)이 지었다. 《吳書》 8권, 〈張嚴程闞薛傳〉의 薛綜傳 참고.

[562] 王濬(왕준)이 수합한 문서에 의하면, 東吳는 4州, 43개 郡, 313개 縣에, 民戶가 52만 3천 戶, 3만 2천 명의 관리와 23만 명 병력. 미곡은 280만 斛, 배(舟船) 5천여 척, 後宮 5천여 명이었다고 한다.

사마유는 손호가 자신에게 인수를 보내왔기에 사자를 시켜 손호를 호송했고, 손호는 온 가족을 거느리고 서쪽으로 출발하여 (진 무제晉 武帝) 태강(太康) 원년 5월 정해일(서기 280)에, 낙양에 도착했다.

앞서 4월 갑신일에, 무제는 조서를 내렸다.

「손호(孫皓)는 더 이상 갈 곳이 없어서 짐에게 귀항(歸降)한 것이다. 앞서 죽이지 않고 기다리겠다는 조서를 내린 바 있으니, 이번에 손호를 상견하면 연민의 정에 귀명후(歸命侯)의 작위를 하사할 것이다. 나아가 의복과 거마를 하사하고, 토지 30경(頃)에 해마다 5천 곡의 곡식과 금전 50만, 비단 5백 필, 목화솜 5백 근을 하사하기 바란다.」

손호의 태자 손근(孫瑾)은 중랑장이 되었고 여러 제후 왕은 낭중(郎中)을 제수받았다.

어느 날, 술자리에서 무제 사마염이 손호에게 말했다.

"남쪽 사람들은 이여가(爾汝歌)를 잘 짓는다는데, 그대는 어떤가?"

이여(爾汝, 너 이, 너 여)는 서로 흉허물없는 사이에서 서로를 부르는 칭호이다. 곧 우리말로 '너' 라는 뜻으로, 때로는 멸칭(蔑稱)으로 쓰인다. 이여가(爾汝歌)는 서로 친밀하기에 상대를 조롱하려는 뜻으로 지어 부르는 민가(民歌)라는 사전적 풀이가 있다.

그러자 손호가 술잔을 들어 무제에게 권하면서 노래를 불렀다.

「전에는 그대와 이웃이었는데,　　昔與汝爲隣

　　지금은 그대의 신하가 되었네.　　今與汝爲臣

　　그대에게 술 한 잔 따라올려　　上汝一杯酒

　　그대의 만수무강을 빈다네.」　　今汝壽萬春

그러자 무제는 괜히 말했다고 후회했다. 본래 농담은 아무 때나, 또 아무에게나 하는 것이 아니다.

이는 남조(南朝) 송(宋)나라 유의경(劉義慶)이 편찬한 《세설신어(世說新語) 배조(排調)》에도 수록되었다.

손호는 진 무제 태강 5년(284)에, 낙양(洛陽)에서 죽었다.[563]

○ 손권 이후 황제에 대한 평론

손량(孫亮, 손권의 막내아들)은 나이도 어렸지만 그를 보필할 현신도 없었으니 끝까지 자리를 지키지 못한 것은 필연의 추세였

---

563 亡國之主皆善終(망국의 군주 모두가 천수를 누리다) – 어리석었던 後主 유선(劉禪)에 비해, 吳 망국의 군주 손호(孫皓)는 폭군이긴 했지만 그래도 좀 나은 편이었다. 손호가 武帝 사마염 앞에 끌려와 고개를 숙이자, 武帝가 자리를 권하면서 "짐이 이 좌석을 만들어 놓고 오랫동안 그대를 기다렸다."고 말했다. 그러자 손호도 지지 않고 "저도 남쪽에 이런 좌석을 만들어 놓고 폐하를 기다렸습니다."라고 대꾸했다. 이에 사마염은 그냥 웃고 말았다. 그 뒤 후주 유선은 晉 太康 7년(서기 286년)에, 魏主 조환은 태강 원년(서기 280), 吳主 손호는 태강 5년(서기 284)에 모두 천수를 누리고 죽었다.

다. 손휴가 선한 의지를 갖고 있었으며 호학했다지만, 그것이 혼란을 수습하는데 무슨 도움이 되었겠는가? 또 이미 폐출된 전임 황제 손량(孫亮)이 선종을 못하고 중간에 죽게 한 것은 친족의 우애가 없었기 때문이었다.

손호(孫皓)가 제멋대로 형벌을 집행하여 죽거나 폐출된 자를 어찌 다 셀 수가 있겠는가? 이 때문에 아랫사람들은 모두가 공포에 떨면서 모두가 하루에 또 하루 살아 있기를 바라고, 아침에는 저녁까지 살아남으리라는 보장이 없었다.

옛날에 순(舜)과 우(禹)는 직접 농사를 지었고 위대한 성인(至聖) 같은 대덕(大德)을 갖춘 분이었다. 그러면서도 여러 신하들에게 신하의 보필을 따르지 못할 때가 있더라도 신하들의 충언을 계속 들어야 한다고 맹세하고서도 늘 자신이 부족하다고 생각했었다. 그렇다면 손호같이 흉포하고 완고하며, 멋대로 잔인한 짓을 자행하고, 충간하는 자를 죽이고 아첨하는 자를 받아들였으며, 백성을 학살하고 황음무도에 사치한 사람이라면 더 무얼 바랄 수 있겠는가? 응당 몸체와 머리를 분리시켜 백성에게 사죄했어야 했다.

그런데도 진(晉) 무제는 죽이지 않겠다는 조서를 내리고, 천명에 귀부하였기에 은전을 베풀어준다 하였으니, 그것은 분명 쓸데없는 은덕이고 너무 지나친 은택일 것이다.

제5부

삼국 인물 열전
〈三國 人物 列傳〉

1. 위서魏書

(1) 돼지의 꿈 – 조상

1) 조진

o 조조의 조카 – 탁월한 군공(軍功)

조진(曹眞)[564]의 자(字)는 자단(子丹)으로 조조의 조카 항렬이다. 조조가 기병할 때, 조진의 부친 조소(曹邵)는 병졸을 모집하다가 지방에서 피살되었다. 조조는 어린 나이에 부친을 여읜 조진

---

[564] 曹眞(조진, ?–231년, 字는 子丹) – 曹魏 名將, 曹操의 族子. 그 부친이 조조를 위해 모병하다가 피살되었다. 조조의 특별한 신임을 받았다. 대장군 大司馬 역임. 그 아들 曹爽(조상)이 사마의에게 兵權을 빼앗기며 曹氏 일족은 모두 허수아비가 되었다.《三國演義》에서는 제갈량의 조롱 편지를 받고 화병으로 죽는 인물로 묘사 되었다.《魏書》9권,〈諸夏侯曹傳〉에 입전.

을 애달피 여겨 큰아들 조비(曹丕, 뒷날 문제)와 함께 생활하게 하면서 아들과 똑같이 대우하였다.

언젠가 사냥 중에 호랑이에게 쫓기었는데, 조진은 호랑이를 되돌아보며 화살을 날리자, 시위 소리와 함께 호랑이가 쓰러졌다. 조조는 조진의 용맹을 장하게 여겨 조진이 기병부대인 호표기(虎豹騎)를 통솔하게 하였다.

조진은 각지의 도적 무리를 평정하였고 영수정후(靈壽亭侯)에 봉해졌다. 조진은 편장군(偏將軍)으로 군사를 거느리고 유비의 별장(別將)을 무도군(武都郡)에서 격파하여 중견장군(中堅將軍)이 되었다. 조진은 조조를 수행하여 장안에 돌아와 중령군(中領軍)을 거느렸다.

이때 하후연(夏侯淵)이 양평관(陽平關)에서 전사하자,[565] 조조는 후임을 걱정하였다. 조조는 조진을 정촉호군(征蜀護軍)으로 임명하여 유비의 별장(別將)을 양평관에서 격파하였다.

문제(文帝)가 제위에 오른 뒤에 조진은 진서장군(鎭西將軍)이 되어, 부절을 받아 옹주(雍州)와 양주(涼州) 일대의 모든 군사를 지휘하게 하였다. 조진은 그간의 공적으로 동향후(東鄕侯)에 봉해졌다.

(문제文帝) 황초(黃初) 3년(222년)에, 경도(京都, 낙양)로 돌아왔는데, 조진은 상군대장군(上軍大將軍)이 되어 중앙과 지방의 모든

---

[565] 建安 23년(218년), 陽平關(陽安關)은, 今 陝西省 漢中市 관할 면현(勉縣)에 위치.

군사업무를 총괄하였고 부절(符節)과 부월(斧鉞)을 받았다. 조진은 하후상(夏侯尙) 등과 함께 손권(孫權)을 정벌하면서 우저(牛渚)란 곳에서 오군(吳軍)을 격파하였다. 조진은 중군대장군(中軍大將軍)이 되었고 급사중(給事中)의 가관(加官)을 받았다.

황초 7년(226), 문제가 병석에 눕자, 조진과 진군(陳群)과 사마의(司馬懿) 등은 문제의 유조를 받고 정사를 보필하였다. 명제(明帝)가 즉위하자, 소릉후(邵陵侯)로 작위가 올랐으며 대장군으로 승진하였다.

○ 제갈량과 대결

제갈량이 기산(祁山)[566]을 포위하자(명제 태화 2년, 228), 남안(南安), 천수(天水), 안정(安定) 3개 군(郡) 지역이 반기를 들고 제갈량에 호응하였다. 이에 조진은 군사를 거느리고 우부풍(右扶風) 미현(郿縣)에 주둔하면서, 장합(張郃)을 보내 제갈량의 부장인 마속(馬謖)[567]을 공격하여 대파하였다.

조진은 제갈량이 기산(祁山)의 패전을 거울삼아 다음에는 틀림없이 진창(陳倉)[568]으로 공격할 것이라 예상하면서, 곧 부하 장수

---

566 祁山(기산) － 제갈량의 북벌 중 '六出祁山' 한 곳. 今 甘肅省 남단 隴南市 관할 禮縣(예현). 天水郡과 漢中郡을 연결하는 요충지. 山 정상에 武侯祠(무후사)가 있다.
567 馬謖(마속, 190－228年) － 侍中인 馬良의 아우. '泣斬馬謖(읍참마속)'의 주인공. 《蜀書》〈董劉馬陳董呂傳〉에 입전.

들을 시켜 진창을 수비케 하며 성곽을 보수케 하였다. 그 다음 해 봄, 제갈량은 예상대로 진창을 포위하였지만 이미 대비하고 있어 이길 수가 없었다.

(명제 태화) 4년(230), 조진은 낙양(洛陽)에 입조(入朝)하여 대사마(大司馬)로 승진했으며, 칼을 차고 신발을 신은 채 전각에 오를 수 있으며, 입조하여 종종걸음을 치지 않아도 된다는 특권을 받았다.

조진은 젊어서부터 종인(宗人)인 조준(曹遵)과 향인(鄕人)인 주찬(朱贊)과 함께 조조를 섬겼다. 그러나 조준과 주찬은 일찍 죽었기에, 조진은 그를 애달프게 여겨 자신의 식읍을 조준과 주찬의 아들에게 나눠주어 책봉받게 해달라고 상주하였다. 이에 명제가 조서를 허락하였다.

조진은 원정을 나갈 때마다 장졸과 노고를 같이했고, 군상(軍賞)이 부족하면 집의 자산을 갖다가 나눠주었기에 사졸이 모두 조진에게 등용되기를 바랐다.

조진이 병에 걸려 낙양으로 돌아오자, 명제가 직접 집으로 찾아가 문병하였다. 조진이 죽자, 시호는 원후(元侯)였다. 아들 조상(曹爽)이 뒤를 이었다.

---

568 陳倉(진창) - 右扶風의 현 이름. 今 陝西省 서남부 寶鷄市 陳倉區. 渭水 북안.

2) 조상

○ 종친의 특별한 특권

조진(曹眞)의 장남 조상(曹爽)은 젊어서부터 종실(宗室)로서 행실이 근엄 신중하여, 동궁(東宮) 시절의 명제(明帝)가 아주 친애하였다. 명제가 즉위하자, 조상은 이후 여러 관직을 거치면서 명제의 총애와 특별한 대우를 받았다.

명제는 병석에 누워, 조상을 침전으로 불러 대장군을 제수하였으며, 부절과 부월을 내려주고 중앙과 지방의 모든 군사를 지휘하게 하였으며, 태위(太尉)인 사마의와 함께 소주(少主)를 보필하라는 유조(遺詔)를 받았다.

명제가 붕어하고 제왕〔齊王, 조방(曹芳)〕이 즉위하였는데(239), 조상은 가관(加官)으로 시중(侍中)이 되었고, 작위는 무안후(武安侯)로, 식읍은 12,000호였으며 여러 가지 특권을 하사받았다.

조상은 천자에게 아뢰어 조서로, 사마의(司馬懿)를 태부(太傅)에 임명하였는데, 이는 겉으로는 관직을 높인 것이지만 안으로는 사마의의 실권을 제약하는 조치였다.

○ 사마의를 견제

그전에, 조진(曹眞)의 장남 조상(曹爽)은 사마의가 나이가 많고 덕망도 높아 늘 부친처럼 모셨기에 정사를 마음대로 처리할 수도 없었다. 조상이 하안(何晏) 등을 등용하자, 그들은 모두 조상을 받들면서 막중한 권한을 다른 사람에게 위임해서는 안 된다고 설득했다.

그리하여 하안은 관리 선발(選擧)을 담당했고, 필궤(畢軌)는 사예교위(司隸校尉), 이승(李勝)은 하남윤(河南尹)이 되면서 사마의를 경유하는 정무(政務)가 거의 없었다. 이에 사마의도 병을 핑계로 조상을 회피하였다.

○ 방자한 조상

조상의 음식과 수레나 복색은 거의 황제와 같았으며 상방(尙方)[569]에서 제조하는 진기한 물품으로 집안을 꾸몄고, 후정에는 처첩이 가득했으며, 또 선제(先帝)의 재인(才人) 7, 8명을 몰래 데려가서 장리(將吏)나 악공, 악대(樂隊) 및 낭가자녀(良家子女) 33인을 뽑아 가무 예인(藝人)으로 만들었다.

조방의 정시(正始) 9년(248) 겨울, 이승(李勝)이 형주자사로 부임하면서 사마의를 찾아갔다. 사마의는 병이 위중하다며 병들어 초췌한 모습으로 만나주었다. 그러나 이승은 그 뜻을 알지 못하고 사실이라고 믿었다.

---

569 尙方(상방) - 궁중에 필요한 각종 생활용구 공급 담당 부서.

○ 고평릉의 변 – 사마의가 조상의 군권(軍權)을 탈취

조방의 정시(正始) 10년(249, 가평嘉平 원년) 정월, 황제가 명제의 고평릉(高平陵)[570]에 참배하는데, 조상(曹爽)의 형제 모두가 수행하였다.[571] 이에 사마의는 병마를 지휘하여 먼저 무고(武庫)를 점거한 뒤에, 궁을 나가 낙수(洛水)의 부교(浮橋) 주변에 진을 쳤다. 그리고 황제에게 상주하여 조상을 고발하였다.

조상은 사마의의 상주문을 받고, 이를 황제에게는 알리지 않으면서 사태가 급박한데도 어찌할 바를 몰랐다. 대사농(大司農)인 패국(沛國) 사람 환범(桓範)은 사마의가 거병했다는 소식을 듣고, 태후(太后)의 소환에도 응하지 않고 가짜 조서로 평창문(平昌門)을 열게 한 뒤에, 칼과 창을 들고 성문 수장을 납치하여 남쪽으로 조

---

[570] 高平陵 – 明帝의 능. 황제의 고평릉 참배에 조상(曹爽)의 일족이 모두 수행했는데, 사마의는 낙양 성문을 봉쇄한 뒤에 (明帝의 제2황후인) 皇太后 郭氏(곽씨)를 협박하여 조상 일족의 군권을 박탈하고 조상 일족을 주살하였다. 사마의는 曹魏의 전권을 장악했으며, 曹芳은 완전한 괴뢰 황제가 되었으며, 이 고평릉의 變으로 曹氏 일족은 완전 몰락했고, 서기 265년까지 나머지 기간(249-365년)은 司馬氏의 개국 준비 기간이 되었다.

[571] 조상 형제가 한꺼번에 성 밖에 나가는 일을 두고 桓範(환범)이 말했다. "만기(萬機)를 총람하고 금병(禁兵)을 장악하고 있으면서 동시에 성을 나가는 일은 옳지 않습니다. 만약 성문을 막는다면 누가 다시 들어올 수 있겠습니까?" 이에 조상은 "누가 감히 그럴 수 있겠는가?"라고 말하면서 한꺼번에 나가지는 않고 각각 따로따로 모두가 出城했다.

상에게 달려갔다.

사마의는 이런 사실을 알고 말했다.

"환범이 책략을 마련하겠지만 조상은 틀림없이 환범의 계책을 따르지 않을 것이다."

환범(桓範, ?-249)은 조위(曹魏)의 대사농을 역임했는데, 별칭이 '지낭(智囊, 꾀주머니)'이었다. 환범이 조상에게 달려간 사실을 알고 사마의가 걱정하였다.

"환범이 지낭이지만, 늙은 말(조상)은 구유에 남은 콩이 먹고 싶어 끝내 채용하지 못할 것이다."

자신의 모든 권력을 눈뜬 채로 사마의에게 몽땅 빼앗긴 조상은 자신의 호위 군사를 해산하면서 말했다.

"나는 부가옹(富家翁, 부잣집 늙은이)으로 그냥 살 수 있을 것이다."

이에 환범이 통곡하며 말했다.

"조자단(曹子丹, 조진)은 착한 사람이었으나 당신 형제와 같은 송아지를 낳았구나! 당신들이 멸족에 오늘 일로 내가 연좌될 것이니 어찌하겠는가!"

○ 환범의 건의도 수용 못한 멍청이

환범은 조상에게 황제를 데리고 허창(許昌)으로 가서 외병을 소집하라고 건의하였다. 그러나 조상의 형제들은 유예(猶豫)하며 결정짓지 못하자, 환범이 거듭 조상에게 말했다.

"오늘 이 같은 상황에서 경(卿)의 집안에서 빈천하게 살겠다 한들 살 수 있겠습니까? 또 필부(匹夫)일지라도 인질로 잡히면 살기를 바라는데, 지금 경은 천자를 모시고서 명을 내린다면 누가 감히 불응하겠습니까?"

그런데도 조상은 끝까지 환범의 건의를 받아들이지 않았다. 조상은 아랫사람을 사마의에게 보내 죄를 자청한 다음에야, 사마의의 상주를 황제에 올렸다.

조상의 형제들은 모두 관직을 내놓고 자택으로 돌아가 대기하였다. 이를 고평릉(高平陵)의 변(變)이라고 하는데, 한 마디로 멍청한 조씨들은 눈을 멍뚱멀뚱 뜨고는 나라의 권력을 사마씨한테 고스란히 넘겨주었다. 그러면서 조상은 황제가 조씨이니 자신들은 모두 부잣집 늙은이(부가옹富家翁)처럼 배불리 먹고 살 수 있을 것이라고 생각했다.

곧 먹고 자면서 살만 찌는 돼지의 삶을 살 수 있다고 자신을 위로하면서 권력을 빼앗긴 것이다. 과연 누가 늙은 돼지를 살찌도록 먹여만 주겠는가?

조상(曹爽), 조희(曹羲), 하안(何晏), 등양(鄧颺), 정밀(丁謐), 필궤(畢軌), 이승(李勝), 환범(桓範) 등 조상의 일당은 모두 처형되었고, 그들 삼족(三族)까지 멸망하였다.[572]

---

572 曹爽의 사촌 동생 曹文叔(조문숙)의 아내는 夏侯寧(하후령)의 딸인

(2) 충성의 모사 – 순유

○ 성심(誠心)과 정도(正道)의 보필

《정사 삼국지 위서(魏書)》10권은 〈순욱순유가후전(荀彧荀攸賈詡傳)〉이다. 조조의 책사(策士)로 잘 알려진 순욱(荀彧), 순유(荀攸), 가후(賈詡)의 책모는 주군(主君)의 성향과 잘 맞았다. 이들은 한(漢) 고조의 장량(張良)과 진평(陳平)의 아류(亞流)라고 평가받는다.

장량이 한 고조(漢 高祖)에게 정정당당한 방책을 권유하였다면, 진평의 책모는 거의 음성적이고 기만(欺瞞)에 가까워 장량의 정당한 책모를 따를 수 없었다. 그러나 한 고조를 도운 책사라는 공통

데, 일찍 과부가 되었고 자식도 없었다. 그녀를 친정에서 개가시키려 하자, 문숙의 처는 이를 거부하며 자신의 코를 잘라버렸다. 주위 사람들이 그녀에게 물었다. "인생살이가 약한 풀잎 위에 얹힌 가벼운 먼지 같거늘, 어찌 이런 고생을 스스로 겪어야 하는가? 더군다나 曹氏 일가가 司馬氏에게 몰살당하여 아무도 남은 사람이 없거늘, 누구를 위해 수절하려는가?"
이에 문숙의 처 하후씨가 말했다.
"어진 자는 성쇠에 따라 절개를 고치지 아니하고(仁者不以盛衰改節), 의로운 사람은 존망에 따라 마음을 바꾸지 않는다(義者不以存亡易心)고 들었습니다. 조씨들이 융성할 때에도 일생을 바치려 했거늘, 하물며 지금 이 가문을 어찌 버릴 수 있겠습니까? 제가 어찌 금수와 같은 짓을 하겠습니까?"
이 말을 전해들은 사마의는 문숙의 아내에게 조씨의 제사를 지내도록 허용했다. 皇甫謐(황보밀)의 《列女傳》.《三國演義》107회 〈魏主歸政司馬氏 姜維兵敗牛頭山〉참고.

점이 있어《한서(漢書)》에 같이 입전하였다.

위 3인의 책모(策謀)에도 개성에 따른 차이가 있었을 것이다. 순유가 죽은 뒤, 조조는 순유를 이야기할 때면 늘 눈물을 흘렸다는 구절이 있는데, 이는 순유가 성심(誠心)과 정도(正道)로 주군을 보필했기 때문일 것이다. 아부나 잔머리로는 주군의 신임을 받을 수 없다.

○ 순유 - 동탁 제거 실패

순유(荀攸)[573]의 자(字)는 공달(公達)로, 순욱(荀彧)의 당질(堂姪)이다. 조부인 순담(荀曇)은 광릉(廣陵) 태수였다. 순유는 어려서 부친을 여의었다. 조부 순담이 죽자, 순담의 옛 부하 관리이었던 장권(張權)이란 사람이 순담의 묘에서 시묘하겠다고 말했다.

순유는 그때 13살이었는데, 장권을 의심하여 숙부인 순구(荀衢)에게 말했다.

"저 관리 안색이 보통과 다르니 무엇인가 속이는 것 같습니다."

순구가 알아채고 따져 묻자, 살인하고 도망 중인 사람이었다. 이 때문에 순유는 특별한 아이라고 생각하였다.

하진(何進)[574]이 정권을 쥐고 있을 때, 순유 등 천하의 명사 20

---

573 荀攸(순유, 157 - 214년, 字 公達) - 曹魏의 저명한 군사전략가. 魏國 尙書令 역임.

574 何進(하진, ? - 189) - 南陽 宛縣 출신, 본래 가축을 잡는 屠縣 출

여 명을 초빙하였다. 순유는 조정에 들어와 황문시랑을 제수 받았다. 동탁의 난에 관동(關東)에서 의병이 일어나자, 동탁은 장안으로 옮겨 도읍케 하였다. 순유와 의랑(議郎)인 정태(鄭泰),[575] 하옹(何顒),[576] 시중(侍中)인 종집(種輯), 월기교위(越騎校尉)인 오경(伍瓊) 등이 함께 모의하였다.

"동탁이 무도(無道)하기가 걸주(桀紂, 하 걸왕, 은 주왕)보다 더 심하여, 세상 사람이 모두 원한을 품고 있으며 비록 강병을 보유하고 있지만 실제는 필부일 뿐이다. 지금 그냥 동탁을 척살(刺殺)하여 백성을 위로한 뒤에 효산(崤山)과 함곡관(函谷關)을 차단하고 황제를 보좌하며 천하를 호령한다면, 그 공적은 제 환공(桓公), 진 문공(文公)과 같은 의거일 것이다."

그러나 거사 직전에 발각되어 하옹과 순유 등은 모두 옥에 갇혔다. 하옹은 박해가 두려워 자살하였지만, 순유는 평소와 같이 먹고 마시었는데 마침 동탁이 피살되면서 풀려났다.

신, 이복 여동생이 입궁하여 靈帝의 황후가 되었다. 大將軍 역임. 환관 세력을 꺾겠다고 董卓(동탁)을 불러들인 장본인. 十常侍에게 피살. 《後漢書》 69권, 〈竇何列傳〉에 立傳.

575 정태(鄭泰, 150?-190) - 《後漢書》 70권, 〈鄭孔荀列傳〉에 立傳.
576 하옹(何顒) - 당고(黨錮)의 화를 당했다. 하옹은 조조와 순욱의 재능을 알아주었던 사람. 《後漢書》 67권, 〈黨錮列傳〉에 立傳.

○ 기다림도 작전

조조가 천자(天子, 헌제)를 맞이하여 허현(許縣)에 도읍하게 한 뒤에, 조조는 순유에게 서신을 보내 말했다.

「방금 온 세상에 난리가 났으니 지사(智士)가 마음고생을 할 때인데, 경은 촉한(蜀漢)의 변화를 기다리지만 너무 오래 걸리지 않겠는가?」

그리고는 순유를 불러 여남(汝南) 태수에 임명했고, 이어 조정에 들어가 상서(尙書)가 되었다.

조조는 평소에 순유의 명성을 들어 알았기에 함께 이야기 한 뒤에 크게 기뻐하며 순욱과 종요(鍾繇)에게 말했다.

"순유는 보통 사람이 아닌데, 내가 순유와 함께 일을 꾸밀 수 있으니 천하에 무슨 걱정이 있겠나!"

그리고는 순유를 군사(軍師)로 삼았다. 건안 3년(198), 순유는 장수(張繡)를 원정하는 조조를 수행하였다.

순유가 조조에게 말했다.

"장수와 유표는 서로 의지하며 강하다 하지만, 장수는 떠돌이 군사이며 유표에게 군량을 기대하지만, 유표가 군량을 공급하지 않을 것이니 틀림없이 쪼개질 것입니다. 공격을 늦추고 기다리거나 유인하여야 합니다. 만약 급하게 공격하면 그 둘은 서로 구원할 것입니다."

그러나 조조는 따르지 않고, 결국 남양군(南陽郡)에 진군하여 싸웠다. 다급해진 장수를 유표가 구원했고, 조조 군은 패배했다.

이에 조조가 순유에게 말했다.

"그대 말을 듣지 않아 이렇게 되었네!"

그리고는 기습작전으로 다시 싸워 장수의 군사를 대파하였다.

○ 여포를 생포하다

이 해에, 조조는 남양군 완현(宛縣)을 출발하여 여포(呂布)를 정벌하려고, 그 세력의 근거지인 하비(下邳)에 도착하였다. 여포는 여러 번 전투에서 패배한 뒤, 물러나 성을 지켰기에 성을 함락시킬 수 없었고, 사졸도 지쳤고, 조조는 돌아가려고 했다.[577]

이에 순유와 곽가(郭嘉)가 조조에게 말했다.

"여포(呂布)는 용감하나 무모(無謀)하여 이번에 세 번 싸워 모두 패퇴했기에 그 예기(銳氣)가 꺾였습니다. 삼군(三軍)은 장수가 주인인데, 주인이 쇠약하면 군사도 용기를 잃습니다. 그리고 진궁(陳宮)은 지모는 있지만 그 결단이 늦으니, 이번에 여포의 기세가 회복되기 전에, 또 진궁의 책모가 결정되기 전에 서둘러 공격해서 여포를 잡아야 합니다."

조조는 이에 기수(沂水)와 사수(泗水)의 강물을 성 안으로 흘려보냈고 성이 무너지며 여포를 사로잡았다.[578]

---

577 조조는 하비성을 3개월이나 포위하고 있었다.

578 여포를 잡아 죽인 것은 건안 3년(서기 198) 12월이었다. 양력으로 환산하면 199년 2월이다.

○ 원소를 격파

그 후에 순유는 조조를 따라 (동군태수) 유연(劉延)을 백마현(白馬縣)에서 구원하였는데, 순유는 계책을 마련하여 안량(顔良)을 죽였다.

이는 〈무제기(武帝紀)〉에 수록했다.

조조가 백마현(白馬縣)을 토벌한 뒤에 회군하면서 군수물자를 하수(河水)를 따라 서쪽으로 이동시켰다. 이에 원소가 하수를 건너 추격하여 조조를 따라잡으려 했다.

모든 장수가 두려워하며 조조에게 군영으로 되돌아가자고 하였지만 순유가 말했다.

"이제 적을 사로잡으려 하는데, 어디로 간단 말인가!"

조조는 순유를 바라보며 웃었다. 결국 군수물자 미끼에 적이 다투어 달려들며 군진이 무너졌다. 조조는 이에 보병과 기병으로 공격하여 대파하였고 적의 기병 장수 문추(文醜)를 죽였다. 조조는 마침내 원소와 관도(官渡)[579]에서 대치하였다.

조조 군영의 군량이 막 떨어지려 할 때, 순유가 조조에게 말했다.

"원소의 물자 운반 수레가 아침저녁으로 도착하는데, 그 장수 한맹(韓猛)은 용감하지만 상대를 경시하니 격파할 수가 있습니다."

---

[579] 관도(官渡) - 魏郡 여양현(黎陽縣)의 지명. 今 河南省 중부 鄭州市 관할 仲牟縣(중모현). 황하의 작은 지류의 나루터.

이에 조조가 "누구를 보낼 수 있는가?"라고 물었다.

순유는 "서황(徐晃)⁵⁸⁰을 보내면 됩니다."라고 말했다.

이에 서황과 사환(史渙)을 보내 한맹을 격파 도주케 한 뒤, 그들 치중물자를 불태웠다.

마침 허유(許攸)⁵⁸¹가 투항해서, 원소가 순우경(淳于瓊)에게 군사 1만 명으로 군량을 운반하는데, 장수는 교만하고 병졸은 게으르니 공격할 수 있다고 말했다.

그러나 많은 사람은 허유의 진의를 의심했다. 다만 순유와 가후(賈詡)는 조조에게 적극 권했다. 이에 조조는 순유와 조홍(曹洪)을 남겨 관도를 지키게 하였다. 조조는 직접 군사를 거느리고 공격 격파하였으며 순우경 등을 죽였다. 원소의 부장인 장합(張郃),⁵⁸² 고람(高覽) 등은 자신들의 누각을 불태우고 투항했으며,

---

580 徐晃(서황, ?-227) - 《魏書》 17권에 立傳. 曹魏의 유명 장수, 五子良將(張遼, 樂進, 于禁, 張郃, 徐晃)의 한 사람. 군기가 엄정하여 조조가 (前漢) 周亞夫(주아부)의 풍모가 있다고 칭찬했다.

581 許攸(허유, ?-204년, 字는 子遠) - 南陽郡 출신. 袁紹(원소)에게 방략을 건의했으나 받아들이지 않자 나중에 조조에게 귀부하였다. 허유가 조조를 찾아오자, 조조는 맨발로 달려나와 맞이했다. 원소 격파와 기주성 함락에 공을 세웠지만 그 공을 믿고 조조를 무시하다가 잡혀 처형되었다.

582 張郃(장합, ?-231) - 郃은 고을 이름 합. 曹魏 五子良將 중 유일한 望族 출신. 韓馥(한복)과 원소를 섬기다가 조조에 귀부. 제갈량의 북벌을 잘 막아냈지만 결국 蜀과 전투 중 戰死했다.

원소는 군사를 버려두고 도주하였다.

장합의 투항을 조홍은 의심하며 받으려 하지 않자, 순유가 조홍에게 말했다.

"장합의 계책이 받아들여지지 않아 화가 나서 투항하였는데, 장군은 무얼 의심합니까?"

그리고는 장합을 받아들였다.

○ 기주 평정에 기여

건안(建安) 7년(202), 순유는 조조를 따라 원소의 장남 원담(袁譚)과 막내 원상(袁尙)을 토벌했다. 다음 해(203), 조조가 유표를 정벌하는 동안 원담과 원상은 기주(冀州)를 놓고 싸웠다. 원담은 신비(辛毗)를 보내 투항하겠다며 구원을 청했는데, 조조가 이를 수락하려고 여러 사람에게 물었다. 많은 사람들은 유표의 세력이 강하니 우선 평정해야 하나 원담과 원상 걱정은 안 해도 좋다고 하였다.

이에 순유가 말했다.

"천하가 혼란한 지금, 유표(劉表)는 장강(長江)과 한수(漢水) 일대를 차지하고 있지만, 그는 천하를 놓고 다툴 뜻이 없습니다. 원소는 사주(四州; 기주, 청주, 유주, 병주)의 땅에 10만 대군을 가졌고 원소는 관대와 후덕으로 무리를 모았는데, 만약 두 아들이 화목하여 부친의 유업을 지켰다면 천하의 분열은 종식되지 않을 것입니다. 지금 형제가 서로 원수가 되었으니, 이는 양립할 수 없는 형세입니다. 만약 하나가 되어 힘을 모은다면 우리가 없애기는 어려울 것입니다. 지금 분열을 틈타 우리가 차지해야 천하가 안정될 것이니 이 기회를 놓치면 안 될 것입니다."

조조는 옳다고 했다. 그러면서 원담과 화친을 수락하며 군사를 돌려 원상을 격파하였다. 그 뒤에 원담이 반기를 들자, 순유는 조조를 도와 원담을 죽였다.

기주가 평정되자, 조조는 표문을 올려 순유를 능수정후(陵樹亭侯)에 책봉하였다.

건안 12년(207), 크게 논공하여 제후를 봉하면서 조조가 말했다.

"충의와 정직으로 책모를 꾸며 나라를 평안케 한 사람은 순욱이고 순유가 그 다음이다."

○ 조조 부자의 공경을 받다

순유는 심계(心計)가 치밀하고 지모가 풍부하면서도 자신을 잘 지켜냈는데, 처음부터 조조의 정벌을 수행하며 늘 장막 안에서 협의했기에 당시 조조의 자제일지라도 무슨 말을 했는지 알 수가 없었다.

조조는 매번 순유를 칭송하였다.

"순유는 겉으로 어리석어 보이지만 마음은 지혜롭고, 겁이 많은 것 같지만 용감하며 약해 보이지만 강하다. 자신의 공적을 자랑하지 않고 수고를 말하지 않으니, 그 지혜를 따라 배울 수 있지만 그 우직함은 따라갈 수 없으니, 비록 안자(顏子, 안회)[583]나 영무자(甯武子)[584]라도 순유보다 더 나을 것이 없다."

조비(曹丕)가 동궁(東宮)일 때, 조조가 조비에게 말했다.

"순유는 백성의 사표(師表)이니, 너는 응당 예를 다하여 공경해야 한다."

순유가 마침 병석에 눕자, 조비는 순유를 문병하며 침상 아래에서 혼자 절을 올렸으니 그 존경심이 이와 같았다.

순유는 전후 12번의 기이한 방책을 내었으니,[585] 세상에서 순유의 방책을 다 아는 사람이 없었다. 순유는 조조를 수행하여 손권을 원정하러 가는 도중에 죽었다.[586] 조조는 순유를 말할 때마

---

583 《論語 爲政》에 공자는 顏回가 어리석은 듯 순종하지만, 물러나 실천하는 것을 보면 결코 어리석지 않다고 칭찬하였다.

584 《論語 公冶長》에서 공자는 甯武子(영무자, 甯이 성씨, 武는 시호, 衛 大夫)는 나라가 잘 다스려지면 지혜롭게 처신하고 어지러우면 우매한 척한다면서, 그 지혜는 따라 배울 수 있지만 우직한 것은 따라갈 수 없다고 칭송하였다.

585 漢 高祖의 책사 張良과 陳平처럼 조조에게는 순욱과 순유가 있었다. 陳平은 6번이나 기계를 내어 고조의 창업을 도왔다고 했는데, 순유는 그런 방책이 12번이라고 했다.

586 순유는 建安 19년(서기 214)에, 나이 58세에 죽었다. 당숙인 순욱보다 6살 위였다. 조조는 "나는 荀公達(荀攸)과 20여 년을 같이 지냈지만, 그 사람은 조그만 잘못도 없었다."고 말했다. 또 "순유는 참으로 賢人이었다. 소위 溫, 良, 恭, 儉, 讓으로 성공하

다 눈물을 흘렸다.

(3) 은거와 현직 – 관녕과 화흠

1) 관녕

○ 요동 땅에 숨은 관녕

관녕(管寧)[587]은 북해국(北海國) 주허현(朱虛縣) 사람이다. 나이 16세에 부친을 여의자, 문중과 내외종(內外從) 형제들이 이를 안쓰럽게 여겨 함께 재물을 보태주었지만 관녕은 사양하며 받지 않고 가산(家産)에 맞춰 장례를 치렀다.

였다. 孔子는 '晏平仲(晏子)은 남과 잘 지내니 오랫동안 공경을 받았다'고 말했는데, 순유가 바로 그런 사람이었다."

[587] 管寧(관녕, 158–241년, 字는 幼安) – 春秋시대 齊國 名相 管仲(관중) 의 후손. 당시 사람들이 華歆(화흠), 管寧, 그리고 邴原(병원)을 '一龍'에 비유했는데, 화흠은 龍頭, 병원은 龍腹, 관녕을 용미(龍尾)라 했다. 《世說新語 德行》의 기록에 의하면, 管寧과 화흠이 함께 밭일을 하다가 황금 덩어리를 캐냈는데, 관녕은 황금을 돌멩이처럼 던져버렸으나 화흠은 한참을 만지작거리다가 땅에 묻었다. 화흠과 관녕이 한방에서 독서하고 있는데, 창 밖에 귀인의 행차가 지나가면서 시끄러웠다. 관녕은 그대로 책을 읽었지만, 화흠은 책을 덮고 밖에 나가 행차를 구경한 뒤에 들어왔다. 이에 관녕은 자리를 떼어 따로 앉으며 "그대는 내 친구가 아니요!"라고 말했다. 이를 '할석단교(割席斷交)'라고 한다. 그러나 그런 이야기의 근거는 없다고 한다.

관녕은 키가 8척이었고 수염과 눈썹이 멋졌다. 관녕은 평원군(平原郡)의 화흠(華歆)[588]과 동현(同縣)의 병원(邴原)과 서로 친했으며 함께 다른 군국(郡國)에 유학하였는데, 영천군(潁川郡)의 진식(陳寔)[589]을 존경하였다.

천하가 대란하자, 공손도(公孫度)가 요동군에서 백성을 다스린다 하여 관녕은 병원 및 평원군(平原郡)의 왕렬(王烈)과 함께 요동으로 찾아갔다. 공손도는 객관을 비워놓고 이들을 기다렸다. 공손도를 만난 뒤에 관녕은 산속에 초가를 마련하였다. 그때 피난한 사람들은 대개 요동군의 남쪽에 거주하였지만, 관녕은 북쪽에

---

588 華歆(화흠, 157–232, 字는 子魚) — 조조의 충복이 되어 헌제가 제위를 조비에게 선양하는 과정에서 중요 역할을 했고, 뒷날 魏의 司徒, 태위 등 최고위직을 역임했다. 《삼국연의》에서는 권세에 추종하는 악인으로 묘사되었다. 〈魏書〉 13권, 〈鍾繇華歆王朗傳(종요화흠왕랑전)〉에 입전.

589 진식(陳寔, 104–186) — 寔은 진실로 식. 潁川 許縣(今 河南省 省會인 許昌市) 출신. 후한 환제 때, 太丘 縣令을 역임. 밤손님(도둑)을 '양상군자(梁上君子)'라고 불러준 사람이다. 진식은 마을에 살면서 平心으로 교제하고 일을 처리하였다. 혹 소송을 다툴 일이 있어 진식에게 의견을 물으면, 진식은 시비곡직(是非曲直)을 깨우쳐주었는데, 물러나 원망하는 사람이 없었다. 그래서 사람들이 감탄하며 말했다. "차라리 옥에서 형벌을 받을지언정 陳君에게 욕을 먹지 않겠다." 진식에게 아들이 6명이었는데, 진기(陳紀)와 진심(陳諶)이 가장 현명했다. 진기(129–199)와 진심은 成語 '난형난제(難兄難弟)' 고사의 주인공이다. 《後漢書》 62권, 〈荀韓鐘陳列傳〉에 입전.

거처하며 다시 돌아갈 뜻이 없음을 보여주었는데, 이후 점차 많은 사람들이 따라왔다.

조조가 사공(司空)이 되어 관녕을 불렀지만, 공손도의 아들 공손강(公孫康)은 이를 숨기고 알려주지 않았다.

O 명제의 부름을 사양하다

중국이 점차 안정되자, 객인(客人)들은 모두 고향으로 돌아왔는데, 관녕은 객지에서 생을 마감할 듯 평안하였다. 문제(文帝) 황초 4년(223)에, 공경(公卿)에게 조서를 내려 독행군자(獨行君子)를 천거케 하였는데, 사도(司徒)인 화흠이 관녕을 천거하였다.

그전에 문제가 즉위하며 관녕을 부르자, 관녕은 가족을 거느리고 바다를 건너 고향(북해군)으로 돌아왔는데, 요동군의 공손공(公孫恭)은 관녕을 전송하며 의복 등을 보내주었다. 앞서 관녕이 요동군에 머무는 동안 공손도, 공손강, 공손공 등이 전후에 보내준 물건을 모두 보관했었다. 관녕은 바다를 건너오면서 그동안 보관했던 것을 모두 반환하였다.

O 관녕의 죽음

조정의 온갖 부름을 거부했던 관녕은 나이 84세에 죽었다.

그전에 관녕의 아내가 먼저 죽었는데 지인들이 재혼을 권유하자, 관녕이 말했다.

"나는 매번 증자(曾子)와 왕준(王駿)[590]의 말을 생각하여 늘 그 말이 옳다고 칭송하였는데, 내가 상처하고서 내 본뜻에 어긋난 일을 할 수 있겠는가?"

2) 화흠

○ 화흠의 벼슬살이

화흠(華歆)591은 평원군 고당현(高唐縣) 사람이다. 고당(高唐)은 제(齊) 땅의 명도(名都)로 사대부는 저잣거리를 출입하지 않았다. 화흠은 관리가 되었고, 5일마다 휴목일(休沐日)에는 집에서 대문을 닫고 지냈다. 화흠은 의론(議論)이 공정했고 절대로 타인을 비

---

590 王駿(왕준, ?-前 15년) - 前漢 王吉의 아들. 梁丘賀(양구하)의 《易》을 전공한 王駿(왕준)을 成帝가 큰 인재로 등용하려 京兆尹으로 내보내 그 政事 능력을 시험하였다. 앞서 경조에는 조광한(趙廣漢), 張敞(장창), 王尊(왕준), 왕장(王章)에 이어 王駿(왕준)까지 모두 유능하다는 명성이 있어 京師에서는 이들을 일컬어 '앞에 趙廣漢, 張敞이 있고 뒤에 3인의 王氏가 있네.'라고 했다. 왕준이 少府로 있을 때 아내가 죽었으나 다시 재취(再娶)하지 않았는데, 어떤 사람이 까닭을 묻자 왕준이 말했다. "나의 德은 증삼(曾參)만 못하고 아들은 증삼의 아들 曾華(증화)와 曾元(증원)만 못한데, 어찌 아내를 또 얻을 수 있겠소?" 《漢書》 72권, 〈王貢兩龔鮑傳〉에 입전.

591 華歆(화흠, 157-232, 字는 子魚) - 後漢 平原郡 高唐縣(今 山東省 북부 德州市 관할 禹城市) 출신. 漢 獻帝의 禪讓 과정에서 주요 역할. 曹魏에서 司徒, 太尉 역임. 《三國演義》에서는 권세에 추종하며 복황후(伏皇后)를 끌어내는 간악한 간신으로 묘사되었다.

방하지 않았다.[592]

화흠은 효렴으로 천거되어 낭중(郞中)을 제수 받았지만 병으로 사임하였다. 영제(靈帝)가 붕어하고 하진(何進)이 정사를 보필하면서, 영천군의 순유(荀攸) 및 화흠 등을 초빙하였다.

화흠은 입조하여 상서랑이 되었다. 동탁이 헌제를 장안으로 데려갈 때, 화흠은 (경조군) 하규(下邽) 현령 자리를 얻었지만 병으로 부임하지는 못했고 나중에 남양군으로 옮겨갔다.

그때 원술은 남양군 양현(穰縣)에 주둔했었는데 화흠을 만류했다. 이에 화흠은 원술에게 동탁을 공격하라고 건의했지만 원술은 받아들이질 못했다. 화흠은 원술에게서 떠나려 할 때, 마침 헌제가 태부(太傅)인 마일제(馬日磾)[593]를 보내 관동(關東)을 안정케 했는데, 마일제는 화흠을 속관으로 차출하였다. 마일제는 동쪽으로 나아가 서주(徐州)에 이르러 조서를 받아 화흠을 예장태수(豫章太

---

[592] 화흠과 王朗(왕랑)이 함께 배를 타고 피난하는데, 마침 어떤 사람이 함께 태워달라고 말했다. 화흠이 난색을 표하자, 왕랑은 배에 여유가 있으니 태워도 괜찮다고 말했다. 나중에 도적의 추격이 긴박하자, 왕랑은 앞서 태워주었던 사람에게 배에서 내리라고 하였다. 이에 화흠이 말했다. "내가 난처했던 것은 이런 일 때문이었습니다. 아까는 태워주고서 지금 위급하다고 저 사람을 내리게 할 수는 없습니다." 일행은 모두 무사했다. 《世說新語 德行》.

[593] 馬日磾(마일제, 字 翁叔) – 馬融(마융)의 족손. 獻帝 때 太傅 역임. 나중에 袁術에게 모욕을 당하고 분을 못 참아 죽었다. 磾는 검은 돌 제.

守)⁵⁹⁴에 임명하였는데, 화흠의 정사가 청정 간략하여 백성들이 감복하고 존경하였다.

손책(孫策)이 강동 지역을 경략했는데, 화흠은 손책이 용병(用兵)에 뛰어난 사실을 알고 평복을 입고 나아가 환영하였다. 손책은 화흠을 장자(長者)로 생각하며 상빈(上賓)의 예로 대우하였다. 뒷날 손책이 죽었다. 조조는 관도(官渡)에 주둔하고 있으면서 헌제에게 표문을 올려 화흠을 부르게 하였다.

손권은 기꺼이 화흠을 보내주었다. 1천여 명이나 되는 빈객과 지인들이 화흠에게 재물을 보내주었는데 수백 금에 달했다. 화흠은 하나도 거절하지 않았고, 몰래 모두 이름을 써놓았다.

출발 직전에 화흠은 여러 빈객을 불러 말했다.

"본래 여러분의 성의를 거절할 마음은 없었지만 너무 많이 받았습니다. 혼자 먼 길을 가면서 귀중한 보물을 갖고 가는 것이 바로 허물이니 여러분께서 방책을 마련해 주시기 바랍니다."

그러면서 받은 재물을 다시 돌려주자, 모두가 화흠의 덕에 감복하였다.

○ 청빈한 생활

화흠은 조정에 들어와 의랑(議郎)을 제수 받았고, 사공(司空)의

---

594 揚州 관할 豫章郡 – 治所는 南昌縣, 今 江西省 북부 南昌市(江西省의 省都).

군사업무를 담당하다가 조정의 상서가 되었으며, 순욱(荀彧)의 후임으로 상서령(尙書令)이 되었다.

조조가 손권을 원정할 때, 표문을 올려 화흠을 군사로 삼았다. 위국(魏國)이 건국되자, 화흠은 어사대부(御史大夫)가 되었다. 조비가 위왕으로 즉위하자, 화흠은 상국(相國)이 되었고 안락향후(安樂鄕侯)에 봉해졌다. 조비가 제위에 오르자(220), 화흠은 사도(司徒)가 되었다.

화흠은 평소에 청빈했고 봉록이나 하사품을 모두 친척이나 지인에게 나눠주었기에 집안에는 여분의 식량이 남아 있지도 않았다. 공경(公卿)들은 적몰(籍沒)한 생구(生口, 노비)를 하사받아 보유했지만, 화흠만은 그들을 내보내고 결혼시켜 주었다.

○ 화려한 관직 경력

문제 황초 연간에, 공경들은 독행군자(獨行君子)를 천거하라고 조서를 내리자, 화흠(華歆)은 관녕(管寧)을 천거하였다. 문제는 안거(安車)를 보내 관녕을 초빙했다.

명제가 즉위한 뒤에 화흠은 박평후(博平侯)에 봉해졌고 식읍 5백 호를 늘려 받아 총 1,300호가 되었으며, 태위(太尉)를 제수 받았다. 화흠이 병을 핑계로 사직하면서 관녕에게 양위하려 했으나 명제는 수락하지 않았다.

태화 5년(서기 231년)에 화흠이 죽었는데(시년時年 75세), 시호는 경후(敬侯)였다.

아들 화표(華表)가 계승했다.

(4) 학문의 길 – 종요와 왕랑

1) 명필 종요

○ 종요의 관직 생활

종요(鍾繇)[595]의 자(字)는 원상(元常)으로, 영천군(潁川郡) 장사현(長社縣) 사람이다. 일찍이 집안 숙부 종유(鍾瑜)와 함께 낙양(洛陽)에 가는데, 길에서 만난 관상가가 말했다.

"이 아이는 귀상(貴相)이지만 물에 액운(厄運)이 끼었으니 노력하고 조심하시오!"

그리고서 10리를 못 가서 다리를 건너다가 말이 놀라면서 물에 빠져 거의 죽을 뻔하였다. 종유는 관상가의 말이 적중했다 하여 종요를 더욱 귀하게 생각하며 학비를 대주며 학문에 전념케 하였다.

종요는 효렴(孝廉)으로 천거되었고, 삼공부(三公府)의 부름을

---

[595] 鍾繇(종요, 151 – 230년, 字는 元常) – 繇는 일을 시킬 요, 부역 요. 豫州 潁川郡 長社縣 출신. 曹魏의 重臣, 유명한 서예가. 太傅 역임. 晉代 書法家 王羲之와 함께 '鍾王'으로 불린다.

받아 황문시랑(黃門侍郞)이 되었다. 이때 헌제는 서경(西京, 장안)에 있었고, 이각(李傕)과 곽사(郭氾) 등은 장안을 혼란에 빠트렸으며 관동과는 단절되었다.

조조는 순욱(荀彧)의 종요에 대한 칭찬을 여러 번 들었고, 종요가 이각과 곽사를 설득했다는 말을 듣고 종요를 마음속으로 생각하게 되었다.

뒷날 이각이 헌제를 협박했을 때, 헌제가 장안을 탈출할 수 있었던 것은 종요의 힘이었다. 종요는 어사중승(御史中丞)을 제수받았다가 상서복야(尙書僕射)가 되었다.

○ 조조를 돕다

그 무렵 관중 땅의 여러 장수 중 마등(馬騰)과 한수(韓遂)[596]는 각각 강력한 군대를 거느리고 서로 경쟁하였다. 조조는 한창 효산(崤山) 동쪽(山東)을 평정하면서 함곡관(函谷關) 서쪽(關右)을 걱정하였다. 조조가 관도(官渡)에서 원소와 대치할 때, 종요는 말 2천 필을 조조의 군사에 공급하였다.

---

[596] 馬騰(마등, ?-212년) - 字는 壽成(수성), 右扶風 茂陵縣人, 馬援(마원)의 후손. 8척이 넘는 신장에 신체가 매우 장대하였고 천성이 현명 온후하여 많은 사람의 존경을 받았다. 마등의 아들이 촉한의 馬超(마초, 176-222년, 字는 孟起)이다.
韓遂(한수) - 隴右(농우)에서 반역한 뒤에 영제 때 金城郡에서 반란을 일으킨 邊章(변장)과 함께 三輔 지역을 노략질하였다.

이에 조조가 종요에게 서신을 보내며 말했다.

「보내준 전마(戰馬)를 받으니 응급상황에 긴요한 도움이 되었소. 관우(關右)가 안정되어 조정에서는 서방을 걱정하지 않아도 되니 모두가 귀하의 공훈이요. 옛날 소하(蕭何)[597]가 관중(關中)을 진수하면서 군량을 공급하여 군사 작전을 성공케 했는데, 족하의 공로는 소하와 같소.」

○ 문제(文帝)와 명제를 보필하다

위국(魏國)이 건국되자, 종요(鍾繇)는 (사법司法 담당) 대리(大理)가 되었다가 상국(相國)으로 승진하였다.

조비가 동궁(東宮)으로 있을 때, 종요에게 오숙부(五熟釜)[598]를 하사하였는데, 그 솥에 새겨진 글은 다음과 같다.

「혁혁한 위국은 한(漢)의 울타리며 기둥이로다. 위국 상국 종요여, 신뢰받는 대신이로다. 밤낮으로 공경하며 힘쓰나니 안거할 틈이 없도다. 모든 백관이 본받나니 모범이며 법도로다.」

---

597 蕭何(소하, 前 257-193) - 沛縣 豊邑(今 江蘇省 徐州市 관할의 豊縣) 출신. 漢初 三傑의 한 사람. 蕭何는 縣의 主吏였고, 劉邦은 亭長이었으니 소하의 지위가 높았다(소하는 나이도 한 살 위였다).

598 五熟釜(오숙부) - 五熟은 五味(鹹, 苦, 酸, 辛, 甘)와 같은 뜻. 釜는 솥. 발(足)이 없는 솥. 오숙부는 솥 안에 5구역이 나눠져 있어 다섯 가지 음식을 삶을 수 있는 솥. 이는 마치 다섯 가지 맛이 어울려 좋은 맛을 내듯 相國이 국정을 조화롭게 잘 운영하라는 뜻.

조비가 위왕으로 즉위하자(서기 220), 종요는 다시 대리(大理)가 되었다. 제위에 오르자(220), 대리를 정위(廷尉)로 개칭하였다. 종요는 대위(太尉)로 승진하였다.

그때 사도(司徒)인 화흠(華歆)과 사공(司空)인 왕랑(王朗)은 모두 조조의 명신(名臣)이었다.

문제가 조회를 마치고 측근에게 말했다.

"이분들 삼공(三公)은, 곧 1대의 위인(偉人)이니 후세에 아마도 다시 없을 것이다!"

명제가 즉위한 뒤에 정릉후(定陵侯)에 올려 책봉되었고 식읍 5백 호를 더 받아 이전과 합하여 1,800호가 되었고 태부(太傅)가 되었다. 종요는 무릎이 아파 배례하고 일어나기가 어려웠다. 그때 화흠도 노환이 심하여 입조할 경우 모두가 수레를 타고 도착하면 호분(虎賁) 위사(衛士)가 들어 올려 좌석에 앉혔다. 이후 삼공(三公)의 몸이 아플 경우, 이것이 전례가 되었다.

○ 아들 종육(鍾毓)

(명제) 태화 4년(서기 230), 종요(鍾繇)가 죽었다. 명제는 소복으로 조문했고, 시호는 성후(成侯)였다. 아들 종육(鍾毓)[599]이 계승했다.

---

[599] 鍾毓(종육, 210?-263년, 字는 稚叔) - 毓은 기를 육. 潁川 長社人. 曹魏 太傅 鍾繇(종요)의 아들, 蜀漢을 멸망시킨 鍾會(종회)의 兄.

종요의 아들인 종육의 자(字)는 치숙(稚叔)이다. 나이 14세에 산기시랑(散騎侍郞)이 되었는데, 기민하고 담소를 좋아하는 등 부친을 닮은 풍모가 있었다.

종육은 황문시랑(黃門侍郞)으로 승진하였다. 그때 낙양에서는 궁궐 공사를 크게 벌렸기에 명제는 수시로 허창(許昌)에 행차하였는데, 천하의 관리가 입조하려면 바로 허창으로 갔다. 그러나 허창은 좁고 작아서 성남(城南)에 천막을 쳐서 전각처럼 사용하였고, 여러 시설이 어룡(魚龍)처럼 이어졌고 백성들은 노역에 지쳐있었다.

이에 종육은 간언을 올려 "불시에 장마와 가뭄이 들고 국고가 비어있으니 이런 공사는 풍년이 든 해를 기다려 시행해야 합니다."라고 말했다.

또 "응당 관내의 황무지를 개간해야 하며 백성의 노동력은 농사에 집중해야 합니다."라고 말하여 명제가 받아들였다.

조방(曹芳)의 정시(正始) 연간(서기 240-248)에, 종육은 산기상시(散騎常侍)가 되었다. 대장군 조상(曹爽)은 한여름에 군사를 크게 동원하여 촉 정벌에 나섰지만, 촉의 저항으로 군사는 진격할 수가 없었다. 종육은 뒷날 (조상의) 미움을 받아 시중(侍中)으로 옮겼다가 나중에 위군태수(魏郡太守)가 되었다.[600]

---

[600] 鍾毓(종육)이 魏郡太守로 재직할 때 유명한 管輅(관로, 209-256년,

고귀향공(高貴鄕公) 조모(曹髦)의 정원(正元) 연간(254-255)에, 관구검(毌丘儉)과 문흠(文欽)이 반역하자(서기 255), 종육(鍾毓)은 부절을 받아가지고 양주와 여주 일대에서 사면령을 시행하며 백성을 회유하였는데 돌아와서는 상서가 되었다. 제갈탄(諸葛誕)이 반역하자, 대장군인 사마소가 친히 수춘(壽春)에 와서 제갈탄 토벌을 의논하였다.

종육은 조환(曹奐)의 경원(景元) 4년(263)에 죽었는데, 거기장군(車騎將軍)에 추증되었고, 시호는 혜후(惠侯)였다.

2) 왕랑 부자

○ 왕랑의 역경

왕랑(王朗)[601]은 동해군(東海郡) 담현(郯縣)[602] 사람이다. 유가

字는 孔明)가 찾아왔다. 종육과 관로가 《易經》에 관하여 토론한 뒤에 종육의 낳고 죽을 날을 점칠 수 있다고 하였다. 관로가 종육의 생일을 정확하게 맞추자, 종육이 놀라며 말했다. "죽음은 하늘에 달렸지 당신에게 맡기지 않았습니다." 그러면서 죽을 날 점을 그만두게 하였다는 이야기가 있다.

[601] 王朗(왕랑, ?-228년, 字 景興) — 本名 嚴, 東海 郯縣人, 曹魏에서 司徒 역임. 漢의 舊臣이었지만 華歆(화흠)과 함께 조조의 출세를 적극 도왔고 헌제에게 曹丕에게 禪讓(선양)할 것을 도왔다. 왕랑의 손녀가 司馬昭(사마소, 司馬懿의 아들)에게 출가하여 司馬炎(사마염)과 司馬攸(사마유) 형제를 낳으니, 왕랑은 곧 西晉 武帝 司馬炎(재위 265-290)의 외증조이다.

경전에 박통하여 낭중이 되었다가 팽성국(彭城國)의 사장(師長)이 되었다. 태위 양사(楊賜)⁶⁰³에게 사사(師事)했는데, 양사가 죽자 관직을 버리고 복상(服喪)했다. 효렴(孝廉)으로 천거되어 삼공부(三公府)의 부름을 받았지만 응하지 않았다.

서주자사(徐州刺史)인 도겸(陶謙)⁶⁰⁴이 왕랑을 살펴보고 무재(茂才)로 천거하였다. 그때 한(漢) 헌제는 장안에 있었다. 도겸은 사람을 장안에 보내 주장(奏章)을 올리게 하였다. 헌제는 그 뜻을 가상히 여겨 도겸에게 안동장군(安東將軍)을 제수하였다. 그리고 왕랑에게는 회계태수를 제수하였다.

---

602 徐州 관할 東海郡의 治所는 郯縣(담현), 今 山東省 남부 臨沂市(임기시) 관할 郯城縣(담성현).

603 楊賜(양사) — 2차례에 걸쳐 후한의 司徒 역임. 太尉에 臨晉侯에 봉해짐. 子 楊彪(양표), 손자가 鷄肋(계륵)으로 유명한 楊修(양수)이다.

604 陶謙(도겸, 132-194, 字는 恭祖) — 丹陽郡(縣, 今 安徽省 馬鞍山市 博望區) 사람. 《後漢書》 73권, 〈劉虞公孫瓚陶謙列傳〉에 立傳. 《魏書》 8권, 〈二公孫陶四張傳〉에 입전. 初平 4년(서기 193), 조조는 부친 曹嵩(조숭)이 泰山郡에서 피살된 것을 도겸의 책임으로 돌리고 도겸을 공격하고 서주 지역에 살육을 감행했다. 興平 원년(서기 194)에, 조조가 다시 徐州를 공격할 때, 도겸은 병사했다. 《三國演義》에서 도겸은 온화하고 바른 사람으로 묘사되었지만, 正史에서는 소인을 신임하며 刑政이 失和한 흉악이며, 군자를 협박하며 백성의 재물을 편취하는 인물로 서술되었다.

손책이 장강을 건너 평정하자, 회계태수 왕랑의 공조(功曹)인 우번(虞翻)은 힘으로 저지할 수 없으니 피난해야 한다고 말했다. 왕랑은 자신이 한(漢)의 관리이니 응당 성읍(城邑)을 보전해야 한다고 생각하며 손책과 싸웠으나 패전하자, 바다를 따라 (交州) 동야성(東冶城)으로 옮겨갔다. 그러나 손책이 추격하여 왕랑의 군사를 대파했다.

왕랑은 손책을 찾아가 만났다. 손책은 왕랑이 유생이라서 비난은 했지만 해치지는 않았다. 이때 왕랑은 몹시 곤궁하여 아침에 저녁 끼니가 없었지만 지인의 도움을 받으면 그것을 없는 사람에게 다시 나눠주는 등 의행(義行)을 크게 베풀었다.

조조가 표문을 올려 왕랑을 초빙했는데, 왕랑은 (오군吳郡) 곡아현(曲阿縣)을 출발하여 장강과 바다를 전전하며 1년이 지나서 도착하였다. 왕랑은 간의대부(諫議大夫)를 제수 받고 사공(司空)의 군사업무를 담당하였다. 위국이 건국되자, 왕랑은 군 제주(祭酒)로 위군태수(魏郡太守)를 겸임했고 이어 소부(少府)[605]로 승진했으

---

605 魏의 관제는 後漢의 관제를 거의 그대로 답습했다. 후한의 경우 少府(소부)는 9卿의 하나로, 질록 中2천 석인데, 궁중 소요 각종 의복, 물자, 보화의 제조나 공급 담당했고 차관인 丞 1인(질록 比천석)을 두었다. 소부의 속관으로는 太醫令(1인, 질록 6백 석. 의료 담당), 太官令(1인, 질록 6백 석. 황제의 식사 飮食 주관), 守宮令(1인, 질록 6백 석, 황제 소용 紙筆墨 및 尙書가 필요한 제 물자 및 封泥 등 관장)이 있고, 황제 직속 비서라 할 수 있는 侍中, 尙

며, 태상(奉常), 대리(大理) 등을 역임했다. 왕랑은 관용으로 업무를 수행하였고 죄가 확실치 않으면 가볍게 처벌하였다. 종요(鍾繇)는 명철하게 법을 집행했는데 왕랑과 함께 사법(司法)에서 칭송을 들었다.

○ 왕랑의 학문

조비(曹조, 뒷날 문제)가 위왕이 되자, 왕랑은 어사대부로 승진했다. 이에 왕랑은 백성을 애육(愛育)하고 형벌을 줄여야 한다는 상소를 올렸다.

문제가 제위에 오르면서 왕랑은 사공이 되었다. 그때 문제는 자주 사냥을 나갔고 가끔은 어두운 밤에 환궁하였다. 이에 왕랑이 사냥을 자제하시라고 상소하였다.

이에 황제가 답신을 보내 일종의 무예 연습이라고 변명하였다.

그전에, 건안 말년에 손권은 사신을 보내 번신(藩臣)을 자칭하며 유비와 교전하겠다고 말했다. 군사를 일으켜 오(吳)와 연합하여 촉(蜀)을 멸망시킬 수 있는가를 왕명에 의거 논의하였다.

이에 왕랑이 말했다.

"지금 손권이 군사를 동원하지 않는데, 오(吳)를 도울 군사가

書令, 감찰 담당 御使中丞(어사중승) 등 주요 관직도 소부의 속관이었다.

먼저 정벌에 나설 이유가 없습니다. 그리고 지금 한창 비가 많이 내릴 계절이니 군사를 동원할 시기도 아닙니다."

위왕은 그 계책을 받아들였다.

왕랑은 《주역(周易)》, 《춘추(春秋)》, 《효경(孝經)》, 《주관(周官)》의 전(傳)을 저술하였으며 상주문(上奏文)과 의론, 필기 등이 후세에 전해졌다. 명제 태화 2년(228)에 죽었고, 시호는 성후(成侯)였다.

아들 왕숙(王肅)이 후사가 되었다.

○ 왕랑의 아들 왕숙(王肅)

왕숙(王肅)[606]은 18세에 송충(宋忠)[607]에게 《태현경(太玄經)》[608]을 배웠고, 그 주석을 달았다. 문제 황초 연간에, 산기황문시랑(散騎黃門侍郞)이 되었다. 명제 태화 3년에, 산기상시(散騎常侍)가 되

---

606 王肅(왕숙, 195－256年, 字는 子雍) － 東海郡 郯縣(담현) 사람. 曹魏 중신 王朗(왕랑)의 아들이다. 三國시대 經學者. 晉王 司馬昭(사마소)의 장인. 司馬炎의 외조부(왕숙의 딸이 사마소와 결혼하여 사마염을 출산했다. 文明皇后) 儒家《六經》에 대한 王肅의 注釋은 三國에서 南北朝에 이르는 시기에 官學의 敎材로 사용되었고, 唐代 孔穎達(공영달)에게도 큰 영향을 끼쳤다.

607 宋忠(송충, ?－219년, 字는 仲子) － 後漢 末 儒學者, 荊州刺史 劉表의 家臣.

608 《太玄》은 《太玄經》 또는 《揚子太玄經》, 《玄經》으로 통칭. 前漢 學者 揚雄(양웅)의 저술.

었다. 4년(230), 대사마 조진(曹眞)이 촉(蜀) 원정에 나서자, 왕숙이 상소하여 원정을 중지케 하였다.

명제가 왕숙에게 물었다.
"사마천은 궁형(宮刑)을 받았기에 내심으로 원한을 품고《사기(史記)》를 저술하여 효무제(孝武帝)를 비난 폄하했기에 후인으로 하여금 이를 갈게 하였는가?"
이에 왕숙이 답하였다.
"사마천의 사실 기록은 공허한 칭송도 없고 악행을 숨기지 않았습니다. 유향(劉向)과 양웅(揚雄)도 사마천의 사실적 기록을 칭찬하며 사마천에게 양사(良史)의 재능이 있다면서《사기》를 실록이라고 하였습니다. 한 무제는 사마천이《사기》를 저술한 사실을 알고〈효경제기(孝景帝紀)〉와〈금상본기(今上本紀)〉를 열람하고서 대노하며 삭제하고 없애버렸습니다. 그래서 지금 두 본기는 목록만 있지 내용은 없습니다. 뒷날 이릉(李陵)의 사건[609]으로 사마천을 잠실(蠶室)에 보내 궁형에 처했습니다. 이렇듯 원한은 무제에게 있었지 사마천에 있지 않았습니다."

---

[609] 司馬遷이 李陵(이릉)을 변호한 전말은《漢書 62권, 司馬遷傳》에 수록된〈報任少卿書〉(任少卿(安)에게 드리는 글)에 상세한 내용이 있다.

○ 박학다문(博學多聞)에 부친 학문을 계승

왕숙은 (조모曹髦) 감로 원년(서기 256)에 죽었는데, 상복을 입은 문생(門生)이 수백 명이었다. 왕숙에게 위장군이 추증되었고, 시호는 경후(景侯)였다. 아들 왕운(王惲)이 계승했다. 왕운이 죽고 아들이 없어 단절되었다.

그전에, 왕숙(王肅)은 가규(賈逵)[610]와 마융(馬融)[611]의 학설을 좋아했고 정현(鄭玄)의 학설을 좋아하지 않았는데, (各 학설의) 동이(同異)를 모아 《상서(尙書)》, 《시(詩)》, 《논어(論語)》, 《삼례(三禮)》, 《좌씨전(左氏傳)》의 주해를 저술하였으며, 또 부친 왕랑(王朗)의 저술인 《역전(易傳)》을 새로 편찬하였는데 모두가 학관(學官)에서 채택되었다. 왕술은 조정의 전제(典制)와 교사(郊祀), 종묘(宗廟), 상기(喪紀), 경중(輕重)에 관하여 논박(論駁)하거나 저술한 문장 1백여 편을 남겼다.

왕숙은 성실 정직하고 박학다문(博學多聞)하여 부친의 학문을 계승하였다.

---

610 賈逵(가규, 서기 30－101년, 字는 景伯) － 賈誼(가의)의 九世孫. 후한의 經學家이며 天文學者. 曹魏의 賈逵(가규)가 아님, 曹魏의 賈逵(가규, 174－228, 字 梁道)는 本名 衢(구), 河東郡 襄陵縣人. 曹魏政權의 軍政奇才. 賈逵의 아들 賈充(가충)은 뒷날 西晉의 開國元勳.

611 馬融(마융, 79－166, 字는 季長) － 伏波將軍 馬援(마원)의 侄孫, 후한의 經學者.

(5) 의술과 점술 - 화타와 관로

이는 진수(陳壽)의《정사 삼국지 위서(魏書) 방기전(方技傳)》(29권)의 내용을 요약했다.

1) 화타

○ 건안삼신의(建安三神醫)

화타(華佗)[612]의 자(字)는 원화(元化)로, 패국(沛國) 초현(譙縣)[613] 사람으로 일명 부(敷, 펼 부)이다. 화타는 서주 일대에 유학하였고, 여러 경전에 두루 통했다. 패국(沛國) 상(相)인 진규(陳珪)가 효렴으로 천거하였고, 태위 황안(黃琬)이 초빙하였으나 모두 응하지 않았다.

화타는 양성지술(養性之術)에 밝았는데, 그때 사람들이 화타의 나

---

612 華佗(화타, 145-208년, 字는 元化) - 일명 敷(부), 沛國 譙縣人(今 安徽省 亳州市), 조조와 같은 고향. 화타는 內科, 外科, 부인과(婦人科), 小兒科, 침구(針灸) 등으로 분류하여 치료하였으며, 외과수술에 마취제인 마비산(麻沸散)을 사용하였다. 五禽戱(오금희)라는 맨손체조를 창안 보급하였다.《三國演義》에서 관우의 독화살 상처를 치료했다는 '刮骨療毒(괄골요독)'은 소설에서도 가장 정채(精彩)로운 장면이지만, 관우가 독화살의 상처를 입었을 때, 화타는 이미 죽고 없었다.《後漢書》82권, 方術列傳(下)에 입전.

613 패국 초현(沛國 譙縣) - 今 安徽省 북부의 亳州市(박주시). 曹操의 고향.

이가 1백 세에 가까웠지만 그 모습이 아주 정정하다고 생각하였다.[614]

화타(華佗), 동봉(董奉),[615] 장중경(張仲景)[616]을 '건안삼신의(建安三神醫)'라고 칭한다. 그리고 화타와 편작(扁鵲), 장중경, 명(明)나라의 이시진(李時珍)을 '중국 4대 명의(名醫)'라고 한다.

화타(華佗) 〈출처: 위키백과〉
명대(明代)의 화타(華佗) 상

화타는 방약(方藥)에 정통하였는데, 질병 치료에 탕제(湯劑)는 불과 몇 종류였고 약재

---

614 《後漢書》〈方術列傳/화타전〉에는 '신선과 같다'고 표현하였다.

615 동봉[董奉, 200? 또는 220-280, 字는 君異. 又號 杏林(행림)] - 후한 말에서 삼국시대의 의원(醫員) 화타(華佗) 등과 함께 「建安三神醫(건안삼신의)」로 알려졌지만 동봉에 관련한 기록은 매우 적다. 동봉의 가향(家鄕)인 福建省 중동부 복주시(福州市)에는 「漢 董奉 煉丹處(연단처)」란 고적과 「杏林始祖董奉草堂(행림시조동봉초당)」이 있다.

616 장중경(張仲景, 150-219, 名은 機(璣), 字는 仲景) - 以字行, 南陽郡 涅陽縣(열양현, 今 河南省 서부 鄧州市, 鎭平縣 일대) 출신, 후한 말기의 의사. 후한 靈帝 때 長沙太守를 역임했다.

의 양을 잘 헤아릴 수 있어 저울에 달지 않았으며, 약을 달여 먹게 하고 유념할 사항을 말해주었는데, 그대로 하면 곧 병이 나았다.

만약 뜸(灸, 뜸 구)을 떠야 한다면 몸의 한두 군데에 뜸을 떴고, 한 곳에 7, 8번 이하로 뜸을 뜨면 병이 곧 나았다.[617]

만약 침(針)을 시술할 경우, 한두 군데만 침을 시술하면서 "침이 어디에 작용할 것이니 만약 느낌이 오면 왔다고 말하라."고 하였다.

그래서 환자가 "느낌이 왔다."고 말하면 바로 침을 뺐고, 병은 곧 차도가 있었다. 만약 병이 신체 내부에 뭉쳐있어 침이나 약이 닿지 않는 곳이라면 살을 자르거나 쨀 때 마비산(麻沸散, 마취제)을 마시게 하여, 곧 취(醉)해서 죽은 것처럼 알지 못하게 되면 수술을 하였다. 병이 만약 장기(腸器, 창자)에 있다면 장을 잘라 씻어낸 뒤에 다시 꿰맨 뒤에 고약을 발라주면 4, 5일 뒤에 차도가 있고, 통증을 모르고 한 달 정도 지나면 평시처럼 회복되었다.

○ 조조와 화타의 불화(不和)

화타의 탁월한 의술은 놀라웠다. 그러나 화타는 본래 사인(士人)이 되고 싶었고, 의술이 본업처럼 되어버린 것을 스스로 후회했다. 뒷날 조조의 치료를 전담하면서, 조조가 병에 걸리거나 병

---

617 원문 '七八壯'의 壯은 한방 뜸들 장.

세가 나빠지면 화타에게만 전적으로 치료케 하였다.

이에 화타가 말했다.

"이 병은 금방 낫게 할 수 없고 계속 치료를 해야 오래 사실 수 있습니다."

화타는 오랫동안 집을 떠나 있었기에 귀가하고 싶어 기회를 보아 말했다.

"가서(家書)를 받았는데 잠깐 다녀오고 싶습니다."

화타는 집에 돌아와서는 아내의 병을 핑계로 여러 차례 기한을 늦춰가며 돌아가지 않았다. 조조는 여러 번 서신을 보내 화타를 불렀고, 또 군현에는 빨리 출발시키라고 재촉하였다. 화타는 자신의 기예에 자부심을 가졌으며 타인의 지시를 받는 처지가 싫어서 떠나지 않았다. 조조는 대노하면서 사람을 보내 사실을 확인케 하였다. 만약 화타의 처가 정말 병이 있다면 콩 40곡(斛)을 하사하고 기일을 연장하되, 만약 병이 없다면 바로 압송하라고 지시하였다. 이에 화타는 허현(許縣)의 옥(獄)에 갇혔고 고문에 의거 자복하였다.

순욱(荀彧)이 조조에게 청원하였다.

"화타의 의술은 정말 뛰어났고 인명(人命)이 걸린 문제이니 용서해야 좋을 것입니다."

그러나 조조는 "걱정하지 말라! 세상에 그만한 소인배가 또 없겠는가?"

화타는 결국 고문 끝에 옥사했다.

화타는 죽기 전에 책 한 권을 옥리에게 주면서 말했다.

"이는 사람을 살릴 수 있는 책이요."

그러나 옥리는 법이 무서워 받지 않았고, 화타 역시 강요하지 않고 소각하였다.

화타가 죽은 뒤에 조조의 두통은 낫지 않았다.

조조가 말했다.

"화타라면 고칠 수 있었다. 그 소인이 내 병을 키워가지고 제 몸값을 올리려 했으니, 내가 죽이지 않았더라도 화타는 내 병을 완전히 고치려 하지 않았을 것이다."

나중에 조조가 애지중지하던 아들 창서(倉舒)[618]가 병이 위독하자, 조조가 탄식하였다.

"내가 화타를 죽인 것을 후회하나니, 그래서 이 아이가 원통하게 죽는구나!"

○ 도인(導引) – 오금희(五禽戲), 건강을 위한 맨손체조

광릉군(廣陵郡)의 오보(吳普)와 팽성국(彭城國)의 번아(樊阿)는 모두 화타를 따라 배웠다. 오보는 화타의 치료법을 그대로 따라 많은 사람을 구제하였다.

화타가 오보에게 말했다.

---

618 曹沖(조충, 196–208, 字는 倉舒) – 曹操의 서자(庶子), 환부인(環夫人) 소생, 神童의 名聲, 병들어서 일찍 죽었다. 조충의 코끼리 몸무게 달기는 유명한 故事.《魏書》20권,〈武世王公傳〉에 입전.

"인체는 힘들여 움직여야 하나, 다만 지나쳐서는 안 된다. 움직이면 곡기(穀氣)가 점차 소진되고 혈맥이 돌아 병이 생기지 않으니, 마치 문의 지도리(호추戶樞)와 같아 절대로 썩지 않는다. 때문에 옛 신선(神仙)들은 이를 도인(導引)[619]이라 하였으니, 곰이 매달리고 솔개가 뒤를 보듯, 허리나 몸을 당기고 모든 관절을 움직이면 늙지 않을 것이다. 나도 한 가지 술법을 생각해 냈는데, 이를 오금희(五禽戲)[620]라 하였으니, 첫째는 호랑이, 둘째는 사슴, 셋째는 곰, 넷째는 원숭이, 다섯째는 새(鳥)의 동작이다. 이 오금희를 통해 질병을 없애고 손발을 유연하게 하여 도인(導引)의 효과를 볼 수 있다. 몸이 찌뿌듯할 때 그 한 가지 동작을 행하면 적당히 땀이 나고, 그리고서 가루약(粉劑)을 몸에 뿌리면 신체가 가벼워지며 식욕이 증대된다."

오보는 오금희를 익혀 행하여 나이가 90여 세였지만, 귀와 눈이 밝았고 치아가 모두 튼튼하였다.

번아(樊阿)는 침술(針術)에 뛰어났다. 일반적으로 의생(醫生)은 등(背)과 가슴(胸) 사이의 장기(臟器)에 대해서는 함부로 침을 놓

---

619 導引(도인) — 道士 養生法의 하나. 일종의 맨손체조(肢體運動)를 위주로 거기에 呼吸(호흡) 방법을 가미했다.

620 五禽戲 — 별칭 오금조(五禽操), 五禽氣功, 馬王堆(마왕퇴) 3號 漢墓의 〈導引圖〉에는 약 40여 종의 자세가 그려진 그림이 출토되었다고 한다.

을 수 없으며 침의 길이는 4분(分)을 넘을 수 없다고 하였지만, 번아의 침은 등에서 1-2촌을 들어갔으며, 거궐흉장(巨闕匈藏, 가슴 부위의 장기)에는 5-6촌이 들어가도 병은 다 나았다.

번아가 화타를 따라 식용으로 먹을 수 있고 인체에 도움이 되는 처방을 구하자, 화타는 칠엽청점산(漆葉靑黏散)[621]을 처방해 주었는데, 이는 칠엽설(漆葉屑, 옻나무 잎 가루) 1두에 청점(靑黏) 14량을 섞은 것을 표준으로 정했다.

이를 오래 복용하면 여러 기생충을 제거하고 오장(五藏)에 이로우며, 몸을 가볍게 하고 사람의 머리카락을 하얗게 세지 않게 한다고 말했다. 번아는 그 가르침을 따라 100여 세로 장수하였다.

2) 관로

○ 신통한 점괘

관로(管輅)[622]의 자(字)는 공명(公明)으로, 평원군 사람이다. 용모는 추루(醜陋)했고, 아무런 위엄이 없었으며, 술을 좋아했기에

---

621 漆葉靑黏散(칠엽청점산) - 중국 한약 藥劑 이름. 글자로는 옻나무 잎(漆葉)에 靑黏(청점, 一名 地節, 一名 黃芝, 黏은 차질 점, 붙을 점)을 섞은 散劑(산제, 가루약).

622 管輅(관로, 209-256년, 字는 公明) - 輅는 임금의 수레 노(로). 삼국시대 유명한 占卜師. 후세에 占卜 하는 사람들은 관로를 管先師, 또는 觀相眞君이라 호칭. 주건평(朱建平)과 함께 '朱, 管'으로 병칭. 아주 어려서부터 천문을 보며 밤을 새었다고 한다. 관로는

먹고 마시며 우스갯소리도 잘했고, 사람을 가리지 않았기에 많은 사람들이 좋아했지만 공경하지는 않았다.

부친이 물자 운송을 담당하는 이조(利漕)의 관원이었는데, 이조에 소속된 곽은(郭恩)의 형제 3인이 모두 앉은뱅이 병에 걸리자, 관로에게 이런 까닭을 점을 쳐 달라고 하였다.

이에 관로가 말했다.

"괘중(卦中)에 당신 본가의 묘에 여자 귀신이 있는데, 당신의 큰 어머니가 아닌 숙모입니다. 옛날 흉년이 들었던 때, 어떤 자가 그녀의 몇 되의 곡식이 탐이 나서 우물에 밀어 빠트렸는데, 살려 달라고 외쳐대자 큰 돌을 던져 머리통을 부수었기에 고혼이 원통하여 하늘에 호소하였습니다."

결국 곽은은 울면서 죄를 자백하였다.

거록군 광평현(廣平縣)⁶²³의 유봉림(劉奉林)이란 사람의 아내가

'집에 닭이나 들의 새도 때를 알거늘, 사람이 때를 몰라서야 되겠는가!'라고 말했다. 관로는 《易》에 정통했다. 많은 문학작품에 관로의 신기한 행적이 많이 수록되었다. 인물은 볼품없었지만 才華가 뛰어났고, 秀才로 천거되었으나 낮은 관직에 머물렀고, 점복사(占卜師)로 명성을 날렸지만 공자의 '경귀신이원지(敬鬼神而遠之)'라는 뜻으로 儒家에서는 평가가 낮았다. 《三國演義》에서는 '神卜管輅'로 조조에게 불려가 점을 치며 夏侯淵의 戰死나 魯肅의 病死, 許昌의 화재 등을 예언했고 그대로 맞았다.

623 廣平縣 – 지금의 河北省 남부 한단시(邯鄲市) 관할 廣平縣.

병이 위독하자, 장례에 필요한 관이나 기물을 사놓았다.

그때는 정월이었는데 관로(管輅)를 시켜 점을 치게 하였더니, 관로는 "명줄은 8월 신묘일 한낮까지라."고 말했다.

유봉림은 그렇지 않을 것이라 말했지만, 아내의 병은 점차 좋아지더니, 가을이 되자 다시 병이 나서 관로의 말과 같았다.

그때 신도(信都) 현령의 아내와 딸이 자주 놀라고 돌아가며 앓자, 관로를 불러 점을 치게 하였다.

이에 관로가 말했다.

"군(君)의 북당(北堂) 서쪽 모퉁이 땅속에 두 남자의 시신이 있는데, 한 사람은 창을 쥐고 한 사람은 화살을 갖고 있는데, 머리는 벽 안에 다리는 벽 밖에 있습니다. 창을 쥔 남자 시신이 머리를 찌르고 있어 머리가 심하게 아프고 고개를 들 수가 없습니다. 화살을 쥔 자는 배를 찌르고 있어 심장이 아프고 음식을 먹을 수가 없습니다. 낮에는 떠돌다가 밤에는 환자에게 찾아오니 그래서 놀라고 두려운 것입니다."

이에 땅을 파 시신을 옮겨 묻어주자, 집안 모두가 편안했다.

청하군(淸河郡)의 왕경(王經)이란 사람은 관직을 버리고 귀향하여 관로와 만났다.

이에 왕경이 말했다.

"요즈음 괴상한 일이 있어 크게 좋지 않으니 수고롭지만 점을 좀 부탁합니다."

점괘가 나오자, 관로가 말했다.

"점괘가 길하니 걱정 마십시오. 군께서 밤에 집 앞에 있는데, 한 줄기 빛이 새처럼 날아와 품을 파고들며 은은한 소리가 나자, 마음이 불안하여 옷을 벗어 흔들며 부인을 불러 다른 빛을 찾아보게 하셨군요."

그러자 왕경은 크게 웃으며 "사실 말씀한 그대로입니다."라고 말했다.

관로는 "길조이니 승진할 징조이며 그 효험이 곧 있을 것입니다."

얼마 후 왕경은 강하(江夏) 태수가 되었다.

청하군의 현령인 서계룡(徐季龍)은 사람을 시켜 사냥을 보내면서 관로에게 사냥 노획물이 얼마나 될지 점을 치게 하였다.

그러자 관로가 말했다.

"작은 짐승을 잡을 것이며, 먹을 만한 짐승이나 새도 아니고, 발톱이 있지만 작고 연약하며, 무늬가 있지만 선명하지 않고, 호랑이도 꿩도 아닌 이름은 삵(狸)입니다."

사냥꾼들이 저녁에 돌아오는데 관로의 말과 같았다. 서계룡은 큰 상자에 13가지 물건을 집어넣고 관로에게 맞히게 하였다.

관로는 "상자 속에 13가지 물건이 들어있습니다."라고 말했다.

먼저 닭을 말하고, 다음에 누에 번데기 등 하나하나 말했는데,

다만 빗(梳, 빗 소)을 수저(枇, 수저 비)라고 말했다.

관로는 휴가를 얻어 청하군의 예(倪, 姓氏) 태수를 만났다.
그때 날이 크게 가물었기에, 예 태수가 관로에게 언제 비가 오겠느냐고 묻자, 관로는 "오늘 저녁에 틀림없이 비가 온다."고 대답하였다.
그날은 햇볕이 많고 건조하여 전혀 비가 올 것 같지 않아 동석했던 부승(府丞)이나 현령 모두가 그럴 리 없다고 말했다. 밤에 시간을 알리는 첫 번째 북이 울리자, 별과 달이 하나도 보이지 않고 구름과 바람이 일어나더니 큰 비가 내리기 시작했다.
이에 예 태수는 주인으로 한턱을 크게 내면서 함께 즐겼다.

○ 자신의 운명

고귀향공(高貴鄕公, 조모曹髦)의 정원 2년(서기 255), 동생인 관진(管辰)이 관로(管輅)에게 물었다.
"대장군(사마사司馬師)께서 형님을 매우 후하게 대우하니 부귀를 바랄 수 있지 않습니까?"
그러자 관로가 크게 탄식하며 말했다.
"나는 나에게 적당한 복이 있다고 알고 있는데, 하늘은 나에게 재간과 총명을 주었지만 나에게 수명을 많이 주지 않았으니, 아마 47, 8세 정도이다. 네가 딸을 시집보내고 며느리를 얻는 것을 못 볼 것이다. 만약 이 고비를 넘긴다면, 낙양 현령으로 교화를 행해 길에 떨어진 물건을 줍지 않고 비상의 북을 치지 않게 만들고 싶다. 그러나 태산(太山, 泰山)에서 귀신을 통제할 수는 있어도 산 사람을 다스릴 수 없으니, 어찌하겠느냐?"

관진이 그 까닭을 묻자, 관로가 대답하였다.

"내 이마에 장수(長壽)의 생골(生骨)이 없고, 눈에는 응정(凝精)의 신채(神彩)가 없으며, 콧등이 우뚝하지 않으며(無梁柱), 다리에는 후근(後根)이 없으며(無天根), 등(背)에는 (장수할) 삼갑(三甲)이 없고, 배(腹)에는 (장수할) 삼임(三壬)의 징표가 없으니, 이 모두가 장수할 수 없다는 징험이다. 또 나의 타고난 명줄(本命)이 인(寅)에 있고, 거기다가 월식이 있던 밤에 태어났었다. 하늘에는 일정한 명수(命數, 상수常數)가 틀림없이 있으나 다만 사람이 알지 못할 뿐이다. 나는 그간 죽음을 맞이한 백여 명을 보았지만 거의 틀리지 않았다."

그해 8월, 관로는 소부승(少府丞, 소부의 차관)이 되었다. 그 다음 해(감로 원년, 256) 2월에 죽었는데, 48세였다.

2. 촉서

(1) 무능과 반역 - 이엄과 위연

1) 이엄

○ 선주(先主)와 제갈량의 신임

이엄(李嚴)[624]의 자(字)는 정방(正方)인데, 남양군 사람이다. 젊어 군(郡)의 관리가 되었는데 재간이 뛰어나다는 칭송을 들었다. 이엄은 지방의 현령을 역임한 뒤, 나중에 촉에 가서 유장(劉璋)의 명을 받아 성도현령(成都縣令)이 되었고, 유능하다는 명성을 얻었다.

헌제 건안 18년(서기 213), 유장은 이엄을 호군(護軍)에 임명하여 광한군(廣漢郡) 면죽현(綿竹縣)에서 유비를 막게 하였지만, 이엄은 군사를 통솔하여 유비에게 투항하였고, 유비는 이엄을 비장군(裨將軍)에 임명하였다. 성도(成都)가 평정된 뒤, 이엄은 건위(犍

---

[624] 이엄(李嚴, ?-234년, 後 改名 李平, 字는 正方) - 유장은 다시 이엄을 보내 면죽에서 모든 군사를 지휘케 하였지만, 이엄은 군사를 거느리고 유비에게 투항하였다. 이엄은 제갈량과 함께 선주 유비의 유언을 들었다. 북벌에서 군량 수송에 차질이 있어 都護인 이엄을 파직하여 梓潼郡(재동군)으로 이주케 했다. 諸葛亮, 法正, 劉巴(유파), 李嚴(이엄) 등과 함께 (촉한의 각종 예규집인)《蜀科》를 저술하였다.《蜀書》10권, 〈劉彭廖李劉魏楊傳〉에 입전.

爲)태수 겸 홍업장군(興業將軍)이 되었다.

건안 23년(218), 광한군에서 도적떼가 봉기하여 그 무리가 5만여 명이나 되었고, 건위군(犍爲郡) 자중현(資中縣)에 집결하였다. 그때 유비는 한중군(漢中郡)에 주둔하고 있었기에, 이엄은 군사를 다시 징발할 수가 없어 휘하의 5천 군사만으로 도적떼의 우두머리들을 죽였다.

선주(先主) 장무(章武) 2년(222), 선주는 이엄을 영안궁(永安宮)으로 불러 상서령을 제수하였다. 3년(223), 선주의 병환이 위독하자, 이엄은 제갈량과 함께 유조를 받고 후주를 보필케 하였는데, 이엄은 중도호(中都護)가 되어 내외의 군사를 총괄하며 영안현(永安縣)에 주둔하였다.

(후주) 건흥 원년(223), 이엄은 도향후(都鄕侯)가 되었고 부절을 받았으며 가관(加官)으로 광록훈(光祿勳)이 되었다. (건흥) 4년, 이엄은 전장군(前將軍)이 되었다. 제갈량은 한중군으로 출병하면서, 이엄이 후방의 업무를 담당해야 하기에 강주현(江州縣, 今 成都市)로 옮겨 주둔케 하였고, 호군(護軍) 진도(陳到)를 남겨 영안현을 지키게 하였는데, 모두 이엄이 통솔케 하였다.

제갈량도 맹달에게 서신을 보내「업무처리는 흐르는 물과 같아야 하나니, 할 일과 포기할 일을 구분하여 막힘이 없는 것이 바로 이엄의 성격이다.」라고 했는데, 이엄은 이처럼 제갈량의 신임을 받았다.

(건흥) 8년(230), 이엄은 표기장군(驃騎將軍)으로 승진했다. (조위의) 조진(曹眞)이 3도로 나누어 한천(漢川)으로 진격해오자, 제갈량은 이엄에게 명하여 2만 군사를 거느리고 한중군으로 출병케 하였다. 제갈량은 이엄의 아들 이풍(李豊)을 강주도독(江州都督)으로 삼아 군사를 감독케 하여 이엄의 후방 업무를 관장케 하였다. 제갈량은 그 다음 해 북벌을 하려고 이엄에게 명하여 중도호(中都護)로 승상부의 업무를 대행케 하였다.

이엄은 이평(李平)으로 개명했다.

○ 군량 공급 차질

후주(後主) 건흥(建興) 9년(231) 봄, 제갈량의 군사는 기산(祁山)에 출병했고(제갈량의 4차 북벌), 이평(李平, 이엄의 개명)은 군량 수송을 감독케 하였다. 여름에서 가을 사이에, 가을 장마철을 만나 군량 공급이 이어지지 않자, 이평은 참군(參軍)인 호충(狐忠)과 독군(督軍)인 성번(成藩)을 제갈량에게 보내 자신의 뜻을 설명하고 제갈량의 군사를 회군케 하였는데, 제갈량은 후주의 재가를 받아 군사를 철수시켰다.

이평은 제갈량의 군사가 철수한다는 소식에 거짓 놀란 척하면서 "군량(軍糧)은 풍족한데, 왜 바로 회군하십니까!"라고 말했다.

그러면서 이평은 자신이 군량 조달을 못한 책임을 벗어나고,

제갈량의 진격하지 않은 허물을 드러내려고 하였다.

이평은 또 후주(後主)에게 표문을 올려「군사가 거짓으로 철수하여 적을 유인하여 싸우려 한다.」고 말했다.

제갈량은 그동안 손으로 직접 기록해 둔 사건의 본말을 모두 후주에게 제출하자, 이평의 과오가 확실해졌다. 이평은 답변이 궁하고 사실이 드러나자, 죄를 자백하고 사죄하였다.

제갈량은 곧 이평을 평민으로 강등시켜 재동군(梓潼郡)[625]으로 강제 이주시켰다.

건흥 12년(234), 이평은 제갈량의 죽음을 전해 듣고 곧 병이 나서 죽었다. 이평은 제갈량이 다시 자신을 불러 임용해주기를 바랬으며, 제갈량의 후임자는 자신을 초빙하지 않을 것을 헤아렸기에 울분으로 죽었다.

2) 위연

○ 선주(先主)의 신임(信任)

위연(魏延)[626]의 자(字)는 문장(文長)으로, 의양군(義陽郡)[627] 사

---

[625] 梓潼郡(재동군)의 郡治는 梓潼縣, 今 四川省 북부 綿陽市 관할 梓潼縣.

[626] 魏延(위연, ?-234, 字는 文長) - 荊州 義陽郡 출신으로, 作戰에 뛰어났고 장수로서의 기본 책략을 갖춰 여러 번 전공을 세워 유비와 제갈량의 신임을 받았다. 사졸을 잘 대우했고 뛰어난 용맹으로 제갈량 북벌에 최전선을 담당했던 장수였다. 위연이 타고난 '反

람이다. 부곡(部曲, 私兵)으로 선주를 수행하여 촉군에 들어와 여러 번 전공(戰功)을 세워 아문장군(牙門將軍)으로 승진하였다.

유비가 한중왕(漢中王)이 되자, 위연은 성도(成都)로 옮겨갔는데, 한천(漢川)을 방어할 장수를 뽑을 때, 많은 사람들은 틀림없이 장비(張飛)일 것이라 생각했고, 장비 역시 마음속에 기대하였다. 그러나 유비는 위연을 발탁하여 한중(漢中)을 감독하는 진원장군(鎭遠將軍)으로 삼았고 한중태수(漢中太守)를 겸임하게 하자, 1군의 군사가 모두 놀랐다.

유비는 여러 신하를 모아놓고 위연에게 물었다.

"지금 경(卿)에게 중임(重任)을 맡겼는데, 경은 직무를 어찌 수행하겠는가?"

이에 위연이 말했다.

"만약 조조(曹操)가 군사를 모아 공격해온다면 대왕(大王)을 청하여 막겠지만, 10만 군사를 거느리고 공격하는 장수가 있다면 대왕을 위해 모두 섬멸하겠습니다."

骨'이라는 주장은 《三國演義》에서 지어낸 형상이다. 제갈량은 위연의 머리 뒤쪽에 반골이 있어(吾觀魏延腦後有反骨) 뒷날 필히 배반할 것이기에 미리 참수하여 화근을 끊으려 한다(久後必反故斬之而絶禍根)고 하였다. 《蜀書》10권, 〈劉彭廖李劉魏楊傳〉에 입전.

627 義陽郡(의양군) - 曹魏의 군명. 223년 설치, 240年 폐지. 治所는 安昌縣, 今 湖北省 북부 襄樊市 관할 棗陽市(조양시).

한중왕은 위연을 칭찬했고 모두가 위연의 장한 뜻에 감탄하였다. 선주가 제위에 오르자, 위연은 승진하여 진북장군(鎭北將軍)이 되었다.

후주 건흥 원년(223), 위연은 도정후(都亭侯)가 되었다. 건흥 5년(227), 제갈량은 한중군에 주둔하면서 위연을 전부(前部) 감독에 임명하였고, 승상부(丞相府) 사마(司馬)와 양주(涼州)자사를 겸임케 했다. 8년(230), 제갈량은 위연을 시켜 서쪽으로 강중(羌中)으로 진격케 했는데, 위연은 위(魏)의 장수와 싸워 대파했고, 위연은 전군사(前軍師) 정서대장군(征西大將軍)으로 승진하고 제후가 되었다.

○ 제갈량과 위연은 불신임

위연(魏延)이 제갈량을 따라 출병할 때마다, 위연은 1만 명 군사를 요청하여 제갈령과는 다른 길로, 한신(韓信)이 옛날에 했던 것처럼 진격하여 동관(潼關)[628]에서 합류하고자 하였으나 제갈량은 위연을 견제하며 허락하지 않았다. 위연은 늘 제갈량이 겁이 많다고 하면서, 자신의 재능을 다 발휘하지 못하는 것을 한탄하였다.

---

628 潼關(동관) ─ 지금의 陝西省 동남부 渭南市 관할 潼關縣 북쪽의 관문. 北東쪽으로 黃河에 연접. 후한 建安 원년(서기 196년)에 건립.

위연은 사졸을 잘 대우하였고 용맹이 남보다 뛰어났지만, 오만하고 우쭐대는 성격이라서 그 당시에 그의 부하가 되는 것을 모두가 싫어하였다. 그리고 양의(楊儀)는 위연에게 조금도 양보하지 않았기에, 위연은 크게 분노하면서 마치 물과 불처럼 상극이었다.

후주 건흥 12년(234), 제갈량은 북벌에 나서면서 위연을 선봉장으로 삼았다. 위연은 본영에서 10리를 더 나가 군영을 설치했는데, 밤에 머리에 뿔(角)이 난 꿈을 꾸자, 조직(趙直)에게 해몽을 부탁하자, 조직이 거짓으로 말했다.
"기린(麒麟)은 뿔이 있지만 쓸모가 없으니, 이번은 싸우지 않고 적군이 스스로 물러날 형상입니다."
그리고 물러 나와서는 다른 사람에게 말했다.
"각(角)이란 글자는 칼(刀) 아래에 용자(用字)이다. 머리 위에 칼이 있으니 아주 흉한 일이다."

○ 제갈량 사후에

가을(8월)에, 제갈량은 병이 심해지자, 은밀히 장사(長史)인 양의(楊儀), 사마(司馬)인 비의(費禕), 호군(護軍)인 강유(姜維) 등을 불러 자신이 죽은 이후 군사를 후퇴하는 방안을 논의하면서, 위연을 맨 뒤에 남겨 후방을 차단케 하고, 강유가 거느린 군사가 위연 부대의 앞에서 철수하되, 만약 위연이 명령을 거부하더라도 부대는 그대로 출발하라고 지시하였다.

제갈량이 곧 죽자, 이를 숨겨 발상(發喪)하지 않고, 양의는 비의를 위연의 진영에 보내 위연의 속셈을 헤아리게 하였다.

이에 위연이 말했다.

"비록 승상이 죽었더라도, 나는 이렇듯 건재합니다. 승상부의 관리를 시켜 영구를 모시고 돌아가 장례를 치르게 하고, 우리는 군사를 거느리고 적을 공격해야지, 어찌 한 사람이 죽었다 하여 나라의 큰일을 그만둘 수 있겠습니까? 그리고 또 위연이 누구인데 양의의 지휘를 받아 뒤에 남아 적을 차단해야 합니까!"

그러면서 위연은 비의와 함께 공격과 잔류할 부대를 분류하고 그 문서에 비의와 함께 나란히 서명한 뒤에, 이를 여러 장수에게 알리도록 했다.

이에 비의가 위연을 속였다.

"당장 돌아가서 장군의 뜻을 장사(長史)인 양의에게 알리겠는데, 양의는 문리(文吏)라서 군사 작전을 잘 모르지만 그래도 절대로 명을 어기지 않을 것입니다."

비의는 위연의 군영을 나와 말을 달려 돌아왔고, 위연은 곧바로 비의를 보내준 것을 후회하며 추격케 하였으나 따라잡지 못했다.

위연은 사람을 보내 양의(楊儀)를 엿보게 하였는데, 제갈량이 지시한 대로 모든 군영이 순차적으로 철군한다는 사실을 알았다. 이에 위연은 대노하면서 양의가 출발하기 전에 휘하 부대를 인솔하여 지름길로 먼저 남쪽으로 내려가서 양의의 군사가 통과할 각도(閣道, 잔도棧道)를 태워버렸다.

위연과 양의가 반역했다고 올리는 표문이 같은 날에 긴급 문서로 조정에 들어왔다.

후주는 이를 시중(侍中)인 동윤(董允)[629]과 유부장사(留府長史)인 장완(蔣琬)에게 물었고, 장완과 동윤은 양의를 지지하면서 위연을 의심하였다. 양의 등 여러 장수는 산에 나무를 베어 길을 만들어가며 밤낮으로 빨리 행군하여 위연의 부대에 근접하였다. 먼저 도착한 위연은 남곡구(南谷口)를 점거하고 군사를 내어 양의 등을 맞아 공격케 하였고, 양의 등은 하평(何平)을 시켜 앞서 나가 위연을 막게 하였다.

그러자 하평은 높은 곳에 먼저 올라 위연을 질책하였다.

"승상이 돌아가시어 몸이 아직 식지도 않았거늘, 너희들이 어찌 감히 이럴 수가 있나!"

위연의 사졸들은 잘못이 위연에게 있다며, 위연의 명을 따르지 않고 모두가 흩어졌다. 위연은 그 아들과 몇 명을 데리고 도망하여 한중군(漢中郡)으로 달아났다.

양의는 마대(馬岱)[630]를 보내 위연을 죽였고, 위연의 수급이 양

---

629 동윤(董允, ?-246, 字 休昭) - 董和(동화, 字 幼宰) 蜀漢 大臣. 蔣琬(장완), 費禕(비의)와 함께 제갈량 사후 촉한의 정치를 담당. 동윤이 살아있는 동안 환관 黃皓(황호)는 나쁜 짓을 못했다.

의에게 보내지자, 양의는 위연의 머리통을 밟고서 말했다.

"바보 같은 놈!(庸奴) 그래도 나쁜 짓을 또 할 텐가?"

그리고 위연의 삼족을 몰살했다.

위연의 본뜻은 북쪽으로 가서 위(魏)나라에 항복할 생각이 없었고, 군사를 이끌고 남쪽으로 (양의보다 먼저) 내려온 것은 양의 등을 죽이려는 계획이었다. 평소에 여러 장수들과 생각이 달랐던 위연은 제갈량의 후임으로 자신이 적합하다는 여론을 기대했었다. 그것이 위연의 본뜻이었다. 이상《정사 삼국지 촉서(蜀書) 10권, 유팽요이유위양전(劉彭廖李劉魏楊傳)》

(2) 마씨 형제 – 마량과 마속

1) 마량

○ 마씨 오상(五常)

마량(馬良)[631]의 자(字)는 계상(季常)으로, 양양군(襄陽郡) 의성현

---

630 馬岱(마대, 183–?) – 司隸 右扶風 茂陵 출신. 馬騰(마등)의 조카, 馬超(마초)의 사촌 동생.

631 馬良(마량, 187–222년, 字는 季常) – 荊州 襄陽郡 宜城縣(今 湖北省 북부 襄陽市(襄樊市) 관할 宜城市) 사람. 蜀漢 劉備의 侍中. '馬氏五常(마씨오상), 白眉最良(백미최량)'의 주인공. 222년 劉備가 東吳 원정할 때, 馬良은 武陵郡 일대 五溪蠻夷(오계만이)를 귀순

(宜城縣) 사람이다. 그 형제 5인이 모두 뛰어난 재주로 소문났지만, 향리(鄕里)에서는 '마씨(馬氏)의 5상(常) 형제 중 백미(白眉)인 마량(馬良)이 제일 뛰어났다.'고 말하였다.

이는 마량의 흰 털 눈썹을 두고 한 말이었다.

유비가 형주를 차지하자, 마량을 불러 종사(從事)로 임명했다. 유비가 촉군(蜀郡)에 들어가자, 제갈량도 마찬가지로 뒤따랐고, 마량은 형주를 지키면서 제갈량에게 서신을 보냈다.

「듣기로는, 낙성(雒城)[632]을 공격, 함락시켰다 하니, 이는 하늘이 내린 복입니다. 존형[633]께서는 시운에 따르시며 정사를 보필하시어 나라를 빛낼 대업을 성취하셔야 하나니, 그 징조가 출현한 것입니다. 상황의 변화에 따라 깊이 사려하시고, 형세에 따라 친히 용단을 내리시며, 인재의 선발과 등용 또한 시의(時宜)에 따라야 할 것입니다. 만약 광채 나는 지혜로 먼 곳 만인까지 기꺼이 찾아오게 하고, 숭고한 덕행을 세상에 널리 펴시어, 백성들이 정도를 따르게 하고, 고아(高雅)한 정음(正音)을 고루 펴시며, 정(鄭)

케 하여 그들의 지원을 이끌어냈지만, 유비가 夷陵之戰(이릉지전)에서 패퇴하면서 마량도 전사했다. 《蜀書》9권, 〈董劉馬陳董呂傳〉에 입전.

[632] 지금의 四川省 成都 평원 동북, 德陽市 관할 廣漢市.
[633] 마량과 제갈량이 의형제를 맺었거나 서로 친밀한 관계에서 제갈량이 연장자라서 존형(尊兄)이라 칭했을 것이다.

과 위(衛)의 음란한 음악을 바로잡고, 모든 백성이 국가 대사에 협조하고 서로 침탈하지 않게 하신다면, 이는 관현(管絃)의 조화를 이룬 백아(伯牙)⁶³⁴나 사광(師曠)⁶³⁵의 연주와 같을 것입니다. 제가 종자기(鍾子期)처럼 지음(知音)은 아니지만, 어찌 찬탄(讚嘆)하지 않을 수 있겠습니까!」

유비는 마량을 불러 좌장군연(左將軍掾, 좌장군 속관)으로 임명하였다.

○ 사신으로 간 마량

뒷날 마량은 동오(東吳)에 사신으로 갔는데, 손권은 마량을 우대했다. 유비가 제위에 오른 뒤, 마량은 시중(侍中)이 되었다. 선주가 동오(東吳)를 원정할 때, 선주는 마량을 파견하여 무릉군(武陵郡) 지역에 들어가 오계(五溪)의 만이를 초무(招撫)하게 하였는데, 만이의 수장들은 모두 촉한(蜀漢)의 인수와 작호를 받고 모두 촉한에 협력하였다. 그러나 선주가 이릉(夷陵)의 전투에서 패전하면서 마량 역시 살해당했다. 선주는 마량의 아들 마병(馬秉)을

---

634 伯牙(백아) − 春秋 晉國 大夫, 伯氏, 伯雅. 저명한 琴師, 七弦琴을 잘 타고 鍾子期(종자기)와 知音의 故事가 있다. 伯牙의 事跡은 《列子 湯問篇》,《荀子 勸學》 등에 기록이 있다.

635 師曠(사광, 기원전 6세기 경, 字는 子野) − 晉國 羊舌(양설)을 食邑으로 받은 음악가. 師曠은 태어나면서 無目이라서 '盲臣' 이라 자칭. 음률에 정통했던 晉國의 大夫, 彈琴을 잘했다.

기도위(騎都尉)에 임명했다.

2) 마속

o 말이 지나치다

마량(馬良)의 동생 마속(馬謖, 일어날 속)[636]의 자(字)는 유상(幼常)인데, 형주목(荊州牧)의 종사(從事)였다가 유비를 따라 촉군에 들어왔고, 광한군(廣漢郡) 면죽(綿竹)과 촉군(蜀郡) 성도(成都)의 현령과 월수군(越嶲郡)[637] 태수를 역임했다. 재능과 기량이 남보다 뛰어났고 군사 전략에 대한 논의를 즐겨했는데, 승상 제갈량(諸葛亮)도 능력을 인정하며 특별하다고 생각하였다.

그러나 선주는 붕어 직전에 제갈량에게 "마속은 말이 실제보다 지나쳐서 크게 쓸 수 없으니, 승상이 살펴보기 바라오!"라고 말했다.

그러나 제갈량은 그렇지 않다고 생각했고 자주 마량을 불러 담론하기를 낮부터 밤까지 계속하였다.

후주 건흥 6년(서기 228), 제갈량의 기산(祁山)에 출병하였는데

---

636 馬謖(마속, 190 - 228년, 字는 幼常) - 謖은 일어날 속. 빼어나다. 侍中 馬良의 아우. '馬氏五常'의 한 사람. 劉備가 臨終 전에 '총명재기(聰明才氣)하나 爲人이 언과기실(言過其實)하니 중임을 맡길 수 없다.' 고 하였다.

637 越嶲郡(월수군)의 치소는 邛都縣(공도현), 今 四川省 남부 西昌市.

(제갈량의 1차 북벌), 그
때 숙장(宿將)으로 위연과
오일(吳壹) 등이 있었고,
많은 사람들은 그들 중에
골라 선봉을 삼아야 한다
고 생각했지만, 제갈량은
중론과 달리 마속을 발탁
하여 대부대를 거느린 선
봉장으로 삼았다.

마속은 위장(魏將) 장
합(張郃)과 가정(街亭)[638]
에서 싸웠지만 장합에게
격파되었으며 사졸(士卒)
은 흩어졌다. 제갈량은
근거지를 잃었기에 진격
할 수가 없어 퇴군하여
한중군(漢中郡)으로 돌아

마속(馬謖) 〈출처: 위키백과〉
명대(明代)《삼국연의(三國演義)》중의 마속(馬謖)

왔다. 마속은 패전의 책임으로 하옥되어 처형되었고, 제갈량은
마속 때문에 눈물을 흘렸다. 마량은 36세에 죽었고, 마속은 39세

---

638 祁山(기산)은, 今 甘肅省 남단 隴南市 관할 禮縣(예현). 街亭(가정)
은, 今 甘肅省 남부 天水市 관할 秦安縣 隴城鎭(농성진)에 해당.

에 죽었다.

(3) 촉의 충신 – 장완, 비의, 강유

1) 장완

○ 제갈량의 후임으로 적합

장완(蔣琬)[639]의 자(字)는 공염(公琰)으로, 영릉군(零陵郡) 사람이다.

장완은 형주(荊州)의 서좌(書佐)로 선주(先主, 유비)를 따라 입촉(入蜀)하여 촉군(蜀郡) 광도현(廣都縣) 현장이 되었다. 언젠가 유비가 관내를 순시하다가 갑자기 광도현에 들렀는데, 장완은 업무를 처리하지도 않았고, 또 술에 크게 취해 있어 유비가 대노하며 처형하려고 하였다.

이에 군사장군(軍師將軍)인 제갈량이 말했다.

"장완은 사직을 떠받칠 대기(大器)이지, 백리(百里)를 다스릴 인재가 아닙니다. 그 사람의 정사(政事)는 안민(安民)을 바탕으로 삼을 뿐 겉을 꾸미지 않으니, 주공께서 거듭 살펴보시기 바랍니다."

---

639 蔣琬(장완, ?-246년, 字는 公琰) – 蔣은 풀이름 장. 성씨. 琬은 아름다운 옥 완. 蜀漢의 重臣. 蜀漢 四英(四相, 諸葛亮, 蔣琬, 費禕, 董允)의 한 사람. 제갈량이 죽은 뒤에 대장군이 되어 후주 보필. 군정 대권을 장악. 폐관식민(閉關息民) 정책을 추진하여 國力이 대증했다. 大司馬 역임.

유비는 평소에 제갈량을 공경했기에, 장완을 벌하지는 않고 바로 면직시켜 버렸다.

장완이 면직된 뒤, 어느 날 밤 꿈에 소의 머리가 대문에 걸려 있고 그 밑에 피가 고여 있는 꿈을 꾸고 마음에 심히 언짢아서 해몽을 잘하는 조직(趙直)에게 해몽을 부탁했다.
이에 조직이 말했다.
"꿈속에 피를 보았다면, 이는 분명하다는 뜻입니다. 소의 두 뿔과 코는 '公' 자(字)의 형상이니, 필히 삼공(三公)에 오를 것이라는 대길(大吉)의 징조입니다."
얼마 뒤, 장완은 십방현(什邡縣) 현령이 되었다. 유비가 한중왕(漢中王)이 되자(서기 219년), 장완은 조정에 들어가 상서랑(尙書郞)이 되었다.

후주 건흥 원년(서기 223), 승상 제갈량은 승상부를 열고, 장완을 불러 동조연(東曹掾)에 임명하였다.
장완은 무재(茂才)로 천거되었는데, 장완이 다른 사람에게 양보하려 하자, 제갈량이 타일러 말했다.
"생각해 보면, 사람이 배친(背親)하거나 덕행을 버린다면, 누구나 그런 사람을 아까워하지 않을 것이요. 군(君)은 이번 나의 천거가 청렴에 바탕을 두었고, 또 군(君)의 능력을 중시했다는 점을 증명해야 합니다."

후주 건흥 5년(227), 제갈량은 한중군(漢中郡)에 주둔하고 있었는데, 장완은 승상부에 남아 업무를 처리했다. 건흥 8년, 승상부 장사(長史)가 되었다. 제갈량이 자주 출병했기에, 장완은 늘 군량과 보충병을 알아서 공급하였다.

이에 제갈량은 "장완은 그 뜻이 충성스럽고도 고아하니, 나와 함께 왕자(王者)의 대업을 도와 성취할 만하다."고 말했다.

제갈량은 후주에게 은밀히 표문을 올려 "만약 신(臣)에게 불행한 일이 있다면 후사(後事)를 장완에게 맡기면 됩니다."라고 했다.

○ 도량이 넓은 장완

제갈량이 죽자(234), 장완(蔣琬)은 상서령이 되었고, 익주자사를 겸임했다가 대장군으로 승진하며 상서사(尙書事)를 감독하였다. 그때 제갈량이 죽은 지 얼마 안 되어 원근의 관리 모두가 두려움을 느끼고 있었다. 장완은 특별히 높이 발탁되어 모든 신하의 윗자리에 있었지만 두려움이나 기쁜 안색도 없이 마음가짐과 행동이 평상시와 다름이 없었고, 이후 백성은 중망(衆望)이 점점 늘어났다.

239년에, 장완은 대사마(大司馬)가 되었다.

대장군부(大將軍府)의 동조연(東曹掾)[640]인 양희(楊戲)는 평소에

---

[640] 승상부나 대장군부에 東曹, 西曹의 부서가 있고, 그 우두머리를

소탈하여 장완과 대화를 할 때 가끔 응답하지도 않았다.

어떤 사람이 양회를 헐뜯으며 장완에게 말했다.

"공(公)께서 양회와 대화할 때 양회가 응답하지 않는다면, 이는 윗사람을 무시하는 것인데 좀 심하지 않습니까!"

이에 장완이 말했다.

"사람 얼굴이 다르듯 마음도 다르고, 면전에서는 복종하지만 돌아서서 헐뜯는 것을 옛사람도 조심하라고 하였습니다. 양회가 나를 옳다고 칭송하려 했다면 아마 본심이 아니고, 내 말이 틀렸다고 하면 나의 잘못을 드러내는 것이기에 아마 말을 하지 않았을 것이니, 이는 양회가 본심을 숨기지 않은 것입니다."

또 독농(督農)이던 양민(楊敏)이 장완에 대한 험담을 하며 "일처리가 분명하지 않으니(憒, 심란할 궤) 정말 전임자만 못하다."고 말했다.

어떤 사람이 이를 장완에게 말하며 양민의 죄를 추궁해야 한다고 말했다.

이에 장완이 말했다.

"나는 사실 전임자만 못하니, 그가 나쁘다고 추궁할 수 없다."

장완의 병은 점점 위독하여 후주 연희(延熙) 9년(46)에 죽었는데, 시호는 공후(恭侯)였다.

掾(도울 연)이라 했다. 서조는 2천 석 이상 長吏나 軍吏의 승진이나 임명 관련 업무를, 동조는 승상부에서 관리 천거나 선발을 담당했다.

2) 비의

　○ 비의의 능력

　비의(費禕)[641]는 강하군(江夏郡) 맹현(鄳縣) 사람이다. 어려서 부친을 여의고 족부(族父)인 비백인(費伯仁)에게 의지하였다. 비백인의 고모는 익주목(益州牧)인 유장(劉璋)의 모친이었다.

　유장은 비백인에게 비의를 데리고 촉군(蜀郡)에 들어가 유학(遊學)케 하였다. 마침 유비가 촉군을 차지하면서 비의는 익주의 땅(촉)에 머물렀는데 자못 명성이 있었다.

　선주가 태자를 책립하자, 비의는 태자사인(太子舍人)이 되었다가 태자서자(太子庶子)가 되었다. 후주가 제위에 오르자(223), 비의는 황문시랑이 되었다.

　승상 제갈량이 남방원정에서 돌아올 때, 많은 신하들이 수십 리 되는 곳까지 나가 영접했는데, 연령이나 관직이 비의보다 높은 사람이 많았지만 제갈량은 특별히 비의를 불러 동승하였는데, 이후 사람들은 비의를 다시 보지 않은 사람이 없었다.

　제갈량이 남방원정에서 돌아온 이후 비의는 동오(東吳)에 사신

---

641 費禕(비의, ?-253년, 字는 文偉) - 費가 성씨. 禕는 아름다울 의. 荊州 江夏郡 鄳縣(맹현), 今 河南省 동남부 信陽市 관할 羅山縣 출신. 제갈량의 신임이 두터웠다. 蜀漢四英(四相, 諸葛亮, 蔣琬, 費禕, 董允)의 한 사람. 《蜀書》14권, 〈蔣琬費禕姜維傳〉에 입전.

으로 갔다.

　손권은 농담을 좋아하여 아무 때나 사람을 조롱하였고, 손권의 신하 제갈각(諸葛恪)과 여러 사람들은 재능이 뛰어나고 박식했으며 변론에 능하였는데, 비의는 논란이 어디로 행하든 온순한 언사와 독실한 대의(大義)로 사리에 맞게 대답하였기에 끝내 굴복하지 않았다.

　이에 손권도 비의를 크게 인정하면서 비의에게 말했다.

　"군(君)의 아름다운 덕행은 천하에 제일이니, 필히 촉(蜀) 조정의 대신이 될 것이나, 혹 자주 못 볼지 걱정이요."

　비의는 촉으로 돌아와 승진하여 시중(侍中)이 되었다. 제갈량은 북벌에 나서 한중(漢中)에 주둔하면서 비의를 불러 참군(參軍)으로 삼았다. 비의는 후주의 뜻에 따라 동오(東吳)에 사신으로 자주 나갔다.

　건흥 8년(서기 230), 비의는 중호군(中護軍)이 되었다가 뒤에 다시 사마(司馬)가 되었다.

　○ 비의의 중재

　장군 위연(魏延)과 장사(長史)인 양의(楊儀)가 서로를 증오하였다. 그들이 한자리에서 논쟁을 벌일 때마다 위연이 칼을 잡고 양의를 협박하면, 양의는 많은 눈물을 쏟기도 하였다. 그럴 경우 비의는 그 중간에서 사리를 따져 판별하거나 가르쳐 주었다. 그리하여 위연과 양의 두 사람이 자기 능력을 다 발휘할 수 있었던 것은, 모두 비의가 바로잡아준 덕분이었다.

제갈량이 죽자, 비의는 후군사(後軍師)가 되었다. 얼마 뒤에 비의는 장완의 후임으로 상서령이 되었다. 장완이 한중군에서 부현(涪縣)에 돌아와 주둔할 때, 비의는 대장군으로 승진했고 상서(尙書) 업무를 감독하였다.

후주 연희(延熙) 7년(서기 244), 위군〔魏軍, 대장군 조상(曹爽)〕이 흥세(興勢, 山名)에 침입하자, 비의에게 군사를 동원하여 방어케 하였다. 그때 광록대부(光祿大夫)인 내민(來敏)[642]이 비의에게 처소에 찾아와 전별 인사를 하며 함께 바둑을 두자고 청했다.

그런데 긴급을 알리는 격문이 교대로 들어오면서 수행원과 전마(戰馬), 수레 등의 준비가 끝났다. 그러나 비의는 바둑에 열중일 뿐, 아무런 싫증도 내지 않았다.

이에 내민이 말했다.

"이는 그냥 장군을 시험해 본 것입니다. 장군은 정말 믿을 만하니, 틀림없이 적을 물리칠 것입니다."

비의가 전방에 도착했을 때는 적은 퇴각한 뒤였다.

장완이 굳이 익주자사의 직책을 사양하여 비의가 다시 익주목

---

[642] 來敏(내민) – 언어가 정제되지 않은 학자였다. 《蜀書》 12권, 〈杜周杜許孟來尹李譙郤傳〉에 입전.

사(益州刺史)를 겸임하였다. 비의의 국가를 위한 공적과 명성은 대략 장완과 비슷하였다.

연희 11년(247), 비의는 출병하여 한중(漢中)에 주둔하였는데, 장완과 비의가 전방에 나가 있더라도 상벌과 재판이나 형벌은 멀리까지 와서 자문을 구한 뒤에 집행하였는데 그 정무 판단의 신임이 이와 같았다.

○ 비의의 비극

그 뒤 연희 14년 여름, 비의는 성도(成都)로 돌아왔는데, 성도에서 망기(望氣)하는 자[643]는 도읍(成都)에는 재상의 자리가 없다 하여 겨울에는 다시 한수(漢壽)에 주둔하였다.

연희 15년(252), 후주는 비의에게 대장군부(大將軍府)를 개설케 했다.

연희 16년(253), 정초에 대소 신하가 모두 모여 하례하는데, 위(魏)에서 투항한 곽순(郭循)도 참석했다. 비의는 기쁘게 마셔 취했고 곽순의 칼에 살해되었는데, 시호는 경후(敬侯)였다.

아들 비승(費承)이 작위를 계승했는데, 황문시랑(黃門侍郞)이었고, 동생 공(비공費恭)은 공주와 결혼하였다. 비의의 장녀는 태자 유선(劉璿, 후주의 아들)과 결혼하여 태자비가 되었다.

---

643 望氣者 – 하늘의 雲氣를 보고 길흉을 점치는 術士.

3) 강유

○ 강유의 투항

강유(姜維)⁶⁴⁴의 자(字)는 백약(伯約)으로, 천수군(天水郡) 치소인 기현(冀縣) 사람이다. 젊어 부친을 여의고 모친과 살았는데, 정현(鄭玄)의 유학을 좋아하였다.

군(郡)에 출사했다가 나중에 양주(涼州)자사부의 부름을 받아 종사(從事)가 되었다.

후주 건흥 6년(228), 승상 제갈량의 군사는 기산(祁山)에 출병하였는데, 그때 천수군의 태수는 마침 관내를 순시 중이었고, 강유는 태수를 수행하였다.

태수는 촉군(蜀軍)이 막 도착했고, 여러 군현에서 제갈량에게 협조한다는 사실을 알고, 태수는 강유 등이 딴마음을 품었을 것이라 생각하여, 밤에 혼자 몸을 빼내 상규현(上邽縣)으로 가버렸

---

644 강유(姜維, 202-264년, 字는 伯約)는 涼州 天水郡 冀縣(今 甘肅省 天水市 甘谷縣) 출신. 蜀漢의 장수, 본래는 曹魏의 天水郡 중랑장, 촉한에 투항, 제갈량의 인정을 받았다. 제갈량 사후에 蜀漢의 軍權을 쥐고 전후 11차례나 伐魏에 나섰다. 사마소가 촉한을 멸망시킬 때, 강유는 劍閣(검각)에서 鍾會(종회)를 막고 있었으나 鄧艾(등애)가 陰平(음평) 小路(소로)를 지나 成都를 함락시켰고, 後主 유선(劉禪)의 투항을 받았다. 종회는 등애를 제거한 뒤, 강유와 그 군사를 거느리고 위를 정벌하려는 반역을 꾸몄고, 강유도 딴 뜻을 품고 종회에 동조하였지만 종회의 부하들이 반기를 들면서 난군 속에서 62세로 죽었다. 《蜀書》 14권, 〈蔣琬費禕姜維傳〉에 立傳.

다. 강유 등은 태수가 떠난 것을 알고 따라갔으나 잡지 못하고 늦게 상규현 성문에 도착했지만 성문은 이미 닫혔고 받아주지도 않았다. 강유 등은 다시 모두 함께 기현(冀縣)으로 갔지만, 역시 들어갈 수가 없었다.

이에 강유는 제갈량의 군영에 가서 투항했다.

○ 제갈량이 인정한 강유의 능력

그 무렵 마속(馬謖)이 가정(街亭)에서 패전하였다. 제갈량은 서현(西縣)의 1천여 민호와 강유 등을 데리고 촉으로 돌아갔기에 강유는 모친과 결국 헤어져야만 했다.

제갈량은 강유를 창조연(倉曹掾)에 임명하고, 가관(加官)으로 봉의장군(奉義將軍)의 직함을 내렸는데, 그때 강유는 27세였다.

제갈량은 장완에게 서신을 보내 말했다.

「강유는 성실하게 직분을 수행하며 사려가 정밀한데, 그 사람의 재능을 살펴보면 계상(季常, 白眉 馬良) 등도 따라갈 수 없으니, 강유는 양주(涼州)의 으뜸가는 사인(士人)이다.」

또 말했다.

「우선 강유에게 중호보병(中虎步兵) 5, 6천 명을 훈련시키게 하라. 강유는 군사에 특히 명민하고 담략도 뛰어나며 병법을 잘 이해하고 있다. 이 사람의 마음은 한(漢)에 대한 충성뿐이며 재능은 보통 사람보다 뛰어나다. 군사 훈련이 끝나면 바로 조정에 데리고 들어가 주상(主上)을 알현할 것이다.」

그 뒤에 강유는 중군감(中監軍)으로 정서장군(征西將軍)이 되었다.

○ 강유의 전공(戰功)

건흥 12년(234), 제갈량이 죽자, 강유는 성도(成都)로 돌아와 우감군(右監軍)에 보한장군(輔漢將軍)이 되어 모든 군사를 통제하였다.

후주 연희(延熙) 원년(238), 대장군 장완을 수행하여 한중(漢中)에 주둔했다. 장완은 대사마로 승진했다. 강유는 사마가 되어 단위부대를 거느리고 자주 서쪽에 출병하였다.

연희 6년, 진서대장군(鎭西大將軍)으로 승진했고 양주(涼州)자사를 겸임했다.

연희 10년(247), 위장군(衛將軍)으로 승진, 대장군 비의와 함께 상서사(尙書事)를 감독하였다. 이 해에, 문산군(汶山郡) 평원현(平康縣)의 만이들이 반기를 들자, 강유는 군사를 동원하여 토벌, 평정하였다.

연희 12년(249), 강유는 부절을 받고 다시 (양주涼州) 서평군(西平郡)[645]에 출병했지만 이기지 못하고 돌아왔다. 강유는 자신이 서방(西方)의 풍속을 잘 알고, 또 자신의 재능에 자부심을 가지고 있어 여러 강족(羌族)이나 호인(胡人)들을 달래어 우익(羽翼)으로

---

645 西平郡의 郡治는 西都縣, 今 靑海省 동부 西寧市.

삼을 수 있다고 생각하여 농산(隴山) 서쪽의 땅을 잘라 차지할 수 있다고 말하였다. 그래서 매번 대군을 출동시키고자 했으나 비의(費禕)는 늘 강유를 억제하며 군사를 1만여 명 정도만 내주었다.

연희 16년(253) 정월, 비의가 피살되었다. 여름에, 강유는 수만 군사를 거느리고 위(魏)의 남안군(南安郡)을 포위했다. 강유는 군량이 떨어져 귀환하였다.

다음 해, 강유는 가관(加官)을 받아 중외(中外)의 모든 군사를 감독하였다. 강유는 다시 농서(隴西)에 출병하였고, 승승장구하자 많은 적군이 투항했고, 강유는 하문(河間), 적도(狄道), 임조(臨洮) 등 3개 현의 백성을 이끌고 돌아왔다.

다음 해 18년(255), 강유는 다시 거기장군(車騎將軍)인 하후패(夏侯霸) 등과 함께 적도현에 출병하여 위(魏) 옹주(雍州)자사인 왕경(王經)[646]을 조서(洮西)에서 대파했다.

---

646 王經(왕경, ?-260년, 字는 彦緯) - 장군으로 강유에게 대패했었다. 조정의 고관이었는데, 황제 高貴鄉公 曹髦(조모)가 司馬昭를 공격할 때, 왕경은 曹髦 편에 섰기에 사마소에 잡혀 모친과 함께 처형되었다. 왕경은 처형 전에 어머니 앞에 눈물을 흘리며 말했다. "어머니 말씀을 안 들어 이 지경이 되었습니다." 이에 그 어머니는 안색을 바꾸지도 않고 웃으며 말했다. "사람이 누군들 안 죽느냐? 너는 사람의 아들로 효도를 다했고 신하로서 충성을 다했다. 효도하고 충성했으니, 네가 내게 무슨 걱정을 끼쳤느냐?" 《世說新語 賢媛》

연희 19년(256), 강유는 다시 대장군으로 승진했다. 강유는 다시 부대와 마필을 정비하고서 진서대장군(鎭西大將軍) 호제(胡濟)와 (천수군) 상규현(上邽縣)⁶⁴⁷에서 회동하기로 약조했다. 그러나 호제가 약속을 못 지켜 오지 않았기에, 강유는 위(魏) 대장 등애(鄧艾)에게 단곡(段谷)에서 격파당해 뿔뿔이 흩어졌고 아주 많은 군사가 죽었다. 이 때문에 많은 사람들이 강유를 원망했으며 농현(隴縣) 서쪽 지역도 동요하며 평온치 못하였다. 강유는 패전의 책임을 지고 자신의 관직을 사임하겠다고 하였다. 강유는 후장군(後將軍)으로 강등되어 대장군사(大將軍事)를 대리하였다.

연희 20년(257), 위(魏)의 정동대장군(征東大將軍) 제갈탄(諸葛誕)⁶⁴⁸이 회남군(淮南郡)에서 반란을 일으키자, 위(魏)에서는 관중

---

647 (天水郡, 漢陽郡) 上邽縣은, 今 甘肅省 동남부 天水市.

648 諸葛誕(제갈탄, ?-258년, 字는 公休) - 琅邪郡 陽都縣人〔今 山東省 남부 臨沂市(임기시)〕. 蜀漢 諸葛亮과 東吳 諸葛瑾의 堂弟, 서기 256년에 東吳의 군사가 위를 침략하자, 제갈탄은 壽春 방어를 위하여 10만 군사가 더 필요하며, 淮水 주변에 축성하여 적의 침입에 대비해야 한다고 요청하면서, 내심으로는 회남 일대를 완전 장악하려고 했다. 甘露 2년 5월(서기 257), 조정에서는 제갈탄을 司空에 임명하였다. 제갈탄은 조서를 받고 더욱 두려워하면서 결국 반기를 들었다. 제갈탄은 淮南 및 淮北의 각 군현의 둔전하는 10만 군사와 揚州에서 새로이 징발한 군사 4, 5만 명을 모으고, 1년을 버틸 군량을 거둬 비축한 뒤에 수춘 성문을 폐쇄하고 반란을 계속했지만 고립무원으로 곧 멸망했다. 《魏書》 28권, 〈王毌丘諸葛鄧鍾傳〉에 입전.

(關中)의 군사를 나눠 동쪽으로 보냈다. 강유는 이 틈을 이용하여 관중을 차지하고자 다시 수만 군사를 데리고 낙곡(駱谷)을 출발해서 소로를 이용하여 침령(沈嶺)에 도착했다. 그때 장성(長城)이란 곳에는 비축한 군량은 많았지만 지키는 군사가 적었는데 강유의 내침 소식에 모두가 두려워하였다. 그러나 위(魏) 대장군 사마망(司馬望)이 강유를 막았고, 등애(鄧艾)도 농우(隴右)에서 이동하여 장성(長城)에 주둔하였다. 강유는 망수(芒水)란 곳에 진출하여 산기슭을 이용하여 군영을 지었다. 사마망과 등애는 위수(渭水) 가에 견고한 군영을 만들었는데, 강유가 여러 번 도전하였지만 사마망과 등애는 응전하지 않았다.

경요(景耀) 원년(258), 강유는 제갈탄이 패망했다는 소식을 듣고 바로 성도(成都)로 회군했다. 강유는 다시 대장군이 되었다.

○ 촉의 멸망

경요(景耀) 5년(262), 강유는 출병했지만 등애(鄧艾)에게 격파되어 답중(沓中)[649]으로 돌아와 주둔하였다.

강유는 본래 다른 나라에서 촉을 찾아와 의탁한 사람이었고, 여러 해 동안 원정을 벌렸어도 뚜렷한 공을 세우지 못했다. 그런데 환관 황호(黃皓)[650]는 조정에서 권력을 농단했고, 우대장군(右

---

649 답중(沓中) - 요새 이름. 今 甘肅省 동남 隴南市 관할 文縣. 강유는 여기서 둔전했었다.

650 황호(黃皓, 생졸 연도 미상) - 후주 유선이 총애한 환관. 董允(동윤, ?

大將軍)인 염우(閻宇)는 황호와 짝이 되어 협조했는데, 황호는 은
밀히 강유를 제거하고 염우를 심으려 했다. 강유 또한 황호를 의
심하며 다시는 성도(成都)로 돌아가지 않았다.

한 달쯤 지나, 강유는 등애에게 패전하여 음평으로 후퇴하여
주둔했다. 종회(鐘會)는 한성(漢城)과 낙성(樂城)을 포위 공격하면
서 별장을 보내 양안관구를 공격케 하였는데, (수장守將인) 장서
(蔣舒)는 성문을 열고 나와 투항했고, 부첨(傅僉)은 육박전을 벌이
다가 죽었다.

종회는 낙성을 공격했지만 점령할 수가 없었다. 종회는 양안
(陽安) 관구(關口)가 함락되었다는 소식을 듣고 (낙성을 버려두고)
대군을 몰아 진격했고, (촉의) 장익과 동궐은 겨우 한수(漢壽)에
도착했으며, 강유와 요화는 음평(陰平)을 포기하고 퇴각하였다.
장익은 동궐과 합세한 뒤에 모두 퇴각하여 검각(劍閣)⁶⁵¹을 지키

―246년, 字는 休昭)은 재직 중에는 후주에게 자주 간언을 올리고
황호를 억제했었다. 동윤이 去世 후에 황호는 발호했고, 姜維(강
유)도 후주에게 황호를 죽여야 한다고 말했지만, 후주는 따르지
않았다. 오히려 강유가 畓中(답중)에 머물며 황호를 피했다. 魏將
등애가 유선의 투항을 받고 황호를 죽이려 했지만, 황호는 금은
으로 등애를 매수하여 화를 면했다. 후주를 따라 낙양까지 갔고,
司馬昭의 명에 의해 황호는 처형되었다.

651 劍閣(검각, 劍門閣)―당시 梓潼郡 漢德縣 소재 關門. 今 四川省 북
동부 廣元市 관할 劍閣縣. 甘肅省 남부와 四川省 간의 교통요지.

며 종회를 방어하였다.

종회는 강유에게 서신을 보냈다.

「공(公)은 문무지덕(文武之德)을 겸비하였고, 세상을 이끌 지략을 품었으며, 파촉(巴蜀)과 한중(漢中)에서 공을 세워 중원(中原)까지 명성을 날려 원근의 모두가 공의 대명(大名)을 따라 귀부하려고 합니다. 그리고 늘 고사(古事)를 회념하시며 큰 교화를 이룩하셨으니, 이는 오(吳)의 계찰(季札)이나 정교(鄭喬, 정자산)[652]와 같을 것입니다.」

강유는 종회에게 답신을 보내지 않았고 군영을 설치하여 검각을 방어하였다. 종회는 강유를 이길 수 없고 군량을 먼 곳에서 운송해야 하기에 회군할 생각도 하였다.

한편, 등애(鄧艾)는 음평에서 경곡도(景谷道) 곁의 길을 따라 촉에 들어가 제갈첨(諸葛瞻, 제갈량의 아들)을 면죽(綿竹)에서 격파하였다. 후주는 등애에게 투항했고, 등애는 전진하여 성도에 입성했다.

강유 등은 처음에 제갈첨이 격파되었다는 소식을 듣고 이어 후주가 성도를 고수하고 있다거나 동쪽 동오(東吳)로 가려 한다거나, 남쪽 건녕군(建寧郡)[653]으로 옮겨가려 한다는 소문을 들었다.

현존 劍閣은 2005년 화재 소실 후 다시 지었다고 한다.
652 孔子는 鄭나라의 子産(자산)과 齊의 晏嬰(안영, 晏子)을 유능한 정치가로 공경하였다.

이에 강유는 군사를 거느리고 광한군(廣漢郡)의 처현(郪縣)을 지나면서 소문의 진위를 살폈다. 그 뒤 후주의 칙령(勅令)을 전해 듣고 바로 무기와 갑옷을 버리고, 부현(涪縣)의 종회 군영을 찾아갔는데, 장졸(將卒)들은 모두 분노하며 칼로 돌을 내려치기도 했다.

종회는 강유 등을 우대하였고, 강유의 관인과 부절과 거개(車蓋) 등을 돌려주었다. 종회와 강유는 수레를 함께 타고 외출하거나 대등한 자리에 앉았는데, 종회는 장사(長史)인 두예(杜預)[654]에게 "백약(伯約, 강유)를 중원의 명사(名士)와 비교한다면 공휴(公休, 제갈탄)이나 태초(太初, 하후현)[655]보다 뛰어나다."고 말했다.

---

653 建寧郡 – 후한의 益州郡, 郡治는 滇池縣, 今 雲南省 중부 玉溪市 관할 澄江縣(징강현).

654 두예(杜預, 222–285년) – 뒷날 吳를 멸망시킨 西晉의 장수. 羊祜(양호)는 晉 武帝(司馬炎)에게 吳나라 정벌을 건의했으나 다른 신하들의 반대로 실행하지 못하자 양호는 병을 핑계로 사임한다. 양호가 위독하다는 소식을 들은 무제가 양호를 찾아 문병하자, 양호는 두예를 천거한 뒤 죽는다. 두예는 평소 학문을 좋아해 좌구명(左丘明)의 《春秋左傳》을 틈만 나면 읽었고 행군 중에도 사람을 시켜 말 앞에서 《좌전》을 읽게 하였다. 이에 사람들은 두예를 '좌전에 푹 빠졌다'는 뜻으로, '左傳癖(좌전벽)'이라고 불렀다.

655 夏侯玄(하후현, 209–254, 字는 泰初, 一作 太初) – 夏侯尙의 아들, 하후현의 아내 李惠姑(이혜고)는 道敎에서 女眞仙으로 숭배된다. 모친 德陽鄕主는 曹爽의 여동생이니 曹爽과 夏侯玄은 내외종 형제였다. 하후현은 玄學(현학)의 대가로 알려졌다. 司馬師에게 멸족 당했다.

종회는 등애를 반역으로 얽어 함거로 압송시킨 뒤에, 강유 등을 거느리고 성도(成都)에 입성하였고, 익주목을 자칭하며 반란을 일으켰다. 종회는 강유에게 5만의 군사를 주어 낙양을 진격할 선봉으로 삼았다. 그러나 위(魏)의 장사(將士)들은 분노를 폭발하여 종회 및 강유를 죽였고,[656] 강유의 처자도 모두 처형되었다.

○ 강유에 대한 평가

극정(郤正)[657]은 글을 지어 강유를 논평하였다.

---

[656] 《三國演義》에 의하면, 후주가 등애에게 항복했다는 소식을 들은 강유는 종회에게 투항한다. 강유는 종회를 부추겨 등애와 싸우게 만든 뒤, 그를 이용하여 촉한을 다시 일으키려 했다. 그러나 강유와 종회의 등애 제거 음모가 누설되고, 강유는 자신을 엄습한 심장마비 증세 속에 등애의 군사와 싸우다가 자결한다. 강유는 하늘을 우러러보며 "내 계략이 성공하지 못한 것은, 곧 천명이다(吾計不成, 乃天命也)."라며 죽었다. 강유가 죽자, 魏의 장수들은 복수를 한다고 강유의 배를 갈라보니, 강유의 쓸개(膽)가 계란만큼 컸다고 한다(其膽大如鷄卵). 인간의 용기는 쓸개에서 나온다고 생각했기에, 여기서 大膽(대담)이라는 말이 나온 것 같다.

[657] 郤正(극정, ?-278년, 字는 令先, 本名은 纂) - 郤은 땅이름 극, 틈 극, 성씨. 景耀 6년(263), 後主는 譙周(초주)의 계책에 따라 鄧艾(등애)에게 투항했는데, 그 降書(항서)를 극정이 작성했다. 그 다음 해 정월, 後主는 동쪽 낙양으로 옮겨갔다. 극정과 殿中督인 汝南 출신 張通(장통)만이 처자를 버려두고 단신으로 후주를 수행하며 시중을 들었다. 후주는 극정의 인도와 예법에 맞는 처신으로 행실에 아무런 착오나 실수가 없었다.

「강유(강백약姜伯約)는 상장(上將)의 막중한 지위였고 군신(群臣)보다 윗자리였다. 그가 거처하는 집은 낡고 누추했으며, 집안에 여분의 재산도 없었고, 가까이 거느린 측실(側室, 후처)도 없었으며, 풍악을 즐길만한 뒤뜰도 없었다. 의복을 제대로 갖춰 입고, 수레나 말은 준비되었지만 음식을 절제하였고, 사치하지 않았으며, 검약을 내세우지도 않으면서 나라에서 받는 관록으로 살아갔다.

그가 그러한 것을 살펴본다면, 탐욕하거나 혼탁한 자를 감화시키려는 뜻도 아니었고, 자신의 욕망을 억제하려는 뜻도 아니었다. 다만 그렇게 마음 편하게 살았을 뿐 더 많은 것을 얻으려 하지도 않았다. 보통 사람의 남에 대한 담론은 성공한 사람이라면 칭송하고 실패한 사람이라면 헐뜯으며, 높은 사람은 더욱 부추기고 아랫사람이라면 짓누르게 되지만, 강유는 죽어 묻히지도 못했고 그 때문에 일족도 멸족되었으니, 이로써 그를 평가한다면 다른 것을 논할 필요도 없을 것이다. 이는 《춘추》의 포폄(褒貶)하는 대의와도 다를 것이다. 강유처럼 호학하거나 배움에 게으르지 않고 청렴하며 검소하고 절약한다면, 아마 한 시대의 儀表가 될 것이다.」이상 《삼국지 촉서 14권, 장완비의강유전(蔣琬費禕姜維傳)》

(4) 망주에 충성을 – 초주와 극정

1) 초주

  ○ 익주(益州)의 교육 담당

초주(譙周)⁶⁵⁸의 자(字)는 윤남(允南)으로, 파서군(巴西郡) 서충국현(西充國縣)⁶⁵⁹ 사람이다.

초주는 어려서 부친을 여의고, 모친, 형과 함께 살았다. 장성한

---

658 譙周(초주, 199–270년, 字는 允南) – 六經과 天文에 밝은 蜀地의 大儒로 그 문하에 陳壽(진수), 李密(이밀), 杜軫(두진) 등의 제자가 있었다. 제갈량(諸葛亮)이 益州牧으로 있으면서 초주를 勸學從事로 등용했다. 諸葛亮 사후에 後主 劉禪(유선)은 태자 劉璿(유선)을 책립한 뒤 초주로 하여금 輔導케 하였다. 이후 여러 관직을 역임했다.《蜀書》12권,〈杜周杜許孟來尹李譙郤傳〉에 입전. 초주는《三國演義》의 주요 인물인데, 第65回에서는 劉璋을 따라 劉備에 투항하고, 80회에서는 제갈량과 함께 劉備를 황제로 옹립할 것을 논의한다. 91회에서는 諸葛亮의 북벌 준비에 천문의 뜻으로 북벌에 반대하나 제갈량은 받아들이지 않는다. 역시 102회에서도 제갈량에게 북벌 중지를 권유한다. 105회에서 초주는 천문을 보아 제갈량의 죽음을 알고 후주에게 보고한다. 112회에서는《仇國論》을 지어 姜維의 북벌 준비를 반대하였고, 118회에서는 魏軍이 닥치자 후주에게 투항을 권유하고, 119회에서 劉禪을 따라 曹魏에 투항한다.

659 巴西郡은, 今 四川省과 重慶市 일대의 郡 이름. 巴郡, 巴東郡과 합하여 '三巴'로 불렸다. 西充國縣은, 今 四川省 동부 南充市 관할 西充縣.

뒤에도 고전을 독실하게 공부했고, 집안이 가난하였지만 가산에 대해서 묻지 않았고 오로지 경전(經典)만을 읽고 외우다가 흔연히 홀로 웃으며 침식도 잊을 정도였다. 육경(六經)을 정성으로 연학(硏學)하였고, 특히 서찰(書札)을 잘 지었고 천문(天文)에 두루 통했지만 천문에는 관심을 기울이지 않았다. 또 제자백가의 문장에도 관심을 두지 않았고 끝까지 읽지도 않았다.

초주는 신장이 8척이나 되었는데, 외모를 중시하지 않았고 성격은 성실하면서 꾸밈이 없었다. 순간의 재치나 변론의 재주는 없었지만 뛰어난 식견이 영민한 사람이었다.

후주 건흥(建興) 연간(223 – 237)에, 승상 제갈량이 익주목(益州牧)을 겸임하면서 초주를 권학종사(勸學從事)에 임명하였다. 제갈량이 적지에서 죽자(234), 초주는 집에서 그 소식을 듣고 즉시 북으로 달려갔는데, 그 뒤 곧 조서로 분상(奔喪)을 금했지만 초주만은 속행(速行)했기에 분상할 수 있었다. 대장군 장완(蔣琬)이 익주자사를 겸임하자, 초주는 전학종사(典學從事)로 자리를 옮겨 익주 내의 교육을 총괄하였다.

○ 후주(後主)를 섬김

후주가 태자를 책립하자, 초주(譙周)는 복야가 되었다가 태자가령(太子家令)으로 전직했다. 그 무렵, 후주는 자주 출궁하여 유람하였으며 여악(女樂)도 증원하였다. 이에 초주가 간언하는 상소를 올렸다. 초주는 중산대부(中散大夫)가 되었고 태자를 모시는 일은 전과 같았다.

○ 〈구국론(仇國論)〉

그때 군부대(군여軍旅)가 자주 출동하여 백성은 지쳐 피폐하였는데, 초주(譙周)는 상서령인 진지(陳祗)와 그 이해관계를 논의한 뒤에 글을 지어 〈구국론(仇國論)〉이라고 하였다.

초주는 뒷날 광록대부(光祿大夫)로 승진하여 지위가 구열(九列, 九卿)의 다음이었다. 초주는 주요 정사에 관여하지는 않았지만 유자(儒者)의 아행(雅行)으로 예우를 받았다. 수시로 국가에 중요한 정책의 논의가 있으면 그때마다 경의(經義)에 의거 답변하였고, 경학을 탐구하는 후생의 평소 여러 의문에도 자문을 해주었다.

○ 촉국 멸망

후주 경요(景耀) 6년 겨울(263), 위(魏)의 대장군인 등애(鄧艾)[660]가 강유(江由)성[661]의 싸움에서 이기고 승승장구 전진하였

---

[660] 鄧艾(등애, 195–264, 字는 士載) - 義陽郡 棘陽人(今 河南 新野). 曹魏 후기 명장. 本名은 鄧範, 字는 士則에서 改名. 오랫동안 蜀漢 姜維(강유)와 대결. 陰平을 넘어 후주 劉禪(유선)의 투항을 받았다(서기 263년). 太尉로 승진. 鍾會(종회)의 모함을 받았고 결국 아들(鄧忠)과 함께 피살되었다. 《魏書》 28권, 〈王毌丘諸葛鄧鍾傳〉에 입전.

다. 촉(蜀)에서는 본래 적군이 금방 들어오지는 못할 것이라 생각하여 도성을 방어할 준비를 하지 않았었다. 등애가 이미 음평(陰平)[662]에 들어왔다고 하자, 백성들은 소요하며 모두 산과 들로 흩어졌는데, 어찌 막을 방도가 없었다. 후주는 신하를 모아 회의를 했지만 특별한 대책이 나올 수 없었다.

어떤 자는 촉한과 동오(東吳)가 본래 동맹국이었으니 동오로 도망할 수 있다고 하였다. 또 어떤 자는 남중(南中)의 7군(郡)[663]은 지형이 험준하고, 외부와 두절(斗絶)되어 지키기가 용이하니 남쪽으로 달아날 수 있다고 하였다.

그러나 초주(譙周)만이 다른 의견을 말하였다.
"자고 이래로 다른 나라에 의탁한 천자가 없었으니, 지금 만약 동오에 들어간다면 응당 신하로 복속될 것입니다. 게다가 정리(政理)란 것이 크게 다른 것이 아니니, 큰 나라가 작은 나라를 합치는 것은 자연의 이치입니다. 이렇게 본다면 조위(曹魏)는 동오를 병탄할 수 있지만, 동오는 조위를 병합하지 못하는 것이 확실합니다. 똑같이 칭신(稱臣)해야 한다면 어느 쪽이 더 낫겠습니까? 두 번의 치욕을 당하는 것이, 어찌 한 번의 치욕과 같겠습니까?

---

661 江由(강유) - 城, 보루 이름. 四川省 중동부 綿陽市 관할 江油市.
662 陰平(음평) - 현명, 군명. 景元 4년(서기 263年) 平蜀 후에 雍州 소속. 郡治는 陰平縣, 今 甘肅省 남단 隴南市 文縣.
663 南中의 7郡 - 越嶲(월수), 朱提 牂柯(장가) 雲南 興古, 建寧, 永昌郡.

또 만약 남쪽 7군 지역으로 피난하려 한다면 일찍 준비한 다음에 가능했을 것입니다. 지금 적의 대군이 접근하여 패망의 환난이 눈앞에 닥쳤는데, 여러 소인의 생각은 하나같이 지킬 수 없으며, 또 떠난다 하여도 어떤 일이 일어날지 예측할 수도 없으니 남쪽에 들어갈 수나 있겠습니까!"

여러 사람들은 초주를 비난하며 말했다.

"지금 등애가 가까이 왔는데, 투항을 받아주지 않는다면 어찌 하겠습니까?"

이에 초주가 말했다.

"지금 동오(東吳)가 조위(曹魏)에 복속하지 않는 것은 그 형세가 받아들일 수 없기 때문이며, 복속을 받아들인다면 예우를 해주지 않을 수 없습니다. 만약 폐하께서 위에 귀부했는데 위나라에서 땅을 나눠 봉하지 않는다면, 나 초주는 직접 낙양에 가서 옛 대의에 의거 쟁론할 것입니다."

이에 초주의 논리를 반박할 사람은 아무도 없었다.

결국 후주는 초주의 방책을 따랐다. 유씨(劉氏) 일족이 무사했고 백성이 의지할 나라를 얻은 것은 초주의 지모(智謀)였다.

2) 극정

ㅇ 하위직 관리

극정(郤正)은 하남윤(河南尹) 언사현(偃師縣) 사람이다. 조부인

극검(郤儉)은 영제(靈帝) 말기에 익주(益州)자사였는데, 도적 무리에게 피살되었다. 그때는 천하가 혼란할 때라서 극정의 부친 극집(郤揖)은 촉(蜀)에 그대로 눌러 살았다. 극집은 장군인 맹달(孟達)의 도독(都督)이었는데, 맹달을 따라 촉에 투항하였고 촉의 중서령사(中書令史)가 되었다.

극정의 본명은 극찬(郤纂)이었다. 젊어 부친이 죽고, 모친은 개가하였기에 홀로 외롭게 살았는데, 안빈(安貧)하며 호학하였고 많은 서적을 두루 열람하였다. 약관(弱冠)에 글을 잘 지어 입궁하여 비서리(秘書吏)가 되었다가 영사(令史)로 전직했고, 다시 비서랑이 되었다가 비서령(秘書令)까지 승진했다.

극정의 성품은 영예와 이익에 담백하면서 문장에만 탐닉하여 (전한前漢의) 사마상여(司馬相如), 왕포(王褒),[664] 양웅(揚雄), 후한(後漢)의 반고(班固),[665] 부의(傅毅),[666] 장형(張衡),[667] 채옹(蔡邕)[668]

---

664 王褒(왕포, 생졸년 미상) — 蜀 資中縣 사람. 前漢代 문장가.

665 班固(반고, 字 孟堅, 서기 32-92) — 《漢書》는 紀傳體(기전체) 斷代史의 典範이다. 반고의 사실 기록은 칭송이 지나치거나 시류에 휩쓸리지 않았으며, 풍부하나 잡되지 않고 상세하면서도 條理가 있어, 사람들이 읽고 읽어도 질리지 않기에 그의 명성은 당연하다고 볼 수 있다. 반고는 사부 작가로도 유명하며, 대표작은 〈兩都賦〉이다. 《後漢書》 40권, 〈班彪列傳〉 (上,下)에 입전.

666 부의(傅毅, ?-90년, 字는 武仲) — 後漢 문장가. 班固, 가규(賈逵) 등과 同事, 傅毅의 문장으로 〈무부(舞賦)〉와 〈칠격(七激)〉이 전한다.

667 張衡(장형, 78-139) — 天文學者, 수학자, 과학자이며 발명가, 그리

같은 사람들의 유문(遺文)이나 문부(文賦) 및 당대의 좋은 책이나 문론(文論)으로 익주(益州)에 가진 자가 있으면 연찬(硏鑽)하고 탐구하여 대부분을 열람하였다.

극정은 내직(內職)에 근무했기에 환관 황호(黃皓)와 가까운 건물에서 30여 년이나 서로 상대하며 근무하였다. 황호는 미천한 자리에서 높이 올라 권력을 쥐고 흔들었는데, 극정은 황호와 가까우지도 또 미움을 받지도 않았으며, 그 관직은 겨우 질록 6백 석(中, 下位職)이었기에 환호의 횡포에 따른 우환을 겪지는 않았다.

극정은 선유(先儒)를 본받고, 자신의 뜻을 표현하는 글을 지어 〈석기(釋譏)〉[669]라 하였는데, 그 문장은 최인(崔駰)[670]의 〈달지(達

고 문학자로 太史令, 시중, 상서 역임. 그의 일생과 성취는 정말 특별하여 水力으로 움직이는 혼천의(渾天儀)를 발명했고, 地動儀(지진계)와 指南車(나침반)을 만들었으며, 〈二京賦〉로 문명을 떨쳐 '漢賦四大家' 의 한 사람이다. 《後漢書》 59권, 〈張衡列傳〉에 立傳.

668 蔡邕(채옹, 133-192년) - 邕은 화할 옹. 喈는 새소리 개. 음률에 정통, 박학했음. 名筆로 飛白書의 창시자. 後漢의 유명한 才女 蔡琰(채염, 文姬, 177?-249?, 음악가이며 여류 시인)의 父. 뒷날 옥사했다. 《後漢書》 60권, 〈馬融蔡邕列傳〉(下)에 입전, 蔡琰(채염)은 84권, 〈列女傳〉에 입전. 그녀의 〈悲憤〉 詩가 전한다.

669 〈釋譏(석기)〉는 남의 비웃음에 대해 해명한다는 뜻이지만, 가상 인물과의 대화 형식으로 자신의 志意를 서술한 글이다.

670 崔駰(최인, ?-서기 92년, 字는 亭伯) - 駰은 말 이름 인. 흰털이 섞인 거무스레한 말. 涿郡 安平縣(今 河北省 衡水市 安平縣) 사람. 後

旨)〉를 본떴다.

○ 망국(亡國)의 군주를 수행

후주 유선의 마지막 연호인 경요(景耀) 6년(263), 후주는 초주(譙周)의 계책에 따라 사자를 등애(鄧艾)에게 보내 투항했는데, 그 항서(降書)를 극정(郤正)이 작성했다.

그 다음 해 정월, 종회(鍾會)는 성도(成都)에서 반역했고, 후주는 동쪽 낙양으로 옮겨갔다. 그때 혼란한 상황 속에 갑자기 결정된 일이라서 촉한(蜀漢)의 대신(大臣)으로 후주를 수행하려는 사람이 없었는데, 다만 극정과 전중독(殿中督)인 여남(汝南) 출신 장동(張通)만이 처자를 버려두고 단신으로 후주를 수행하며 시중을 들었다.

후주는 극정의 인도와 예법에 맞는 처신으로 행실에 아무런 착

漢의 경학자, 문학가. 13살에 《詩》, 《易》, 《春秋》에 두루 통했는데 박학하고 재주가 뛰어났으며, 古今의 訓詁(훈고)와 百家 사상에 두루 통했고 글을 잘 지었다. 젊어 太學에서 공부하였는데 班固(반고)와 傅毅(부의)와 거의 같은 시기에 이름이 났다. 늘 전적(典籍)을 공부하느라 出仕하여 일할 겨를이 없었다. 그때 최인이 너무 깊이 생각하고 평온하기에 명성과 실질을 다 잃을지 모른다고 지적하는 사람이 있었다. 이에 최인은 楊雄(양웅)의 〈解嘲(해조)〉를 본떠 〈達旨(달지)〉라는 글을 지어 대답하였다. 그가 저술한 詩, 賦, 銘, 頌, 書, 記, 表, 〈七依(칠의)〉와 〈婚禮結言〉, 〈達旨〉와 〈酒警(주경)〉 등이 모두 21편이었다. 《후한서》 52권, 〈崔駰列傳〉에 입전.

오나 실수가 없었는데, 후주는 극정을 늦게 안 것을 한스럽게 생각했고, 당시 많은 사람들도 극정을 칭송했다. 극정은 관내후의 작위를 받았다.

(서진西晉, 무제武帝) 태시(泰始) 연간(265-274)에, 극정은 (여남군) 안양(安陽) 현령이 되었다가 파서(巴西) 태수로 승진했다.

극정은 (서진, 무제) 함령(咸寧) 4년(278)에 죽었다. 극정이 지은 시(詩)와 논(論)과 부(賦) 등은 모두 1백여 편이었다. 극정은 그 문사(文辭)가 찬란하였는데, 장형(張衡)과 채옹(蔡邕)의 풍모에 바른 행실을 실천하여 군자의 본보기가 되었다.

(5) 그래도 충성을 - 등지

○ 유비의 관저 관리인으로 출발

등지(鄧芝)[671]는 의양군(義陽郡) 신야현(新野縣) 사람으로, 후한의 사도(司徒)였던 등우(鄧禹)[672]의 후손이다. 후한 말기에 촉 땅

---

[671] 鄧芝(등지, 178-251年, 字는 伯苗) - 芝는 지초 지. 향기 나는 풀. 義陽郡 新野(今 河南省 南陽市 新野縣)는 유비가 죽었을 때, 제갈량의 명을 받고 東吳에 사신으로 가서 講和했다. 제갈량의 정벌에도 참여했다. 《蜀書》15권, 〈鄧張宗楊傳〉에 입전.

[672] 鄧禹(등우, 서기 2-58, 字는 仲華) - 후한 개국공신, 光武帝 개국공신 雲臺二十八將의 첫째. 광무제와 가까웠고, 광무제는 蕭何(소

에 이주했지만 알려지거나 출사하지 못했다.

당시 익주종사(益州從事)인 장유(張裕)가 관상을 잘 본다 하여 장유를 찾아가니, 장유가 말했다.

"당신 수명은 70이 넘을 것이고 지위는 대장군의 제후가 될 것이요."

등지는 파서태수(巴西太守)인 방희(龐羲)가 호사(好士)한다는 말을 듣고 찾아가 의탁했다.

유비가 익주를 평정하자, 등지는 관저 관리인이 되었다. 유비가 순시 중 촉군 비현(郫縣)에 들러 함께 이야기 한 뒤에 등지를 크게 칭찬하며 비현 현령으로 발탁했고, 이어 광한(廣漢) 태수로 승진했다. 임지에서 청렴, 근엄하고 치적이 좋아 조정에 들어가 상서(尙書)가 되었다.

○ 동오(東吳)에 사신으로 가다

선주가 영안궁(永安宮)에서 붕어했다(223). 그 이전에, 오왕(吳王) 손권(孫權)은 강화를 희망했고, 선주는 비의(費禕) 등을 보내 호응했었다. 승상 제갈량은 손권이 선주의 붕어 소식을 듣고 다른 계책을 꾸밀지를 걱정하면서 어찌해야 할지 결정하지 못하고 있었다.

하)처럼 믿을 수 있는 사람이라 생각했다.《後漢書》16권,〈鄧寇列傳〉에 입전.

등지가 제갈량에게 말했다.

"지금 주상(主上)은 유약한데다가 처음 제위에 올랐으니, 동오(東吳)와 우호 수립의 중임을 수행할 사신을 보내야 할 것입니다."

이에 제갈량이 말했다.

"나도 오랫동안 생각했지만 적임자를 얻지 못했는데, 오늘에서야 찾았습니다."

등지가 그 사람이 누구냐고 묻자, 제갈량은 "바로 당신입니다."라고 말했다.

그리고는 등지를 손권에 보내 수호(修好)하게 했다. 그러나 예상했던 대로 손권은 호의(狐疑)하며 즉시 등지를 만나주지 않자, 등지는 손권에게 알현을 요청하는 글을 올렸다.

"신(臣)의 이번 방문은 오국(吳國)을 위한 것이지, 결코 촉(蜀)만을 위한 일이 아닙니다."

손권이 등지를 만나 말했다.

"고(孤)는 촉국(蜀國)과 화친을 원하지만, 촉주(蜀主)가 유약한데다가 나라가 미약하고 정세도 불안한데다가, 위(魏)가 틈을 보아 공격하면 나라 보전하기도 어려울 것 같아 유예했을 뿐이요."

이에 등지가 대답하였다.

"오(吳)와 촉(蜀) 두 나라는 4주(州)의 땅을 차지하였으며 대왕(大王)께서는 하늘이 낸 영웅이시고, 우리 제갈량 승상 역시 한 시대의 걸출한 인물입니다. 촉은 험고한 지형을, 그리고 오(吳)는 삼강(三江)이 지켜주는 땅이니 이 두 가지 장점을 취하면 함께 순치(脣齒, 입술과 치아)를 형성하여, 함께 나아가면 천하를 차지할 수 있고, 물러난다 하여도 정족(鼎足)처럼 정립(鼎立)할 수 있으니, 이는 자연의 이치입니다. 대왕께서 만약 위(魏)에 의탁하려 한다면, 위(魏)에서는 필히 대왕의 입조(入朝)를 요구하거나 적어도 태자를 보내 입시하라고 요구할 것인데, 만약 따르지 않는다면 위(魏)에서는 반역을 정벌한다고 할 것이며, 거기에 촉(蜀)이 장강을 따라 남진한다면 강남의 땅은 대왕의 차지가 아닐 것입니다."

손권은 말없이 한참 있다가 말했다.

"군의 말이 맞소."

그리고서는 위(魏)와의 관계를 단절하고 촉(蜀)과 연화(連和)하면서 장온(張溫)을 촉에 보내 답례케 하였다.

촉에서도 등지를 다시 오(吳)에 파견하였는데, 손권이 등지에게 말했다.

"만약 천하가 태평하여 이주(二主)가 분치(分治)한다면 그 또한 좋지 않겠는가!"

이에 등지가 대답했다.

"하늘에 태양이 두 개가 아니듯, 땅에 두 왕이 있을 수 없으니, 만약 위(魏)를 병합한다면 그 이후에 대왕께서는 천명(天命)이란 것을 생각하여야 하니, 군주는 각각 덕을 힘써 베풀고 신하는 각자 충성을 다할 뿐이니, 그러다가 서로 군사를 동원하고 북을 울리며 전쟁을 시작할 것입니다."

손권은 크게 웃으며 말했다.

"군(君)은 성실하고 정직하니 정말 그대로 되겠지!"

그리고 손권은 제갈량에게 서신을 보내 "두 나라를 화합케 할 사람은 오직 등지 뿐이요."라고 말했다.

제갈량이 북벌하며 한중군(漢中郡)에 주둔할 때, 등지는 중감군(中監軍)으로 양무장군(揚武將軍)이었다. 제갈량이 죽자, 전군사(前軍師)로 전장군(前將軍)이 되었고, 연주(袞州)자사를 겸했으며, 양무정후(陽武亭侯)에 봉해졌으며, 얼마 뒤에는 강주(江州) 도독이 되었다. 손권은 등지와 자주 연락했고, 그 대우가 매우 특별하였다.

연희 6년(243), 등지는 승진하여 거기장군(車騎將軍)이 되었고 나중에 부절을 받았다.

후주 연희 11년(248), 부릉(涪陵)[673] 군민들이 도위(都尉)를 죽이고 반란을 일으켰는데, 등지가 군사를 거느리고 토벌하고 그 우두머리를 곧 잡아 매달자 백성은 안도했다.

등지가 장군으로 재직 20여 년에, 상벌은 분명하고 엄격했으며 사졸을 잘 대우하였다. 자신의 의식(衣食)은 나라에서 해결되었기에 굳이 검소 절약하지는 않았지만 그렇다고 개인 자산을 늘리지도 않았으며, 처자식은 굶주림과 추위를 면하지 못했고, 죽는 날에 집안에는 여분 재산이 없었다. 강직하고 단순한 성격에 자

---

673 涪陵郡(부릉군) – 郡治는 涪陵縣, 今 重慶市 동남부 彭水(팽수)苗族(묘족)土家族自治縣은 중국 유일의 묘족 위주 소수민족 자치현. 약칭 팽수현.

신의 감정을 숨기지 않았기에 사인(士人)과 잘 화합하지는 못했다. 그래서 다른 사람의 존경을 받지는 못했지만, 강유의 출중한 재능을 인정해준 사람이었다.

등지는 연희 14년(251)에 죽었다. 《삼국지 촉서 15권, 등장종양전(鄧張宗楊傳)》

3. 오서吳書

(1) 의리의 사나이 - 태사자

○ 응기응변

태사자(太史慈)[674]는 동래군(東萊郡) 황현(黃縣) 사람이다. 젊어 호학했고, 동래군에 출사하여 주조사(奏曹史)했다.

그 무렵, 동래군과 청주자사부(青州刺史部)는 틈이 벌어졌었는

---

[674] 태사자(太史慈, 166-206, 字는 子義) - 太史는 복성, 東萊郡 黃縣(今 山東省 烟臺市 관할 龍口市) 사람. 신장 7尺 7寸에 멋진 수염, 활을 아주 잘 쏘아 헛발이 없었다. 의리의 사나이로 알려졌다. 공융(孔融)과 유요(劉繇)의 장수. 손책에 투항하였다. 적벽대전 이전에 병사했다. 《삼국연의》에서 적벽대전 후 손권과 함께 합비성을 공격하다가 전사한다는 스토리는 허구이다.

데, 곡직(曲直)을 구분할 수 없다면 보고가 먼저 들어오는 쪽이 옳다고 인정되었다. 그때 청주에서 보고는 이미 올라갔는데, 동래군 태수는 보고가 늦는 것을 걱정하며 보고하러 갈 사람을 탐색하였다.

그때 태사자는 21세였는데 뽑히게 되자, 밤낮으로 길을 가서 낙양에 들어가 공거문(公車門)에 도착했는데 청주의 관리가 보고를 접수하려고 했다.

이에 태사자가 그에게 물었다.

"당신은 보고를 접수하려 합니까?"

"그렇습니다."

"보고서는 어디 있습니까?"

"수레 안에 있습니다."

"보고서 제목을 제대로 잘 달았습니까? 갖고 와서 좀 보여주시오."

관리는 그때까지도 태사자가 동래군에서 온 사람인 줄 모르고 보고서를 보여주었다. 태사자는 미리 칼을 준비했다가 보자마자 보고서를 찢어버렸다.

청주사자부 관리가 "이 사람이 보고서를 찢었다."라고 소리쳤다.

태사자는 그 사람을 데리고 수레 있는 곳으로 와서 그와 이야기를 나눴다.

"당신이 보고서를 내게 보여주지 않았다면 나도 찢을 수가 없

동오의 무장(武將)
왼쪽부터 육손(陸遜), 여몽(呂蒙), 태사자(太史慈), 감녕(甘寧), 감택(闞澤) 〈국립중앙도서관 소장〉

었으니, 결국 길흉화복이 이제 마찬가지가 되었으며 나도 혼자서 벌을 받지는 않을 것이요. 아무 소리 말고 여기서 나가야지 산 사람이 일부러 죽을 필요도, 또 업무 때문에 형벌을 받을 이유도 없습니다."

"당신은 동래군을 위해 내 보고서를 망쳤으니, 당신은 할 일을 다하고서 이제 나보고는 도망가라는 말이오?"

이에 태사자가 말했다.

"나도 처음에 여기 올 때는 청주에서 보고서를 올렸는지 알아오라는 뜻이었소. 보고서를 찢은 것은 내가 지나쳤소. 이제 돌아가면 아마 이 때문에 나도 문책을 받을 것이니 함께 도망가자는 뜻이오."

그 관리도 그렇다고 생각하여 즉시 함께 떠났다. 두 사람이 낙양 성문을 나선 뒤 태사자는 다른 핑계를 대고 낙양에 돌아와 동래군의 보고서를 접수시켰다.

청주자사부에서는 나중에 사실을 알고 다시 보고서를 올렸지만, 공거령(公車令)의 담당자는 서로 상반되는 내용이라 동래군의 보고를 접수했고 청주자사부 공문은 접수하지도 않았다.

이런 일로 태사자의 이름이 알려졌지만 청주자사부의 원한으로 화를 당할 것이라 생각하여 태사자는 요동군(遼東郡)으로 피신했다.

○ 위급을 알리다

북해국(北海國) 상(相)[675]인 공융(孔融)[676]은 태사자의 이야기를

---

[675] 제후국의 왕은 郡 단위 식읍을 받았는데, 제후국의 행정은 相이 담당하였다. 제후국 상과 군 태수는 동급으로 질록 2천 석이었다. 靑州 관할 北海國의 治所 劇縣, 今 山東省 중부 濰坊市(유방시).

[676] 공융(孔融, 153-208, 字는 文擧) - 공자의 20代孫인 공융은 7兄弟 중

제5부 삼국 인물 열전 579

듣고 특별하게 여기면서 여러 번 사람을 보내 태사자의 모친께 안부를 물으며 식량을 보내주었다. 그때 공융은 황건적의 폭동에 시달리면서 북해국 도창현(都昌縣)에 주둔했는데, 황건적에게 포위당했다.

태사자가 요동군에서 집으로 돌아오자, 태사자 모친이 말했다.

"너와 북해국 상(相)인 공융과는 서로 만난 적도 없는데, 네가 떠난 이후로 정성으로 우리를 도와주는 것이 옛 친우보다도 더 은근하였다. 지금 황건적에게 포위되었다니, 너는 응당 가서 도와주어야 한다."

태사자는 3일을 머무르다가 혼자 걸어서 지름길로 도창현에 갔다. 그때만 해도 포위가 엄밀하지 않아 태사자는 밤에 기회를 보아 성에 들어가 공융을 만났고, 군사를 얻어 적을 무찌르겠다고 말했다. 그러나 공융은 수락하지 않으면서 외부의 구원을 기

6째였는데, 나이 4세에 형제들과 함께 배(梨)를 먹는데, 먼저 가장 작은 배를 집었다. 어른이 까닭을 묻자 "나는 어리니까 응당 작은 것을 먹어야 한다."고 대답하였다(孔融讓梨). 《三字經》에도 '融四歲, 能讓梨'라는 구절이 있다. 공융은 본래 천성이 호학하여 읽어야 할 책을 모두 섭렵하였다. 38세에 北海相을 역임하여 '孔北海'로 불린다. 시인으로도 유명하여 '建安七子'의 한 사람. 건안 13년, 조조는 50만 대군을 동원해 강남 원정에 나선다. 이때 태중대부 공융은 이번 원정이 부당하다고 반대했고, 결국 조조의 명을 받은 廷尉(정위)에게 끌려가 죽음을 당한다.

다렸다. 그러나 구원병은 오지 않았고, 포위는 더욱 견고하였다. 공융은 평원국 상(相)인 유비(劉備)에게 구원을 요청하려 했으나 성 안에서 사람이 나갈 수가 없자, 태사자가 자청하였다.

공융이 말했다.

"지금 적이 포위를 바짝 조이고 모두가 빠져나갈 수 없다고 말하는데, 경의 뜻이 비록 장하지만 이 어려움을 어찌하겠소?"

이에 태사자가 말했다.

"지난 날 부군(府君, 공융)께서 성심으로 노모를 도와주셨고, 노모는 감격하셨기에 부군의 위급을 도우라고 저를 보냈으니, 저를 쓸만한 곳이 있을 것이고, 또 도우러 왔기에 도움을 주어야 합니다. 지금 다른 사람들이 나갈 수 없다 말한다고 저까지 불가하다고 말한다면, 어찌 제 모친을 돌봐주신 성의에 보답할 수 있으며 노모가 저를 보낸 뜻과 같겠습니까? 사정이 급한 만큼 부군께서는 의심치 마십시오."

공융도 옳다고 생각하였다. 태사자는 새벽밥을 먹고 밝기를 기다렸다가 활과 화살 통을 차고 말에 올라 기병 두 사람에게 각각 표적을 갖고 따라오게 하고서 성문을 열고 달려나갔다. 성문 밖을 포위하고 있던 좌우의 적군이 놀라면서 병마가 다가왔다. 태사자는 말을 성문 참호 옆으로 끌고 가 표적을 양쪽에 세운 뒤에 양쪽으로 활을 다 쏜 뒤에 바로 성문으로 들어왔다.

다음 날 새벽에도 똑같이 했는데, 포위한 적병은 혹 일어나거나 아니면 그대로 누워있었으며, 태사자는 표적을 세우고 활을 쏜 다음에 바로 들어왔다.

그 다음 날 또 그렇게 하자, 적병은 아예 일어나지도 않자 태사자는 그대로 말을 달려 포위를 뚫고 달렸다. 황건적이 눈치 챘을 때는 태사자가 이미 멀리 갔고, 또 태사자가 적을 향하여 활을 쏘자 시위 소리와 함께 거꾸러지자 감히 추격하려는 자가 없었다.

태사자는 평원국(平原國)[677]에 들어가 유비에게 말했다.

"저 태사자는 동래군(東萊郡)의 평민으로 공북해(孔北海)와는 혈육관계도 아니며 같은 고향 사람도 아닙니다만, 다만 명성과 뜻이 서로 통하여 재난과 어려움을 함께할 수 있다는 의리뿐입니다. 지금 황건적 관해(管亥)가 포악하여 북해국을 포위하였고, 공북해께서 궁지에 몰렸으나 구원도 없어 조석으로 함락될 위기에 처했습니다. 군(君)은 인의(仁義)로 널리 알려졌고 다른 이의 위급을 도와준다 하여, 공북해께서 흠모의 정으로 목을 빼고 도움을 기다리기에, 제가 위협의 칼과 창의 포위를 뚫고 죽음을 무릅쓰고 굳게 달려왔으니, 군께서 우리를 살려주시길 바랄 뿐입니다."

이에 유비는 예를 갖춰 대답하였다.

"유비가 이 세상에 살아 있음을 공북해께서 알아주시다니!"

유비는 즉시 정병(精兵) 3천을 보내 태사자를 따르게 했다. 황건적은 구원병이 온다는 소식을 듣자, 포위를 풀고 흩어져 도주

---

677 青州 平原郡 – 治所는 平原縣, 今 山東省 북부 德州市 관할의 平原縣.

하였다.

공융은 포위가 풀린 뒤에, 태사자를 더욱 기이하고 귀하게 대하며 말했다.

"경은 나의 어릴 적 친구와 같습니다."

일을 마친 태사자는 돌아가 모친에 말씀드리자, 모친이 말했다.

"네가 공북해에 보은했으니 나도 정말 기쁘도다."

○ 손책과 뜻을 같이하다

양주(揚州)자사 유요(劉繇)는 태사자와 같은 동래군 출신이었다. 태사자가 장강을 건너 곡아현(曲阿縣)에 가서야 유요를 만났다.

태사자는 유요와 함께 여장군(豫章郡)으로 피신하면서 단양 태수를 자칭했다. 이때 손책은 이미 단양군 선성현(宣城縣) 동쪽을 다 평정했지만, 경현(涇縣) 서쪽의 6개 현은 손책에게 복속하지 않고 있었다. 이에 태사자는 경현에 들어가 주둔하며 산월(山越) 사람들의 절대적 지지를 받았다.

이에 손책은 직접 토벌에 나섰고, 태사자는 손책의 군사에 사로잡혔다.

손책은 바로 태사자의 결박을 풀어주면서 손을 잡고 말했다.

"저번에 신정(神亭)에서 맞싸우던 때를 기억하는가? 그때 나를 잡아 어찌할 생각이었나?"

태사자가 말했다.

"저로서는 생각도 못할 일입니다."

이에 손책은 크게 웃으면서 말했다.

"오늘 이후의 일은 응당 경과 함께할 것이요."

손책은 태사자와 오군(吳郡)으로 돌아와서는 태사자에게 병력을 나눠주었으며 절충중랑장(折衝中郎將)을 제수하였다. 뒷날 유요가 죽자, 그 군사 1만여 명은 소속이 없었는데, 손책은 태사자에게 그들을 위무하여 안정시키라고 부탁하였다.

손책의 측근들은 모두 "태사자는 북쪽으로 가거나 돌아오지 않을 것이라."고 말했다.

그러자 손책은 "태사자가 나를 버린다면, 나는 누구와 함께 하겠는가?"라고 말했다.

손책은 태사자를 창문(昌門)에서 전송(餞送)하며 태사자의 팔뚝을 잡고 "언제쯤 돌아올 수 있는가?"라고 물었다.

태사자는 "60일을 넘기지 않을 것입니다."라고 대답하였다.

태사자는 예상대로 기일 안에 돌아왔다.

○ 의리의 명궁(名弓)

태사자의 신장은 7척 7촌이었고 멋진 수염을 길렀으며, 긴 팔에 활을 잘 쏴서 헛발이 없었다. 조조는 태사자의 명성을 듣고 서신을 상자 안에 넣어 보냈는데, 태사자는 서신을 읽은 뒤에 아무 말도 없이 그대로 싸서 돌려보냈다.

손권이 손책의 뒤를 이어 다스릴 때, 남방의 군사를 태사자에게 일임하였다.

태사자는 41세인 건안 11년(서기 206)에 죽었다.《정사 삼국지 오서(吳書) 유요태사자사섭전(劉繇太史慈士燮傳)》

(2) 요절한 효자 – 육적

○ 회귤유친(懷橘遺親)

육적(陸績)[678]의 자(字)는 공기(公紀)로, 오군(吳郡) 오현(吳縣) 사람이다. 부친 육강〔陸康, 자(字)는 계녕(季寧)〕은 한말(漢末)에 여강(廬江) 태수였다.

육적이 6세 때, 구강군(九江郡)에서 원술(袁術)을 배알하였다. 원술이 귤(橘)을 내주었는데, 육적이 그중 3개를 품에 넣었다가 떠나면서 인사를 할 때 바닥에 떨어졌다.

원술이 말했다.

---

[678] 陸績(육적, 188–219년, 字는 公紀) – 吳郡 吳縣(今 江蘇省 蘇州市) 출신. 孫權 휘하의 관리, 울림(鬱林)태수, 편장군 역임. '二十四孝' 중 회귤유친(懷橘遺親, 귤을 가져다가 어머니께 드리다) 고사의 주인공. 陸績은 체구가 웅장했고, 博學 多才한 사람으로 觀星, 曆法, 算數, 역점(易占)에도 뛰어났으나 다리에 병이 있어 마음대로 활동하지 못했다. 육손은 육적의 당질이나 육손이 나이가 많았다.

"육랑(陸郎)은 손님으로 와서 귤을 갖고 가려는가?"

이에 육적은 꿇어앉아 "돌아가 어머니께 드리려 했습니다."라고 말했고, 원술은 크게 기특해 하였다.

○ 육적의 박학다식

육적의 용모는 웅장하고 박학다식하였으며 천문과 역법에 산술까지 읽지 않은 책이 없었다. 우번(虞翻)은 육적보다 나이도 많고 유명했으며, 방통(龐統)은 형주(荊州)에 유명한 명사로, 역시 육적보다 연상이었지만 육적과 친하게 교제하였다.

손권이 국정을 운영하며 육적을 불러 주조연(奏曹掾)에 임명하였는데, 육적은 직언을 자주 올려 손권이 싫어하였고 지방관으로 나가 울림(鬱林)[679] 태수가 되었고, 가관(加官)으로 편장군(偏將軍)이 되어 장졸 2천 명을 받아 지휘하였다.

육적은 다리가 병약했고, 유학에 뜻을 두고 있어 본래 원하는 바가 아니었다. 비록 군사(軍事)에 관한 직분이었지만 저술을 쉬지 않아 《혼천도(渾天圖)》를 지었으며, 《역(易)》을 주해한 《현(玄)》을 저술하여 지금까지 전해진다.

자신의 죽을 날을 미리 아는 듯 글을 지어놓았는데,

「한(漢)의 지사(志士) 오군(吳郡) 육적(陸績)이 있었으니, 어려서

---

679 鬱林(울림) - 郡名. 郡治는 陰平縣, 今 廣西壯族自治區 중동부 貴港市.

부터 《시》와 《서》에 뜻을 두었고, 성인이 되어 《예》와 《역》을 좋아하였으며, 왕명에 따라 남방을 원정하였으나 병약하고 액운이 있어 불행히 일찍 죽으니, 오호라! 슬프도다!」라고 하였다.

또, "나는 지금 죽지만 60년 뒤에는 수레의 폭이 같아지고 글자가 통일될 것인데, 나는 볼 수가 없어 한스럽다."라고 하였다.

육적은 32세에 죽었다.

장자(長子)인 육굉(陸宏)은 회계군 남부도위(南部都尉)이었고, 차자(次子)인 육예(陸叡)는 장수(長水) 교위(校尉)이었다. 《정사 삼국지 오서(吳書) 12권, 〈우육장낙육오주전(虞陸張駱陸吾朱傳)〉》

(3) 유능한 부자 - 육손과 육항

부자(父子)가 모두 명장의 명성을 누렸다. 명장은 문무겸전(文武兼全)해야 하고, 바른 인품을 갖춰야 한다. 육손(陸遜) 부자가 그러했다. 육손은 출장입상(出將入相)의 본보기였다. 육손의 책모와 담략에 인물을 알아보는 손권의 재능이 만났기에 육손 같은 명장이 나왔다고 보아야 한다.

육손이 관우에게 보낸, 자신을 낮춘 아주 겸손한 서신은 그 의도가 너무 분명한데도 관우가 육손의 속셈을 알지 못했다니 오히려 이상할 정도이다. 육손의 아들 육항(陸抗)은 곧고 지혜로우며 책략에 뛰어나서, 부친의 유풍을 이었으니 충분히 칭찬받을만 했다.

1) 육손

○ 강동(江東)의 명문(名門)

육손(陸遜)[680]의 자(字)는 백언(伯言)으로, 오군(吳郡) 오현(吳縣) 사람이다. 본명은 의(議)로 대대로 강동(江東) 땅의 대족(大族)이었다. 육손은 젊었을 때 부친을 여의었는데, 종조(從祖)인 육강(陸康)은 여강태수(廬江太守)로 재임 중이었다.

원술(袁術)이 육강과 틈이 벌어져 육강을 공격하게 되자, 육강은 손자들과 친척을 오군(吳郡)으로 돌려보냈다. 육손은 육강의 아들 육적(陸績, 회귤유친懷橘遺親 했던 사람)보다 몇 살 위라서 육강의 집안 일을 담당하였다.

손권이 장군이 되었을 때, 육손은 21세였다. 손권의 막부에 출사하여 동(東), 서조(西曹)의 영사(令史)를 역임하였고, (오군吳郡) 해창현(海昌縣)의 둔전도위(屯田都尉)가 되었으며 해창현을 다스렸다. 해창현 지역에 연속하여 큰 가뭄이 들자, 육손은 창곡의 곡식을 풀어 빈민을 구제하면서 농사와 길쌈을 장려하여 백성에 도

---

680 陸遜(육손, 183-245년, 字는 伯言) - 본명은 陸議(육의). 吳郡 吳縣 (今 江蘇省 蘇州市) 출신. 육손의 부친 陸駿(육준, 字는 季才)은 九江郡 都尉를 역임했다. 육손은 三國시대 吳의 저명한 장군. 대도독. 政治人. 東吳의 국정을 운영. 出將入相의 전형. 62세에 죽어 蘇州에 묻혔고, 追諡는 昭侯(소후). 周瑜, 魯肅, 呂蒙(여몽)과 四大 都督으로 합칭.

움을 주었다.

그때 오군(吳郡), 회계(會稽), 단양군(丹楊郡) 일대에는 숨어 사는 도망자들이 많았는데, 육손은 그들에게 도움을 주면서 그들을 군사로 편입하겠다고 건의하였다.

○ 손권을 보필하다

손권은 형 손책의 딸을 육손과 결혼시켰고 당면한 정무에 관하여 자주 물었다.

육손이 손권에게 건의하였다.

"지금 영웅들이 일방을 차지하고 승냥이(시랑豺狼)처럼 엿보고 있으니, 적을 이겨야 하고 반란은 평정해야 합니다. 군사가 아니라면 이런 일을 할 수 없는데, 산월(山越)[681]의 도적들은 오랫동안 해악을 끼치며 험한 산속에 숨어 있습니다. 내부가 평안하지 않으면 외지를 토벌할 수 없으니, 군사를 늘리면서 정예병을 뽑아 운영해야 합니다."

손권은 그 건의를 받아들였고 육손을 직할 우부독(右部督)에 임

---

[681] 山越(산월) – 漢代에 지금의 江蘇省과 安徽省 남부 및 浙江省 서부 및 江西省과 福建省 북부의 산악지대에 살던 무장세력의 통칭, 그들은 습속이 사나웠고 조정의 명령에 불복하였다. 東吳의 대장 周瑜(주유)나 黃蓋(황개) 등이 수차례 원정한 이후 諸葛恪(제갈각)이 嘉禾 3년(서기 234년)에, 토벌까지 계속 정복하여 건장한 남자는 군사로 보충하며 회유하였다.

명하였다.

 ○ 관우 격파 대책?

여몽(呂蒙, 178-219)이 병을 핑계로 건업(建業)에 돌아오자, 육손은 여몽을 찾아가 물었다.

"관우와 접경하고 있으면서 무슨 일로 이리 멀리 내려오셨는지, 뒷일을 걱정 안 해도 되겠습니까?"

이에 여몽이 말했다.

"정말 경의 말과 같으나 나는 병이 심합니다."

그러자 육손이 말했다.

"관우는 자신의 용맹에 긍지를 갖고서 다른 사람을 무시합니다. 본래 큰 공을 세우기도 했지만 그 뜻이 교만하고 방만하며 북진(北進)에만 마음을 쓰며 우리를 걱정하지도 않는데, 장군께서 병이 들었다는 사실을 알면 더욱 대비하지 않을 것입니다. 지금 그 예상을 깨고 출병하면 관우를 사로잡을 수 있습니다. 장군께서 도성에 가서서 지존(至尊, 손권)을 뵙는 것이 좋을 것 같습니다."

그러자 여몽이 말했다.

"관우는 평소에 용맹하기에 상대하기 어려우며, 또 형주를 차지하고서 백성에게 은덕과 신의를 크게 베풀었으며, 본래 큰 공을 세운 데다가 그 담력이나 세력이 날로 커지니 쉽게 도모할 수 없을 것이요."

여몽이 도성에 들어가자, 손권이 "경의 후임으로 누가 좋겠습니까?"라고 물었다.

이에 여몽이 대답하였다.

"육손은 생각이 깊고 재능이 있어 큰 책무를 감당할 수 있으며 그의 원대한 사려(思慮)는 결국 대임을 완수할 것입니다. 그리고 멀리 밖에까지 이름이 알려지지 않아 관우가 꺼려하지도 않으며, 또 실제로 육손보다 더 나은 사람이 없습니다. 만약 육손을 등용한다면, 응당 그 능력을 숨기고 은밀히 상황을 살핀 연후에 관우를 이길 수 있습니다."

손권은 바로 육손을 불러 편장군(偏將軍)을 제수하고 우부도독(右部都督)으로 여몽의 후임에 임명하였다.

○ 관우의 군사를 격파

육손은 육구(陸口)[682]에 와서 관우에게 서신을 보냈다.

「예전에 장군께서는 적의 빈틈을 보아 작전을 전개했고 규율로 군사를 지휘하며 소수의 군사로 대군을 이겼으니, 참으로 훌륭하십니다! 적국을 물리치고 동맹국에게 혜택을 베푸셨으니 장군의 승리에 박수를 치며 좋아하였고, 장군께서 승리로 석권하시니, 이는 제가 함께 이루고 싶습니다. 소장(小將)은 불민(不敏)하나 임무를 받아 이곳에 와서 장군의 풍모를 흠모하며 큰 가르침을

---

[682] 陸口 - 今 湖北省 동남 咸寧市 관할 嘉魚縣의 지명. 陸水와 長江의 합류지점. 일명 呂蒙城.

받고자 합니다.」

또 다른 서신을 보내 관우의 무공(武功)과 능력을 크게 칭송하였다.

관우는 육손의 서신을 읽고 그저 겸손으로 자신을 부탁한다는 뜻으로 알고 염려하지 않고 육손을 경계하지도 않았다. 육손은 관우의 경계 상황을 상세히 보고하면서 생포할 방략을 손권에게 보고하였다.

이에 손권은 은밀하게 군사를 거느리고 강을 따라 올라간 다음에, 육손과 여몽을 선봉으로 삼고 공격케 하여 공안현(公安縣)과 남군(南郡)을 점령하였다. 육손은 지름길로 진격하며 촉의 군사를 격파하였다.

유비(劉備)가 임명한 의도태수(宜都太守)는 군(郡)을 버리고 달아났으며, 여러 현과 관장(官長)이나 관리 또 만이들의 족장까지도 모두 투항하였다. 육손은 금, 은, 동으로 인수를 만들어 처음 귀부하는 족장들에게 수여했다.

이때가 건안 24년 11월(서기 219)이었다.

 ○ 육손의 화려한 전과(戰果)

육손이 전후 여러 차례에 걸쳐 죽이거나 생포 또는 회유하여 투항시킨 자가 수만 명이었다. 손권은 육손을 우호군(右護軍)에 진서장군(鎭西將軍)으로 임명했고 작위를 올려 봉했다.

그 무렵 형주(荊州)의 사인(士人)들이 육손에게 막 귀부하였는데, 그 사인(士人)들이 관리로 임용되거나 또는 임명되지 못한 사람도 있었다.

이에 육손이 상소하였다.

「옛날에 한 고조(漢 高祖)는 천명을 받은 뒤에 뛰어난 인재들을 널리 불러 모았고, 광무제(光武帝)의 중흥 이후, 우수한 인재들이 모여들었습니다. 이러한 인재들이 사실 교화를 크게 일으킬 수 있는 자들이기에 출신지의 원근을 따지지 않고 임명하였습니다. 지금 형주를 겨우 평정하였기에 인재들이 아직은 모여들지 않습니다만, 신(臣)이 진심으로 원하는 것은 이들을 채용하는 특별한 은전을 베풀어주는 것입니다. 그리하여 그런 인재들이 스스로 모여들면 천하의 모두가 귀부할 기회를 간절히 기다릴 것입니다.」

손권은 육손의 건의를 경건하게 수용하였다.

○ 오왕(吳王) 손권

손권 황무 원년(222), 유비가 대군을 거느리고 (동오東吳의) 서쪽 영토로 진공하자, 손권은 육손을 대도독에 임명하고 부절을 하사하였으며, 여러 부장을 거느리고 감독하여 5만 군사로 방어케 하였다.

유비는 무협(巫峽)[683]과 건평(建平)에서 이릉(夷陵)[684] 지역까지

---

683 巫峽(무협) - 重慶市와 湖北省 지역 長江 本流의 峽谷(협곡) 이름.

수십 곳에 둔영(屯營)을 세웠으며, 금은이나 비단, 작위와 상금 등으로 여러 만이들을 유인 포섭하였다. 유비는 수천 군사를 직접 지휘하며 평지에 군영을 설치한 뒤에 오군(吳軍)을 공격하게 시켰다.

○ 이릉의 전투 – 화공으로 유비 격파

육손의 여러 장수들이 촉군을 공격하려 하자, 육손은 "이는 틀림없이 거짓이니, 곧 알게 될 것이다."라고 말했다. 유비는 동오(東吳)의 군사 유인 계책이 먹히지 않자, 복병 8천을 거느리고 계곡에서 나왔다.

육손이 상소했다.

「이릉(夷陵)은 요해처이며 나라의 관문으로 쉽게 얻을 수도 있지만 또 쉽게 잃을 수도 있습니다. 이릉을 잃을 경우 한낱 1개 군을 잃는 것이 아니라 형주를 걱정해야 합니다. 이번에 이곳을 두고 싸워 틀림없이 승리를 거둘 것입니다(이하 생략).」

瞿塘峽(구당협), 西陵峽(서릉협)과 함께 長江 三峽(Sānxia)이라고 한다. 무협은 重慶市 巫山峽(무산현) 大寧 하구에서 동쪽으로 湖北省 巴東縣 官渡口에 이르는 全長 약 45km로 幽深(유심)하고 수려한 경치로 유명하다. 巫峽 남북 양안의 巫山 12봉의 경치가 장관인데, 그중 神女峰이 가장 유명하다.

684 (南郡) 夷陵縣(이릉현) – 今 湖北省 서부 宜昌市 夷陵區.

이때 여러 장수들이 육손에게 말했다.

"나는 이제 적을 격파할 방법을 알게 되었다."

그리고서는 모든 군사에게 마른 풀을 한 묶음씩 갖고 가게 하여 화공(火攻)으로 공격하여 점령하였다. 일단 하나가 성공하게 되자, 모든 군사들이 일시에 각 군영을 공격케 하여 유비의 40여 군영을 완파하였다.

유비의 부장들은 달아날 곳이 없자 투항하였다. 유비는 마안산(馬鞍山)에 진을 치고 군사를 배치하였다. 육손은 군사를 독려하여 사방에서 유비를 압박하자, 유비의 군사는 토붕와해하면서 수만 명이 죽었다. 유비는 밤중에 도망쳤는데, 역참의 군사는 자신들이 보유하던 여러 기물을 소각하여 추격병을 막게 하면서 유비는 겨우 백제성(白帝城)으로 피신하였다.[685] 유비 군사는 배와 여러 가지 기계나 장비, 수군과 보병의 장비도 한꺼번에 잃었으며 시신이 강물에 표류하며 강물이 막힐 지경이었다.

유비는 부끄럽고 또 화가 나서 말했다.

"내가 여기서 육손에게 굴욕을 당하니, 어찌 하늘 뜻이 아니겠는가!"

---

[685] 巴郡(巴東郡) 魚復縣은 章武 2년(서기 222), 劉備가 夷陵戰에서 패한 뒤 白帝城으로 물러나와 魚復縣을 永安縣으로 개명했다. 유비는 臨終 전에 白帝城 永安宮에서 丞相 諸葛亮을 불러 후사를 부탁했다.「劉備託孤」.

○ 촉한과 동오의 외교적 화친을 주관

그리고 유비가 백제성(白帝城)에 머무는 동안, 오(吳)의 장수 서성(徐盛)과 반장(潘璋), 송겸(宋謙) 등은 각각 표문을 올려 유비를 사로잡을 수 있다면서 공격을 허락해 달라고 요청하였다.

손권이 이를 육손(陸遜)에게 물었는데, 육손은 주연(朱然)이나 낙통(駱統)과 함께 조비(曹丕, 문제)가 군사를 크게 일으키며 겉으로는 吳를 도와 유비를 토벌한다지만 속셈으로는 간악한 마음이 있으니 방책이 결정되는 대로 군사를 (동오東吳쪽으로) 돌릴 것이라고 예상하였다. 얼마 안 있어 위군(魏軍)은 남방 원정에 나섰고, 오(吳)는 3방면에서 적을 맞아 싸워야 했다.

유비는 곧 병으로 죽었고(223), 아들 유선(劉禪, 후주)이 제위를 이었으며, 제갈량이 정권을 장악하였는데, 제갈량은 손권과 강화(講和)하였다.

손권은 당시 나라의 상황을 육손이 제갈량에게 설명하게 하였다. 그러면서 손권은 즉시 국새를 만들어 육손에게 넘겨주었다. 손권이 촉한(蜀漢)의 유선(劉禪)이나 제갈량에게 보내는 국서(國書)는 늘 육손에게 보여주었고, 내용이나 가부(可否)에 미진한 부분이 있으면 바로 고치고 육손이 국새를 찍어 시행케 하였다.

○ 손권 칭제(稱帝)

손권(孫權) 황룡(黃龍) 원년(229), 육손(陸遜)은 상대장군(上大將

軍)을 제수 받고 우도호(右都護)가 되었다. 이 해에, 손권은 동쪽으로 건업(建業)을 순행하고 태자를 남겨두었으며, 다른 황자(皇子) 및 상서, 그리고 구관(九官)을 설치하고 육손을 불러 태자를 보필케 하며, 아울러 형주 및 예장군 등 삼군(三郡)의 정무를 관장하고, 군국(軍國)기무를 감독케 하였다.

○ 손권의 의심에 울분사하다

육손은 늘 지방에서 일했지만 마음은 나라 걱정이었다. 시무(時務)에 관련하여 육손은 자주 상소하였다. 요동(遼東) 태수 공손연(公孫淵)이 맹약을 배신하여 손권이 직접 원정하려 하자, 육손이 상소하여 그만두게 하였다.

손권 가화(嘉禾) 5년(236), 손권은 북방(魏)을 원정하면서 육손(陸遜)과 제갈근(諸葛瑾)을 시켜 (형주荊州) 양양(襄陽)을 공격케 하였다.

손권 적오(赤烏) 7년(244), 육손은 고옹(顧雍)의 후임으로 승상이 되었다.

이보다 앞서, 이궁(二宮, 태자궁 손화(孫和)와 노왕 손패(孫霸))이 서로 다투었고, 여기에 육손의 외생(外甥, 출가한 여자 형제의 아들)이 관여되었다 하여 죄도 없이 유배되었다. 또 태자태부(太子太傅)인 오찬(吾粲)이 육손과 여러 차례 서신을 왕래하였다 하여 하옥되었다가 죽었다.

손권이 여러 번 사자를 보내 육손을 질책하자, 육손은 결국 울분으로 죽었는데, 그때 63세였다. 집안에는 여분의 재물도 없었다.

육손의 장자(長子) 육연(陸延)이 일찍 죽었기에, 차자(次子)인 육항(陸抗)이 작위를 계승하였다. 손휴(孫休, 景帝)는 재위 중에, 육손에게 소후(昭侯)라는 시호를 내렸다.

2) 육항

○ 부친에 관한 모함을 해명

육손의 아들 육항(陸抗)[686]의 자(字)는 유절(幼節)인데, 손책(孫策)의 외손이다(육손이 손책의 딸과 결혼했었다). 육손이 병사할 때 육항은 20세였는데, 건무교위(建武校尉)를 제수 받았으며, 육손의 군사 5천 명을 지휘하였고, 육손의 운구를 모셔다가 오군(吳郡)에 장례했으며, 사례하려 도성에 들어갔다.

손권은 양축(楊竺)이 고발한 육손에 관한 혐의 20가지 일에 관하여 육항에게 따져 물으려 생각하면서, 육항이 머무르는 곳에 다른 사람의 출입을 금지시키고 궁중 사람을 보내 육항에게 물었는데, 육항은 질문에 대하여 막힘없이 조목마다 대답하였다. 이후 손권의 육손에 대한 의혹은 점차 해소되었다.

---

686 陸抗(육항, 226-274년, 字는 幼節)-陸遜의 次子. 孫策의 외손, 東吳의 명장. 大司馬 역임. 274년 육항이 48세로 病死하자, 晉의 명장 羊祜(양호)는 정식으로 東吳 원정을 조정에 건의했다.

o 육항의 여러 치적

손권 적오(赤烏) 9년(246), 육항은 중랑장이 되어 제갈각(諸葛恪)과 교대하여 시상현(柴桑縣)에 주둔하였다.

육항은 떠나기 전에, 근무하던 곳의 성곽을 완전히 정비하고 담장이나 건물도 보수하였으며, 거처하던 관사나 뽕나무나 과일나무도 마음대로 옮기지 않았다. 제갈각이 군영에 들어오자, 모든 것이 새것과 같았다. 그러나 제갈각이 주둔했던 군영은 훼손된 부분이 많았는데 제갈각은 매우 부끄러웠다.

손권 태원(太元) 원년(251), 육항은 건업(建業)에 가서 병을 치료했다. 육항의 병이 나아 원 부대로 돌아가려 하자, 손권은 육항과 작별할 때 눈물을 흘리며 말했다.

"지난날에, 내가 참언을 믿고 경(卿) 선친의 대의(大義)가 돈독하지 않다고 의심하였으니 내가 경에게 빚을 졌다. 그동안 경에게 힐문했던 사실은 모두 태워버려 다른 사람이 알지 못하게 하였다."

손량의 건흥 원년(252, 손권이 죽은 해), 육항은 분위장군(奮威將軍)이 되었다. 태평(太平) 2년(257), 위장(魏將)인 제갈탄(諸葛誕)이 수춘성(壽春城)을 들어 투항했는데, 육항은 시상(柴桑)의 도독으로 수춘(壽春)으로 진격하여, 위(魏)의 아문장(牙門將)과 편장군(偏將軍)을 격파하였고 정북장군(征北將軍)으로 승진하였다.

손휴(孫休) 영안(永安) 2년(259), 진군장군(鎭軍將軍)이 되었고, 서릉(西陵) 일대의 군사를 총 지휘하였는데, 관우뢰(關羽瀨, 관우가 건너려 했던 여울)에서 백제성(白帝城)에 이르는 지역이었다.

손호(孫皓, 末帝)가 즉위하며(264), 진군대장군이 되어 익주목을 겸임하였다.

○ 대사마가 되다

육항은 당시 정령(政令)에 모순이 많다는 것을 알고 깊이 우려했다. 이에 육항이 상소하였다. 17개 조항을 시정하려 노력하였다.

그때(손호 재위 중) 하정(何定)[687]이 권력을 농단하였고 환관들도 정사에 관여했다. 이에 육항이 다시 상소하여 소인을 멀리할 것을 건의하였다.

손호 봉황(鳳凰) 2년 봄(273), 육항은 대사마를 제수 받고 형주목(荊州牧)을 겸했다. 3년 여름(274), 육항은 병석에서 상소하여

---

687 何定(하정, ?-272년) - 본래 손권의 給使였다가 관리가 되었다. 孫皓가 즉위한 뒤에 하정을 先帝의 舊人이라 하여 하정을 樓下都尉에 임명하여 釀造(양조) 책임자로 임명했는데, 이후 총애를 빙자하여 방자하게 놀았다. 그 아들이 少府 李勖(이욱)의 딸에게 청혼했지만 거절당하자, 이욱을 모함했다. 鳳皇 元年(서기 272) 죄상이 드러나 처형되었다.

진(晉)의 남침에 대비할 것을 강조하였다.

○ 육항이 죽다

손호 봉황(鳳凰) 3년 가을(274)에, 육항(陸抗)이 죽었는데, 아들 육안(陸晏)이 작위를 계승하였다. 육안과 동생인 육경(陸景), 육현(陸玄), 육기(陸機), 육운(陸雲)은 육항의 군사를 나눠 거느렸다. 육안은 비장군(裨將軍)으로 이도감(夷道監)이었다.

(손호) 천기(天紀) 4년(280), 진군(晉軍)이 오(吳)를 원정하면서 용양장군(龍驤將軍)인 왕준(王濬)은 장강을 따라 동쪽으로 내려갔다. 가는 곳마다 싸워 이기니 결국 육항이 우려한 그대로였다.
육경(陸景)의 자(字)는 사인(士仁)인데, 공주(公主)를 맞이하였고 기도위였으며, 비릉후(毗陵侯)에 책봉되어 육항의 군사를 나눠 거느렸는데, 나중에 편장군(偏將軍)으로 중하독(中夏督)이었는데 행실이 얌전하고 호학했는데, 저서가 수십 편이었다.
(천기天紀 4년) 2월 임술일(壬戌日)에, 육안(陸晏)은 왕준의 별군(別軍)에게 살해되었다. 계해일(癸亥日)에, 육경(陸景) 역시 살해되었는데, 그때 31세였다.

○ 양육지교(羊陸之交)

오(吳)나라 양호(羊祜)와 위(魏) 장군 육항(陸抗)의 교정(交情), 적장(敵將)과의 우호적인 교제.

양호의 덕정에 감화를 받은 양양 백성들이 양호가 병사한 뒤 그 덕정을 비석을 세워 기록하였는데, 그를 읽는 사람들이 모두 눈물을 흘렸다 하여 그 비석을 '타루비(墮泪碑, 떨어질 타, 눈물 루)'라 하였고 지금까지 호북성(湖北省) 양양에 서있다고 한다. 양호는 산수자연을 좋아하여 문학에도 상당한 조예가 있었다고 한다. 다만 지금 전해오는 양호의 글로는 〈안부(雁賦)〉, 〈양개부표(讓開府表)〉, 〈청대오표(請伐吳表)〉가 있는데, 양호의 〈청벌오표〉는 제갈량의 〈출사표〉와 나란한 명성을 누리고 있다.

o 육손 부자에 대한 논평

유비는 천하 영웅이라며 당시 사람들이 두려워했는데, 육손(陸遜)은 한창 젊은 나이에 이름도 알려지지 않았지만 적을 공격하고 쟁취하며 뜻대로 성취 못한 것이 없었다.

나(진수陳壽)는 육손의 책모와 담략을 기이하다고 여겼고, 손권의 인재를 알아보는 능력을 찬탄하였는데, 두 사람은 이런 능력으로 큰일을 성취할 수 있었다. 육손은 충성과 지성으로 나라를 걱정하다가 죽었으니, 가히 사직을 지키는 신하라 할 수 있다.

육항은 곧고 지혜로우며 책략에 뛰어나서 부친의 유풍이 있다고 칭송을 들었는데 실제 치적은 부친보다 못했지만 부친의 뜻을 이어 실천했다고 말할 수 있다.《정사 삼국지 오서(吳書) 13권, 육손전(陸遜傳)》

(4) 방술의 달인 – 오범, 유돈, 조달

1) 오범

○ 정확한 미래 예측

오범(吳範)[688]의 자(字)는 문칙(文則)으로, 회계군(會稽郡) 상우현(上虞縣)[689] 사람이다. 역수(歷數)에 밝고, 풍기(風氣)를 잘 본다고 군내(郡內)에 알려졌었다.

오범은 유도지재(有道之才)로 천거되어 낙양에 가야 했지만, 세상이 혼란하다면서 가지 않았다. 그때 손권이 동남에서 흥기하자, 오범은 손권을 찾아가 섬기면서 재해나 길상(吉祥)의 징조가 있을 때마다 역수를 계산하여 정황을 설명하였는데, 그의 방술(方術)이 자주 들어맞아 이름이 알려졌다.

처음에 손권이 오군(吳郡)에 있으면서 황조(黃祖)[690]를 토벌하려 하자, 오범이 말했다.

"이번은 이득이 없을 것이니, 명년에 원정하는 것이 좋을 것입

---

[688] 吳範(오범, ?-226, 字는 文則) – 東吳 官員, 術數에 밝았다. 劉惇(유돈), 趙達, 嚴武, 曹不興(조불흥), 皇象(황상), 宋壽, 鄭嫗(정구)와 함께 '東吳八絶'로 알려졌다.

[689] 會稽郡 上虞縣(상우현) – 今 浙江省 북부 紹興市 上虞區.

[690] 黃祖(황조, ?-208) – 荊州牧 劉表의 宿將, 江夏 太守 역임. 황조의 부하에게 손견이 부상을 당한 뒤 죽었다. 손책과 손권에게는 아버지를 죽인 원수이다.

니다. 내년은 무자년(戊子年)인데, 형주 유표(劉表) 역시 죽을 것이고 나라가 망할 것입니다."

손권은 황조를 원정했지만 끝내 이길 수 없었다. 다음 해(208), 군사가 출동하여 심양(尋陽)에 이르렀을 때, 오범은 풍기(風氣)를 보고 손권의 배에 와서 하례하며, 빨리 행군해야 한다고 말했고, 손권이 진군하여 황조를 격파하자, 황조는 밤에 도주했다.

손권이 놓칠까 걱정하자, 오범은 "멀리가지 못했으니 틀림없이 황조를 생포할 것입니다."라고 말했다.

오경이 되자, 예상대로 황조를 생포했다.

유표가 죽자, 형주는 분할되었다. 임진년(212)에 오범이 또 말했다.

"갑오년(214)이 되면, 유비는 익주(益州)를 차지할 것입니다."

나중에 여대(呂岱)가 촉군에서 돌아오다가 백제성에서 유비의 군사와 만났는데, 유비의 군사가 흩어졌고 사망자가 절반은 되니 유비는 곧 망할 것이라고 말했다.

이에 손권이 오범을 비난하자, 오범이 말했다.

"신(臣)이 말씀드린 것은 천도(天道)이고, 여대가 말한 것은 인사(人事)입니다."

유비는 결국 촉군(蜀郡)을 차지하였다.

○ 비책(秘策)은 비밀

손권과 여몽(呂蒙)이 관우를 기습 공격하려고 근신에게 의논하자, 모두가 불가하다고 말했다.

손권이 오범에게 물어보니 "잡을 것입니다."라고 말했다.

뒷날 관우가 맥성(麥城)에 있으면서 사람을 보내 투항하겠다고 요청하였다.

손권이 오범에게 물었다.

"관우가 투항하겠나? 아니 하겠나?"

"그에게 달아날 기(氣)가 있으니 투항은 거짓말입니다."

손권은 반장(潘璋)을 시켜 샛길을 지키게 했는데, 망을 보던 군사가 돌아와 관우가 이미 도망했다고 말했다.

그러자 오범은 "도망쳤지만 빠져나가지는 못했습니다."라고 말했다.

손권이 기한을 묻자, 오범은 "내일 한낮입니다."라고 말했다. 손권이 즉각 물시계에 표시를 해놓고 기다렸다.

한낮이 되었지만 소식이 없어 손권이 까닭을 묻자, 오범은 "아직 제 시간(正中)이 안 되었습니다."라고 말했다.

얼마 뒤 바람에 휘장이 펄럭이자 오범이 손뼉을 치며 "관우가 왔습니다."라고 말했다. 곧 밖에서 만세소리가 들리면서 관우를 잡아왔다는 보고가 들어왔다.

뒷날 손권이 위(魏)와 강화하려 할 때 오범이 말했다.

"풍기(風氣)가 가리키는 것은 저들이 오는 형상이지만 사실은 음모가 있으니 응당 대비해야 합니다."

오범의 점이 맞는 것이 대개 이와 같았다.

손권은 오범을 기도위에 임명했고 태사령(太史令)을 겸임케 하였는데, 자주 오범을 찾아가 그 비결을 알려고 했다. 그러나 오범은 그 비책을 비밀로 하면서 요체를 손권에게도 말해주지 않았다. 손권은 이 때문에 오범을 좋게 생각하지 않았다.

○ 속 좁은 손권

그전에 손권이 장군일 때, 오범(吳範)은 "강남에 왕기(王氣)가 있으니, 해년(亥年)이나 자년(子年) 사이에 큰 복에 경사가 있을 것입니다."라고 말했다.

손권은 "만약 말 그대로라면 군(君)을 제후로 책봉할 것이다."라고 말했다.

손권이 오왕(吳王)이 된 뒤(220)에, 오범은 그때 연회에 손권을 모시고 있으면서 "옛날 오군(吳郡)에 계실 때, 이 일을 말씀드린 적이 있었는데, 대왕께서는 알고 계십니까?"라고 물었다.

이에 손권은 "알고 있다."면서 측근을 불러 오범에게 제후의 인수를 수여케 하였다. 오범은 손권이 인수를 주는 것으로 앞서 한 말을 그냥 넘기려 한다고 생각하여 굳이 사양하며 받지 않았다. 그 뒤에 논공(論功)에 따라 작위를 책봉하면서, 오범을 도정후(都亭侯)로 정했지만, 조서가 실행되기 직전에 손권은 오범이 자신의 법술에 인색하게 노는 것에 화가 나서 오범의 이름을 지워버렸다.

○ 벗을 살려내다

오범은 사람이 강직하고 자신을 과시하는 기질이 있으나 친구와 교제에 있어서는 처음처럼 한결 같았다. 오범은 평소에 같은 고향 출신으로 파양(鄱陽) 태수를 역임한 위등(魏滕)과 서로 친했다.

일찍이 위등이 죄를 지었는데, 손권이 심하게 분노하며 감히 간언을 올리는 자는 죽이겠다고 하였는데, 오범은 위등에게 "자네와 함께 죽겠다."고 말했다.

그러자 위등이 말했다.

"죽어 무익한데, 왜 죽으려 하는가?"

"어찌 그냥 앉아서 자네가 죽는 것을 보아야 하겠는가?"

오범은 삭발하고 자신을 결박한 뒤, 문 앞에 가서 수문장에게 보고해 달라고 말했다.

그러자 수문장이 말했다.

"나도 틀림없이 죽을 것이니 아뢰지 못하겠습니다."

"당신 자식이 있는가?"

"있습니다."

"당신이 오범 때문에 죽는다면, 당신 아들은 내가 책임지겠다."

수문장은 "알겠습니다." 하고서는 들어갔다. 그러나 말도 끝나기 전에 손권이 대노하며 창을 던지려 했다. 수문장이 뒤로 물러나오자, 그 틈에 오범이 들어가 머리를 찧어 피를 흘리며 주청하면서 눈물도 쏟았다. 한참 뒤에 손권은 화를 풀었고, 위등을 사면했다.

위등이 오범에게 사례하며 말했다.

"부모가 나를 낳고 키워주셨지만 죽음에서 나를 구할 수는 없었다. 사나이가 서로 알고 지내야 한다지만, 자네 한 사람이면 족한데 어찌 많아야 되겠는가!"

오범은 손권 황무 5년(226)에 병사했다. 큰아들은 먼저 죽었고, 작은 아들은 아직 어려 결국 본업이 이어지지 않았다. 손권은 오범을 생각하여 3개 주〔양주(揚州), 형주(荊州), 교주(交州)〕에서 1천 호의 제후 책봉을 내세우고 오범이나 조달(趙達) 같은 술수에 능한 자를 얻으려 했지만 구하지 못했다.

2) 조달

  o 알아맞히기 달인

조달(趙達)은 하남(河南) 사람이다. 젊었을 때 한(漢) 시중(侍中) 선보(單甫)를 따라 수학했는데 사려가 깊고 정밀했다. 조달은 동남방에 왕자(王者)의 기(氣)가 있어 피난할 수 있다고 생각하여 고향을 떠나 장강을 건넜다. 조달은 구궁일산(九宮一算)의 술법을 전공하고 그 심오한 뜻을 궁구하여 상황을 보아 적절히 대응할 줄을 알았다. 또 다른 사람의 질문에 귀신처럼 알아맞히고 날아가는 메뚜기를 세고 숨은 것을 알아맞혀 틀리는 법이 없었다.

어떤 사람이 조달을 비난하였다.

"날아다니는 것을 어떻게 셀 수가 있는가? 그것을 안다고 하더라도 그것은 거짓이다."

조달은 그 사람에게 콩 몇 되를 가져오게 하여 자리에 뿌려놓은 다음에 그 자리에서 숫자를 말했는데, 실제로 세어보니 그대로였다.

한번은 친우의 집에 들렀는데, 친우와 함께 식사를 했다.

식사를 끝내며 친우가 말했다.

"갑자기 준비하다 보니 술도 없고, 또 안주도 없어 회포를 나눌 수도 없으니 어찌하나?"

조달은 상위의 젓가락을 가지고 두세 번 가로세로로 움직인 뒤에 말했다.

"당신 동쪽 벽장에 좋은 술이 1곡(斛)이 있고, 또 사슴고기가 3근이나 있는데 어찌 없다고 하십니까?"

그 자리에는 다른 손님도 있었는데, 조달이 주인의 인정을 알아버렸다.

주인은 부끄러워하며 말했다.

"경(卿)이 유무를 점을 잘 친다 하여 한번 시험해보았는데 정말 잘 맞췄습니다."

그리고서는 술을 꺼내 와 함께 마셨다.

또 어떤 사람이 종이 위에 '천만(千萬)'이라는 숫자를 쓰고 빈 창고 안에 봉해둔 뒤에 조달을 시켜 세어보라고 하였다.

조달은 들어가서 세는 척하더니 "유명무실(有名無實)할 뿐이다."라고 말했다.

○ 끝까지 감추다

조달은 자신의 법술(法術)을 아주 소중하게 아꼈는데, 감택(闞澤)[691]이나 은례(殷禮) 같은 명유(名儒)와 학자가 직접 굽히고 찾아와 배우려 해도 조달은 비밀에 부쳐 말해주지 않았다.

태사승(太史丞, 태사령의 부직副職)인 공손등(公孫滕)이 젊어서 조달을 스승으로 섬기며 몇 년동안 애를 썼지만 조달은 가르쳐 주겠다는 말만 몇 년 동안 거듭하였고, 가르쳐준다고 약속해도 또 그만두었다.

공손등은 어느 날 술과 안주를 준비하고서 그 안색을 살펴 무릎을 꿇고 가르침을 청했다.

이에 조달이 말했다.

"나의 선조는 이 술법을 배워 제왕의 스승이 되기를 원했지만 3세를 내리 섬겼어도 그 지위는 태사랑(太史郞)에 지나지 않았으니 정말로 다시 전수하고 싶지 않도다. 또 이 법술이 미묘한 것은

---

691 감택(闞澤, ?−243) − 闞은 바라볼 감. 성씨. 會稽 山陰人(今 浙江省 동북 紹興市, 紹興은 '名士鄕'으로 불린다.) 東吳의 학자. 태자태부 역임. 《三國演義》에서는 周瑜가 黃蓋(황개)를 매질하는 苦肉之計(고육지계)를 맨 먼저 간파하고, 조조에게 가짜 항서를 바쳤으며, 陸遜(육손)을 천거한 인물로 나온다.

처음에는 승산(乘算, 곱셈), 끝에 가서는 제산(除算, 나눗셈)을 해야 하는데, 이 계산법에 대해서는 부자간에도 말해주지 않는다. 그러나 자네는 성실하고 게으르지 않으니, 오늘 내가 정말로 전수해 주겠다."

그리고서는 술을 몇 잔 마시고서, 조달은 일어나 흰 비단의 책 두 권을 꺼내왔는데, 두께가 손가락 굵기 정도였다.

그리고서는 조달이 말했다.

"이를 필사해서 읽으면 저절로 터득할 수 있다. 나는 오랫동안 버려두고 읽지 않았었다. 지금 다시 한번 생각해 보아야 하니, 며칠 뒤에 자네에게 넘겨주겠다."

공손 등이 약속한 날에 찾아갔는데, 조달은 책을 찾는 척하더니 놀란 척 책이 없다면서 말했다.

"사위가 어제 왔었는데 틀림없이 그 자가 훔쳐갔다."

그리고서는 그때부터 공손등의 왕래를 끊어버렸다.

○ 본인 죽을 날

그전에 손권은 군사를 거느리고 정벌하면서 매번 조달에게 앞일을 추산하게 하였는데, 모두 그 말과 같았다. 손권이 그 비법을 물었지만 조달은 끝내 말해주지 않았기에, 조달은 푸대접을 받았고 작위를 받지도 못했다.

조달은 성기(星氣)와 풍술(風術)을 보는 자를 비웃으며 말했다.

"응당 장막 안에서 헤아려 보고 창 밖에 나가지 않아도 천도를 알아야 하거늘, 오히려 그 반대로 밤낮 없이 이슬을 맞으며 망기(望氣)를 해야 한다면 너무 힘들지 않겠는가!"

조달은 한가하여 할 일이 없자, 자신의 수명을 계산해 보고서 탄식하며 말했다.

"내 계산으로는 모년(某年) 월일에 아마 죽을 것 같도다."

조달의 처는 조달의 점이 들어맞는 것을 여러 번 보았기에 조달의 말을 듣고 통곡하였다.

조달은 아내의 울음을 그치게 하려고 다시 계산을 해보더니 "먼저 계산이 틀렸네! 아직 멀었네!"라고 말했다.

그 뒤에 조달은 그 날짜에 죽었다. 손권은 조달의 저서가 있다는 말을 듣고 찾게 하였으나 찾아내지 못했고, 또 딸을 데려다 물었고 관을 꺼내 확인도 하였지만 아무것도 없어 조달의 술법은 단절되었다. 《정사 삼국지 오서(吳書) 8권, 오범유돈조달전(吳範劉惇趙達傳)》

(5) 재승박덕 – 제갈각

《정사 삼국지 오서 19권, 제갈등이손복양전(諸葛滕二孫濮陽傳)》은 실패한 인물들의 열전이다. 제갈각(諸葛恪)의 재기(才氣)와 능력과 책략은 분명 뛰어났었으니 그 가문의 핏줄로 물려받았을 것이다.

그러나 재승박덕(才勝薄德)이라 하지 않았는가! 자신을 뽐내며 남을 무시하는 그런 사람이 어찌 오래 누릴 수 있겠는가? 그런 소인에게 일어난 결과는 어느 시대에나 마찬가지이다.

ㅇ 뛰어난 재치

제갈각(諸葛恪)⁶⁹²의 자(字)는 원손(元遜)으로, 제갈근(諸葛瑾)의 장자(長子)이다. 어려서부터 이름이 났었다. 약관에 기도위(騎都尉)가 되어 손권의 태자(太子, 長者) 손등(孫登, 209-241)을 모시고 학문을 강론하며 태자의 빈우(賓友)가 되었다. 제갈각은 태자 중서자(中庶子)⁶⁹³에서 우보도위(左輔都尉)가 되었다.

---

692 諸葛恪(제갈각, 203-253년, 字는 元遜, 恪은 삼갈 각) - 諸葛瑾(제갈근, 174-241년, 字는 子瑜)의 아들. 諸葛亮(제갈량, 181-234년 10월)의 조카, 제갈량의 族弟인 諸葛誕(제갈탄)은 魏에 출사했다. 제갈각은 신장이 7尺 6寸(약 177cm)의 큰 키에 수염은 많지 않았고 꺾인 콧날에 광대뼈가 넓고 大口에 목소리가 굵었다는 기록이 있다. 제갈근은 東吳의 太傅 및 大將軍을 역임했고, 제갈각은 東吳의 太傅 및 丞相을 역임했다. 손권이 임종하며 輔政大臣에 임명하여 太子 孫亮(손량)을 보필하라고 유언했다. 손량이 즉위한 뒤 제갈각은 혼자 軍政 대권을 장악하고 초기에는 민심을 얻었으나 계속되는 魏 원정실패로 인심을 잃어 결국 孫峻(손준)에게 살해당했고 삼족이 멸족되었는데, 죽을 때 51세였다. 제갈근은《吳書》7권, 〈張顧諸葛步傳〉에 입전. 제갈각은《吳書》19권, 〈諸葛滕二孫濮陽傳〉에 입전했다. 제갈량은《蜀書》5권, 〈諸葛亮傳〉에 입전했다.

693 太子中庶子는 태자소부의 속관으로 태자를 수행, 後漢에서는 질록 6백 석. 정원 5人, 侍中의 역할 수행.

제갈각의 부친 제갈근은 얼굴이 길어 나귀(驢, 나귀 려)와 비슷하였다. 손권은 군신(群臣)이 모였을 때, 나귀 한 마리를 끌고 들어오게 하였는데, 나귀 머리에 '제갈자유(諸葛子瑜)'라고 쓴 긴 팻말을 달아 놓았다.

이에 제갈각이 무릎을 꿇고 "붓으로 글자 두 자를 쓰게 해주십시오."라고 말했다. 손권이 허락하며 붓을 주자, 제갈각은 그 아래에 '(제갈자유諸葛子瑜) 지려(之驢, -의 나귀)'라고 두 글자를 썼다. 이에 모든 사람들이 좋아하며 웃었고, 그 나귀를 제갈각에게 주었다.

다른 날, 제갈각을 만나본 손권이 물었다.
"경의 부친과 숙부(제갈량)는 누가 더 현명한가?"
이에 제갈각은 "신의 부친이 더 낫습니다."라고 말했다.
손권이 이유를 묻자, 제갈각이 말했다.
"신의 부친은 섬길만한 주군을 알고 섬기지만, 숙부는 그것을 모르니 제 부친이 더 나은 것입니다."
이에 손권은 크게 웃었다.

손권이 제갈각에게 돌아가며 술을 권하게 하였는데, 제갈각이 장소(張昭)[694] 앞에 오자, 장소는 이미 마신 술기운이 있어 더 마

---

[694] 張昭(장소, 156-236, 字는 子布) - 徐州 彭城郡(今 江蘇省 북부 徐州

시려고 하지 않았다.

그러면서 "이는 노인을 모시는 예가 아니다."라고 말했다.

그러자 손권은 제갈각에게 "경(卿)이 장공(張公)을 말로 이기면 마시지 않을 수 없을 것이다."라고 하였다.

이에 제갈각이 장소에게 따지듯 말했다.

"옛날 태공망(太公望)⁶⁹⁵은 90세에도 깃발을 잡고 도끼를 휘두르면서 늙었다는 말을 안했습니다. 지금 군사 지휘라면 장군께서 뒤에 계실 수 있지만, 잔치하는 자리에서 장군께 먼저 술을 올리는 것인데, 어찌 노인을 대우하지 않는다고 말씀하십니까?"

장소는 끝내 할 말이 없었고 술을 받아 다 마시었다.

뒷날 동오(東吳)와 촉한(蜀漢)이 강화했고, 군신(群臣)의 연회 자리에서 손권이 촉한의 사신에게 말했다.

市) 出身. 江東으로 피난했다가 손책에게 발탁되었다. 박식한 학자였고, 손책의 신임을 받았으며, 서기 200년에 손책이 죽자, 손권을 주군으로 옹립했다. 일찍부터 直言으로 손권의 뜻을 거슬렀기에 승상의 자리에 오르지는 못했다. 張休는 張昭의 차남. 《吳書》7권, 〈張顧諸葛步傳〉에 입전.

695 태공망(太公望, ?−前 1015년)− 周 文王, 周 武王의 軍師, 姜姓, 呂氏, 名은 尙, 史書에는 '姜尙', '姜望', '姜牙', '姜子牙', '呂尙', '呂望', '呂牙', '姜太公', '呂太公', '齊太公', '太公', '太公望', '尙父', '師尙父' 등으로 불린다. '武成王', '昭烈武成王'에 追封. '姜太公釣魚 − 願者上鉤' 라는 헐후어가 있다.

"여기 제갈각은 평소에 말 타기를 좋아하는데, 돌아가거든 승상(제갈량)에게 말해서 좋은 말(馬)을 좀 보내주라고 하시오."

그러자 제갈각은 곧바로 손권에게 사례하였다.

손권이 물었다.

"말이 오지도 않았는데, 왜 고맙다고 하는가?"

이에 제갈각이 대답했다.

"촉(蜀)은 폐하의 밖에 있는 외양간이니, 이번 명령에 틀림없이 말이 들어올 것인데, 어찌 사례하지 않겠습니까?"

제갈각의 민첩한 대응이 대개 이런 식이었다.[696] 손권은 제갈각을 특별하게 여기면서 업무 능력을 시험해보려고 임시로 군사를 지휘하게 하였다. 그리고 군량 공급을 담당케 하였는데, 문서 처리가 많아 제갈각은 좋아하지 않았다.

○ 제갈각의 승승장구

제갈각은 단양군(丹楊郡)이 험한 산악지대이고, 그 백성은 많이

---

[696] 언젠가 太子(孫登)가 제갈각에 농담을 하였다. "諸葛元遜(諸葛恪)은 말똥도 먹을 수 있을 것이오." 그러자 제갈각은 "태자께서는 계란을 많이 드시기 바랍니다."라고 응수했다. 이를 전해들은 孫權이 물었다. "다른 사람이 말똥을 먹으라고 할 때, 계란을 먹으라고 말한 까닭은 무엇인가?" 그러자 제갈각이 말했다. "어차피 나온 곳은 똑같습니다."

억세어 앞서 군사를 동원했어도 현 주변의 백성만 잡아왔었다고 말했다. 그 나머지는 멀리 숨어버려 잡아낼 수도 없었는데, 제갈각은 자신이 그곳 태수가 되면 3년에 4만 명 정도의 정병(精兵)은 얻을 수 있다고 여러 번 말하였다.

그러나 많은 사람들은 단양군은 지세가 험악하고 오군(吳郡), 계군(稽郡), 신도군(新都郡), 파양(鄱陽) 등 4개 군(郡)과 연접하여 그 둘레만 수천 리인데다가 계곡이 수만 겹 첩첩하였고, 그 깊은 산속 백성은 성읍에 와서 관리를 만나본 일도 없거니와 군사가 출동하면 무기를 들고 들로 산으로 도망친 뒤에 숲속에서 늙어 죽는다고 하였다.

제갈각의 부친 제갈근은 제갈각이 단양 태수직을 자원한다는 말을 듣고 탄식하였다.

"제갈각은 우리 집안을 흥성케 하지 못하고 장차 집안을 망칠 것이다."

그러나 제갈각은 틀림없이 이길 수 있다고 장담하였다. 손권은 제갈각을 무월장군(撫越將軍)에 임명하고, 단양태수(丹楊太守)를 겸임케 하면서 창(戟)을 하사하고 기병 3백 명을 내려주었다. 관직을 받자 제갈각은 위엄을 갖추고 군악을 연주하며 시위를 앞세우고 단양군에 부임하였는데, 그때 32세였다.

제갈각은 태수부에 부임하면서, 4개 군에 속한 현성(縣城)의 지방관에게 문서를 보내 각자 관할 지역을 지키며 부대를 정비하고 평민을 지시에 순응토록 교화하며 군사 주둔지에 거처하라고 지시하였다. 그리고 여러 장수를 각지에 나눠보내 험한 지역에 군사를 배치케 한 뒤에 방어 울타리를 수선하고 교전을 못하게 했다. 농사 추수철을 기다려 군사를 풀어 모두 수확하되, 다음 해 종자도 남겨주지 말라고 하였다. 그렇게 하여 다음 해에 묵은 곡식이 떨어지고 새 작물은 거둬들일 수가 없을 때, 평민들은 모두 군 부대 내에 살고 있기에 탈취할 곡식이 없어 산속 백성은 굶주리다가 조금씩 내려와 투항하였다.

그리하여 1년이 지나자 백성은 본래 생각했던 만큼 돌아왔다. 제갈각은 1만 명을 군사로 거느렸고 나머지는 각 장수들에게 분할해 주었다.

손권은 제갈각의 공적을 치하하며 상서복야(尙書僕射)인 설종(薛綜)⁶⁹⁷을 보내 군사를 크게 위로케 하였다.

이에 제갈각에게 위북장군(威北將軍)을 제수하고, 도향후(都鄕侯)에 봉했다. 제갈각은 군사를 거느리고 여강군(廬江郡) 환구(皖口)⁶⁹⁸에 둔전하였으며, 경무장 군사로 서현(舒縣)⁶⁹⁹을 공략하여

---

697 薛綜(설종, ?-243년, 字는 敬文) - 東吳의 문장가. 설종은 학식이 純正하였고 東吳의 良臣이었다. 아들 薛瑩(설영)이 父業을 계승하였는데, 선대의 유풍이 있었기에 暴虐(포학)한 조정에서도 고위직에 오를 수 있었다. 《吳書》 8권, 〈張嚴程闞薛傳〉에 입전.

698 皖縣(환현) - 廬江郡의 현명. 今 安徽省 서남부 皖河(환하) 상류 安

그 백성들을 모두 데리고 돌아왔다. 제갈각은 멀리까지 척후병을 내보내 지형과 교통로를 관찰케 하면서 (魏의) 수춘(壽春)을 공략하려고 했으나 손권은 불가하다고 생각하였다.

손권 적오(赤烏) 연간(238 – 251)에, 위(魏) 사마의[700]는 제갈각을 공략할 계획을 세우고 있었다. 손권은 즉시 군사를 동원하여 대응하려 했지만, 망기자(望氣者, 점술가)가 불리하다고 하자, 제갈각을 시상현(柴桑縣)[701]으로 옮겨 주둔케 하였다.

제갈각은 이를 통하여(인사 이동), 육손이 자신을 싫어한다는 것을 알았기에 여러 가지로 사정을 말하고 그 뜻을 받들려 했다. 그러나 마침 육손이 죽었기에(서기 245년), 제갈각은 대장군으로

慶市 관할 潛山縣(잠산현).

699 廬江郡의 치소인 舒縣, 今 安徽省 중서부 六安市 관할 舒城縣.

700 司馬懿(사마의, 179 – 251년, 字는 仲達) – 魏의 장수로 曹操, 曹丕, 曹叡, 曹芳의 四代君主를 섬겼고 나중에 '高平陵의 變'으로 曹魏의 정권을 장악했다. 曹操는 사마의를 싫어했고 '狼顧之相'이라면서 뒷날 조씨 일가를 휘두를 것을 염려했고, 이를 아들 曹丕에게 알려줬으나 조비는 사마의와 관계가 좋았고 또 지켜주었다. 조비가 재위 중 사마의의 작위는 安國鄉侯에 그쳤다. 司馬炎이 晉을 건국한 뒤 宣文侯로 추존했다가 宣皇帝라는 시호를 받았다. 陳壽가 晉에 출사했기에, 司馬懿를 처음부터 끝까지 '司馬宣王', 司馬師를 '司馬景王', 司馬昭를 '司馬文王'이라 표기했다.

701 柴桑縣(시상현) – 豫章郡 나중에는 江夏郡 소속, 今 江西省 최북단 九江市 서남. 鄱陽湖와 長江의 합류지점.

승진하였고, 부절을 받고 무창(武昌)에 주둔하면서 육손의 후임으로 형주(荊州)를 완전히 통치하였다.

오랜 뒤에(252), 손권이 병석에 눕자, 태자(太子, 손량孫亮)는 어리기에, 바로 제갈각을 조정으로 불러 대장군으로서 태자태부를 겸하게 하였고, 중서령 손홍(孫弘)[702]은 소부(少傅)를 겸임케 하였다. 손권의 병이 위독하자, 제갈각, 손홍, 그리고 태상(太常)인 등윤(滕胤)과 장군 여거(呂據), 시중(侍中)인 손준(孫峻)에게 후사(後事)를 위촉하였다.

다음 날 손권이 죽었다(252년 4월). 손홍은 평소에 제갈각과 불화하였는데, 제갈각의 지시를 받게 된 것이 두려워 손권의 죽음을 비밀에 부치면서 조서를 위조하여 제갈각을 제거하려고 했다. 그러나 손준이 이를 제갈각에게 알려주자, 제갈각은 업무를 상의한다고 손홍을 불러들여 그 자리에서 죽여버리고 국상을 발표하며 복상하였다. 제갈각은 공안독(公安督)인 동생 제갈융(諸葛融)[703]에게 서신을 보냈다.

---

702 孫弘(손홍, ?-252년) - 東吳 大臣, 中書令, 少傅, 역임. 손홍은 사람이 간사하고 음험하여 (張昭의 차남) 張休가 평소에 싫어하였기에 손홍은 장휴를 참소했고, 장휴는 조서에 의거 賜死되었다.

703 諸葛融(제갈융, 字는 叔長) - 諸葛瑾의 아들, 제갈각의 동생. 제갈근은 赤烏 4년(241) 68세에 죽었는데, 제갈각은 이미 제후에 책봉되었기에 동생인 諸葛融(제갈융)이 작위를 계승하였다. 제갈융은 군

제갈각은 정식으로 태부(太傅)를 제수 받았다. 제갈각은 관리에 대한 감시와 교관(校官, 校事, 특임 감찰)을 폐지하였고, 그동안 도망자를 사면하였으며, 관문 통행세를 면제시키고, 은택을 베푸는 일에 힘썼기에 누구나 제갈각을 좋아하였으며, 제갈각이 출입할 때마다 백성들은 목을 빼 제갈각의 모습을 보고 싶어했다.

ㅇ 제갈각의 좌절

그전에 손권 황룡(黃龍) 원년(229)에, (무창에서) 건업(建業)으로 천도했었다. 황룡 2년, 동흥(東興)⁷⁰⁴에 제방을 축조하여 호수(소호巢湖)를 만들었다. 그 뒤에 회남(淮南)을 원정했으나 패전하였고, 제방 안에 전선(戰船)을 정박시켰지만 패전 후 폐기하여 다시 수리하지도 않았었다.

제갈각은 (손량孫亮) 건흥 원년(252) 10월, 군사를 동흥(東興)에 집결시켜 다시 큰 제방을 만들고, 좌우 양쪽으로 산에 의지하여 두 개의 성을 축조한 뒤에 각각 1천 명의 군사를 주둔시켰으며, 전단(全端)과 유략(留略)으로 수비하게 한 뒤에 건업으로 돌아왔다.

제갈각은 뒷날 작위가 올라 양도후(陽都侯)가 되었고 가관(加官)으로 형주(荊州)와 양주(揚州)의 모든 군사를 총괄하였으며, 황

사를 거느리고 公安에 주둔하였는데, 부대 내의 장졸은 제갈융에게 친밀하게 귀부하였다. 孫峻(손준)이 제갈각을 죽일 때(253) 公安(공안)의 도독인 제갈융을 공격하자 제갈융은 자살했다.

704 東興(동흥) - 今 安徽省 중부 소호(巢湖) 근처의 지명.

금 1백 근, 말 2백 필, 비단과 무명 각 1만 필을 상으로 받았다. 제갈각은 결국 적을 경시하게 되었고, 12월에 이긴 다음 해 봄에 또다시 원정을 계획하였다. 이에 많은 대신들이 자주 출병하여 군대가 피폐해졌다며 한목소리로 억제하려고 하였지만 제갈각은 따르지 않았다. 중산대부(中散大夫)인 장연(蔣延) 등이 완강하게 간쟁하다가 끌려나가기도 했다.

제갈각은 중의(衆議)를 따르지 않고 원정하며 각 주와 군에서 20만 대군을 동원하였는데, 백성들 사이에 소동이 일어났고, 제갈각은 이때부터 민심을 잃었다.

제갈각은 회남(淮南) 지역을 정벌하여 권위를 만회하려고 그곳 백성을 몰아 오(吳)로 보내려고 했다. 그러나 여러 장수는 그 전략을 비판하였다.

제갈각은 그 전략을 택하고 돌아와 신성(新城)을 포위하였다. 그러나 공수(攻守)의 작전이 한 달을 넘겨도 성을 함락시키지 못했다. 사졸은 극도로 피로했고 더위에 마시는 물이 설사와 종기를 유행케 하여, 병자가 태반(太半)이었으며 죽고 다친 자가 길에 널려 있었다. 각 군영의 관리들이 날마다 환자가 많이 늘어난다고 보고하면, 제갈각은 조작이라면서 참수하려 하자 이후로 감히 말을 하는 자가 없었다.

제갈각은 전략의 실패와 성을 함락시키지 못한 것을 치욕이라 생각하여 분노가 표정에 역력했다. 장군 주이(朱異)가 시비를 따지자, 제갈각은 분노하며 즉각 그 부대를 빼앗아버렸다. 도위(都尉)인 채림(蔡林)은 여러 번 계책을 진술했지만, 제갈각이 받아들이지 않자, 채림은 말을 달려 위(魏)로 망명하였다.

○ 제갈각의 끝

손준(孫峻)은 백성의 원한이 많고 군사들도 싫어하기에 제갈각이 변란을 일으키려 한다고 얽어버리고자, 황제인 손량과 함께 모의한 뒤에 술자리를 마련하고 제갈각을 초청했다.

제갈각이 만나기로 한 전날 밤에, 정신이 혼란하여 밤새 한잠도 자질 못했다. 날이 밝아 세수를 하려는데 물에서 비린내가 났고, 시종이 옷을 건네주었는데 옷에서도 비린내가 진동했다. 제갈각이 괴이하게 생각하며 옷을 바꿔보고 물을 바꿔도 냄새는 처음과 같아서 마음이 서글프고 좋지 않았다.

외출 준비를 마치고 걸어 나올 때, 개가 그 옷을 물고 당기자, 제갈각은 "개도 내가 나가는 것을 싫어하는가?" 그리고서는 돌아와 앉아있었다.

일각이 지난 뒤에 다시 일어나자, 개가 또 옷을 물고 늘어져서 제갈각은 종자에게 개를 데려가라 하고서 수레에 올랐다.

그전에 제갈각이 회남(淮南)을 원정하려 할 때, 상복을 입은 어떤 상주(喪主)가 그의 전각 안에 들어와 있어 종자(從者)가 아뢴 다음 어떻게 들어왔는가를 따지자, 상주는 "나도 모르게 들어왔다."고 말했다.

그때 내외를 수비하는 사람들은 아무도 본 사람이 없어 모두 이상하게 생각하였다. 그가 나간 뒤에 그가 들어와 앉았던 건물의 대들보 가운데가 부러졌다.

제갈각이 신성(新城)에서 돌아와 동흥(東興)에 머무는 동안, 백홍(白虹, 흰 무지개?)이 그 배에 나타났는데, 제갈각이 돌아와 장릉(蔣陵)[705]을 참배할 때도 흰 무지개가 제갈각의 수레를 감싸고 있었다.

제갈각이 황제를 알현하려고 궁문 앞에 수레를 멈췄을 때, 손준은 이미 휘장 안쪽에 군사를 숨겨두었는데, 혹 제갈각이 불시에 들어와 일이 새어나갈 수도 있다 생각하여, 손준이 직접 나와 제갈각을 보고 말했다.

"만약 사군(使君)께서 존례(尊禮)가 불안하시면 뒷날 다른 날을 잡도록 주상께 아뢰겠습니다."

손준은 이렇게 제갈각을 떠보았다.

이에 제갈각이 말했다.

"응당 들어가야 하지요"

그때 산기상시(散騎常侍)인 장약(張約)과 주은(朱恩) 등이 밀서(密書)를 제갈각에게 주면서 말했다.

"오늘 이런 자리는 평상시와 다르니, 무슨 연고가 있는 것 같습니다."

---

705 蔣陵(장릉) - 東吳 孫權의 능침. 南京市 東郊 紫金山(자금산) 남쪽 梅花山(原名 孫陵崗)에 위치.

제갈각은 문서를 읽어보고 돌아나갔다. 제갈각이 아직 궁문을 나가지 않았을 때, 태상인 등윤(滕胤)을 만나자 제갈각이 말했다.

"갑자기 복통이 있어 입궁하지 못합니다."

등윤은 손준의 음계를 알지 못하기에 제갈각에게 말했다.

"군께서 회군(回軍)하신 이후 만나보질 못하여, 이번에 주상께서 청하신 자리이고 군께서 이미 입궁하셨으니 억지로라도 들어가야 합니다."

제갈각은 주저하다가 돌아와 칼을 차고 신발을 신은 채, 전각에 올라왔다. 그리고 손량(孫亮)에게 사례하고 자리에 앉았다.

술이 차려지자, 손준은 제갈각이 마시지 않을까 걱정하며 말했다.

"사군(使君)의 병이 다 낫지 않으셨으니 늘 복용하던 약주가 있으면 갖다가 마셔도 됩니다."

이에 제갈각은 마음이 풀리면서 준비한 술을 따로 마셨다. 술이 몇 차례 돌아가자 손량은 내전으로 돌아갔고, 손준은 일어나 변소에 가서 긴 옷을 벗고 짧은 옷으로 갈아입고 나오면서 말했다.

"조서가 있으니 제갈각을 체포하라!"

제갈각이 놀라 일어나 칼을 뽑으려 하자, 손준이 연이어 칼로 내려쳤다. 장약이 옆에서 손준을 내리쳐 손준의 왼팔에 상처를 입히자 손준도 응수하며 장약의 오른쪽 어깨를 내리쳤다.

호위무사들이 모두 전각으로 달려오자, 손준이 말했다.

"오늘 체포해야 할 제갈각은 벌써 죽었다."

그리고는 모두 칼을 집어넣게 한 뒤에 자리를 정리하고 다시

술을 마셨다.

이보다 앞서, 아이들이 노래를 불렀다.
'제갈각은 갈옷 적삼에 대나무 허리띠를 매고서
성자합(成子閤)에서 무엇을 찾고 있는가?

성자합이란 석자강(石子岡)을 지칭한다. 도읍 건업의 남쪽에 있는 산의 긴 능선을 석자강이라고 하였는데, 사람들이 묘지를 쓰는 곳이었다. 구락(鉤落)이란 가죽 허리띠의 갈고리 장식(혁대를 매는 쇠)인데, 사람들이 보통 구락대(鉤絡帶, 허리띠)라고 불렀다. 제갈갈은 갈대 거적에 둘둘 말려 허리를 한 번 묶어서 석자강에 버려졌다(당시 제갈각은 51세였다).

제갈각의 장자(長子)인 제갈작(諸葛綽)은 기도위로 재직하며, 노왕(魯王) 손패(孫霸)의 일에 관련이 되었는데, 손권이 제갈각에게 보내 다시 가르치라고 하자, 제갈각이 짐독으로 죽여버렸다. 중자(中子)인 제갈송(諸葛竦)은 장수교위(長水校尉)였다. 소자(少子)인 제갈건(諸葛建)은 보병교위(步兵校尉)였다. 제갈각이 주살되었다는 소식을 듣고 제갈송은 모친을 수레에 태우고 달아났다. 손준은 기독승(騎督承)을 보내 제갈송을 백도(白都)란 곳에서 잡아 죽여버렸다. 제갈건은 장강을 건너 북쪽 위(魏)로 도망가려고 수천 리를 갔지만 추격병에게 잡혔다.《정사 삼국지 오서 제갈등이손복양전(諸葛滕二孫濮陽傳)》

{부록}

1. 삼국 제계표(三國 帝系表)
2. 삼국 연호 일람(三國 年號 一覽)
3. 삼국 대사 연표(三國 大事 年表)

부록 1

1. 삼국 제계표(三國 帝系表)

(1) 조위(曹魏, 서기 220－265년)

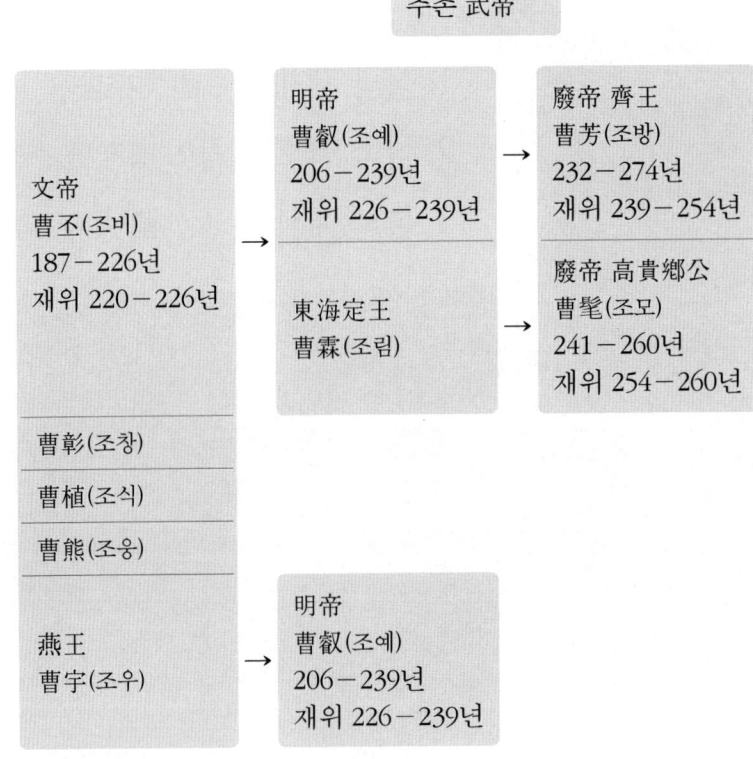

(2) 촉한(蜀漢, 서기 221-263년)

昭烈皇帝(先主)
劉備(유비)
161-223년
재위 221-223년
→
安樂公(후주)
劉禪(유선)
207-271년
재위 223-263년

(3) 동오(東吳, 서기 229-280년)

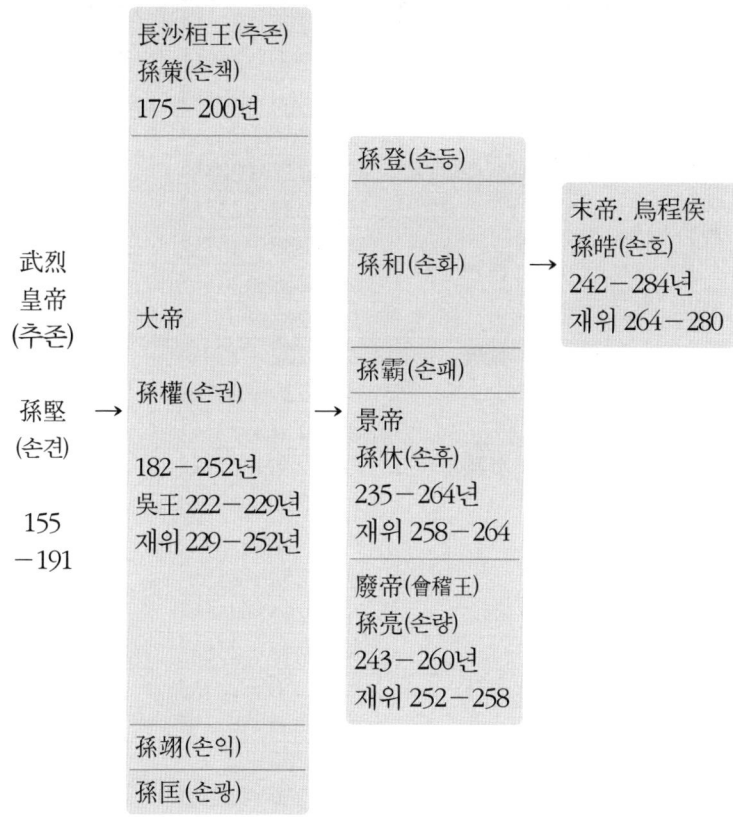

부록2

2. 삼국 연호 일람(三國 年號 一覽)

(1) 나라별

國名	帝位	年號	비고
曹魏	文帝 曹丕	黃初 220－226년	
	明帝 曹叡	太和 227－233년	
		青龍 233－237년	
		景初 237－239년	
	齊王 曹芳	正始 240－249년	
		嘉平 249－254년	
	高貴鄉公 曹髦	正元 254－256년	
		甘露 256－260년	
	常道鄉公 曹奐	景元 260－264년	
		咸熙 264－265년	
蜀漢	昭烈帝 유비	章武 221－223년	
	後主 劉禪	建興 223－237년	
		延熙 238－257년	
		景耀 258－263년	
		炎興 263년	
東吳	吳王 孫權	黃武 222－229년	
	大帝 孫權	黃龍 229－231년	
		嘉禾 232－238년	
		赤烏 238－251년	
		太元 251－252년	
		神鳳 252년	
	廢帝 孫亮	建興 252－253년	
		五鳳 254－256년	
		太平 256－258년	
	景帝 孫休	永安 258－264년	
	末帝 孫皓	元興 264년	
		甘露 265년	
		寶鼎 266－268년	

		建衡 269-271년	
東吳	末帝 孫皓	鳳凰 272-274년	
		天冊 275-276년	
		天璽 276년	
		天紀 277-280년	

(2) 가나다 순

嘉平 249-254년 曹魏 曹芳 ②

嘉禾 232-238년 東吳 孫權 ②

甘露 256-260년 曹魏 曹髦 ②

甘露 265-266년 東吳 孫皓 ②

建衡 269-271년 東吳 孫皓 ④

建興 223-237년 蜀漢 後主 ①

建興 252-253년 東吳 孫亮 ①

景耀 258-263년 蜀漢 後主 ③

景元 260-264년 曹魏 曹奐 ①

景初 237-239년 曹魏 明帝 ③

寶鼎 266-269년 東吳 孫皓 ③

鳳凰 272-274년 東吳 孫皓 ⑤

神鳳 252　　　東吳 孫權 ⑤

延熙 238-257년 蜀漢 後主 ②

炎興 263　　　蜀漢 後主 ④

永安 258-264년 東吳 孫休 ①

五鳳 254－256년 東吳 孫亮 ②

元興 264　　　　東吳 孫皓 ①

章武 221－223년 蜀漢 先主 ①

赤烏 238－251년 東吳 孫權 ③

正始 240－249년 曹魏 曹芳 ①

正元 254－256년 曹魏 曹髦 ①

天紀 277－280년 東吳 孫皓 ⑧

天璽 276　　　　東吳 孫皓 ⑦

天册 275－276년 東吳 孫皓 ⑥

靑龍 233－237년 曹魏 明帝 ②

太元 251－252년 東吳 孫權 ④

太平 256－258년 東吳 孫亮 ③

太和 227－233년 曹魏 明帝 ①

咸熙 264－265년 曹魏 曹奐 ②

黃龍 229－231년 東吳 孫權 ①

黃武 222년－229년 東吳 吳王 孫權 ①

黃初 220년－226년 曹魏 文帝 ①

3. 삼국 대사 연표(三國 大事 年表)

● 후한 말기(後漢 末期)

西紀	干支	帝位	年號	年數	主要事件	비고
153	癸巳	桓帝	永興	元	원소 출생(-202년). 冀州 등 자연재해 극심.	
155	乙未		永壽	元	조조 출생(-220년). 孫堅 출생(-191년).	
161	辛丑		延熹	4	유비 출생(-223년). 전염병 크게 유행. 諸 羌族 入寇.	
166	丙午			9	司隷, 豫州 災害에 기근. 黨錮의 禍 야기. 名士 다수 투옥.	
167	丁未		永康	元	黨錮 名士 出獄, 歸家, 終身 禁錮. 환제 崩, 靈帝옹립, 竇태후 臨朝청정.	
168	戊申	靈帝	建寧	元	竇武 대장군, 陳蕃 太傅. 환관 曹節 등 政變, 환관 實權 장악.	
169	己酉			2	曹節, 2차 黨錮의 獄 유발.	
170	庚戌			3	大鴻臚 橋玄(교현), 司空이 되다.	
174	甲寅		熹平	3	조조-洛陽 北部都尉가 됨.	
175	乙卯			4	손책, 周瑜(쥬유) 출생.	
181	辛酉			4	제갈량 출생(-234년).	
182	壬戌		光和	5	손권 출생(-252년). 五經石刻을 太學에 세움(熹平石經).	
183	癸亥			6	張角 黃巾 謀議-'蒼天已死, 黃天當立, 歲在甲子, 天下大吉'이라 선동.	
184	甲子		中平	元	황건 봉기 폭발, 7州 28郡 同時 봉기. 조조-騎都尉, 潁川郡 황건적 토벌, 濟南國 相으로 승진. 유비-起兵.	
185	乙丑			2	황건 잔당 黑山賊의 노략질 계속.	
186	丙寅			3	黃巾 主力 진압, 青州, 徐州 잔당 준동.	

187	丁卯			4	韓遂, 馬騰이 三輔 지역 공략. 長沙태수 孫堅, 長沙 농민봉기 진압. 曹丕 출생.
188	戊辰			5	靑, 徐州 황건적 재봉기.
189	己巳	少帝 獻帝	光熹 昭寧 永漢 中平	6	조조—典軍校尉. 靈帝 崩, 少帝(劉辨) 즉위. 何太后 청정. 中常侍 張讓이 何進을 살해. 원소는 환관 2천 명 살해. 동탁—낙양 진입. 少帝 폐위. 劉協(獻帝) 옹립. 自任相國.
190	庚午			元	關東에서 원소 중심 董卓 토벌군 성립. 동탁—獻帝 협박 長安 천도.
191	辛未			2	손견—동탁군 격파하고 낙양입성. 조조—東郡에서 黑山部 격파. 東郡太守. 원소—冀州 차지, 유비 平原相.
192	壬申		初平	3	손견—荊州劉表 공격, 黃祖부하에 피살. 王允 呂布—동탁 살해. 동탁 部將 李傕(이각), 郭汜(곽사) 등 장안 도륙. 조조—兗州 차지, 靑州兵을 조직 통솔. 유표—荊州牧.
193	癸酉	獻帝		4	원술—淮南 점유. 조조—徐州 陶謙공격, 백성 수 만 살해. 손책—江東으로 脫身, 강동 점유.
194	甲戌			元	여포—연주 공격, 조조 패퇴. 조조—呂布, 濮陽에서 전투. 유비—陶謙 사망, 유비가 徐州牧이 됨.
195	乙亥		興平	2	조조—定陶에서 여포 격파. 여포—유비에게 의탁. 이각, 곽사가 獻帝 위협, 헌제는 安邑縣 피신. 조조—兗州牧(연주목)이 되다.
196	丙子		建安	元	여포—徐州 차지, 獻帝 낙양 도착. 조조—헌제를 許都로 영입. 권력 독점. 費亭侯에 봉해짐. 司空, 車騎將軍을 겸임. 유비—예주 자사, 徐州 상실한 뒤에 조조에 의탁. 손책—會稽郡 차지. 呂布—유비 공격.

197	丁丑			2	원술-淮南 壽春에서 稱帝. 원소-冀, 靑, 幷州 장악. 조조-원술 격파	
198	戊寅			3	조조-여포 격파 처형, 徐州 차지. 동탁 잔당 완전 몰락. 제갈량-南陽 隆中에 은거. 유표-荊州 8郡 차지.	
199	己卯			4	원소-公孫瓚 공격살해, 幽州 차지. 원술-병사. 조조-원소와 黎陽 격전. 유비-徐州 점령, 자립.	
200	庚辰			5	동승의 조조 살해계획 누설 피살. 조조-서주 공격. 官渡大戰-원소대파. 유비-패전후 원소에 의탁. 관우-조조에 일시 투항. 顔良을 죽임. 유비에게 되돌아 가다. 손책-피살, 弟 孫權 繼位 자립. 손권-討虜將軍을 제수받음.	
201	辛巳	獻帝	建安	6	유비-劉表에 의탁. (南陽) 新野에 주둔.	
202	壬午			7	원소-病死. 子 袁譚, 袁尙 爭權. 조조-원담, 원상 격파. 흉노 격파. 손권-모친 吳夫人 別世.	
203	癸未			8	원소 아들 내분, 袁尙이 袁譚을 격파. 손권-黃祖의 水軍을 격파.	
204	甲申			9	조조-邯鄲. 袁尙 격파, 冀州牧 겸임.	
205	乙酉			10	조조-원담 주살. 원상은 烏桓 도주.	
206	丙戌			11	조조-冀, 靑, 幽, 幷州 차지, 북방통일.	
207	丁亥			12	조조-白狼山에서 烏桓을 대파. 公孫康-요동태수, 원상을 죽임. 손권-黃祖 공격. 백성을 포로로 잡다.	
208	戊子			13	조조-自任 丞相. 형주 劉表 사망, 형주 유종을 격파. 赤壁戰 패배. 유비-三顧草廬(207 겨울-208 봄), 제갈량-三分天下의 隆中對策 건의, 유비의 軍師가 됨. 東吳 孫權과 結好. 東吳-周瑜, 魯肅의 항전 주장. 赤壁大戰에서 승리.	

209	己丑	獻帝	建安	14	조조-屯田 실시. 유비-荊州牧. 손권-周瑜가 조조의 江陵兵을 대파.
210	庚寅			15	조조-인재 모음. 銅雀臺 건립. 손권-周瑜가 巴口에서 병사.
211	辛卯			16	조조-曹丕 副丞相. 韓遂, 馬超 격파. 유비-益州牧 劉璋의 영입, 益州 주둔. 손권-유비의 孫夫人을 데려가다.
212	壬辰			17	조조-夏候淵을 시켜 馬超 격파. 손권-秣陵, 石頭城(今 南京市) 축조, 建業으로 改稱하고 移居.
213	癸巳			18	조조-魏公에 被封. 孫權 공격. '生子當如孫仲謀(孫權)'라 탄식하고 철군.
214	甲午			19	유비-益州 劉璋이 투항. 益州牧이 되다. 馬超는 蜀에 투항. 龐統(방통) 戰死. 조조-손권을 공격, 無益而撤軍. -헌제 伏皇后를 시해. 손권-魏 皖城(환성) 공격, 승리.
215	乙未			20	조조-漢中郡 張魯 공격, 장로 투항.
216	丙申			21	조조-魏王이 됨. 居巢 주둔, 吳의 濡須(유수)를 공격.
217	丁酉			22	조조-손권 濡須口에서 격전. 曹丕(조비)-魏 太子에 책봉. 손권-呂蒙, 曹軍을 대파, 魯肅 病死. -조조에 請降.
218	戊戌			23	유비-漢中 진출, 諸葛亮은 成都 수비. 夏候淵과 漢中에서 대치. 손권-吳郡에서 猛虎 격살.
219	己亥			24	유비-漢中郡 차지(黃忠). 夏候淵 전사. 漢中王을 자칭. -關羽가 曹仁 대파. 조조七軍을 水葬. 손권-呂蒙, 陸遜이 荊州급습, 關羽 敗死.
220	庚子		延康 黃初	元	조조-사망(1월). 66세. 曹丕가 승계. 獻帝 禪讓. 漢 멸망. 손권-關羽 수급, 魏에 보냄. 于禁 송환. 유비-黃忠 사망.

● 조위(曹魏) 연표(年表)

西紀	干支	帝位	年號	年數	主要事件	비고
220	庚子	文帝 曹丕	黃初	元年	曹丕-稱帝(10월, 34세). 洛陽 천도.	
221	辛丑			2	五銖錢 주조. 曹仁-大司馬에 임명.	
222	壬寅			3	손권-劉備를 夷陵에서 격파. 郭氏(곽씨)를 황후에 책봉. 서역에 戊己校尉(무기교위) 설치.	
223	癸卯			4	大司馬 曹仁 병사.	
224	甲辰			5	太學을 설립.	
225	乙巳			6	長江에 나아가 觀兵(열병).	
226	丙午			7	5월, 曹叡(조예)를 황태자로 책봉. 文帝 붕어(時年 40). 조예 즉위(7월). 吳 諸葛瑾(제갈근) 침입, 司馬懿가 격퇴.	
227	丁未	明帝 曹叡	太和	元年	籍田을 親耕. 五銖錢 발행.	
228	戊申			2	제갈량 침입.	
229	己酉			3	洛陽의 宗廟가 완성.	
230	庚戌			4	司馬懿가 大將軍 승진. 太皇太后(조조의 부인 卞氏(변씨)) 붕어.	
231	辛亥			5	籍田(적전)을 親耕. 제갈량(諸葛亮)이 天水郡에 침입.	
232	壬子			6	許昌의 궁궐 수리, 景福殿, 承光殿 준공. 陳思王 曹植 죽음.	
233	癸丑		靑龍	元年	畢軌(필궤)가 선비족 원정.	
234	甲寅			2	山陽公(後漢 獻帝) 병사. 황제가 애도. 사마의와 제갈량 대치. 제갈량 병사.	
235	乙卯			3	사마의 太尉로 승진. 洛陽 궁궐 대공사.	
236	丙辰			4	崇文觀 설치.	
237	丁巳		景初	元年	曆法개정, 改元. 公孫淵 반란. 燕王 자칭.	
238	戊午			2	燒當羌族(소당강족) 반란. 공손연 토벌.	
239	己未			3	明帝 정월초하루 붕어. 時年 36세. 高平陵에 장례. 齊王 曹芳 즉위.	
240	庚申	齊王 曹芳 (少帝)	正始	元年	曹爽, 司馬懿 輔政. 正朔(정삭) 개정.	
241	辛酉			2	吳將 朱然, 樊城(번성) 포위 공격.	
242	壬戌			3	魏郡에서 지진.	
243	癸亥			4	倭國 여왕 俾彌呼(비미호) 遣使 入貢.	
244	甲子			5	鮮卑 內附, 遼東屬國 설치.	

245	乙丑			6	佐命功臣 21인의 祫祭(협제)를 지냄.
246	丙寅		正始	7	毌丘儉(관구검) 高句麗 원정. 濊貊(예맥) 격파.
247	丁卯			8	河東郡 이북에 平陽郡 신설.
248	戊辰			9	王凌(왕릉)이 司空이 되다.
249	己巳	齊王 曹芳	嘉平	원년	정월 高平陵의 변. 司馬懿-曹爽 제거. 실권 장악.
250	庚午			2	征南將軍 王昶-吳를 급습 격파.
251	辛未			3	王凌 모반 발각, 자살, 楚王 曹彪 賜死. 司馬懿-病死. 司馬師 집권.
252	壬申			4	東吳 손권 붕어. 동오 원정 실패, 東吳 諸葛恪이 선방.
253	癸酉			5	동오 諸葛恪의 북침, 新城을 포위.
254	甲戌			6	司馬師가 소제 曹芳을 폐위, 유폐.
			正元	元年	高貴鄕公 曹髦(조모) 즉위. 改元. 司馬師에게 黃鉞(황월) 하사.
255	乙亥		正元	2	鎭東將軍 毌丘儉(관구검)과 揚州刺史 文欽(문흠) 반역-司馬師가 토벌, 주살. 사마사 죽음.
256	丙子	高貴 鄕公 曹髦	元年		大將軍 司馬昭에게 곤룡포, 면류관 하사. 太學에서 황제와 박사들 經學 토론. 등애가 북침한 강유 대파.
257	丁丑		甘露	2	諸葛誕(제갈탄)의 반란.
258	戊寅			3	司馬昭-제갈탄 반란 진압 주살. 지위 相國, 작위 晉公, 食邑 8郡을 굳이 사양.
259	己卯			4	新城郡을 분할, 上庸郡(상용군) 설치.
260	庚辰			5	황제 曹髦가 司馬昭 제거 실패, 피살.
			景元	원년	常道鄕公 曹奐 즉위.
261	辛巳			2	三韓과 濊貊(예맥)에서 入貢.
262	壬午			3	肅愼國(숙신국) 入貢.
263	癸未	常道 鄕公 曹奐		4	鄧艾(등애)와 鍾會의 蜀漢 원정. 후주 劉禪 투항. 촉한 멸망.
264	甲申		咸熙	원년	등애는 난군에 피살. 종회의 반역.
265	乙酉			2	晉王(司馬昭) 죽음(8월). 司馬炎이 晉王에 즉위, 上天은 曹魏 天祿을 종결. 조환은 사마염에게 선양.

● 촉한(蜀漢) 연표(年表)

西紀	干支	帝位	年號	年數	主要事件	비고
220	庚子	獻帝 漢中王	建安	25	獻帝―禪讓, 曹丕 등극(曹魏 건국).	
221	辛丑	昭烈帝	章武	원년	유비―제위 등극(61세), 蜀漢 성립. 제갈량 승상. 張飛 피살.	
222	壬寅			2	先主―東吳 陸遜에 대패. 白帝城 요양.	
223	癸卯			3	昭烈帝 붕어(時年 63세).	
223	癸卯	後主 劉禪	建興	원년	後主 劉禪(유선) 즉위(17세). 吳와 講和. 立 皇后 張氏.	
224	甲辰			2	제갈량―政務 주관, 務農, 息民.	
225	乙巳			3	제갈량―南征 4郡―七擒 孟獲.	
226	丙午			4	曹魏 文帝(曹丕) 붕어. 都護 李嚴―江州에 大城 축조.	
227	丁未			5	제갈량―出師表 올림. 漢中郡에 출병.	
228	戊申			6	제갈량 1차 北伐(봄), 馬謖―失 街亭. 제갈량 2차 북벌(겨울)〈後出師表〉.	
229	己酉			7	제갈량 3차 북벌―武都, 陰平郡 평정. 손권 칭제(48세)―촉한과 맹약 체결.	
230	庚戌			8	曹魏 司馬懿 漢中郡 공격 실패 철수.	
231	辛亥			9	제갈량―4차 북벌.	
232	壬子			10	제갈량―木牛流馬 군량수송. 教兵講武.	
233	癸丑			11	南夷의 반란을 馬忠이 평정.	
234	甲寅			12	제갈량 5차 북벌―제갈량 죽음(五丈原).	
235	乙卯			13	蔣琬(장완)이 대장군으로 국정 총괄.	
236	丙辰			14	武都郡 氐族을 成都로 이주시키다.	
237	丁巳			15	황후 張氏(張飛 女) 죽음.	
238	戊午		延熙	원년	劉睿(유예)를 太子로 책립.	
239	己未			2	蔣琬(장완)이 大司馬.	
240	庚申			3	越嶲郡(월수군) 반란 진압.	
241	辛酉			4	費禕(비의)가 尙書令이 되다.	
242	壬戌			5	姜維(강유)―涪縣(부현)에 주둔.	
243	癸亥			6	상서령 費禕(비의)가 대장군이 되다.	

부록 639

244	甲子	延熙	7	曹魏 曹爽 내침, 스스로 물러나다.	
245	乙丑		8	皇太后 崩(붕).	
246	丙寅		9	蔣琬(장완) 卒, 後主 親政.	
247	丁卯		10	涼州胡人 白虎文, 治無戴 等 率衆 歸降.	
248	戊辰		11	費禕(비의)-漢中郡 出兵.	
249	己巳		12	曹魏-曹爽 실권, 처형, 하후패 來降.	
250	庚午		13	姜維-西平에 재 出兵.	
251	辛未		14	費禕(비의)-北駐 漢壽.	
252	壬申		15	東吳 손권 붕어.	
253	癸酉		16	費禕(비의) 피살. 姜維 출병-성과 무.	
254	甲戌	後主 劉禪	17	강유-隴西에 출병.	
255	乙亥		18	강유-狄道 출병, 魏軍 대파.	
256	丙子		19	강유-曹魏 鄧艾(등애)에게 대패.	
257	丁丑		20	강유-曹魏 제갈탄 반란을 이용, 출병.	
258	戊寅	景耀	원년	환관 黃皓(황호)가 대권 장악.	
259	己卯		2	劉諶(유침)-北地王.	
260	庚辰		3	故 將軍 關羽(관우) 등에게 追諡(추시).	
261	辛巳		4	故 장군 趙雲(조운)에게 시호 추가.	
262	壬午		5	姜維-侯和(후화)에서 등애에 대패.	
			6	鄧艾, 鍾會 등 曹魏 군사 대거 침입.	
263	癸未	炎興	원년	後主, 鄧艾에 투항. 蜀漢 滅亡. 후주 유선-낙양 이주. 유선-西晉 武帝 泰始 7년(서기 271)에 洛陽에서 사망.	

● 동오(東吳) 연표(年表)

西紀	干支	帝位	年號	年數	主要事件	비고
220	庚子	손권 吳王	黃初	元年	조비-개국, 칭제.	
221	辛丑		建武	元年	유비-개국 칭제(4월), 東吳 공격. 손권-武昌 定都, 曹丕에 藩臣을 自請. 吳王에 被封, 九錫을 받음.	
222	壬寅		黃武	원년	曹魏와 우호단절. 자체 연호 사용. 夷陵大戰-陸遜, 유비 軍 대파. 12월-유비, 永安宮서 요양. 修好 강구.	
223	癸卯			2	유비-白帝城에서 붕어(4월). 11월 蜀漢 鄧芝(등지)가 교빙차 入朝.	
224	甲辰			3	張溫(장온)을 교빙 차 西蜀에 파견.	
225	乙巳			4	顧雍(고옹)이 승상이 되다.	
226	丙午			5	魏 文帝 붕어(7월)-曹魏 石陽縣 공격.	
227	丁未			6	鄱阳郡 山越 두목 彭綺(팽기) 생포. 大司馬 呂範(여범) 죽음.	
228	戊申			7	周魴(주방)-魏將 曹休 유인 실패.	
229	己酉	손권 大帝	黃龍	원년	손권 칭제, 蜀漢과 천하 양분, 평화협정 체결. 建業(건업) 천도.	
230	庚戌			2	水軍 파견-亶洲, 夷洲 정벌, 실패.	
231	辛亥			3	潘濬(반준)-武陵郡 蠻夷(만이) 토벌.	
232	壬子		嘉禾	원년	遼東 公孫淵, 使者, 藩臣 자청 入貢.	
233	癸丑			2	公孫淵에 답례, 특사파견 실패. 曹魏 원정실패.	
234	甲寅			3	제갈량 북벌에 동조 대규모 曹魏 원정 실패. 제갈량 卒.	
235	乙卯			4	曹魏와 교역(戰馬 ↔ 珠玉) 허용.	
236	丙辰			5	大錢(當五百) 주조. 合肥 新城 공격.	
237	丁巳			6	제갈각 山越을 평정.	
238	戊午		赤烏	원년	大錢(當一千) 주조. 步夫人 卒, 追增皇后.	
239	己未			2	요동 공격, 交州 반란 진압.	
240	庚申			3	民饑-빈민 구제.	
241	辛酉			4	曹魏 공격. 태자 孫登 卒. 諸葛瑾 卒.	
242	壬戌			5	孫和 立 太子. 전염병 유행.	

243	癸亥	손권大帝	赤烏	6	승상 顧雍 卒. 扶南王-樂人方物 헌상.
244	甲子			7	陸遜(육손)이 승상이 됨.
245	乙丑			8	陸遜 卒.
246	丙寅			9	步騭(보즐)이 승상, 朱然-曹魏 공격.
247	丁卯			10	승상 보즐 卒. 太初宮을 증축.
248	戊辰			11	朱然-江陵에 築城.
249	己巳			12	大司馬 朱然 卒, 朱據(주거)가 승상겸임.
250	庚午			13	태자 孫和 폐립. 孫亮(손량) 태자 책립.
251	辛未		太元	元年	潘皇后 책립, 손권 臥病(와병). 제갈각이 太子太傅가 됨.
252	壬申			2	손권 아들(王)을 모두 지방에 보냄. 潘皇后 卒(2월). 神鳳으로 改元. 손권 붕어(4월), 時年 71세, 시호 大帝.
253	癸酉	廢帝孫亮	建興	元年	孫亮(손량) 즉위, 제갈각 권력 장악.
				2	曹魏의 남침 격퇴, 孫峻(손준)이 제갈각 살해.
254	甲戌		五鳳	元年	孫英-孫峻(손준) 제거 실패.
255	乙亥			2	魏將 毌丘儉(관구검) 반란 실패, 文欽(문흠) 투항.
256	丙子		太平	원년	孫峻(손준) 병사. 孫綝(손침)이 권력장악, 지도층 내분.
257	丁丑			2	曹魏 諸葛誕의 壽春城반란을 적극 지원.
				3	손침은 황제 孫亮을 會稽王으로 방축.
258	戊寅	景帝孫休	永安	원년	손침은 손권 6男 孫休(손휴, 景帝)를 옹립. 경제가 손침을 주살.
259	己卯			2	九卿 官制 정비. 농업장려 조서 발표.
260	庚辰			3	廢帝 孫亮(손량) 자살.
261	辛巳			4	관리파견하여 지방관 감독, 黜陟(출척).
262	壬午			5	朱皇后, 太子 책립, 濮陽興(복양흥) 승상이 됨.
263	癸未			6	蜀漢 멸망, 구원군 출발했다가 철수.
264	甲申	末帝孫皓	元興	7	7월 孫休(손휴)붕어, 時年 30세, 景皇帝.
				원년	烏程侯 孫皓(손호) 영입, 즉위. 得志하자 포악, 승상 복양흥, 장포 처형.

265	乙酉	甘露	원년	景后 朱氏 핍박 살해. 景帝 두아들 살해 曹魏 멸망, 晉 武帝 受禪.
266	丙戌	寶鼎	원년	武昌에서 大鼎 출토, 개원. 陸凱(육개) 左丞相.
267	丁亥		2	호화궁궐 顯明宮(현명궁) 건축.
268	戊子		3	丁固(정고)가 司徒, 孟仁(맹인)이 司空.
269	己丑	末帝 孫皓	원년	孫瑾(손근)을 태자로 책립.
270	庚寅		建衡	2	낙뢰화재로 민가 1만 여 호 소실.
271	辛卯		3	交趾郡의 晉 세력을 축출.
272	壬辰		원년	西陵都督인 步闡(보천)의 반란.
273	癸巳	鳳凰	2	陸抗(육항)—대사마가 되다.
274	甲午		3	州郡에 使者 파견, 도망자, 반역자 색출.
275	乙未	天冊	원년	吳郡에서 銀 簡册을 캐냈다하여 改元.
276	丙申	天璽	원년	算緡錢(산민전)을 미납한 太守를 처형.
277	丁酉		원년	夏口都督 孫慎—江夏, 汝南 일대 노략질.
278	戊戌	天紀	2	成紀王(성기왕) 등 11王 책립. 군사 3천 보유를 허용.
279	己亥		3	桂林郡의 郭馬(곽마)가 반란을 일으킴. 晉의 大軍 각 방면에서 총 공격 개시.
280	庚子		4	末帝 孫皓 투항, 洛陽城 이주. 歸命侯.

중국역대사화 中國歷代史話 (Ⅲ)
- 삼국사화 三國史話

초판 인쇄 2025년 3월 21일
초판 발행 2025년 3월 28일

저　자　진기환
발행자　김동구
디자인　이명숙 · 양철민
발행처　명문당(1923. 10. 1 창립)
주　소　서울시 종로구 윤보선길 61(안국동)
　　　　국민은행 006-01-0483-171
전　화　02)733-3039, 734-4798, 733-4748(영)
팩　스　02)734-9209
Homepage　www.myungmundang.net
E-mail　mmdbook1@hanmail.net
등　록　1977. 11. 19. 제1~148호
ISBN 979-11-94314-19-6 (04820)
ISBN 979-11-985856-8-4 (세트)

25,000원

* 낙장 및 파본은 교환해 드립니다.
* 불허복제